地 下 铁 道

主　编　毛红梅
主　审　张素敏

人民交通出版社
China Communications Press

内 容 提 要

地下铁道是规模宏大、机电设备复杂的综合性系统工程，地下铁道建设涉及众多技术领域。本书着重介绍了地下铁道的设计与施工问题，主要内容有：地下铁道线路设计、轨道工程、地铁车站与区间结构、地铁明挖法、新奥法、盾构法、沉管法施工、高架结构设计与施工、地铁施工组织管理等。本书内容上侧重于施工技术的介绍，并对各种施工技术提供了工程实例予以说明。

本书适于高职高专院校铁道工程、交通工程、城市轨道、地下铁道等专业学生选作教材使用，也可作为相关专业及从事地下铁道工程设计、施工及养护维修等专业技术人员的参考用书。

图书在版编目(CIP)数据

地下铁道/毛红梅主编. —北京：人民交通出版社，2008.8

ISBN 978-7-114-07180-5

Ⅰ.地… Ⅱ.毛… Ⅲ.①地下铁道—设计②地下铁道—工程施工 Ⅳ.U231

中国版本图书馆 CIP 数据核字(2008)第 115075 号

书　　名：地下铁道
著 作 者：毛红梅
责任编辑：杜　琛
出版发行：人民交通出版社
地　　址：(100011)北京市朝阳区安定门外外馆斜街 3 号
网　　址：http://www.ccpcl.com.cn
销售电话：(010)59757973
总 经 销：人民交通出版社发行部
经　　销：各地新华书店
印　　刷：北京交通印务有限公司
开　　本：787×1092　1/16
印　　张：17.75
字　　数：437 千
版　　次：2008 年 8 月　第 1 版
印　　次：2021 年 1 月　第 10 次印刷
书　　号：ISBN 978-7-114-07180-5
定　　价：35.00 元

前言 Preface

自1863年世界第一条地下铁道在英国问世以来，地下铁道以其安全、快速、容量大、能耗低、污染少等优点越来越受到社会的青睐，成为现代化城市中的“绿色交通”。当前，我国地下铁道的建设方兴未艾，随着经济的发展和城市化进程的进一步加快，亟需此方面的建设人才。

本书面向高等职业院校交通运输与土建类专业，全面系统地介绍了地下铁道的施工技术、施工组织与管理及必要的设计理论。主要内容有：线路设计、轨道工程、地铁车站与区间的结构、地铁明（盖）挖法、新奥法、盾构法、沉管法施工、高架结构设计与施工、地铁工程施工组织管理、地铁设备及地铁工程实例等。

本书的编写以职业岗位群对高职高专人才知识、能力与素质结构的要求为依据，旨在培养技能性人才；理论以“必需、够用”为度，重在施工技术的介绍，同时兼顾知识的系统性；注重理论联系实际，强调技术的实用性和可操作性，以必要的工程实例来强化技术的应用；内容力求新颖，紧跟技术发展的前沿，汇集了目前地铁工程施工的新技术、新工艺。

本书既可作为交通运输与土建类专业高等职业院校的教学用书，也可作为相关专业及从事地下铁道工程设计、施工及养护维修等专业技术人员的自学及参考用书。

本书由陕西铁路工程职业技术学院负责编写。其中第一、第二、第五章由毛红梅编写，第三、第九章由郭亚宇编写，第四章由裴巧玲编写，第六、第十章由宋秀清编写，第七、第八章由刘杰编写。全书由毛红梅副教授负责统稿，由石家庄铁道学院张素敏副教授负责审稿。

在本书编写过程中，中铁一局集团公司司军平高级工程师和郝小苏高级工程师给予了指导并提出了建设性意见，人民交通出版社给予了真诚帮助。同时在编写过程中参考和借鉴了不少论文与著作，在此一并表示衷心感谢！

在我国，地下铁道建设是一项新兴的工程领域，地铁施工技术还在不断发展，由于编者能力所限，书中错误和不当之处在所难免，恳请专家、读者批评指正。

编者

2008年5月

目录 Content

第一章 绪　论

【知识目标】:通过本章的学习,学生应能熟悉地下铁道的概念、特点与组成部分;理解地铁与轻轨的异同;了解世界地铁的发展历史与现状。

一 地下铁道的概念

地下铁道(metro 或 underground railway 或 subway)指在城市中修建的快速、大运量的电力牵引的轨道交通,简称地铁。地铁线路通常设在地下隧道内,在建筑场地和环境允许时,也可设在地面或高架桥上。地铁与轻轨交通(light rail transit,简称 LRT)、单轨交通、自动导向系统交通、磁悬浮和市郊客运铁路等轨道交通统称为城市快速轨道交通(urban rail transit 或 mass transit)。城市快速轨道交通按照支承导向类型的不同,分为钢轮—钢轨、胶轮和磁悬浮系统三类。地下铁道属于标准轨距的钢轮—钢轨系统。

一条交通线路单方向每小时的乘客通过量称为交通容量。城市快速轨道交通按照交通容量的不同,分为特大(5 万～8 万人次/h)、大(4 万～6 万人次/h)、中(1 万～4 万人次/h)、小(小于 1 万人次/h)容量四种系统。其中,特大交通容量系统一般指市郊铁路,大容量轨道交通通常指地铁,中等容量轨道交通包括轻轨、单轨等交通系统,小容量轨道交通系统则多指有轨电车。各种轨道交通系统的主要技术指标如表 1-1 所示。

各种快速轨道交通系统的主要技术指标　　表 1-1

轨道交通分类	市郊铁路	地铁	轻轨	单轨
运输能力(万人次/h)	5～8	4～6	1～4	1～2
线路形式(市中心区)	全封闭	全封闭	专用线	高架
最高速度(km/h)	80～120	80	60～80	50～60
旅行速度(km/h)	40～60	30～40	25～30	25～30
最小行车间隔(min)	2	1.5	2	1
平均站间距(km)	1～3	0.5～1.5	0.5～1.2	0.5～1

二 地下铁道的特点

地铁交通作为城市轨道交通的一部分,与道路交通相比,具有运量大、速度快、时间准、污染少、安全舒适、占地少、与城市道路无平面交叉等优点。

运量大。一辆公共汽车载客量为 40～80 人,地铁一节车厢载客量 150～200 人,地铁一般以 4～6 辆为一组。公共汽车每小时单向输送能力为 2000～5000 人,地铁达 40000～60000 人,地铁输送能力是公共汽车的 8～12 倍。

速度快。一般情况下，公共汽车时速为10～20km，地铁为30～40km，最高可达70～80km，地铁运行速度是公共汽车的2～4倍。

污染少。地铁交通以电力作为动力，是一种清洁、绿色的运输方式。

能耗少。地铁每公里能耗为道路交通的15%～40%。

占地少。按每小时输送5万人计算小汽车所需道路宽度是180m，公共汽车9m，轨道交通综合占地仅为道路交通方式的1/3左右，而地铁几乎不占或很少占土地。

安全与环保。轨道交通的事故率大大低于道路交通，噪声和空气污染等环境保护方面也优于道路交通。所以，轨道交通是在满足城市居民交通需求的条件下社会总付出最少的交通方式，也是满足人文和城市可持续发展要求的最佳方式。

三 地下铁道建筑物的组成

地下铁道是一种规模浩大的交通性公共建筑。地铁建筑物根据其功能、使用要求、设置位置的不同分为车站、区间和车场（又称车辆段）三部分。这三部分由轨道连接，构成了一个完整的地铁线路运行系统。

车站是地铁系统中一个很重要的组成部分，是乘客乘坐地铁必须经过的场所，与乘客的关系极为密切；同时车站集中设置了地铁运营中很大一部分技术设备和运营管理系统，因此，车站对保证地铁安全运行起着关键的作用。所以，车站位置的选择、环境条件的好坏、设计的合理与否，都会直接影响地铁的社会效益、环境效益和经济效益，影响到城市规划和城市景观。根据车站所处位置和人口密集程度的不同，站间距也有所不同，通常在市中心人口密集地段，站间距为1km左右，郊区站间距在2km左右。

区间是连接相邻两个车站的行车通道，根据线路的敷设方式分为地下区间、路堑式区间、地面区间和高架区间。不论何种区间形式均需满足车辆运营限界、设置设备和各类管线敷设限界的需求。同时还须留有设置应急通道的空间，便于事故发生时乘客能及时疏散至车站或其他安全的地方。区间设计的合理性和经济性对地铁总投资影响很大，同时区间线路的技术标准和施工质量直接影响到列车的舒适度和运行速度，影响到列车能否安全正点地运行。

车场是地铁列车停放和维修的场所，又是技术培训的基地，由各种生产、生活、辅助建筑及各专业的设备和设施组成。一般选在城市中心外围地区，常设于地面。

为了确保地铁安全运行，同时为乘客及地铁员工提供舒适的环境，地铁内还设有一系列必要的设备，如供电设备、通风设备、空调、给排水系统、通信信号系统、灾害防护系统等，还有可控制单条或多条地铁线路的运营控制中心。

四 地铁与轻轨

地铁与轻轨同属于城市快速轨道交通的一部分，也都是标准轨距的钢轮—钢轨系统，二者的区别主要来自于交通容量的不同。一般认为，地铁为大容量的交通系统（4万～6万人次/h），轻轨为中等容量交通系统（1万～4万人次/h）。由于交通容量的不同，地铁与轻轨在工程设计标准如轮轨系统、线路坡度、曲线半径、车辆编组、牵引动力等方面均有所差异。

（一）轮轨系统

地铁和轻轨都是利用轨道为导向，以钢轮和钢轨为走行系统的交通方式。轻轨车辆轴重较轻，只有100kN，但为了保证客车车辆运行的质量，使钢轨有较长的使用寿命以及适应无缝线路的需要，在正线上宜采用60kg/m的钢轨，在车场支线内可采用50kg/m的钢轨。地铁钢轨均采用60kg/m的重型钢轨，只有在车场空车运行、速度低的区段，才选用50kg/m和43kg/m的轻型钢轨。目前地铁和轻轨都趋向于选用重型钢轨，因为重型钢轨不仅能增强轨道的稳定性，减少养护和维修工作量，而且能增大回流断面，减少杂散电流。

(二)线路

轻轨线以高架线和地面线为主，只有在繁华市区不得已条件下才采用地下线，以浅埋区段为宜，一般不设地下车站。轻轨线主要沿街道布设，时而转弯，时而高架或入地，线路曲率半径小，坡度大。平曲线最小曲率半径为300m，困难地段可以采用250m，最大坡度为60‰。

早期的地铁线路，大部分设在地下，20世纪70年代以来，地铁吸收了轻轨的一些技术优点，并且为了减少造价，只是在市区建筑物密集地段设在地下，在市郊结合部和郊区，在建筑场地和环境允许的情况下，线路和车站均建在地面和高架上。地铁线路沿主要交通干道布设，在商业、文化、政治中心和交通枢纽附近布置地铁车站。由于地铁速度快，运量大，为了减少轮轨磨耗，确保安全正点，一般情况下地铁正线最小曲率半径为500～550m，困难地段为400～450m。正线最大坡度不宜大于30‰，困难地段可采用35‰，联络线、出入线最大坡度不宜大于40‰(均不考虑各种坡度折减)。

(三)车辆及编组

地铁车辆主要是A型和B型，一般以4～10辆为一列；轻轨车辆较地铁车辆新颖，车型较小，以C型车为主，通常以2～4辆为一列。轻轨列车由于车型小、列车长度短、载客量少等原因可以通过小曲率半径(R=250m)和大坡度(6%～7%)地段，适应能力强。各种车型主要技术规格如表1-2所示。

各种车型主要技术规格　　表1-2

项目名称		A型车	B型车	C型车		
		四轴车	四轴车	四轴车	六轴车	八轴车
车辆基本长度(m)		22	19	18.9	22.3	29.5
车辆基本宽度(m)		3	2.8	2.6		
车辆高度(m)		3.8	3.8	3.7		
车内净高(m)		2.10～2.15				
地板面高(m)		1.1		0.95		
固定轴距(m)		2.2～2.5	2.1～2.2	1.8～1.9		
车轮直径(mm)		φ840		φ760		
车门数		5	4	4	4	5
定员人数(人)	带司机室车辆	310	230	200	240	315
	无司机室车辆	310	245	210	250	325
车辆轴质量(t)		≤16	≤14	≤11		
适应线路最小曲率半径(m)		300～350	250～300	50～100		
适应线路最大坡度(‰)		40	40	60		
最高运行速度(km/h)		≥80		≥70		

续上表

项目名称		A型车	B型车	C型车		
		四轴车	四轴车	四轴车	六轴车	八轴车
起动平均加速度(m/s^2)		≥0.9		≥0.85		
噪声(dB(A))	司机室内	≤80		≤70		
	客室内	≤83		≤75		
	车外	80～85(站台)		≤82		

注:1. 本表根据《城市快速轨道交通工程项目建设标准》的规定和有关资料编制。

2. 由于市郊轨道系统采用车辆情况较复杂,表中未列。

(四)速度和正点率

地铁和轻轨线通常实行全隔离或大部分隔离的措施,列车运营受外界干扰少,正点率高。国内地铁最高行驶速度为120km/h,地铁的运营速度为30～40km/h。轻轨线路受坡度、转弯半径等的限制,最大行驶速度为80km/h,运营速度25～30km/h。

(五)牵引动力

地铁与轻轨均以电力作为牵引动力,电力的供应来源于城市供电网络。地铁供电采用走行轨供电和架空接触网供电两种方式,轻轨一般采用架空接触网供电。

线路设置方式对直接投资影响很大。同样规模的线路,地面、高架、地下三种不同的线路设置方式直接投资比例一般为1∶3∶9。但若考虑对城市交通、环境、景观等的综合影响,则地铁不一定全部在地下,轻轨不一定全部在地上。地铁与轻轨互相渗透发展,二者差别越来越小,有些系统也很难准确地称其为地铁还是轻轨。例如,上海市轨道明珠线是高架、大容量系统,既不能完全称为地铁,也不能确切地叫它轻轨。又如,南京地铁1号线,南京站至三山街站之间区段经过城市中心地带,必须采用地下铁道的形式,而南京站以北和三山街站以南则采用高架线路的形式。

五 地下铁道的发展

(一)国外地铁的发展

1863年1月10日,世界上第一条地下铁道在英国伦敦建成通车,列车用蒸汽机车牵引,线路全长约6.4km。1890年12月8日,伦敦首次用盾构法施工,建成长5.2km的另一条地下铁道,用电气机车牵引。从此地下铁道成为新型的城市客运交通工具。

1892年6月6日,芝加哥建成世界上第二条蒸汽驱动地铁,1895年5月6日建成世界第二条电气化地铁。1896年5月8日,布达佩斯建成世界第三条、欧洲大陆第一条电气化地铁,并由奥匈帝国皇帝佛朗西斯·约瑟夫剪彩通车。1897年9月1日波士顿建成世界上第四条电气化地铁。1898年5月9日维也纳也建成蒸汽驱动地铁。

1900年7月9日,巴黎建成世界第六、欧洲第二条电气化地铁。1901年12月10日,纽约建成第七条蒸汽驱动地铁,该条铁路在1904年10月27日实现电气化。1902年2月18日柏林建成世界第八、欧洲大陆第三条电气化地铁。20世纪上半叶,东京、莫斯科等几座城市相继修建了地铁。截至1963年的一百年间，世界上建有地铁的城市共有26座。1964年到1980年的17年中又有30座城市修建了地铁，到1985年世界大约共有60座城市正在有计划地修建地铁，当时全世界地铁运营的里程总计3000km。据1994年7月德国《地铁世界》一书统计资料，到1990年世界有98个城市约5300km轨道交通投入运营，另有29个城市94条线约1000km在建。现在全世界约有120个城市建有地铁。近20年来增加的线路是1863年到1963年一百年建成地铁总长度的3倍。运营线路长度排名前十位的城市依次为：纽约、伦敦、巴黎、莫斯科、东京、芝加哥、墨西哥城、柏林、波士顿、圣彼得堡，线路总长2300km，占世界轨道交通的43%。

回顾历史，世界地铁的发展经历了一个曲折的发展历程，大致分为以下几个阶段。

1. 初步发展阶段(1863～1924年)

这一阶段，欧美的城市轨道交通发展较快，其间13个城市建成了地铁，还有许多城市建设了有轨电车。20世纪20年代，美国、日本、印度和中国的有轨电车有了很大发展。这种旧式的有轨电车行驶在城市的道路中间，运行速度慢，正点率很低，而且噪声大，加速性能低，旅客舒适度差，但是在当时仍然是公共交通的骨干。

2. 停滞萎缩阶段(1924～1949年)

二次世界大战的爆发和汽车工业的发展，促使了城市轨道交通的停滞和萎缩。汽车的灵活、便捷及可达性，一度成为城市交通的宠儿，得到飞速发展。而轨道交通因投资大，建设周期长，一度失宠。这一阶段只有五个城市发展了城市地铁，有轨电车则停滞不前，有些线路被拆除。美国1912年已有370个城市建有有轨电车，到了1970年受拆除风的影响，只剩下8个城市保留有轨电车。

3. 再发展阶段(1949～1969年)

汽车过度增加，使城市道路异常堵塞，行车速度下降，严重时还会导致交通瘫痪，加之空气污染，噪声严重，大量耗费石油资源，市区汽车有时甚至难以找到停车的地方，于是人们又重新认识到，解决城市客运交通必须依靠电力驱动的轨道交通。轨道交通因此重新得到了重视，而且从欧美扩展到了日本、中国、韩国、巴西、伊朗、埃及等国家，这期间有17个城市新建了地铁。

4. 高速发展阶段(1970年至今)

世界上很多国家都确立了优先发展轨道交通的方针，立法解决城市轨道交通的资金来源。世界各国城市化的趋势，导致人口高度集中，要求轨道交通高速发展以适应日益增加的客流运输，各种技术的发展也为轨道交通奠定了良好的基础。近几年又有四十多个城市修建了地铁、轻轨或其他轨道交通。

世界各国地铁各具特色。莫斯科地铁是世界上最豪华的地铁，有欧洲“地下宫殿”之称。天然的料石、欧洲的传统灯饰与莫斯科气势恢弘的各类博物馆交相辉映，简直是一座艺术的博物馆。市区11条地铁线路纵横交错，充分体现了前苏联城市交通规划和建筑业的一流水平。纽约是当今世界地铁运行线路最长的城市，其线路37条，全长432.4km，车站多达498个，设施较为陈旧。巴黎地铁是世界上最方便的地铁，每天发出4960列车，在主要车站的出入口，均设电脑显示应乘的线路，换乘的地点等，一目了然。巴黎地铁也是世界上层次最多的地铁，包括地面大厅共有6层(一般为2～3层)。法国里尔地铁是当今世界最先进的地铁，全部由微机控制，无人驾驶、轻便、省钱、省电，车辆行驶中噪声、振动都很小，高峰时每小时通过60列车，为世界上行车间隔最短的全自动化地铁。美国旧金山地铁是当今世界地铁列车速度之冠。香港地铁4条线94.9km，44个站，换乘站11个，使用密度每天高达10万人次/km，平均每天223.5万人次，1999年圣诞节创新高每天达300万人次。香港地铁1994年总收入51.3亿港元，扣除经营开发、折旧、利息和财务开支后，当年利润为10.38亿港元。世界各国地铁均靠政府补贴，唯独香港地铁既解决了市区出行，同时又可创利。新加坡地铁又叫"大众捷运系统"，由3条干线组成"锚"型，东西长、南北短，运营总长101km，共设49个站，平均站距1.49km，日均客运量80万人次，占新加坡公共总客运量的60%。新加坡地铁车站和线路清洁明亮，一尘不染，是世界上最安全、最清洁、管理最好的地铁。新加坡地铁像莫斯科一样考虑了战时掩蔽，车站出入口设置防护门、密闭门等防护设施。

墨西哥城在短短的十年间修建了150km地铁，到2000年开通21条地铁线路，全长400km，承担全城客运量的58%。韩国首尔地铁1971年开始建设，到2000年建成285km共8条线。墨西哥与首尔是世界上地铁发展最快的城市。

5.21世纪的地铁

21世纪的地铁，将以高速、正点、低能耗、少污染、安全、舒适等功能吸引着大中城市80%以上的客运量。美国、日本、德国、法国等经济发达国家不断增加地铁的科技投入，将许多新材料、新技术、新工艺运用在地铁工程中。

1960年10月10日日本东京到大阪的东海道新干线正式通车，时速达到210km，它的成功运行给各国铁路指出了发展方向。法国的"TGV"高速列车、穿越英吉利海峡的"欧洲之星"、德国的"IEC"城际列车、日本新干线等不少国家的特别快车，经过不断提速试验，都实现了第一代高速(时速200～350 km)。这些快车都是车轮在钢轨上转动行驶的，称为"黏着驱动"。这种驱动有一定的极限，即无论怎样加大动力，由于受到摩擦力的限制，列车时速最高也只能达到300～350 km。1999年4月5日，由5节车辆编组的磁悬浮列车时速达到552 km，在日本山梨线运行试验第一阶段已经结束。今后5年要重点改善车辆运行空气动力学性能，降低建造成本和运行成本，进一步确认系统的可靠性、耐久性。日本计划沿东京至大阪的东海道新干线修建磁悬浮新干线。磁悬浮列车是非黏着驱动列车的一种，它是利用常导或超导电磁铁与感应磁场之间产生相互吸引或排斥力，而使列车悬浮于轨道上，再由直线电动机作为推动力前进的先进交通工具。由于它没有车轮及相应的传动装置，进入高速运行后与地面无机械接触，因而从根本上克服了传统列车轨道限制、机械噪声和磨损等问题。不但具有启动和停车快、爬坡能力强、运行安全稳定等优点，而且具备不污染环境、节省能耗等诸多性能特点。磁悬浮列车实现的500 km时速称为第二代高速。当列车时速超过500km时，空气阻力非常巨大，所以有人设想在地下真空隧道内建造磁悬浮列车干线，最高时速可达到2000km以上。美国兰德公司设计了一套横贯美国东西、由纽约到洛杉矶的一条长3950km的真空地下隧道，在隧道内行驶磁悬浮列车，其造价估计为2500亿美元。这种第三代高速列车(地下真空磁悬浮或超高速列车)将在本世纪开发实现。

新一代轨道交通要采用可调式转向架，使列车在运行时适应不同轨距的变化。开发地铁智能运输系统(ITS)，满足各种乘客的旅行需要，自动获取旅客要求、个人信息、单个地点识别、公共运输和私人运输信息的交换。可根据不同的需求调度和指挥，包括辅助伤残、老人、儿童系统，智能列车控制系统。研制新的橡胶减震轨道系统，减少噪声、振动，降低能耗，改进车体设计，保证时速350km情况下，噪声控制在70dB以下。开发新一代自动信号控制系统(ATC)，实现列车的自动运行、自动保护、自动监控。

车辆材料推广采用国际先进的拉伸铝合金型材为基础结构的轻型车体，保证车辆运行中的稳定性，新的地铁轻轨列车应装有 IGBT 智能模块和 VVVF 交流变频调压传动技术。主传动为鼠笼式感应电动机，采用现代微机处理电子控制技术，对运行列车轨道、各类设备和仪器自动诊断显示，自动修复，将一系列先进的材料、设备、技术、工艺等高科技成果运用到地铁和轨道交通工程中。

(二)发达国家地铁建设的经验

(1)支持大运量公共交通系统发展，控制小汽车的盲目发展。轨道交通是大都市交通运输的骨干，纽约、莫斯科、东京、巴黎、香港等已形成地铁网络的城市，居民出行一般步行 5～10min 即可乘坐轨道交通，非常方便。号称"汽车王国"的美国，仅 1997 年就有 13 个城市订购上千辆地铁和市郊轻轨列车，用以发展城市轨道交通系统。

(2)城市轨道交通促进城市社会、经济、资源和环境的协调发展，使城市走向可持续发展的道路。轨道交通发展使城市沿轨道交通廊道轴向发展，市区密集人口可以疏散到郊区卫星城。有了大运输量、高速正点的地铁和轻轨，人们白天到市中心上班，享受城市文明，晚上可远离喧闹的市中心，住进环境优美的郊区，同时轨道交通又是世界上公认的"绿色交通"，与其他交通方式相比污染明显减少，如表 1-3 所示。

各种交通方式能源消耗和环境污染比较 表 1-3

比较项目	城郊铁路	航空	城市道路	城市轨道交通
能源消耗	1.0	5.3	4.6	0.8
人均 CO_2 排放	1.0	6.3	4.6	1.0
人均噪声	1.0	1.5	1.7	0.4

注：以城郊铁路指标为基准。

(3)规划要有科学性、可行性、经济性、前瞻性。巴黎城区和七个行政区组成巴黎都市圈，总面积 1.2 万 km^2，人口 1100 万，市区 4000 km^2，人口 960 万。巴黎地铁 19 条线共长 551km，其中城区 199km，4 条区域快速地铁(RER)352km。乘客步行 5min 可达车站，列车最短间隔为 95s。在巴黎从单中心向多中心转变过程中，巴黎的交通部门预见到由此带来巨大客流的潜力，及时规划和建设市区地铁和郊区轨道交通。现建成 4 条 RER，线路总长近 352km，共 166 个站；同时又规划修建了 28 条辐射市郊的快速轨道线，与 RER 连接成一个功能完善的市郊铁路网，运送大量的通勤乘客。据统计，每天市郊客运量中，市郊铁路占 73%，高峰时段内市郊铁路承担总运输量的 87%。巴黎市快速轨道交通，在转轨期成功疏散了大量客流。交通联系的便捷，反过来又促进各市中心区的经济发展，从而步入良性循环轨道。

(4)重视各种渠道筹集资金，加快地铁和轻轨交通的发展。世界各国地铁和轻轨建设都靠国家、州和市政府财政补贴。有的国家规定城市税收的一定比例用于地铁建设，还鼓励大企业、财团参与地铁轻轨建设和管理。发展中国家应积极利用世界银行贷款和发达国家的低息贷款发展城市轨道交通。

(5)长远规划和近期实施相结合。依据经济技术的能力及实际需求，分期、分批、分段开工，分段调试运营，尽快取得社会经济效益，滚动发展，逐步实现长远规划目标。

(6)地铁和轻轨建设实行改革开放政策，吸取世界各国的先进技术。地铁是一门包括土木、机械、自动化、计算机、新材料、通信信号、环保等专业的系统工程，很多方面体现了当今世界最新技术。一些发达国家已积累了大量的成功经验和先进技术，只有随时吸收这些先进的技术和设备，坚持走国产化道路，不断创新，才能少走弯路。

(7)引进竞争机制，建立健全地铁运营管理体系，充分发挥现有地铁轻轨设施的功能，创造更大的社会经济效益。

(三)我国地铁的发展

1908年上海第一条有轨电车线路建成，由静安寺行驶至外滩，全长6.04km，这是中国最早的城市轨道公共交通。

1969年10月我国第一条地铁在北京建成通车(1971年投入运营)。天津地铁建设始于1970年，后因故停工，1983年复工续建，1984年12月第一条线开通运营。我国部分大城市的第一条地铁建设情况见表1-4。

我国部分城市的第一条地铁建设时间及里程 表1-4

城市	北京	天津	上海	广州	南京
建设时间	1965～1971年	1970年，后停，1983～1984年	1990～1995年	1993～1999年	2000～2005年
里程(km)	22.17	7.4	21	18.47	21.7

香港于1975年11月开始修建地铁，至1989年8月，历经14年建成了香港地铁线网全长43.2km，其中地下34.4km，高架7.6km，地面1.2km。沿线共设车站38座，其中地下28座，高架9座，地面1座。1994年香港地铁公司动工修建香港岛至新机场的地铁新线，使香港地铁线网增加至4条线路，即观塘线、荃湾线、港岛线和新机场线。

在我国大陆，城市轨道交通真正受到重视和快速发展则始于20世纪90年代以后。在此期间，我国在城市轨道交通建设的指导思想上，经历了以战略为主、兼顾交通的第一阶段，到以交通为主、兼顾人防的第二阶段，直至现在的纳入国家宏观战略、城市长远规划及考虑可持续发展的第三阶段。

截止到2007年，我国轨道交通开通运营的城市有北京、香港、台北、天津、上海、广州和深圳；正在建设中的城市有南京、重庆、沈阳、青岛、武汉、成都、西安等；列入规划或正在筹建的城市有大连、长春、哈尔滨、鞍山、杭州、宁波、乌鲁木齐、合肥、兰州、佛山、桂林、昆明、济南、福州等，部分城市有望近年开工。

部分城市轨道交通线路图或规划图见图1-1～图1-3。

目前，我国有50万～100万人口的大中城市44座，100万以上的大城市35座。根据发达国家的经验，要使快速轨道交通承担客运交通量的50%～80%，居民出行时间百万人口以上城市控制在40min，中等城市控制在30min。中等城市要修建轨道交通1～3条，100万人口以上的大城市则要修建4～8条快速轨道交通线。若所有大中城市均实现轨道交通为客运交通主体，则应该修建约300条轨道交通线路，共计约4500km。预计到2010年，将建成快速轨道交通850km，到2020年可建成2000km，到2050年将建成4500km。地铁和其他城市快速轨道交通在我国未来的50年中将有着巨大的发展潜力。

我国目前正在开展关于轻轨高架上长大无缝线路铺设引起温度应力的研究，并相应开发与之适应的轨道伸缩控制器和小阻力大调节量扣件的研制，高架轨道交通大跨度预应力钢筋混凝土桥梁徐变控制，各种设备如机车车辆、自动控制、信号、通信、防灾系统的国有化方面的研究，在这些方面都取得了丰硕成果，为我国21世纪地铁发展奠定了一定的基础。

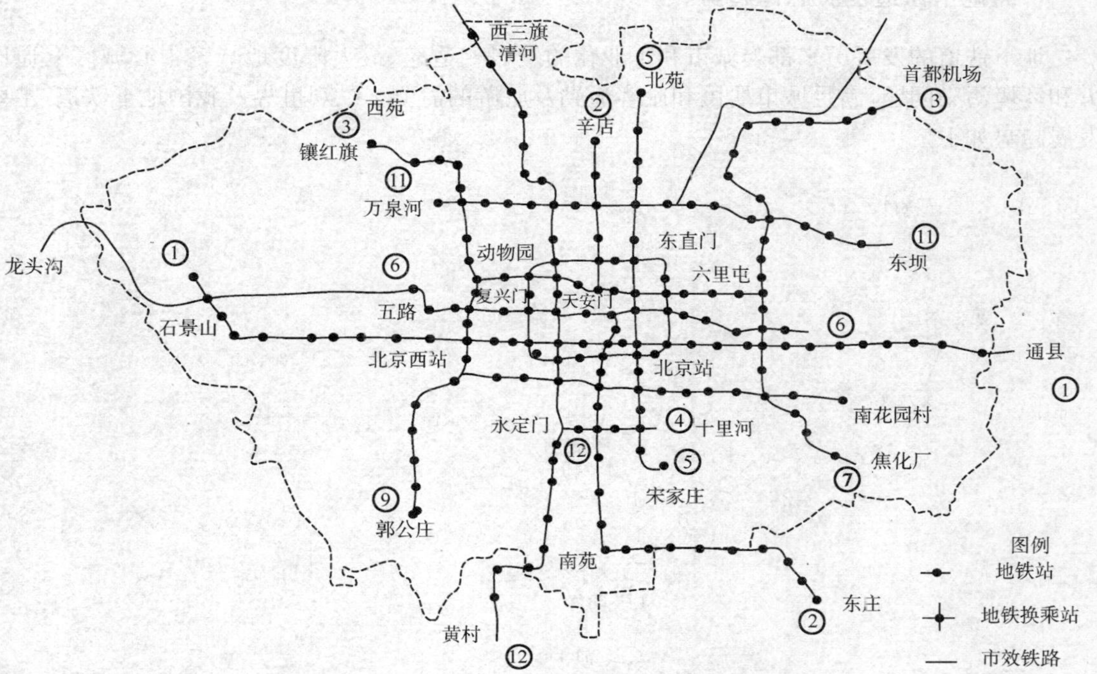

图 1-1 北京市轨道交通网络规划图(1995 年)

图 1-2 上海市轨道交通网络规划图(205 年)

(四)地下铁道发展总体趋势

地下铁道的发展历来都与城市和工业化的发展相适应，最大限度地减轻中心城区交通压力和环境污染问题，满足城市居民和旅客通勤及旅游的需要。纵观世界及我国地下铁道，主要发展趋势如下。

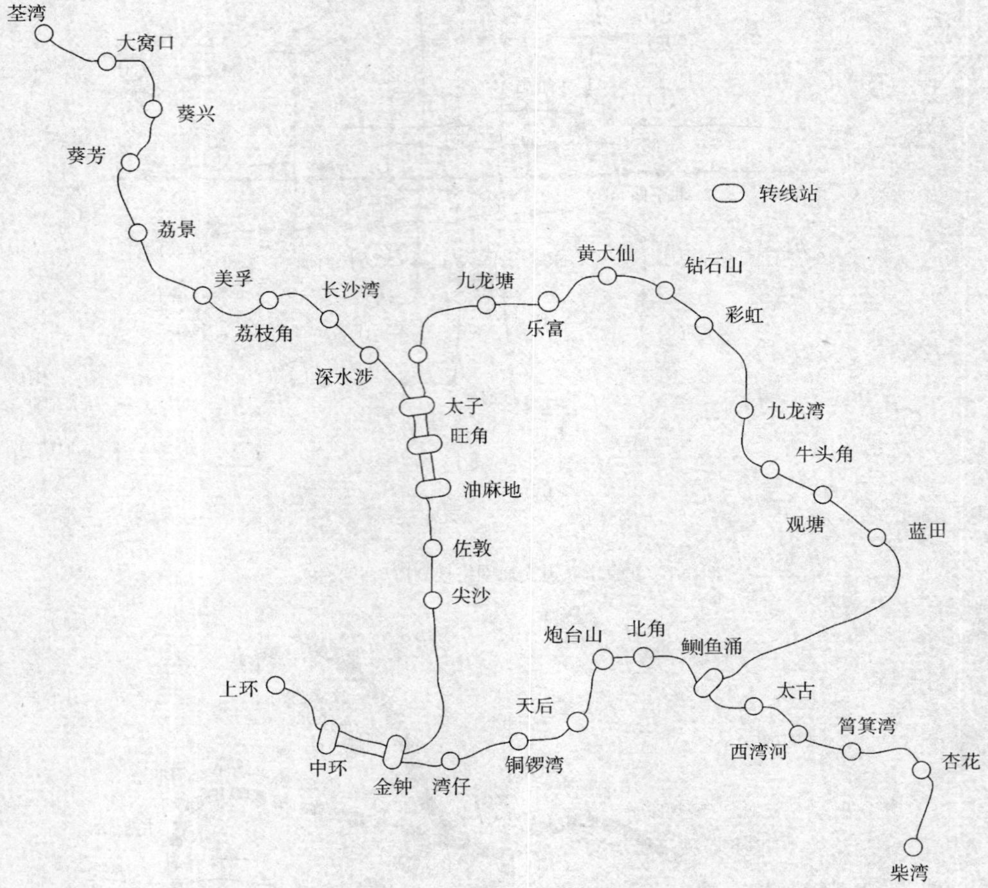

图 1-3　香港地铁线路图

1. 轨道交通与城市功能布局相协调的趋势

城市发展的总体趋势由单中心城市、多中心城市向城市连绵带(或城市群)方向发展，而且在发达国家还出现了城市郊区化趋势。地下铁道是在城市高度聚集、交通压力与日俱增的情况下出现的。同时地下铁道的发展还推动了城市多中心化和卫星城建设，随着工厂、居民区向卫星城和副中心城市的扩散以及城市功能分区和土地利用模式的变化，轨道交通在通勤方面发挥了非常重要的作用。发达国家的主要地下铁道的承担率都在 50% 以上，足以说明其重要性。大都市区和城市连绵带的出现又进一步促进了地下铁道的发展，中心城市之间为了提高通勤速度和较小空间联系成本，而产生了城际轨道交通，使得客流速度的数量空前提高。同样我国城市的发展也脱离不了国际城市发展的总体趋势，也必然要采用现代化的轨道交通与之相适应。

2. 可持续发展的趋势

可持续发展仍然是城市及其轨道交通发展的宗旨，也就是说，城市要可持续发展，地下铁道也要可持续发展。一方面，城市发展要有规划，要符合国家土地利用政策，城市发展还要符合生态环境要求，特别是要适合人类生存的要求，不能盲目贪大、崇洋，要与土地和交通设施的承载能力相结合。因此，在地下铁道建设方面特大城市和大城市就不能和中小城市有同样的标准。在城市人口密度不同和高峰客流不同的城市就应有不同类型的轨道交通或公共交通方式与之配套。地下铁道本身也要可持续发展，在规划和建设初期就应有超前的眼光确立本地下铁道的发展方案，避免在建设或以后的发展中出现失误。我国几十年的轨道交通发展经历，已经充分说明了地下铁道缺少系统的发展策略和明确的发展方向，只能造成地下铁道发展的飘浮不定，落后于时代，满足不了居民生活和经济发展的需要。

3. 大城市或特大城市以轨道交通为主的趋势

国内外地下铁道的发展经验证明轨道交通应在大城市的公共交通中担当主要角色。除了发达国家外，一些新兴工业化国家和地区的城市轨道也有了较大发展。墨西哥城 10 年内修建了 150km 地铁，到 2000 年已有 21 条地铁通车，全长 400km，承担了 58%的客运。另外，香港、新加坡、首尔、台北、高雄等地下铁道也都发挥了主要作用。我国经济发展水平还较为落后，特别是城市化水平落后于工业化水平，今后几十年将是我国城市化发展高峰，必然要有大量的农民转化为城市居民，城市规模和数量将有很大的增长。目前，已经出现的城市交通拥挤问题必然会进一步恶化。因此，在市区要限制小汽车数量，大力发展以轨道交通为主的公交体系对我国来讲尤为重要和迫切。

4. 各种轨道交通多元化、立体发展的趋势

从巴黎轨道交通发展的格局来看，城际高速列车、城市地铁、轻轨、有轨电车、无轨电车、市郊铁路等通过有机配合，形成多元化发展。不仅有地下轨道，还有地上轨道和架空轨道，形成了轨道交通的立体空间结构。巴黎的轨道交通受城市道路的影响很大，由于当地法律规定私人建筑下面的空间、城市公用设施等无权占用，因此，地下和地上轨道都沿着既有的城市道路建设，弯弯曲曲，上上下下，形成了一道美丽的城市风景线。其多元化、立体发展有利于各种交通方式的换乘，极大地方便了居民的出行。

本章小结

地下铁道指在城市中修建的快速、大运量的电力牵引的轨道交通系统，具有运量大、速度快、时间准、污染少、安全舒适、占地少、与城市道路无平面交叉等优点。地下铁道主要由车站、区间和车场（又称车辆段）三部分组成。

地铁与轻轨同属于城市快速轨道交通的一部分，也都是标准轨距的钢轮—钢轨系统。但由于交通容量的不同，地铁与轻轨在工程设计标准如轮轨系统、线路坡度、曲线半径、车辆编组、牵引动力等方面均有所差异。

世界地铁的发展经历了一个曲折的发展历程，大致分为以下几个阶段：

(1)初步发展阶段(1863～1924 年)；

(2)停滞萎缩阶段(1924～1949 年)；

(3)再发展阶段(1949～1969 年)；

(4)高速发展阶段(1970 年至今)；

(5)21 世纪的地铁将以高速、正点、低能耗、少污染、安全、舒适等功能吸引着大中城市 80％以上的客运量，美国、日本、德国、法国等经济发达国家不断增加地铁的科技投入，将许多新材料、新技术、新工艺运用在地铁工程中。

思考与练习

1. 什么是地下铁道，地下铁道由哪几部分组成，有哪些特点？
2. 说明地铁与轻轨的异同。
3. 简述地铁的发展历程及发达国家发展地铁的经验。
4. 简述我国地铁的发展概况。
5. 搜集有关地铁发展的资料。

第二章 线路设计

【本章能力目标】：通过本章的学习，学生应能根据地铁线路的作用、客流方向、城市道路网分布状况及主体结构施工方法等因素初步进行地铁线路的选线设计、路由选择及车站布置；能结合地面建筑、地下管线、水文地质条件等因素初步进行线路的平面设计与纵剖面设计；能初步进行路基结构设计。具有从事地铁线路和路基工程初步设计的能力。

【知识目标】：通过本章的学习，学生应了解地铁线路设计的阶段及各阶段的主要任务；了解限界的概念及一般规定，熟悉地铁限界的主要形式；熟悉影响地铁线路及路由选择的主要因素，熟悉影响地铁车站分布的主要因素，了解辅助线的形式与作用；熟悉线路平面设计主要参数及要求，掌握线路平面位置选择要点；熟悉纵剖面设计的主要参数与要求，熟悉影响纵剖面设计的主要因素；熟悉路基设计的要点及路基填料的一般要求。

第一节 概 述

线路设计一般分为四个阶段，即可行性研究阶段、总体设计阶段、初步设计阶段和施工设计阶段。通过不同的设计阶段，逐步由浅入深，不断比较线路平面、纵剖面和坡度、线路与车站的关系，最后得到地铁线路在城市三维空间中的准确位置。

可行性研究阶段主要是通过线路多方案比选，完善线路走向、路由、敷设方式，稳定车站、辅助线等的分布，提出设计指导思想、主要技术指标、线路平纵剖面及车站的大致位置等。

总体设计阶段是根据可行性研究报告及审批意见，通过方案比选，初步稳定线路平面位置、车站位置、辅助线形式、不同敷设方式的过渡段位置，提出线路纵剖面的初步标高位置等。

初步设计阶段是根据总体设计文件及审查意见，完成对线路设计原则、技术标准等的确定，稳定线路平面位置，基本稳定车站位置及右线纵剖面设计。

施工设计阶段是根据初步设计文件及审查意见，有关专业对线路平纵剖面提出的要求，对部分车站位置及个别曲线半径等进行微调，对线路平面及纵剖面（包括左线）进行精确计算和详细设计，提供施工图纸说明文件。

地铁线路按其在运营中的作用，分正线、辅助线和车场线。正线为载客运营的线路，行车速度高、密度大，且要保证行车的安全和舒适，因此线路标准较高。辅助线为空载列车折返、停放、检查、转线及出入车辆段服务，包括折返线、渡线、车场出入线、联络线等。辅助线是为保证正线运营而配置的线路，一般不行驶载客车辆，速度要求较低，故线路标准也较低。车场线是车辆段场区作业的线路，行车速度低，故线路标准只要满足场区作业即可。

地下铁道线路在城市中心地区宜设在地下，在其他地区，如市郊、市区与各卫星城之间，条件允许时可设在高架桥和地面上，这样布置可以节约工程造价，加快施工速度。

地下铁道的地下线路的平面位置和埋设深度，应根据地面建筑物、地下管线和其他地下构筑物的现状和规划、工程地质和水文地质条件、采用的结构类型及施工方法、施工对城市居民生活的干扰、建成后运营要求等因素，经技术、经济综合比较确定。

地下铁道每条线路均应按独立运营进行设计，线路之间以及线路与其他交通线路之间的相交处，应为立体交叉。两条地铁线路应根据需要设置联络线。联络线主要解决车辆调配和转线运行的需要。地下铁道的车站应设在客流量大的集散点和地下铁道线路交汇处。车站的距离应根据实际需要确定，在市区宜为 1km 左右，在郊区不宜大于 2km。

第二节　限　　界

地铁列车运行需要特定的空间。根据车辆轮廓尺寸和性能、线路特性、设备安装及施工方法等因素经技术经济综合比较确定的空间尺寸称为限界。简言之，限界就是一种规定的轮廓线，轮廓线以内的空间是保证地铁列车安全运行所必需的空间。为了确保运营的安全，各种建(构)筑物和设备均不能侵入该轮廓线。

限界是确定地铁行车轨道周围有关构筑物的净空大小和各种设备、管线相互位置的依据，是设计与施工必须共同遵守的技术规定。例如隧道的断面尺寸、桥梁的宽窄，都是依据限界确定的。限界越大，安全度越高，但工程量和工程投资也随着增加。地下铁道限界应根据车辆尺寸、线路特性、安装施工精度等因素进行综合比较，确定一个既能保证列车运行安全，又不增加桥梁、隧道空间的经济合理的断面，这就是地铁工程限界设计的任务和目的。

一　确定限界的一般规定

(1)地铁限界应根据车辆轮廓线和车辆有关技术参数，结合线路、轨道条件、受电方式、设备及管线安装和施工方法等因素，按规定的计算方法进行设计。

(2)地铁限界分为车辆限界、设备限界、建筑限界。受电弓限界或受流器限界是车辆限界的组成部分，接触轨限界属于设备限界的辅助限界。

(3)车辆限界是车辆在正常运行状态下行车的最大动态包络线。直线地段车辆限界分为隧道内车辆限界和高架或地面线车辆限界，高架或地面线车辆限界应在隧道内车辆限界基础上，另加当地最大风荷载引起的横向和竖向偏移量。

(4)设备限界是用以限制设备安装的控制线。直线地段设备限界是在直线地段车辆限界外扩大一定安全间隙后形成：车体肩部横向向外扩大 100mm，边梁下端横向向外扩大 30mm，接触轨横向向外扩大 185mm，车体竖向加高 60mm，受电弓竖向加高 50mm，车下悬挂物下降 50mm。转向架部件最低点设备限界离轨顶面净距：A 型车为 25mm，B 型车为 15mm。曲线地段设备限界应在直线地段设备限界基础上，按平面曲线不同半径、过超高或欠超高引起的横向和竖向偏移量，以及车辆、轨道参数等因素计算确定。

(5)建筑限界是在设备限界基础上，考虑了设备和管线安装尺寸后的最小有效断面。在宽度方向上设备和设备限界之间应留出 20～50mm 的安全间隙。当建筑限界侧面和顶面没有设备或管线时，建筑限界和设备限界之间的间隙不宜小于 200mm；困难条件下不得小于 100mm。建筑限界中不包括测量误差、施工误差、结构沉降、位移变形等因素。

(6)相邻的双线，当两线间无墙、柱及其他设备时，两设备限界之间的安全间隙不得小于100mm。

(7)本规定适用于A型和B2型受电弓车辆以及B1型受流器车辆。当选用其他类型车辆时，应重新核算车辆限界、设备限界和建筑限界。

二 制定限界的基本参数

(一)车辆的基本参数

A型车参数取自广州地铁1号线、上海地铁1、2号线；B1型车参数取自长春客车厂提供的资料；B2型车的参数参照B1型车得到。各种车辆基本参数参照表2-1。

各型车辆基本参数表(单位:mm)　　表2-1

参数 \ 车型	A型	B型		
		B1型		B2型
		上部受流	下部受流	
计算车辆长度	22100	19000		
车辆最大宽度	3000	2800		
车辆高度	3800	3800		
车辆定距	15700	12600		
转向架固定轴距	2500	2300(2200)		
地板面距走行轨面高度	1130	1100		
受电弓落弓高度	3810	—		3810
受电弓最大工作高度	5410	—		5410
受流器端部距车体横向中心距离	—	1473	1440	—
受流器中心距走行轨顶面工作高度	—	140	256	—

线路、轨道参数采用行车速度小于或等于80km/h时的数据。当行车速度大于80 km/h且小于或等于100 km/h时，直线地段车辆限界和设备限界会有小的变化，但不影响建筑限界。

(二)限界的基本参数

制定限界的基本参数应符合下列规定。

(1)接触导线距轨顶面安装高度：

①隧道内为4040mm；

②高架和地面线地段最小为4400mm；

③车辆段车场线为5000mm。

(2)正线平面曲线最小半径：A型车300m，B型车250m。

(3)轨道超高：

①最大超高值 120mm；

②超高设置方法有两种：一是内轨降低半个超高，外轨抬高半个超高；二是外轨抬高一个超高。

(4)高架线或地面线风荷载按 600N/m² 计。

三 地铁隧道限界

地铁隧道建筑限界分为矩形隧道建筑限界、马蹄形隧道建筑限界、圆形隧道建筑限界、高架线及地面线建筑限界、车辆段车场线建筑限界。

区间直线地段各种类型建筑限界应满足各种设备安装的要求。

曲线地段矩形和马蹄形断面隧道建筑限界，应按直线地段的建筑限界分别进行加宽和加高。

采取盾构法施工的圆形隧道，应按全线最小曲线半径确定建筑限界。

道岔的建筑限界，在直线段上应根据不同种类的道岔和车辆的有关尺寸，计算出加宽量和安装设备所需的加高量，分别进行加宽和加高。

竖曲线地段的建筑限界，在直线段上应根据不同竖曲线半径及车辆有关尺寸计算的加高量进行加高。

车站直线段的站台高度应低于车厢地板面，其高差宜为 50～100mm。站台边缘距车辆外侧面之间的距离宜采用 100mm。

直线段隧道限界与坐标位置规定如下：

(1)区间直线地段圆形隧道限界，如图 2-1 所示；

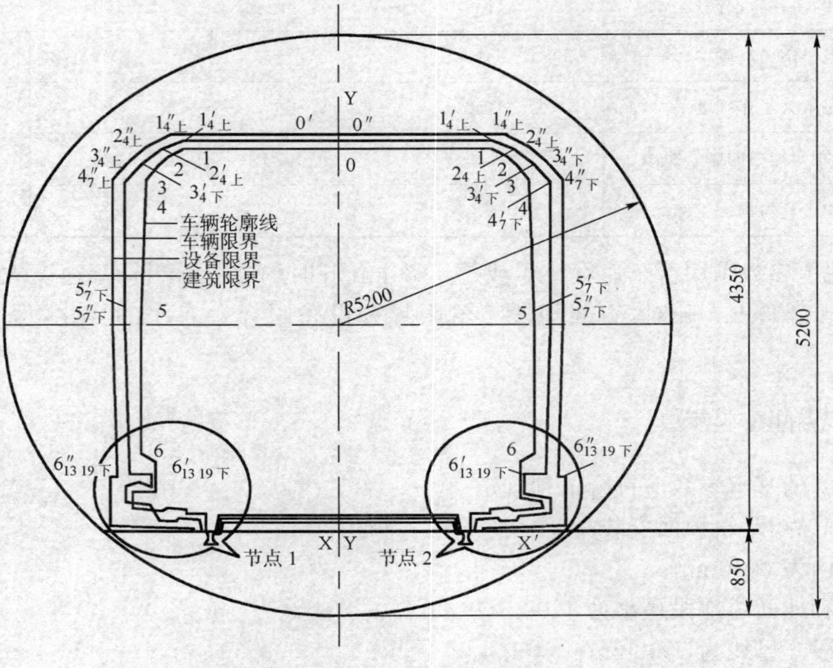

图 2-1　区间直线地段圆形隧道限界(尺寸单位：mm)

(2)区间直线地段矩形隧道限界，如图 2-2 所示；

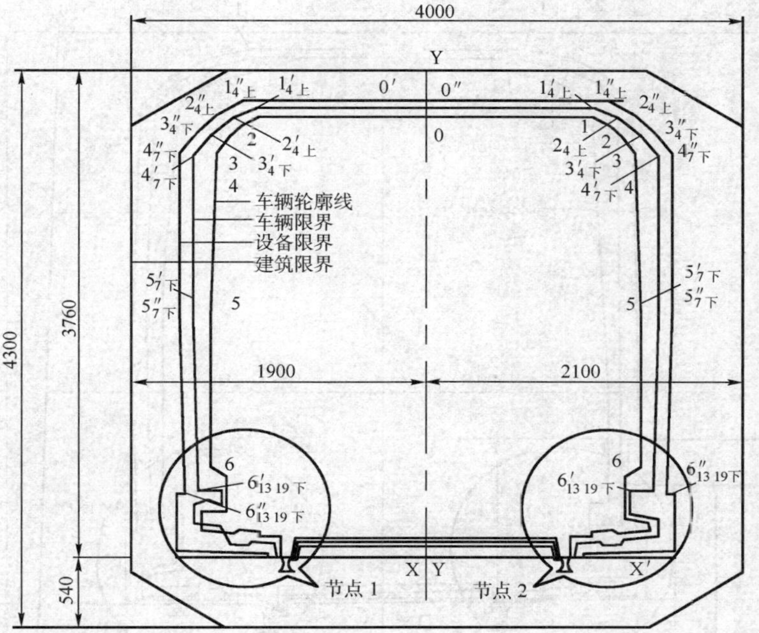

图 2-2　区间直线地段矩形隧道限界（尺寸单位：mm）

(3)区间直线地段马蹄形隧道限界，如图 2-3 所示；

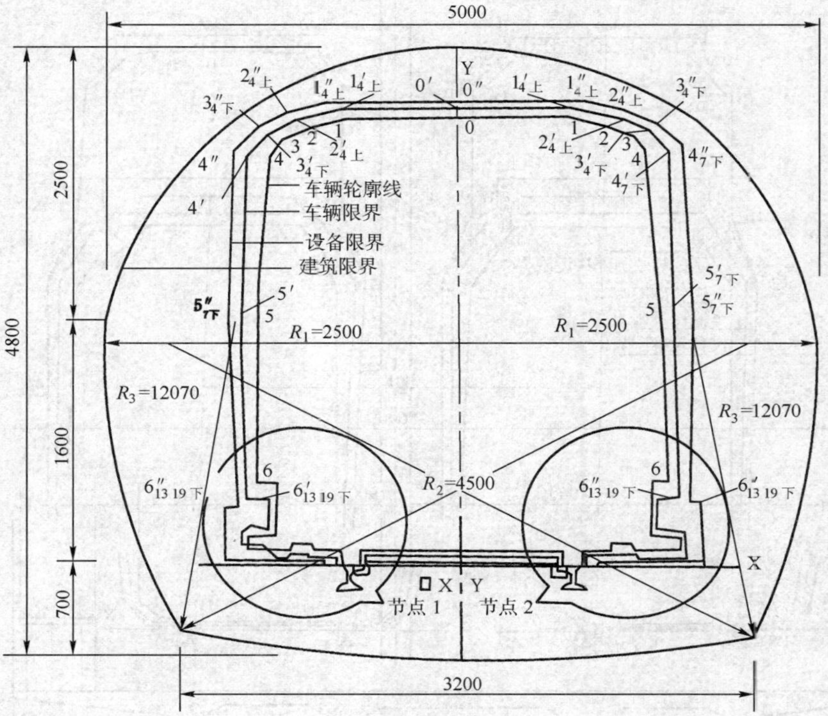

图 2-3　区间直线地段马蹄形隧道限界（尺寸单位：mm）

(4)车站地段矩形隧道限界,如图 2-4 所示。

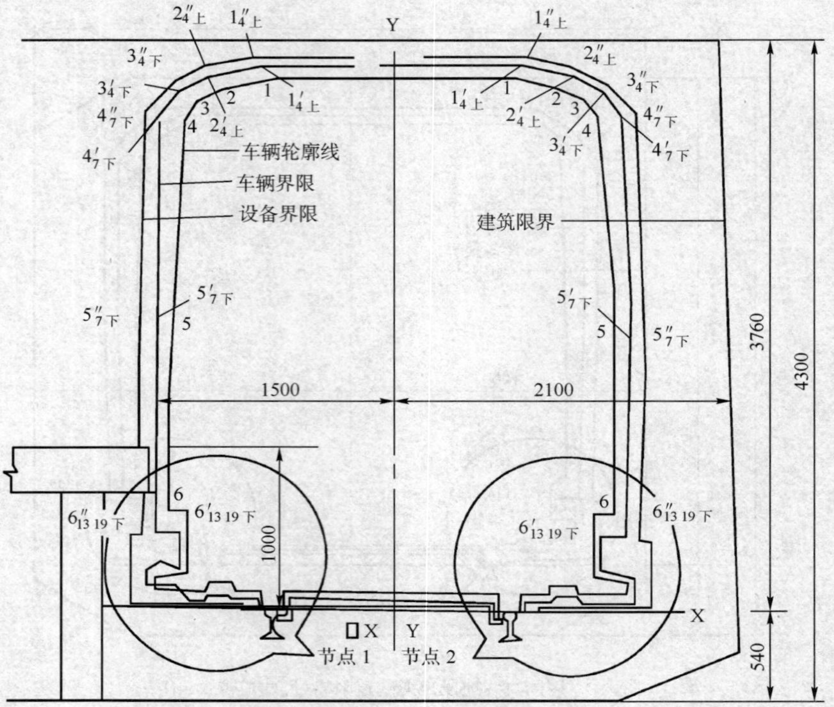

图 2-4　车站地段矩形隧道限界(尺寸单位:mm)

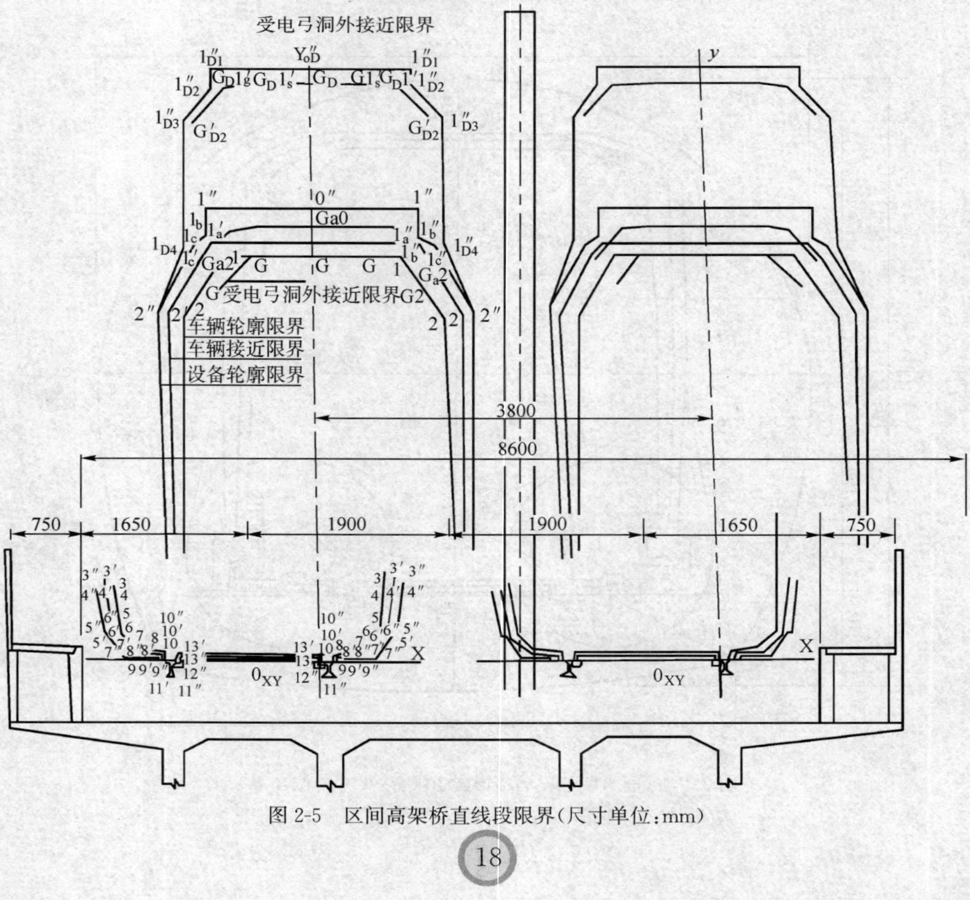

图 2-5　区间高架桥直线段限界(尺寸单位:mm)

图 2-1～图 2-4 中车辆轮廓线坐标值、车辆限界坐标值以及设备限界坐标值，均可参见《地铁设计规范》(GB 50157—2003)，这里不再列出。

高架桥面建筑限界宽度一般为 8600mm。线路中心至防护栏内侧距离为 2400mm，侧向人行道宽度为 750mm。若两路线之间设接触轨受电，线路间距宜为 3800mm。区间高架桥直线段限界见图 2-5，轮廓线坐标值参见《地下铁道设计规范》(GB 50157—92)。

第三节　线路选线及车站分布

线路选线既是线网规划及预可行性研究阶段的内容，也是可行性研究阶段的内容。线路选线任务包括设计线路走向、线路路由、车站分布、辅助线分布、线路交叉形式、线路敷设方式等。

一　线路方向及路由选择

(一)线路方向及路由选择要考虑的主要因素

1. 线路的作用

(1)为城市居民的生产、生活提供交通服务，是修建地下铁道的主要目的。在为城市交通服务中，还应包括为城市哪一地区或哪一方向的客流服务，该项工作由地铁线网规划报告或项目建议书所确定。起讫点和必要点即线路走向体现这一服务的目的，因此也由线网报告和项目建议书所确定。例如：上海地铁 1 号线一期工程是为解决上海市漕河泾、徐家汇、人民广场及上海火车站地区之间的南北客流交通，因此新龙华(规划铁路第二客站)、徐家汇、人民广场、上海火车站是必经的控制点。如图 2-6 所示。

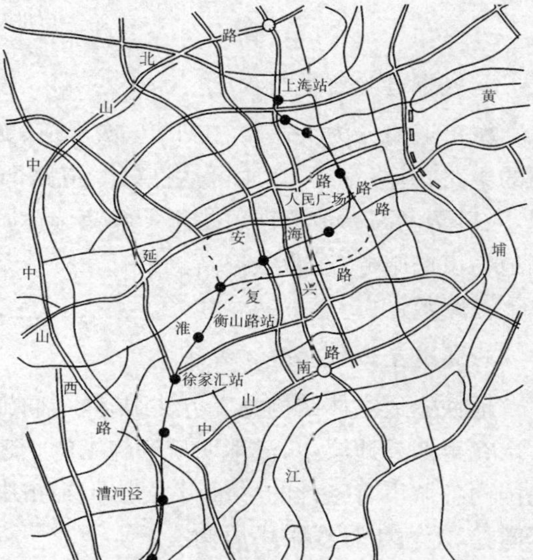

图 2-6　上海地铁 1 号线示意图

(2)其他：包括为战备、物资运输、安装电缆等服务。地下铁道多数建于地下，由于它的隐蔽性，在战争状态下，它可以用来隐蔽人员、物资，调动兵员和开办地下军工厂等。“二战”期间的伦敦、莫斯科地铁都发挥了很好的战略作用。

2. 客流分布与客流方向

无论从地铁的内部效益，还是从方便市民搭乘地铁的社会效益，都要求地铁最大限度地吸引客流。地铁线路应尽量多地经过一些大客流集散点，为此，往往要放弃控制点间的最短路由方向。例如，上海地铁一期工程衡山路至人民广场之间，长度约 5km，有复兴中路、淮海中路和延安中路 3 条路由可选，以复兴中路方案为最短，施工干扰也小，但最后选定线路长 200m 的淮海中路方案，理由是淮海中路是繁华商业街，吸引客流比复兴中路大 50%。又如广州地铁一期工程，杨箕至广州火车东站间，长约 4km，中间有天河体育场为控制点，路由有体育西路、体育东路、东莞路三组方案。体育西路方案线路长度最短，客流方向最顺；东莞路方案吸引天河开发区，客流最多；最后选取线路长 500m，能吸引天河开发区客流的体育东路方案，见图 2-7。

图 2-7　广州天河体育场路段方案

3. 城市道路网分布状况

城市道路分为快速路、主干道、次干道、支路等。快速路、主干道是贯穿整个城市或各区之间的主路，道路宽阔、交通可达性好。道路两侧往往集中了许多重要的机关、单位、商业等部门，人口密度高。地下铁道线路一般应选择城市主路敷设，吸引范围内客流多，换乘方便，能更好地为市民服务，运营效益高。只有在特殊条件下或为了转换主路，在过渡地段才选择次干道以下道路敷设。

4. 隧道主体结构施工方法

地铁隧道主体结构施工方法很多，不同施工方法的土建费用和对城市的干扰程度差别很大。在第四系地层中，浅埋明挖法施工的土建费用省，但对城市干扰大，暗挖法反之。所以，目前国内各城市有条件的尽量用明挖，但在市中心区则采用暗挖，如北京复—八线的区间采用浅埋暗挖，上海 1 号线采用盾构法。

5. 城市经济实力

地下铁道建设费用很高，每千米造价数亿元。限于财力，在路由选择上，为了降低造价，除有计划地与旧城改建结合之外，要尽量避免对城市造成大量的拆建工程。此外，各城市根据经济状况需要有计划分期、分批建设，如北京地铁一、二期工程，见图 2-8。

除上述五方面经常考虑的因素之外，城市发展与改造计划，城市的地理环境条件（地形、地质、水文、周边城镇发展），线路敷设方式等都影响路由选择，在特定条件下还可起主导作用。

（二）通过特大型客流集散点的路由选择

目前国内尚未对特大型客流集散点进行量值定义，也未见到这方面的国外资料，多年的实践经验认为：对地铁产生 3 万上下车人次/小时或 20 万上下车人次/日及以上客流量的，称之为特大型客流集散点较适宜。一般情况下，城市的对外交通枢纽（铁路客运站、航空港、客运码头、长途汽车总站）、市内公交总站、大型商业中心、大型公园广场、大型展览中心、大型体育中心等都有可能成为特大型客流集散点。

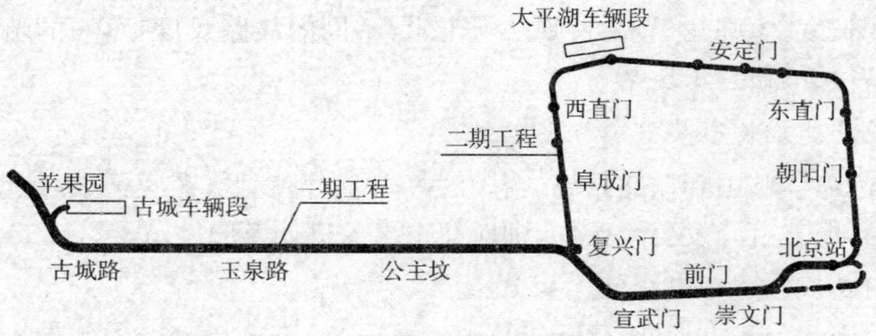

图 2-8　北京地铁一、二期工程

对于特大型客流集散点，地铁线路必须照顾到，并在乘客使用方便的地点设站。

（三）路由方案选择

地铁路由对地铁工程建设和城市发展影响重大，应多做路由方案比较。主要应从吸引客流条件、线路条件、施工条件、施工干扰、对城市的影响、工程造价、运营效益等多个方面进行综合比较。

二　车站分布

在通常情况下，车站宜设在广场、干线街道交叉点、铁路车站、运动场或公园附近；在轨道交通线路交叉点上，包括地铁线路与地铁线路、地铁线路与轻轨线路、地铁线路与市郊铁路之间的交叉点，最好设置车站，以便换乘。

（一）影响车站分布的因素

1. 大型客流集散点

大型客流集散点往往是城市的政治、经济活动中心，是城市的窗口地段。该地段不但客流数量大，而且集中，地面交通压力很大。地铁通过车站吸引这些客流充分发挥自身的效能，并且对解决城市交通能够起到积极作用，所以地铁在大型客流集散点上必须设车站。如根据北京地铁公司客流调查资料，1983 年地铁一号线苹果园、古城路、前门、北京站等四站上下车人数占总人数的 55.6％，四个站平均上下车人数为其他车站的 4.1 倍；1991 年地铁一号线前述四站加环线西直门站，进站人数占总进站人数的 40.4％，每站平均进站人数为其他各站进站人数的 4.7 倍，复兴门换乘站的上车人数为其他各站平均上车人数的 5.4 倍。以上各站的位置是北京市石景山工业区、前门商业区、北京火车站、天安门广场、西直门公共交通总站、地铁一号线与环线的换乘站等特大型及大型客流集散点。

2. 城市规模大小

城市规模大小包括城市建成区和规划区面积及人口。城区面积越大，人口越多，线路上客流量越大，乘距长时，地铁应以长距离乘客为主要服务对象，车站宜稀疏一些，以提高地铁乘客的交通速度。反之，车站分布宜密一些。

3. 城区人口密度

人口密度大，在同样吸引范围内，发生的交通客流量大，因此车站分布宜密一些。

4. 线路长度

一条线路的长度，短则几千米，长则几十千米，不同的线路长度，车站的疏密亦有所不同，短线路宜多设站，长线路宜少设站。

5. 城市地貌及建筑物布局

城市中的江、河、湖、山和铁路站场、仓库区等，人口密度低，甚至无人，地铁在穿越这些地区时可以不设站，但若有开发公园条件，则应在主出入口处考虑设站。

6. 地铁线网及城市道路网状况

两条地铁线路交叉时，在其交叉点应设乘客换乘站；地铁与城市主干道交叉时，在交叉点处也应设车站。

7. 人们对站间距离的要求

在车站分布数量上，除了大型客流集散点应设换乘站外，其他车站的设置，主要受人们对站间距离要求所支配。对于平均站间距离，国际上有两种趋向，一种是小站间距，平均为 1km 左右；一种是大站间距，平均 1. 6km 左右。香港地铁平均站间距为 1050m，其中港岛线为 947m；莫斯科地铁平均站间距为 1. 7km 左右。我国地铁在吸收世界地铁建设经验的基础上，在地铁设计规范中规定“车站间的距离应根据现状及规划的城市道路布局和客流实际需要确定，一般在城市中心区和居民稠密地区为 1km 左右，在城市外围区根据具体情况应适当加大”。我国已建地铁站间距离如表 2-2 所示。

我国已建地铁平均站间距离　　表 2-2

城市名称	线　别	线路运营长度 (km)	车站个数	平均站间距离 (m)
北京	1 号线西段	16.87	12	1534
北京	环线	23.01	18	1278
北京	复—八线	13.5	11	958
上海	地铁 1 号线(一期)	16.1	13	1200
上海	地铁 2 号线(一期)	13.5	10	1277
上海	明珠轻轨线	24.975	19	1370
广州	地铁 1 号线	18.47	16	1086
广州	地铁 2 号线	23.21	20	1105
天津	一期工程	7.4	7	1100

除上述因素外，线路平面、纵剖面、车站站位的地形条件，城市公交车线路网及车站位置，也会对地铁车站分布数目造成一定的影响。

(二)车站分布对市民出行时间的影响

就一条线路而言，车站数目的多少，直接影响市民乘地铁的出行时间。车站多，市民步行到站距离短，节省步行时间，可以增加短程乘客的吸引量；车站少，则恰恰相反，提高了交通速度，减少乘客在车内的时间，可以增加线路两端乘客的吸引量。

(三)车站分布的比选

车站分布应根据上述内容经科学的综合分析、详细的方案比选后确定。这里需要强调一点，地铁车站数目多对建设费用、运营成本、施工干扰等都有很大影响，在市场经济条件下，车站分布一定要进行经济效益的比较。在布设车站时，除了考虑合理站间距之外，还应注意以下几点：

(1)站间距离应尽量均衡；

(2)站位应设于汇集大量客流的重要场所附近，并保证与其他交通换乘的方便；

(3)设站要考虑该地区的发展，与城市规划相协调；

(4)具体站位还要考虑施工条件、道路状况、交叉口等道路形态及地面交通情况。

第四节　线路平面

地铁是在高人口密度、高建筑物密度、高交通密度的城市市区环境里修建的，城市空间十分拥挤而且宝贵。地铁线路必须为节约土地及空间而精心设计，尽量与道路红线及城市主要建筑物相平行，地铁隧道、车站、出入口等，有条件与城市建筑相结合的，应尽量结合。

一　线路平面设计的主要技术要素

地铁线路一般由直线、圆曲线以及连接直线与圆曲线的缓和曲线构成。地铁线路平面设计的主要要素有最小曲线半径、缓和曲线线型及长度、夹直线长度、最小圆曲线长度等。

(一)曲线半径

小半径线路有诸多缺点，如需要较大的建筑接近限界去容纳与车辆端部和中部的偏移距离，加速轮轨磨耗，增加噪声和振动，限制行车速度等。地铁车站站间距离小，列车旅行速度一般不低于 35km/h，最高运行速度一般为 80～120km/h。对于连接市中心与周边卫星城的线路及开行大站快车线路，平均站间距离大，其最高运行速度应大于 80km/h。

曲线半径宜按标准半径从大到小合理选用。实际工作中，最大半径一般很少超过3000m。400m 以下的曲线半径轮轨磨耗大，噪声大，应尽量少用，尤其在两站间的区间中部更应少用。《地下铁道设计规范》规定最小曲线半经如表 2-3 所示。

最小曲线半经　　表 2-3

线路		一般情况(m)		困难情况(m)	
		A型车	B型车	A型车	B型车
正线	≤80km/h	350	300	300	250
	>80km/h ≤100km/h	550	500	450	400
联络线、出入线		250	200	150	
车场线		150	110	110	

注：除同心圆曲线外，曲线半径应以 10m 的倍数取值。

辅助线一般为不载客运行线路，而且通过的列车对数较少，行车速度较低，应比表 2-3 中规定的最小曲线半径标准略低。

车场线的最小曲线半径，是根据道岔的导曲线半径及车辆构造允许的最小曲线半径等因素确定的。

车站的站台段应设在直线上，在困难地段可设在曲线上，其半径不应小于 800m。

道岔应设在直线上，道岔端部至曲线端部的距离不宜小于 5m，车场线可减小到 3m。

(二)曲线连接

为了保证列车运行的平顺，满足曲率过渡、轨距加宽和超高过渡的要求，保证乘客舒适安全，在正线上当曲线半径等于或小于 3000m 时，圆曲线与直线间应根据曲线半径及行车速度按表 2-4 规定设置缓和曲线。缓和曲线线型可以是放射螺旋形或三次抛物线型。

缓 和 曲 线 长 度　　　　表 2-4

v_{max} (km/h) / R(m)	100	95	90	85	80	75	70	65	60	55	50	45	40	35	30
3000	30	25	20	—	—	—	—	—	—	—	—	—	—	—	—
2500	35	30	25	20	20	—	—	—	—	—	—	—	—	—	—
2000	40	35	30	25	20	20	—	—	—	—	—	—	—	—	—
1500	55	50	45	35	30	25	20	—	—	—	—	—	—	—	—
1200	70	60	50	40	35	30	25	20	20	—	—	—	—	—	—
1000	85	70	60	50	45	35	30	25	25	20	—	—	—	—	—
800	85	80	75	65	55	45	40	35	30	25	20	—	—	—	—
700	85	80	75	70	60	50	45	35	30	25	20	20	—	—	—
650	85	80	75	70	60	55	45	40	35	30	20	20	—	—	—
600		80	75	70	70	60	50	45	35	30	20	20	20	—	—
550			75	70	70	65	55	45	40	35	20	20	20	—	—
500				70	70	65	60	50	45	35	20	20	20	20	—
450					70	65	60	55	50	40	25	20	20	20	—
400						65	60	60	55	45	25	20	20	20	—
350							60	60	60	50	30	25	20	20	20
300								60	60	60	35	30	25	20	20
250									60	60	40	35	30	20	20
200										60	40	40	35	25	20
150												40	40	35	25

地下铁道线路不宜采用复曲线。在困难地段，有充分技术依据时可采用复曲线。复曲线上当两圆曲线的曲率差大于 1/2500 时，应设置中间缓和曲线，其长度应根据计算确定，但不应小于 20m。

正线及辅助线的圆曲线最小长度不宜小于 20m，在困难情况下不得小于一个车辆的全轴距。全轴距系指一节车辆第一位轴至最后位轴之间的距离，目前我国地铁车辆的全轴距最大不超过 20m。

夹直线是指相邻两曲线端点间的直线。夹直线长度短于一节车厢时，会出现同一车辆同时跨越两条曲线，引起车辆左右摇摆，影响行车平稳性，增大钢轨磨耗。因此要求正线及辅助线上两相邻曲线间的夹直线长度 A 型车不得小于 25m，B 型车不得小于 20m，车场线上夹直线长度不得小于 3m。

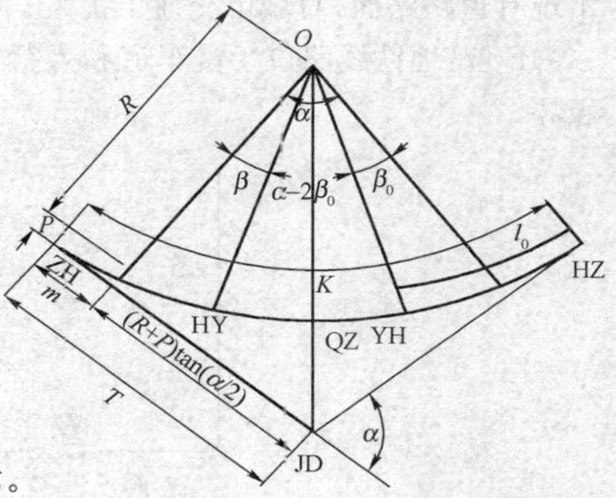

图 2-9　缓和曲线示意图

(三)平曲线参数计算

直线、圆曲线及缓和曲线的相互位置如图 2-9 所示。

加设缓和曲线后的切线总长 T、曲线总长度 K、外矢距 E_0 的计算公式如下：

$$\begin{cases} T=(R+P)\cdot\tan\dfrac{\alpha}{2}+m \\ K=R\cdot\dfrac{\pi\alpha}{180}+l_0 \\ E_0=(R+P)\cdot\sec\dfrac{\alpha}{2}-R \end{cases} \tag{2-1}$$

式中：R——圆曲线半径；

α——线路转角；

l_0——缓和曲线长度；

P——圆曲线内移距离，$P=\dfrac{l_0^2}{240R}-\dfrac{l_0^4}{2688R^3}$；

m——切垂距，$m=\dfrac{l_0}{2}-\dfrac{l_0^3}{240R^2}$。

另外，曲线起讫点里程，可按下列方法推求：

ZH(直缓点)里程，根据里程在平面上量得；

HZ(缓直点)里程＝ZH 里程＋K；

HY(缓圆点)里程＝ZH 里程＋l_0；

YH(圆缓点)里程＝HZ 里程－l_0。

二　线路平面位置选择

(一)地下线平面位置

1. 位于道路规划红线范围内

地铁位于城市规划道路范围内，对道路红线范围以外的城市建筑物干扰较小，是常用的线路平面位置。图 2-10 是地铁线路的三种代表位置。

A 位：地铁线路居道路之中心，对两侧建筑物影响小，地下管网拆迁较少，有利于地铁线路截弯取直，减少曲线数量，并能适应较窄的道路红线宽度。缺点是当采用明挖法施工时，破坏了现有道路路面，对城市交通干扰大。

B位：地铁线路位于慢车道和人行道下方，能减少对城市交通的干扰和对机动车路面的破坏。

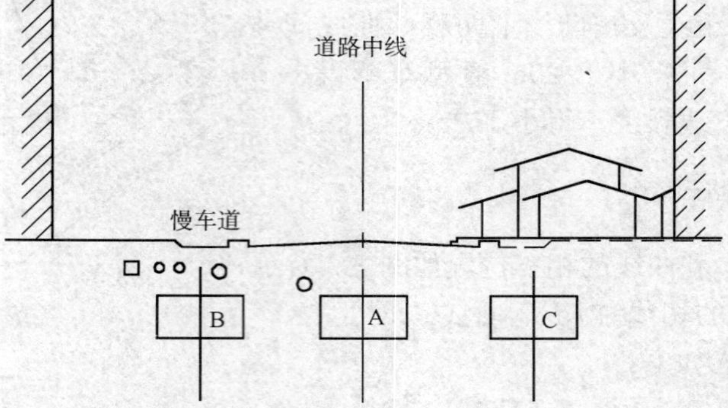

图 2-10　地铁线路设置位置示意图

C位：地铁线路位于待拆迁的已有建筑物下方，对现有道路及交通基本上无破坏和干扰，地下管网也极少。但房屋拆迁及安置量大，只有与城市道路改造同步进行，才十分有利。

2.位于道路范围以外

在有利的条件下，地下线置于道路范围之外，可以达到缩短线路长度，减少拆迁，降低工程造价之目的。这些条件是：

(1)地质条件好，基岩埋深浅，隧道可以用矿山法在建筑物下方施工。

(2)城市非建成区或广场、公园、绿地(耕地)。

(3)老的街坊改造区，可以同步规划设计，并能按合理施工顺序施工。

除上述条件外，若线路从既有多层、高层房屋建筑下面通过时，不但施工复杂、难度大，并且造价高昂，选线时要尽量避免。

(二)高架线路平面位置

高架线路平面位置选择，较地下线严格，自由度更少，一般要顺城市主路平行设置，道路红线宽度宜大于40m。在道路横断面上，地铁高架桥墩柱位置要与道路车行道分幅配合，一般宜将桥墩置于分隔带上，如图2-11所示。

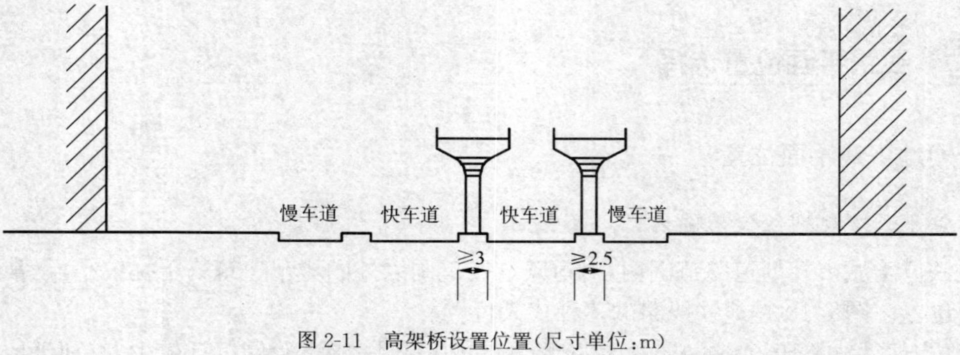

图 2-11　高架桥设置位置(尺寸单位：m)

位于道路中心线上对道路景观较为有利，噪声对两侧房屋的影响较小，路口交叉处对转弯机动车影响小。但是,在无中间分隔带的道路上敷设时,改建道路工程量大。

位于快慢车分隔带上,充分利用道路隔离带,减少高架桥柱对道路宽度的占用和改建,一般偏向房屋的非主要朝向面,即东西街道的南侧和南北街道的东侧。缺点是噪声对一侧市民的影响较大。

除上述两种位置外,还可以将高架地铁线路置于慢车道、人行道上方及建筑区内。它仅适用于广场、公园、绿地及江、河、湖、海岸线等空旷地段或将地铁高架线与旧房改造规划成一体时。

(三)地面线平面位置

1. 地面线位于道路中心带上

如图 2-12 所示,带宽一般为 20m 左右。当城市快速路或主干道的中间有分隔带时,地面线设于该分隔带上,不影响两侧建筑物内的车辆按右行方向出入,不需设置辅路,有利于城市景观及减少地铁噪声的干扰。其不足之处是乘客均须通过地道或天桥进入地铁。

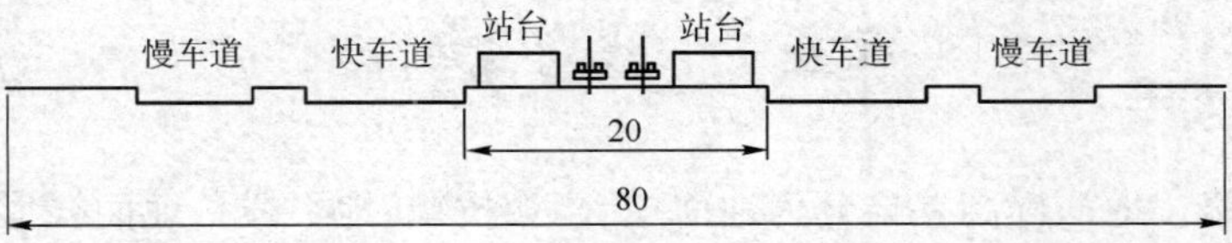

图 2-12 地面线设置位置之一(尺寸单位:m)

2. 地面线位于一侧快车道上

如图 2-13 所示,带宽一般为 20m 左右。当城市道路无中间分隔带时,该位置可以减少道路改移量,其缺点是在该快车道一侧需要建辅路,增加道路交通管理的复杂性。

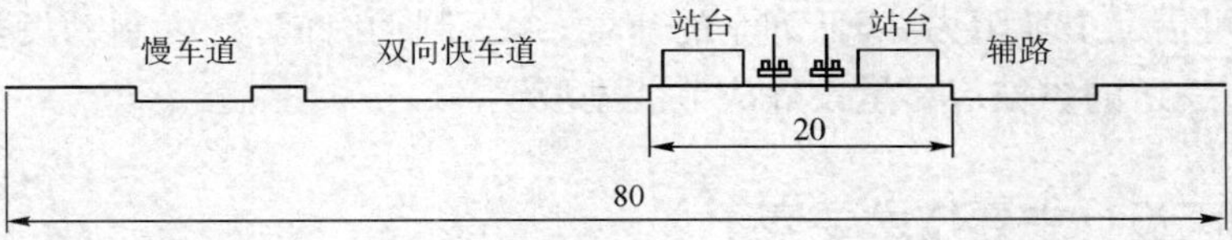

图 2-13 地面线设置位置之二(尺寸单位:m)

当道路范围之外为江、河、湖、海岸滩地,不适于建筑的山坡地等,可考虑地铁设于这些地带上,但要充分考虑路基的稳固与安全。地铁地面线一般应设计成封闭线路,防止行人、车辆进入,且与城市道路交叉时应采用立交。

(四)地铁与地面建筑物之间的安全距离

1. 地下线与地面建筑物之间的安全距离

为了确保地下线施工时地面建筑物的安全,地铁与建筑物之间应留有一定距离,即安全距离。安全距离与施工方法和施工技术水平有密切关系。采用放坡明挖法施工时,其距离应大于土层破坏棱体宽度。北京地铁一期工程采用工字钢桩加护板支护,深水泵降低地下水位的明挖法施工,由于护板与土层之间有空隙,施工过程中,在距基坑边 10m 左右的地面,平行线路方向出现明显的裂缝。而在上海地铁一期工程施工中,由于采取了适当的措施,在距基坑边 2m 以外的地面,房屋基本上没有受到损坏。

2. 高架线与建筑物之间的安全距离

地铁高架线与建筑物之间的安全距离，由防火安全距离与防止物体坠入地铁线路内的安全距离两方面确定，前者参照建筑物防火与铁路防火规范执行，后者暂无规范，可视具体情况考虑。

3. 地面线与道路及建筑物之间最小安全距离

目前规范未做出规定，建议暂按下列值考虑。

(1)地铁围护栏杆外缘至机动车道道牙内缘最小净距1.0m(无防护挡墙)或0.5m(有防护挡墙)。

(2)地铁围护栏杆外缘至非机动车道道牙内缘最小净距0.25m。

(3)地铁围护栏杆外缘至建筑物外缘最小净距5.0m(无机动车出入)或10m(有机动车出入)。

此外，在决定安全距离时，还应考虑列车运行的振动及噪声的影响。

第五节　线路纵剖面

地下铁道线路按地面标高差异分为地面线、高架桥线、地下线。地面线形的坡度应与城市道路相当，以减少工程量。地下线的埋深受到所在地区工程地质与水文地质条件的限制，还与隧道施工方法、地面建筑物和地下构筑物的情况等因素有关。高架线应充分注意城市景观，考虑机车牵引能力，坡度尽量延长。

通常情况下，地下铁道车站设在线路纵剖面的最高处，车站两端为下坡，称为节能纵坡。列车从车站启动后，借助下坡势能增加列车的加速度，缩短列车牵引时间，从而达到节能目的；在列车进站时，可借助上坡阻力，降低列车的速度，缩短制动时间，减少制动发热，节约环控能量的消耗。地下铁道的纵坡应尽量设计成节能型坡道。

一　纵剖面设计主要技术要素

地铁线路纵剖面设计的主要技术要素有线路坡度、坡段长度、坡段连接与竖曲线半径等。

(一)坡度选择

1. 最大坡度

1)区间线路

地铁由于高密度行车和大运量，为保证行车安全与准点，原则上要求列车在失去部分(最大可达一半)牵引力的条件下，仍能用另一部分牵引动力将列车从最大坡道上启动，因此最大坡度阻力与各种附加阻力之和不宜大于列车牵引力的一半。

前苏联的地下铁道设计规范(1981年7月1日起执行)规定的地下线段以及隐蔽地面线段的纵坡不大于40‰，而敞开的地面线段的纵坡不大于35‰。法国巴黎市区地铁线路最大坡度为40‰，郊区快车线最大坡度30‰，困难地段的坡度还可大一些。中国香港地铁线路最大坡度为30‰。

综合上述各种因素，我国地铁规范规定，正线上最大坡度一般不宜大于 30‰，困难地段可采用 35‰，辅助线的最大坡度不宜大于 40‰，但均未包括各种坡度的折减值。高架线按我国轻轨样车技术条件规定，正线的限制坡度为 60‰。

2)车站线路

地下铁道车站站台线路应在一个坡道上，最好为平坡，考虑到纵向排水沟的坡度，站台计算长度段坡度宜采用 2‰，困难条件下不大于 3‰。车站线路应尽量接近地面，这样不仅可以减少工程量，节约工程造价，也可以方便乘客进出车站。同时，应尽量将车站布置在线路纵剖面的凸形部位上，这样车辆进站上坡，出站下坡，有利于列车的启动和制动。

地面和高架桥的车站站台段应设置在平道上，在困难地段可设在不大于 3‰的坡道上。

3)其他线路

隧道内折返线和存车线的坡度最好为平坡，以满足停放车辆和检修作业的要求，但为解决排水问题，最大坡度可以达到 2‰，并朝车挡方向为下坡。地面和高架桥上的折返线、停车线，其坡度不宜大于 1.5‰。

为了便于道岔的养护与维修，道岔应铺在较缓的坡道上，一般规定设在不大于 5‰的坡道上，困难的条件下可设在不大于 10‰的坡道上。

车场线设在不大于 1.5‰的坡道上，较大的坡度停车不稳，易发生溜车事故。

2.最小纵坡

隧道内和路堑地段的正线最小坡度主要为了满足纵向排水需要，一般情况下线路的坡度与排水沟坡度相一致，隧道内线路坡度一般不宜小于 3‰。地面和高架桥上正线最小坡度在采取了排水措施后不受限制。

(二)坡段长度

在列车通过变坡点时要产生附加离心力和附加加速度，为了确保行车平稳性，宜设计较长的坡段。但为了适应线路高程的变化，坡段也不能太长，否则将引起较大的工程量，给施工带来困难，因此应综合考虑两者的影响来确定最短坡段长度。

(1)一般情况下，当线路纵向最小坡段小于列车长度时，可以使一列车长范围内只有一个变坡点，以避免变坡点附加力叠加及附加力频繁变化的影响，保证行车平稳。

(2)坡段长度还应使相邻竖曲线不相互重叠，且能相隔一段距离。线路坡段长度不宜小于远期列车长度，并应满足相两邻竖曲线间夹直线长度的要求，两竖曲线间夹直线长度不小于 50m，以利于列车运行和线路的维修。

对于高架线，坡段最小长度不短于远期列车长度，同时保证两竖曲线间夹直线长度不小于 25m。对于大坡道，由于牵引功率限制，对于坡度 60‰的坡段限长 500m；波度 50‰的坡道限长 1000m；坡度小于 50‰的坡道长度不限。

(三)坡段连接及竖曲线

为了缓和坡度的急剧变化，使列车通过变坡点时产生的附加加速度不超过允许值，《地下铁道设计规范》(GB 50157—2003)规定：相邻坡段坡度差大于或等于 2‰时，应设竖曲线。为了便于线路铺设与养护维修，竖曲线线型通常设置为圆曲线型。竖曲线半径应符合表 2-5 的规定。

竖曲线半径　　表 2-5

线　别		一般情况(m)	困难情况(m)
正线	区间	5000	3000
	车站端部	3000	2000
联络线、出入线		2000	
车场线		2000	

竖曲线不得进入车站乘降台范围及道岔范围，并且离开道岔端部距离不小于 5m。

碎石道床竖曲线不得与平面缓和曲线重叠；当不设平面缓和曲线时，竖曲线不得与超高顺坡段重叠。

二 影响纵剖面设计的因素

影响纵剖面设计的因素除设计原则与线路标准、埋设方式、线路平面条件、结构类型外，下列因素也是影响纵剖面设计的主要因素，而且须在设计过程中逐一考虑。

(一)覆土厚度

最小覆土厚度即地铁隧道结构顶板顶面(防水保护层外)至地表面间的最小厚度，除应考虑通过地下管道及构筑物的要求外，还应根据下列因素确定。

(1)当地下线位于道路下方时，应考虑道路路面铺装的最小厚度要求，一般为 0.2～0.7m。

(2)当地下线位于城市公园绿地内时，考虑植被的最小厚度要求，通常情况下，草坪取 0.2～0.5m，灌木取 0.5～1.0m，乔木取 1.5～2.5m。

(3)在寒冷地带应考虑保温层最小厚度要求，可与通风采暖专业人员协商确定。

(4)当地下线位于常水面下方时，可与隧道专业协商隔水层厚度要求，一般为 1m 左右。

(5)当地下铁道作为战时人防工程时，应考虑防空工程的最小覆土要求。

(二)地下管线及构筑物

一般宜改移地下管线。工作中多与市政有关部门协商。下水管线与地下线纵剖面设计矛盾最为突出，是纵剖面设计的重点。

地下隧道结构以明挖法通过地下管线或地下构筑物时，隧道与管道(构筑物)之间是否留土层，应根据地铁隧道结构受力要求确定，若无要求，可以不留土层，甚至两者共用结构。但下水管线应有严格防水措施，严防污水渗入地铁隧道结构内。对于大型管线或地下构筑物，应考虑隧道结构施工及管道悬吊施工操作之需要。

地下隧道以暗挖法通过地下构筑物、楼房基础(包括基础桩)时，两结构物之间应保持必要的土层厚度，其最小厚度在上海地铁按 2m 考虑。

(三)地质条件

当地下铁道遇到不良地质条件时，主要指淤泥质黏土及流沙地层，应尽量躲避，若躲避有困难时，应采取工程措施。

(四)施工方法

地下线采用明挖法时,为了减少土方开挖量,车站与区间线路埋深越浅越节省工程造价,此时,线路纵剖面主要坡型是车站位于低位,区间位于高位,即所谓凹型坡。当采用暗挖法时,一般应选择较深的有利地层,线路纵剖面主要是凸型坡,车站位于纵剖面高处。

(五)排水站位置

地下线排水站主要是排除隧道结构渗漏水和冲洗水,设于线路纵剖面的最低点,困难条件下,允许偏离不超过 10m。排水站位置受很多因素制约,区间排水站要选择出水口的位置,为了检修,往往要求与区间通风道结合在一起;车站端部排水站受车站平面布置制约,至车站中心的距离往往是一固定值,因此纵剖面设计要考虑排水站的设置。

(六)桥下净空

当地铁为高架线时,桥下净高最小值受通行的车船高度控制,按铁路、道路、航运有关规范执行。《标准轨距铁路建筑限界》规定,电气化铁路最小净高为 6.55m,其他铁路最小净高为 5.5m。

(七)防洪水位

在有洪水威胁的城市中修建地铁时,纵剖面设计要满足防洪要求。地面线路路基、地下线的各种出地面口部位,应按 100 年一遇洪水位设计。

第六节 路　　基

路基是地铁工程的重要组成部分,直接承受轨道和车辆荷载。路基工程作为土工结构物,必须具有足够的强度、稳定性和耐久性。

路基工程应优先采用新技术、新结构、新材料和新工艺,并采用机械化施工。设计路基要满足环境保护要求,地面线路、高架线路应重视绿化设计。路基工程应做好防排水设计,确保排水畅通,便于清扫及卫生的保持。

电缆沟槽及其他设施的施工一般在路基本体工程施工验收后进行,在路基或边坡上开挖通信电缆、动力电缆沟槽或埋设照明灯杆架及声屏障等工程时,会对已完工的路基造成损坏。为了保证路基的完整与稳定,施工中对上述沟槽和基坑必须及时回填并夯压密实,以免产生路基下沉或边坡溜塌等病害,影响运营安全。

一 路基设计

(一)地下水的影响

地下水位高或常年有地面积水的地区,路堤过低容易引起基床翻浆冒泥等病害,因此路基路肩高程应高出线路通过地段的最高地下水位和最高地面积水水位,应加毛细水强烈上升高度和有害冻胀深度或蒸发强烈影响深度,再加 0.5m。一般地区有害冻胀深度为最大冻结深度的 60%，东北地区有害冻胀深度为最大冻结深度的 95%。盐渍土地区的水蒸发后，盐分积聚下来，容易使路堤土体次生盐渍化，进而产生盐胀等病害，因此盐渍土路基的路肩高程尚应考虑蒸发强烈影响高度。若采取降低地下水位、设置毛细水隔断层等措施，路肩高程可不受上述限制。

路基面应根据基床土质设路拱或做成平面。非渗水土和用封闭层处理的路基面必须设置三角形路拱，使道床下的积水能迅速排出路面。路拱的高度按路拱所需大约 4% 的排水坡确定，单线路拱高 0.15m，双线路拱高 0.2m。渗水性好的填料能较快向地下渗水，故不需设置路拱。渗水土、岩石路基与非渗水土路基连接时，路肩施工高程由衔接处向渗水土路肩施工高程顺坡，以利于排水，其长度不小于 10m。

(二)路基宽度、坡度及厚度

区间路基面宽度应根据正线数目、线间距、轨道结构尺寸、路基面形状、路肩宽度计算确定。当路肩埋有设备时，路堤及路堑的路肩宽度均不得小于 0.6m，无埋设设备时路肩宽度不得小于 0.4m。

以双线非渗水路基面宽度为例，如图 2-14 所示，其计算公式如式(2-2)。

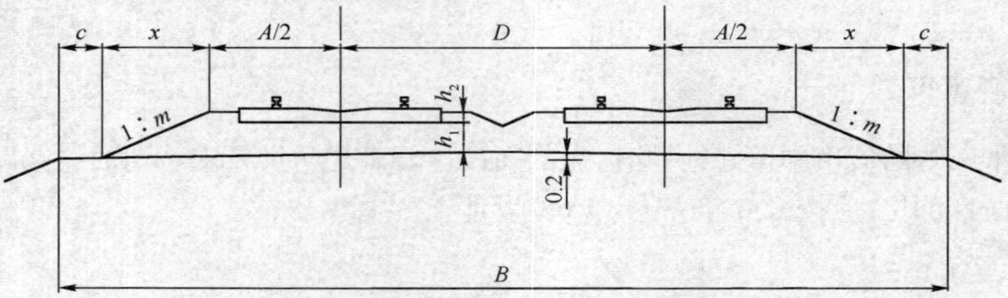

图 2-14　双线非渗水土路基面示意图

$$B = \frac{M \pm \sqrt{M^2 - 4N}}{2} \tag{2-2}$$

式中：$M = D + A + 2c + 2m(0.2 + h_1 + h_2)$；

$N = m(0.4D + 0.8c - 0.6)$；

B ——路基面宽度；

D ——双线的线间距；

A ——道床顶面宽度；

c ——路肩宽度；

m ——道床边坡坡率；

h_1 ——路基中心的钢轨处轨枕下的道床厚度；

h_2 ——轨枕埋入道床深度。

区间曲线地段的路基面宽度，应在曲线外侧加宽。单线应在曲线外侧，双线应在外股线的外侧。其加宽值由最高行车速度计算的轨面超高值引起的路面加宽确定。双线曲线地段路基面加宽应按表 2-6 的数值加宽。如图 2-15 所示，曲线地段路基面加宽的计算公式如式(2-3)。

$$W = \frac{A}{2} + \Delta + x + c - \frac{B}{2} \tag{2-3}$$

式中：W ——曲线地段路基面加宽值；

Δ ——道床顶面加宽值，无缝线路 $R<800$m、非无缝线路 $R<600$m 时，$\Delta=0.1$m，否则 $\Delta=0$；

$x=m(h_1+h_2+h_4)$

h_1 ——钢轨处轨枕下道床厚度；

h_2 ——外侧道渣肩至内股钢轨下轨枕底的道渣厚度；

h_4 ——外侧渣脚至钢轨下路拱高度。

曲线地段路基面加宽值 表 2-6

曲线半径 R(m)	路基面加宽值(m)
$R\leqslant600$	0.5
$600<R\leqslant800$	0.4
$800<R\leqslant1000$	0.3
$1000<R\leqslant2000$	0.2
$2000<R\leqslant5000$	0.1

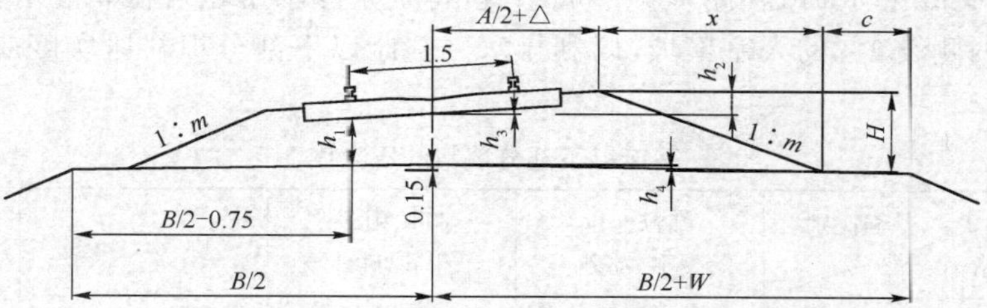

图 2-15 曲线地段路基面示意图

一般情况下土质路堤高度不大于 6m，边坡采用 1∶1.5 单一坡率，如路堤高度超过 6m 时，可采用设平台及变坡率形式。路堤坡脚外应设宽度不小于 1.0m 的天然护道。路堑边坡坡度是指土质比较均匀、无不良地质现象及地下水的路堑边坡坡度上、下限值。低边坡选用较陡的坡度，高边坡采用较缓的坡度。

路基基床受轨道、列车动力作用，并受水文气候影响较大，需进行土层处理。基床厚度根据动应力在路面以下衰减的形态，借鉴国内外目前采用的基床厚度综合分析确定。路基基床分为表层和底层，表层厚度应不小于 0.4m，底层厚度应不小于 1.1m。基床厚度以路肩施工高程为计算起点。

(三)基床填料的选择

基床土的性质是产生基床病害的内因，为预防基床变形产生，基床表层填料应优先选择 A、B 组填料，基床的底层可选用 A、B、C 组填料。

既有铁路调查资料表明，塑性指数大于 12、液限大于 32%的细粒土易产生病害。所以在使用 B 组填料中的砂黏土及 C 组填料中的粉土、粉黏土和卵石土、碎石土、圆砾土、角砾土中细粒土含量大于 30%时，在年平均降水量大于 500mm 的地区，其塑性指数不得大于 12，液限不得大于 32%。

路基基床各层压实度按表 2-7 执行。路堑基床表层的压实度不应小于表 2-7 的规定值，否则应采取压实措施。

基床土的压实度 表 2-7

层位	填料类别 / 压实指标	细粒土和黏砂、粉砂	细砂、中砂、粗砂、砾砂	砾石类	碎石类
表层	压实系数 K_h	0.91	—	—	—
	地基系数 K_{30}(MPa/cm)	0.9	1.0	1.2	1.2
	相对密度 D_r	—	0.75	0.75	—

续上表

层位	填料类别 / 压实指标	细粒土和黏砂、粉砂	细砂、中砂、粗砂、砾砂	砾石类	碎石类
底层	压实系数 K_h	0.89	—	—	—
	地基系数 K_{30}(MPa/cm)	0.8	0.8	1.0	1.0
	相对密度 D_r	—	0.7	0.7	

注:1. K_h 为重型击实试验的压实系数。

2. K_{30} 为 30cm 直径荷载板试验得出的地基系数,一般取下沉量为 0.125cm 的荷载强度。

路堤宜用同一种填料填筑,以免产生不均匀沉降。当不得不采用不同的填料填筑时,应防止接触面形成滑动面或在路堤内形成水囊,特别是渗水土填筑在非渗水土上时,非渗水土层顶面应向两侧设 4%的人字横坡,以利排水。基床以下部分填料压实度应符合表 2-8 的规定。

基床以下部分填料的压实度 表 2-8

填筑部位	填料类别 / 压实指标	细粒土和黏砂、粉砂	细砂、中砂、粗砂、砾砂	砾石类	碎石类
不浸水部分	压实系数 K_h	0.86	—	—	—
	地基系数 K_{30}(MPa/cm)	0.7	0.7	0.8	0.8
	相对密度 D_r	—	0.65	0.65	—
浸水部分及路桥过渡段	压实系数 K_h	0.89	—	—	—
	地基系数 K_{30}(MPa/cm)	0.8	0.8	1.0	1.0
	相对密度 D_r	—	0.7	0.7	

注:在年平均降水量小于 400mm 地区,压实系数可按表列数值减少 0.05。

路堤基底处理对路基的稳定和减少路堤下沉具有十分重要的作用,必须予以足够的重视。为防止路堤沿基底面滑动,需将原地面挖成宽度不小于 1m 的台阶。当路堤基底有地下水影响路堤稳定时,应将地下水拦截或引排至基底以外,并在路堤底部换填渗水土或不易风化的碎石、片石等。

二 路基支挡结构物

(一)路基在下列情况下需要设置支挡结构物

(1)路基位于陡坡地段或风化的路堑地段;

(2)为避免大量挖方及降低边坡高度的路堑地段;

(3)为了节约用地,少占农用及城市用地的地段;

(4)为了保护重要的既有建筑物及其他特殊条件和生态环境等重要的地段。

(二)支挡结构物的构造要求

在各种荷载作用下,支挡结构物应满足稳定性、坚固性和耐久性的要求。

支挡结构物与桥台、地下结构、既有支挡结构物连接时应平顺衔接。支挡结构物两端与路堤的连接要保证路堤边坡坡面平顺,宜采用锥体填土坡面。为了加强挡土墙与路基连接处的坚固性，挡土墙端部深入路堤内应不少于0.75m。挡土墙锥体顺线路方向的边坡坡度，因不受列车荷载的影响，可比路堤边坡坡度变陡一级，当锥体护坡高度在8m以内时，顺线路方向的锥体边坡的坡度不应大于1∶1.25，垂直线路方向的边坡坡度与路堤边坡相同。

第七节　案例（上海地铁4号线工程设计）

一　地铁4号线在上海市轨道交通中的作用

根据上海城市2050年远景总体规划，最终规划轨道交通线路总长562km，共21条轨道交通线，其中地铁11条，轻轨10条。绝大多数成放射状，而地铁4号线与明珠线一期（M3）西部线路相结成环，是轨道交通系统中唯一的城市环线。它是联系其他线路的纽带，其主要功能是将其他轨道线路联系起来，使整个上海轨道交通网成为一个有机的整体。对于现阶段来说，地铁4号线首先要与已建的1号线、2号线、明珠一期线西部线路接轨，形成“申”字形轨道交通网络的基本骨架。

二　地铁4号线工程概况

（一）线路规模与走向

地铁4号线工程线路全长22.032km，其中高架线1.25km，其余均为地下线。共设17座车站，其中地下一层站2座，地下二层站10座，地下三层站5座，平均间距为1.238km。设停车场1座。

地铁4号线工程线路走向为：M3宝山路站——溧阳路——临平路——长阳路——杨树浦路——浦东大道——张杨路——浦电路——蓝村路——浦东南路——南浦大桥——西藏南路——鲁班路——大木桥路——东安路——天钥桥路——上体场路——宜山路——M3虹桥路站。如图2-16所示。

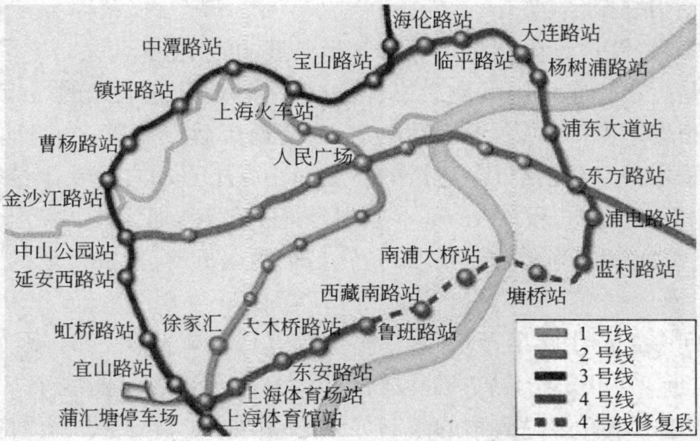

图2-16　上海轨道交通地铁4号线工程线路示意图

（二）建设工期及工程筹划

本工程建设年限为 2000 年初～2004 年底，2004 年底建成试通车，2005 年完成运行设备调试，建设总工期为 5 年。

（三）工程地质与水文地质条件

沿线地铁车站一般埋深 10～20m，基坑内土性以第①层填土、第②1 层褐黄色粉质黏土、第②3 层灰色砂质粉土、第③层灰色淤泥质黏土、第④层灰色淤泥质黏土为主。沿线区间隧道埋深一般在 14～21m，隧道主要穿越第④层灰色淤泥质黏土以及第⑤1 层灰色黏土为主。

浅部土层中潜水埋深浅，一般离地面 0.3～1.5m，年平均地下水位离地面 05～0.7m；第②3、③2、⑤2 层地下水具有微承压水特征；⑦1、⑦2 层中的地下水，为承压含水层，承压水头离地面埋深 5.0～18.0m。

三 地铁 4 号线工程设计特点

地铁 4 号线工程作为上海地铁规划中最重要的环线，城市平面投影完全落在内环线以内的中心城区，与已建、在建、将建地铁线有众多的交叉换乘，是上海地铁交通实现辐射功能的中枢，地铁 4 号线是一个庞大的系统工程，涉及建筑、结构、机电、车辆、通信、信号、环控等多个方面。

（一）线路设计特点

(1)成环，包括共环与独立成环。在初期运营时(2005—2015 年)，地铁 4 号线与已建好的明珠一期成环共营，远期(2030 年以后)再考虑独立成环，中期阶段(2015—2030 年)考虑两者共存。由于前者 17 个车站全为地下，后者 9 个车站全为高架车站，针对不同时期的运营要求，既要考虑与明珠一期的设施与界限的兼容性，又要考虑今后的升级，这就意味着，地铁 4 号线的线路设计，是一个承前启后的设计，需要从建筑、结构、机电、信号、通信等多个方面考虑不同阶段的要求，关系相当复杂。

(2)障碍条件多，线路设计限制多。上海属于典型的软土地区，又是中国工业化、城市近代化最早的城市，也是近十年来中国发展最快、城市基本建设投入最大的城市之一，地下新老构筑物众多，且存在很多不明障碍物，地面高层建筑、交通市政设施繁多，因地质条件差，大多地面建筑、构筑物都采用桩基(包括近年建造的多层和小高层)，加之地铁 4 号线正好全部建在繁华的中心城区的地下，线路选择的一个基本原则是逢桩就让，遇到不可克服的障碍物也要让，这就决定了要最终选定一个符合功能要求的、满足车辆运行的、经济合理的路线是一件非常困难的事情。

(3)小半径区间多。产生小半径区间，一种原因是成环本身决定的，因为从虹桥路站转到宝山路站的环转向近 270 度，由于某些地段转角偏大，甚至形成了曲线车站，如上海体育场车站；另一种原因，就是由于许多障碍物的限制导致的，比如从宜山路站、上海体育场车站到蒲汇塘停车场方向去的线路，在不到 1km 范围内其连续穿过明珠一期高架及内环高架的数个桥墩之间，由此产生了许多小半径区间及缓和曲线，半径最小的只有 150m，大的不过 300m。过小的半径对盾构施工及车辆运行的要求都较高。

(4)桥隧结合。正是由于前述地下线路与高架线路成环的特点,形成标高上的过渡,导致线路"上天入地",在地铁 4 号线工程的两个端头,形成桥梁、隧道过渡(中间还有暗埋与光栅坡段)的线路特点。

(5)局部线路上下变位重叠。在地铁 4 号线工程的浦东南路站—南浦大桥站区间及南浦大桥—西藏南路站区间,由于南浦大桥站周围存在密集的桥墩桥基(长桩),使得线路接近南浦大桥站时,水平方向空间不足,不得已改变线形,在近南浦大桥两端头井的 200 多米范围内,两区间线路垂直重叠,用垂直空间换水平空间,形成地铁 4 号线一大特色。由于这个原因,形成南浦大桥站的上下重叠的侧式站台,并导致区间盾构施工的诸多难度。

(6)局部线路"八"字形

地铁 4 号线工程停车场选址于中山西路以西蒲汇塘以北处,其出入线以"八"字形分别在上海体育场站和宜山路站与正线接轨,见图 2-17。出入场线右线接轨于宜山路站南端上、下行正线,然后线路以 $R=250$m 曲线跨下行正线后,穿过中山西路,在中山西路南侧设盾构工作井。此后线路采用明挖法,线路以 $R=150$m 的曲线接入车场。出入场左线接轨于上海体育场站西端下行正线出入场左线,随后以 $R=300$m 曲线下穿凯花公寓桩基,下穿中山西路,最后线路再以 $R=300$m 曲线折向出入场右线,与出入场右线并行接入车场。

图 2-17 蒲汇塘停车场至宜山路站和上海体育场站"八"字形线路

(二)多种站型

地铁 4 号线的线路设计特点,从一定程度上决定了车站对站台的选择。多数车站为岛式站台车站,而像临平路车站,则为岛侧式站台车站,而由于前述的原因,在南浦大桥车站形成了上下重叠式侧式站台车站。从车站层数来说,由于标高的变化、地下开发及处理与其他地铁线路的关系等原因,形成以二层车站为主,兼有一层半(如溧阳路车站)及三层(如上海体育场车站,浦东南路车站)车站。

(三)换乘点多,换乘方式多样

地铁 4 号线线路的走向及其功能决定了其势必与规划路网中的诸多地铁、轻轨交通线相衔接,形成较多换乘点,17 个车站中有 11 个车站与其他线路形成换乘,而在宝山路及虹桥路接轨段,实现与明珠一期的共线换乘。本工程以既定的规划路网为依据,因地制宜采取了多种换乘形式,如表 2-9 所示。

地铁 4 号线工程与相关轨道交通换乘形式 表 2-9

编号	车站名称	车站类别	换乘形式
1	溧阳路站	换乘站 M1	"L"形换乘
2	长阳路站	换乘站 M2	"十"字换乘
3	浦东大道站	换乘站 M6	"T"形换乘
4	张杨路站	换乘站 R2、R4	平行换乘
		换乘站 L4	"十"字形相交上、下换乘
5	蓝村路站	换乘站 L4	平行上、下换乘(高架)
6	西藏南路站	换乘站 M8	平行换乘
7	大木桥路站	换乘站 M2	"十"字换乘
8	东安路站	换乘站 M7	"T"形换乘
9	天钥桥路站	换乘站 R3	"十"字换乘
10	上海体育场站	换乘站 R1	"T"形换乘
11	宜山路站	换乘站 R4	"T"形换乘
12	宝山路站，虹桥路站	换乘站 M3	同车站换乘

(四)根据地铁现状及规划，解决连接问题

正是由于地铁 4 号线的环状及与其他线路多个相交的特点，需要解决其与已有线路、在建的及规划线路的连接问题，主要解决方案如下：

(1)对于已有线路，地铁 4 号线在 1 号线上海体育馆车站处与上海体育馆车站实现 T 形换乘连接，前者的站台层穿过后者的站层下方，形成新老一体化结构。设计上采用了托换桩梁的方法对老车站结构的荷载托换，通过设后浇带的形式解决新老结构变形协调的问题，通过冰冻矿山法对穿越段进行穿越设计，形成了地铁 4 号线设计问题中最难的结构设计问题；在 2 号线东方路站，地铁 4 号线的张杨路站与 2 号线实现平行换乘，并利用东方路站的老地下连续墙结构作为围护及支撑受力结构。

(2)对于在建线路，如地铁 4 号线与 M8 线在西藏南路站十字相交，由于两线具有同步实施的条件，则在此站采取了统一设计的方法，圆满地解决了二者的连接。

(3)对于规划线路，主要采取预留连接措施的办法。如对于宜山路车站，由于其与 R4 线相交，R4 线盾构将在宜山路车站建成后，在车站底板下穿过，为方便盾构的成功穿越，在穿越处地下墙下部 11.8m 深度范围，采用玻璃钢纤维(GFRP)代替钢筋并采用低强度重级混凝土(C10)的设计方案；又如东安路车站，由于其与规划中的 M7 线相交换乘，因此在设计东安站时就预先考虑了十字换乘而在换乘段采用三层结构，以方便今后新老线路的顺利连接。

(五)地铁设计与城市开发相结合

土地与地下空间资源都是宝贵的不可再生资源。地铁 4 号线设计根据上海市的发展阶段与水平，适当地考虑了地下空间开发及与周边的联合开发问题。如在浦东南路站、西藏南路站、张杨路站都有数千平方米的地下空间开发量，而在临平路站，则考虑了与周边房地产联合开发设计的可能性。对于土地开发，由于停车场需要占用大量的土地，辟出专门土地只用于停车场之用，则非常浪费，因此，地铁 4 号线工程停车场考虑了相当量的物业开发，拟在地面一层

建造停车场，停车场上部通过巨型框架结构及大厚板转换层进行物业开发及景观设计，等于再造了相当于停车场用地的土地面积，必将获得巨大的社会经济效益。这方面的尝试与经验，完全可以用作对以前单纯停车场的物业改造。

(六)土建结构及设备方面不拘一格

(1)围护结构。采用多种围护结构，有地下连续墙(厚 800mm 与 600mm)，SMW 墙；多种接头形式(预制接头桩、锁口管柔性接头、十字钢板刚性接头)；并对封堵墙加以灵活应用，一般说来，封堵墙在翻交过程中应用较广，而在张杨路车站中，其被用来切割大基坑为小基坑，通过4 堵封堵墙将长条形深基坑分成 5 块，大大降低了基坑施工的风险。

(2)用时空效应指导挖土、支撑设计。由于上海的土层大都属于第四纪海积相软土，土的蠕变效应明显，因此设计将时空效应引入为设计参数，对规范基坑施工及减少环境影响，起到很好作用。

(3)永久结构采用双墙与单墙两种形式。一般说来，上海由于地下水位高，多采用双墙车站形式。近年，由于地下连续墙施工水平的提高，为地下连续墙作为永久结构提供了技术上的保证，因此在地铁 4 号线的某些车站(大木桥路、东安路及天钥桥路)采用了单墙结构，效果也不错。

(4)连续的结构变化。由于地铁 4 号线的线路特点，对某些车站、区间都出现了从地下暗埋到地面甚至高架的连续的结构变化。对于车站，如宜山路车站，车站长度达 600m，包括暗埋、明挖基坑、光栅爬坡及高架桥梁等连续结构变化段；对于区间，如宜山路到虹桥接轨站的下行线，中漕井到葡萄糖厂到停车场的出入场线等，出现盾构区段、明挖爬坡及高架桥梁等连续结构变化段。这些对接头过渡部分的设计均有较高要求。

(5)设备上的突破。采用西门子的前推平开式车辆，使地铁 4 号线的车站的限界设计与以往平开式车辆有所区别；对于车站结构，考虑到乘客安全、分区环控及节能要求，还采用了屏蔽门设计。

本章小结

地下铁道线路设计包括线路方向与路由选择、车站分布、辅助线分布、线路平面设计、线路纵剖面设计等内容。

地铁线路设计必须满足地铁限界的要求，地铁限界就是列车运行所需要的特定空间。地铁限界分为区间隧道限界、区间高架桥限界和车站限界等。

地铁线路方向及路由对地铁工程建设和城市发展影响重大，应多做路由方案比较。主要应从吸引客流条件、线路条件、施工条件、施工干扰、对城市的影响、工程造价、运营效益等多个方面进行综合比较。

地下铁道的车站应设在客流量大的集散点和地下铁道线路交汇处。车站的距离应根据实际需要确定，在市区宜为 1km 左右，在郊区不宜大于 2km。

地铁线路一般由直线、圆曲线以及缓和曲线构成。地铁线路平面设计的主要内容是确定线路平面的主要技术要素(包括最小曲线半径、缓和曲线线型及长度、夹直线长度、最小圆曲线长度等)，选择线路的平面位置。地下线通常位于道路规划红线范围之内，地面线通常位于道路中心隔离带上，地铁高架桥墩柱位置要与道路车行道分幅配合，一般宜将桥墩置于分隔带上。地铁与地面建筑物之间应留有一定的安全距离。

地铁线路纵剖面设计的主要内容是确定地铁线路纵剖面主要技术要素(包括线路坡度、坡段长度、坡段连接与竖曲线半径等)，选择线路立面位置。地下铁道线路在城市中心地区宜设在地下，在市郊及各卫星城之间，可设在高架桥和地面上。地下线路的平面位置和埋设深度，应根据地面建筑物、地下管线和其他地下构筑物的现状和规划、工程地质和水文地质条件、采用的结构类型及施工方法、施工对城市居民生活的干扰、建成后运营要求等因素，经技术、经济综合比较后确定。

思考与练习

1. 说明地铁线路设计的阶段与各阶段的主要内容。

2. 说明地铁限界的概念，限界的一般规定，地铁限界的主要形式。

3. 简述影响地铁线路与路由选择的主要影响因素，车站分布的主要影响因素，辅助线的类型与作用。

4. 说明地铁线路平面设计的主要参数及要求，简述线路平面位置选择要点。

5. 说明地铁线路纵剖面设计的主要技术参数与要求，简述影响地铁线路纵剖面设计的主要因素。

6. 说明路基设计的要点，路基填料的要求，路基支挡建筑物的设置要点。

7. 完成某地铁区间线路设计。

第三章 轨道结构

【本章能力目标】：通过本章的学习，学生应掌握轨道结构基本理论、基本方法以及其中的关键技术，能应用这些理论、方法和技术解决城市轨道交通系统方面的实际问题，具有从事地下铁道轨道工程设计与施工工作的能力和素质。

【知识目标】：通过本章的学习，学生应了解地下铁道系统中钢轨、轨枕、扣件、轨道和道床、道岔及车挡的类型、特点及使用条件；理解和掌握轨道工程的施工工艺和施工方法。

轨道结构直接承受地铁列车荷载，并引导列车运行。一般由钢轨、轨枕、扣件、道床、道岔及其附属设备等组成。

第一节 钢 轨

钢轨是轨道主要组成部分，直接承受列车荷载并传递到扣件、轨枕、道床及结构底板。依靠钢轨头部内侧与车辆轮缘额的相互作用，引导列车前进。在列车动荷载作用下，钢轨产生弹性挠曲和横向弹性变形，钢轨应具有足够的承载力、抗弯强度、断裂韧性及稳定性、耐磨性、耐腐蚀性。

一 钢轨选型原则

(1)钢轨是轨道结构的重要组成部分。钢轨直接承受列车动荷载和车轮的磨耗。因此钢轨应有足够的承载能力，抗弯强度、韧性、耐磨性及耐腐蚀性。

(2)钢轨类型的选择应参照《地铁设计规范》或《铁路线路设计规范》进行，考虑的因素有按近期调查运量求得的年通过总质量、行车速度、最大轴重及合理大修换轨周期等。

(3)钢轨类型的选择还应着重考虑城市地铁使用环境特点。即：①地铁隧道空气潮湿，钢轨及零配件易发生锈蚀，故应采用耐腐蚀钢轨或较重一级的钢轨；②地铁线路行车密度高，钢轨的磨耗较为严重，因此应考虑钢轨的耐磨寿命，选用耐磨钢轨；③钢轨是地铁电力牵引系统的负回流电路，应具备较大的断面，以减小阻抗，减小迷流，降低能耗和运营成本。

(4)钢轨类型还应着重考虑与已有扣件形式的配合，60kg/m 钢轨轨底宽度 150mm，50kg/m 钢轨轨底宽度 132mm，目前，城市轨道交通扣件多数按 60kg/m 钢轨设计。

二 钢轨质量

鉴于当前还没有城市轨道交通专用钢轨，钢轨类型的比选只限于国铁 50kg/m、60kg/m 钢轨系列。从轨道结构类型应与运输强度相匹配的原则考虑，轨道交通线选用 50kg/m 钢轨已能满足要求。有关资料显示：采用 50kg/m 轨型，完成无缝线路铺设之后，长轨条的温度应力将比 60kg/m 轨型降低 15.1%，从而使传给桥梁的伸缩力有所缓和。同时，50kg/m 轨型横向刚度要比 60kg/m 轨型减少 28.1%，这对缓和小半径曲线外股钢轨的侧面磨耗有利。但从轨道结构的综合性角度考虑，作为电力牵引供电回路的钢轨，若采用 50kg/m 轨型，其直流电阻比 60kg/m 轨型提高 18%，将增加牵引供电的能耗和不利于对杂散电流的防治。再从长轨焊接工艺的熟练程度、提高轨道结构的稳定性和延长钢轨的使用寿命、适应目前多数先进成熟的专用分开式扣件均为 60kg/m 轨型设计制造的情况，经多方面权衡，选用 50kg/m 轨型，弊多利少。

三 钢轨材质

目前国内钢轨按材质分，主要有普通碳素钢轨及合金钢轨。普通碳素钢轨（如 U71Mn 轨）仅用自然的原铁矿冶炼，国内生产厂家较多，价格较低。由于其耐磨性差、力学性能低、易损坏，导致养护、维修工作量较大，对运营干扰较大。合金钢轨（如 PD3 轨）系在自然原铁矿石中人为加入稀有金属元素冶炼而成。其价格与普通碳素钢轨基本一致，而耐磨性能好，使用寿命比之提高 50%左右，而且焊接性能良好。U71Mn 轨与 PD3 轨的力学性能见表 3-1。

钢轨选型时，还应考虑钢轨材质的硬度。根据轮轨磨损模拟试验结论，轮轨材料的硬度对轮轨滑动磨损影响很大，当车轮踏面硬度小于钢轨踏面硬度时，车轮踏面的磨损量减小，钢轨踏面的磨损量也减小；当车轮踏面硬度大于钢轨踏面硬度时，车轮踏面几乎不磨损，而钢轨踏面磨损量较大。有关资料表明 PD3 高碳微钒钢轨踏面的硬度大于车轮踏面硬度，且与轮轨踏面硬度有较好的匹配。

可供选择的钢轨材质 表 3-1

钢轨材质	力学性质	
	屈服强度(MPa)	安定极限(MPa)
普通碳素轨(U71Mn)	450	1120
普通碳素淬火轨(PD2)	804	2300
高碳微钒轨(PD3)	1200	3300

因此现阶段轨道交通钢轨选用 60kg/m 的高碳微钒轨（PD3）比较合适，同时在运营中通过对轨顶面实施周期打磨，以消除表面伤痕，防止伤痕发展。

四 钢轨配件

因无缝线路的稳定性和强度除钢轨本身外，还与钢轨接头配件等有关，一般情况下，在无缝线路缓冲区的钢轨接头零配件采用鱼尾板及 ϕ24 10.9 级高强度接头螺栓和高强度平垫圈。

第二节 轨 枕

轨枕是轨下基础的部件之一。它的功能是支承钢轨。保持轨距和方向，并将钢轨对它的各向压力传递到道床上。因此，轨枕必须具有坚固性、弹性和耐久性。

轨枕依其构造及铺设方法分为横向轨枕、纵向轨枕、短轨枕和宽轨枕等。横向轨枕与钢轨垂直间隔铺设；纵向轨枕沿钢轨方向铺设；短轨枕是在左右两股钢轨下分开铺设的轨枕，常用于混凝土整体道床上，宽轨枕底面积比横向轨枕大，减小了对道床的压力和道床的永久变形。

轨枕按其使用部位可分为用于区间线路的普通轨枕，用于道岔上的岔枕及用于无渣桥上的桥枕。

轨枕按其材料可分为木枕、混凝土轨枕及钢枕等。钢枕在我国很少使用。

一 木枕

木枕又称枕木，是铁路上最早采用而且到目前为止依然被采用的一种轨枕。主要优点是弹性好，易加工、运输、铺设，养护维修方便。但其缺点是易于腐朽和机械磨损，使用寿命短，且木材资源缺乏，价格比较昂贵，所以木枕已逐渐被混凝土枕所代替。表 3-2 为普通木枕、岔枕尺寸。

普通木枕、岔枕尺寸(cm) 表 3-2

类别	类型	长度	厚度	底宽	顶宽
普通木枕	I	250	16	22	16
	II	250	14.5	20	15
岔枕		260～485	16	24	18

二 预应力混凝土枕

预应力混凝土轨枕简称 PC(Prestressed Concrete)轨枕，已经得到各国的广泛采用。按照其制造方法的不同可分为先张法和后张法 PC 枕。配筋材料可以是高强度钢丝，也可以是钢筋。

1.混凝土轨枕类型

混凝土轨枕按照结构型式可分为整体式和组合式两种。整体式轨枕整体性强，稳定性好，制作简单，是目前广泛使用的一种类型。组合式轨枕由两个钢筋混凝土块使用一根钢杆连接而成。其整体性不如前者，但钢杆承受正负弯矩的能力比较强，这种轨枕使用的国家不多。法国巴黎的 RS 型组合式轨枕获得了很大的成功。

2.混凝土轨枕的截面形状及尺寸

(1)轨枕长度。我国使用的混凝土轨枕长度为 2.5m，目前有增大的趋势，已出现 2.6m、2.7m的轨枕。我国大量铺设的混凝土轨枕，在中间 60cm 长度上，将道床掏空，目的是为了减少轨枕中间断面的负弯矩。新设计的混凝土轨枕，使用中已没有这项限制。

(2)截面形状为梯形，上窄下宽。梯形截面可以节省混凝土用量，减少自重，也便于脱模。

轨枕顶面宽度应考虑轨下衬垫宽度，轨枕承压面积，中间扣件尺寸及截面边坡等因素加以确定。

轨枕支承钢轨的部位称承台。我国生产的 PC 轨枕承轨台采用有挡肩并带轨底坡的形式。

轨枕底面在其纵向呈两端为梯形，中间为矩形的形状，底面上一般还做成各种花纹和凹槽，以增加轨枕与道床间的摩擦阻力，提高轨枕在道床上的横向阻力。

PC 轨枕的厚度在其长度上是不一致的，轨下部分厚一些，中间部分薄一些。这是因为 PC 轨枕采用直线配筋，且各截面上的配筋均相同，所以配筋的重心线轨下部分在截面形心之下，而在中间部分则在截面形心之上，这样对混凝土施加的预压应力形成了有利的偏心矩，在轨下截面产生了负弯矩，在中间截面产生的正弯矩，正好与荷载作用下的弯矩相反，提高了预应力的效果，防止裂缝的形成和扩展。

三 轨枕间距

轨枕间距是设计有渣轨道结构的重要参数之一，有渣轨道的轨枕在线路中一般是均匀铺设，在钢轨接头处，轨枕要适当加密。每千米最多铺设根数如表 3-3 所示。

每千米最多铺枕根数　表 3-3

轨 枕 类 型	II 型混凝土枕	III 型混凝土枕	木　　枕
每千米最多铺设轨枕根数	1840	1760	1920

第三节　扣　　件

扣件是钢轨与轨下基础之间的重要联结零件，是保重轨道稳定的重要部分，它由钢轨扣压件和轨下垫层两部分组成。扣件必须要具有足够的强度和弹性，以及减振、降噪、绝缘的要求；还应具有调整轨距、水平及调整轨道高度的能力；同时还应经久耐用、减少养护维修等。

一 技术要求

(1)扣件应具有调整轨距、水平及调整轨道高度的能力储备，其原因有三。一是由于整体道床在施工时总难以避免产生方向和水平高低的误差，工后需个别予以调整；二是在长期运营期间，由于各种动、静荷载和特殊外力的作用，轨下基础结构可能发生不均匀沉降，需要扣件具备调整高度的能力；三是由于钢轨竖向不均匀磨耗及曲线侧磨使轨距扩大需进行调整。

(2)扣件应具备较高的耐腐蚀性和较长的使用寿命，以克服潮湿空气和迷流等造成的腐蚀以及牵引接触网闪电所产生的臭氧对弹性材料的老化作用。

(3)扣件应具备良好的弹性，一是按合理的静刚度要求使钢轨弹性地支承在整体道床上，减缓对轨下部件和道床的冲击破坏；二是弹性扣压钢轨；三是尽可能多地消除轮轨的振动。

(4)扣件应满足电气绝缘要求，使钢轨形成牵引电流回路，同时与轨下基础绝缘以减少迷流的扩散。

二 扣件应达到的主要技术参数

(1)扣压力≥8kN ；

(2)扣件弹条弹程≥10mm ；

(3)轨距调整量≥＋8mm，－12mm，调高量≥10mm ；

(4)扣件抵抗横向水平力：静载≥45kN，300 万次疲劳荷载≥30kN；

(5)节点垂直静刚度一般地段 40～60kN/mm ，高减振地段 15～30kN /mm ；

(6)锚固螺栓抗拔力≥60kN；

(7)节点工作电阻>108 Ω。

三 扣件类型的选择

扣件的种类很多，因根据轨道交通高架线和地下线的不同性质分别选择不同种类的扣件。

1. 高架线

1）WJ-2 型扣件

该扣件为桥上无渣轨道专用小阻力、大调高量分开式扣件，无挡肩型，适用于桥上无缝线路地段。扣件由轨下复合胶垫、铁垫板、板下胶垫、T 形螺栓、专用弹条等部件组成。扣件由尼龙套管及螺旋道钉固定于轨下基础。采用长圆孔无级调整轨距，轨距调整量±10mm，调高量为 40mm，其中轨下调高 10mm，铁垫板下调高 30mm。扣件节点静刚度 40～60kN/mm。该扣件经上海明珠一号线运营实践，使用状况良好。扣件不足之处是刚度较高，不利于钢轨减振。为了增加减振效果，可将原铁垫板下 5mm 厚橡塑垫板改为 12mm 厚微孔胶垫，使轨下组合静刚度降为 20～30kN/mm。见图 3-1。

2）DTVII2 型扣件

该扣件为小阻力弹性分开式，为 DTVII 型扣件的改进型，无挡肩，适用于轨道交通高架线路。扣压件为 ϕ13mm 的 ω 型弹条，通过预埋套管与轨枕连接，螺旋道钉采用 M30，采用绝缘轨距块调整轨距。铁垫板下采用 8mm 厚的橡胶垫板，铁垫板下采用 12mm 厚微孔胶垫，梁端部分的轨下采用不锈钢板或复合橡胶板。轨距调整量为＋8、－12mm，高低调整量 30mm。该扣件在北京、天津地铁和上海地铁 2 号线东延伸段高架线路上使用，是一种技术成熟的扣件。见图 3-2。

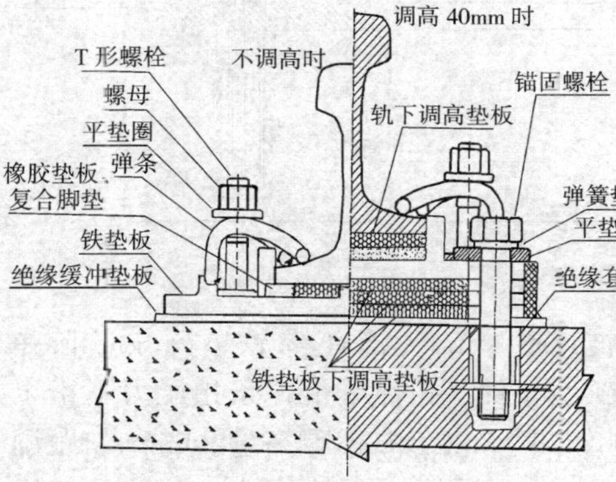

图 3-1　WJ-2 型扣件

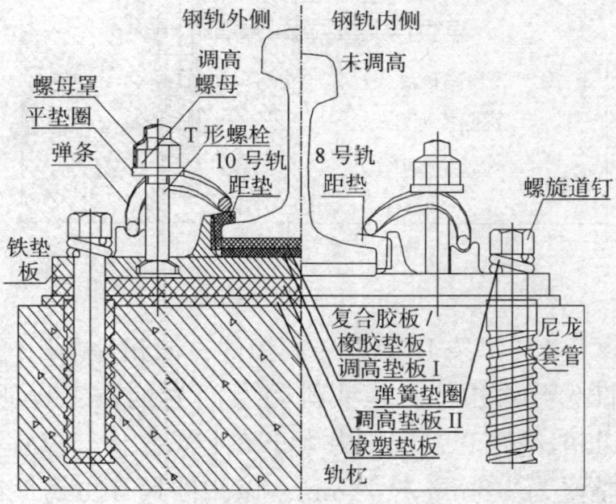

图 3-2　DTVII2 型扣件

除此之外，还有 WJ-1 型扣件、轻轨 I 型扣件和轻轨 II 型扣件等，经过对 WJ-2 型扣件进行不调高状态组装疲劳试验和扣件调高 40mm 最不利状态组装疲劳试验，以及在上海地铁 1 号线调研，发现线路轨距并未扩大，扣件各部件均未发现破损，并控制钢轨的爬行，安全可靠，能满足运营的要求。因此，城市轨道交通高架线路上无渣轨道结构采用 WJ-2 型扣件是可行的。

2. 地下线

(1)DTIII 型扣件为弹性分开式，有挡肩。轨下有铁垫板和弹性橡胶垫板，采用国铁定型的 ω 型弹条。单个弹条扣压力为 8kN，节点刚度为 21kN/mm，设计弹程 10mm。该扣件轨距调整量为＋8mm、－12mm，调高量为 10mm。其弹性垫层为轨下胶垫和铁垫板下胶垫两层，竖向有较好的弹性，横向也具有一定的弹性，减振效果较好。适用于隧道内一般减振地段。上海地铁 1 号线、2 号线和北京地铁复八线的复西段均使用 DTIII 型扣件，经多年运营实践，状况良好。但由于该扣件为有挡肩型，使扣件的调高量受限，有挡肩轨枕的制造工艺难度增加，且扣件零部件较多，构造较复杂，养护维修不便。见图 3-3。

(2)DTVI2 型扣件为二阶弹性分开式扣件，无挡肩，无 T 形螺栓，带铁垫板。弹条为 ϕ18e 型，弹条扣压力为 8kN，弹程 10.5mm，调高量 30mm，轨距调整量为＋8mm、－12mm。节点静刚度 20～40kN/mm，刚度与 DTIII 相同，扣件用 T30 螺旋道钉及尼龙套管与轨枕联结，e 形弹条直接穿入铁垫板的铁座内。扣件的主要优点是结构简单，无"T"形螺栓，零部件少，造价低，有利于制造，安装和维修，为少维修型扣件。无挡肩型使扣件的轨距和高度的调整能力增强，调整储备量增大，能满足地铁最不利情况下使用要求。缺点是 e 型弹条经长期运营后会发生小量松弛，使扣压力有所降低。

该扣件已在北京地铁及天津地铁大量应用，经现场通车观测，扣件性能和减振效果良好，适用于地下线。见图 3-4。

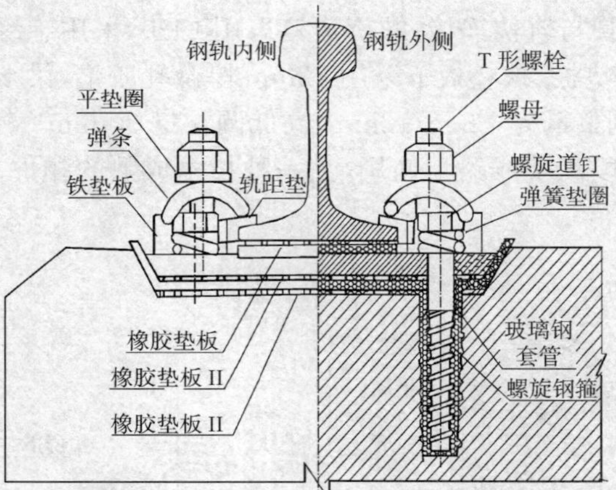

图 3-3 DTVII2 型扣件

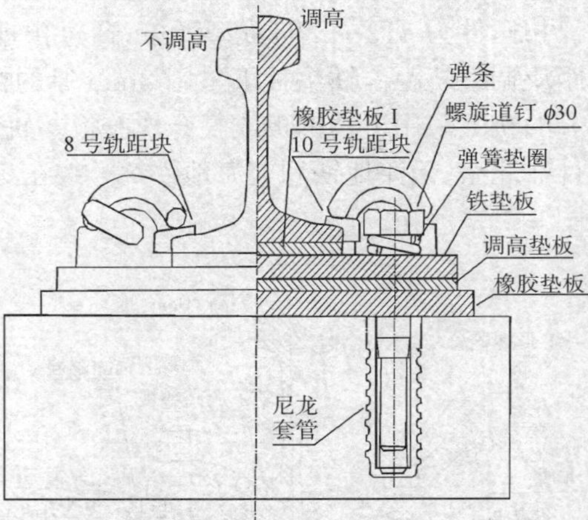

图 3-4 DTVI2 型扣件

(3)弹条 II 型分开式扣件。该扣件采用国铁标准 II 型弹条，无挡肩，带铁垫板，为二阶弹性分开式扣件。是铁科院专门为地铁工程研制的新型扣件。扣件单个弹条扣压力不小于 9kN，绝缘套管抗拔力大于 60kN，扣件节点垂直静刚度 35～50kN/mm，调高量 20mm，轨距调整量为＋8mm、－12mm。该扣件具有防锈性能，为国铁大量使用，有成熟的制造技术和使用经验。轨下与铁垫板下同时设调高垫板加大调整量，弹条与铁垫板用 T 型螺栓连接。轨下与铁垫板下同时设橡胶垫板，具有较好的减振降噪效果。适用于地下线一般减振要求地段。该扣件目前已在深圳、天津地铁设计中采用。见图 3-5。

(4)LORD 胶结弹性扣件。该扣件也称钢轨固定器，是美国 Lord 公司生产的一种减振型扣件。其主要特点是：垫板采用橡胶黏结铸铁板形成整体组合式弹性垫板，垫板表面全部由橡胶覆盖，提高了垫板的耐腐蚀性，延长使用寿命，并具有更好的电绝缘性能。扣件的静刚度可根据用户要求进行生产，一般情况下，静刚度值为 15～25kN/mm。由于 Lord 公司在上海设有生产基地，扣件中的螺旋道钉、尼龙套管、弹条采用国铁定型设计。扣件整体性强，更换方便，便于维修，扣件具有轨距调整装置，垂向及横向调整均简单方便。试验表明，在隧道内较普通扣件可减少振动噪声 13dB,适用于减振要求较高地段。

该扣件大量应用于华盛顿、芝加哥、温哥华、纽约、洛杉矶、吉隆坡、台北等城市的地铁中,运营实践表明效果良好。目前,该扣件价格与其他减振扣件相比,也具有一定的竞争优势。

(5)轨道减振器扣件。该扣件也称克隆蛋扣件,为弹性分开式,无挡肩,三级减振。其构造是采用硫化工艺将减振橡胶圈与承轨板,底座黏结成一牢固整体,利用橡胶圈的剪切变形,获得较低的竖向刚度,垂向静刚度为 11~13kN/mm。扣件轨距调整量+8mm,-12mm,调高量 30mm。适用于隧道内和高架桥上减振要求较高地段。见图 3-6。

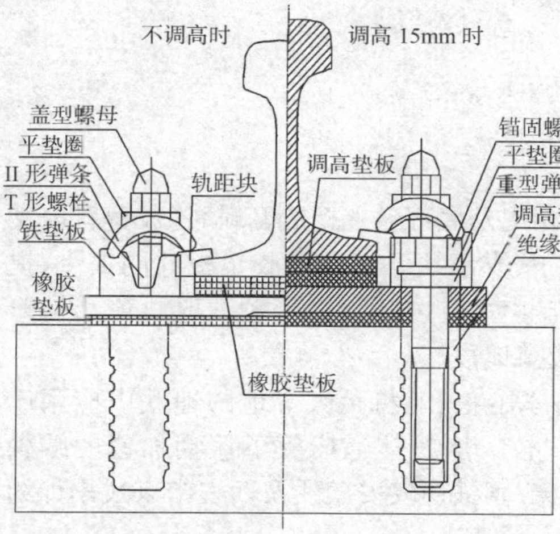

图 3-5 弹条 II 型分开式扣件

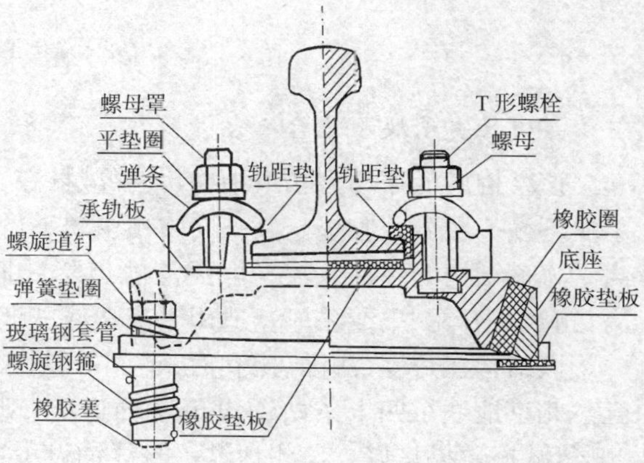

图 3-6 轨道减振器扣件

上海地铁一号线在减振要求较高地段铺设了这种扣件,现场实测表明,较 DTIII 型扣件降低噪声 4~5dB,减振效果显著。广州地铁一号线也有铺设。

该扣件的缺点是铺设运营后减振性能衰减较快(两年后即达 30%~40%),另外硫化橡胶圈易脱落,对保持轨距十分不利。造价每组约 300~400 元。目前对橡胶圈材质及配方又进行了充分研究和改进,减振持久性有了很大提高,但效果尚有待认证。

根据上述分析比较,地下线一般减振地段、高减振地段及特高减振地段采用 DTVI2 型扣件(见 DTVI2 型扣件组装图),或选用弹条 II 型分开式扣件,在地下线较高要求的减振地段采用 LORD 胶结弹性扣件与支承块整体道床配合使用。

第四节 轨道和道床

一 高架线地段结构

1. 支承块承轨台

承轨台是一种沿纵向铺设在每股钢轨下面的条形钢筋混凝土结构,系二次灌注的混凝土结构。承轨台的混凝土强度 C40。支承块支承钢轨及其联结部件,并埋置于承轨台中。支承块的混凝土强度为 C50,每块支承块顶面预留 2 个锚固螺栓孔,并配置塑料套管及螺旋钢筋,以增强其强度。上海明珠线一期工程采用了这种道床。该道床适用于高架线路一般减振地段，是一种成熟可靠的结构形式。见图 3-7。

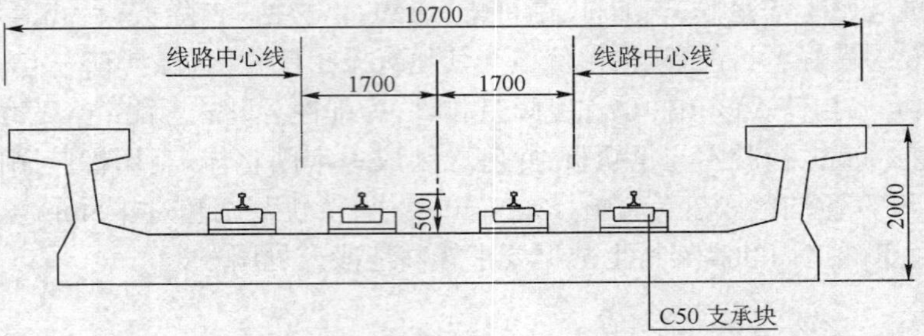

图 3-7　高架桥上支承块式承轨台道床(尺寸单位:mm)

2. 弹性支承块承轨台

该结构属低振动型轨道结构，为了减振在支承块四周及底部包上橡胶套靴，橡胶套靴内支承块下设一层微孔胶垫。其垂向弹性由轨下、铁垫板下、支承块下三层橡胶垫板共同提供，提高了轨道结构的弹性。较一般无渣轨道降低振动及噪声 7～10dB。造价较一般轨道结构略高，约 350 万元/单线公里。适用于高架线减振要求较高地段。

该结构在丹麦、法国、比利时、英国等铁路以及哥本哈根、亚特兰大等地的地铁中应用广泛。北京地铁东四十条站铺设了这种道床，现场测试较一般整体道床簧下振动加速度减少 30%，减振效果良好。广州地铁一号线铺设了这种道床，国铁西安安康线及西安南京线累计约 100km 的长隧道内铺设了该结构，目前运营状况良好。见图 3-8。

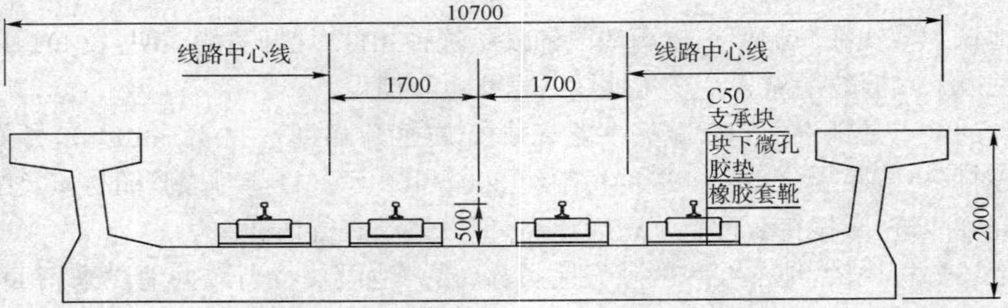

图 3-8　高架桥上弹性支承块式承轨台道床(尺寸单位:mm)

3. 钢弹簧浮置板轨道

由钢筋混凝土板和支撑它的弹簧隔振系统组成，形成质量—弹簧体系，可减少传递到隧道结构或桥梁结构的振动力和振动加速度，隔振效果明显。该结构是目前减振轨道系统中较先进的一种，对振动频率在 12.2Hz 以下的振动提供了较好的隔振效果。使用寿命长，更换容易，可维修性能好，且不影响正常运营。浮置板与基础板间只需很小的空间。同时可通过调整弹簧高度消除线路沉降，以弥补基础不均匀沉降。目前隔振效果最好的浮置板轨道系统是螺旋钢弹簧浮置板轨道结构，减振效果约为 25～40dB。缺点是造价较高(约 800 万元/单线公里)，在桥上铺设时，轨道建筑高度较一般道床高。北京地铁西直门高架车站采用了螺旋钢弹簧浮置板轨道结构，混凝土板厚度 660mm，轨道总高度 874mm。目前德国、巴西、英国、韩国等已有成功应用，效果非常显著。深圳、南京地铁拟采用此种道床。见图 3-9。

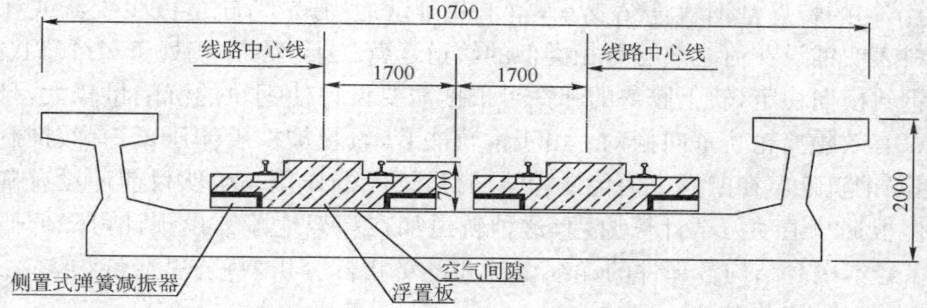

图 3-9 高架桥上弹簧浮置板整体道床(尺寸单位:mm)

4.滑动嵌装式连续支承轨道

该结构是诸多埋入式轨道形式之一(图 3-10),是进入 20 世纪 90 年代中期由德国新开发的连续支承轨道系统。该轨道系统的特征是钢轨铺于微孔橡胶连续弹性垫板之上。钢轨的固定不是通过点式支承,而是通过弹性体(压紧体)从钢轨两侧向轨腰连续挤压。由于弹性体和压紧体之间能产生垂向大幅度滑动,该系统起到了缓冲作用。

图 3-10 铺设于荷兰鹿特丹的埋入式轨道

该结构由纵向连续凹形承轨台、凹槽式纵向轨枕、轨下连续双层微孔橡胶垫板、轨腰两侧橡胶体、橡胶体外侧的混凝土压紧体、橡胶体与混凝土压紧体之间的尼龙滑板、压紧螺栓等组成。槽形轨枕嵌装在承轨台的凹形槽内,形成 U 形缝,铺设槽形枕时,用支撑架抬升并调整几何形位,之后用体积稳定的沥青聚氨酯胶液灌缝,胶液固化后形成枕下及两侧弹性层。槽形枕长度可达 6m,在工厂预制,由 C50 钢筋混凝土制成。轨枕槽向上变宽,呈倒梯形。底部向轨道内侧形成 1∶40 的轨底坡,轨枕槽两侧约每隔 0.75～1m 安有螺纹套筒,该套筒内拧入螺栓。螺纹套筒的外侧有圆槽,用于安放松、紧螺栓用的套筒扳手。轨底是泡沫弹性垫板。为使该结构具有较大的缓冲作用,两块垫板重叠铺设,总厚度达 30mm。弹性垫板上铺设无缝线路长钢轨,因凹槽底部倾斜,故钢轨同样具有必要的倾斜度。

钢轨的轨腰两侧安装有橡胶型材,其外侧为塑料滑动面。该弹性体受到由混凝土压紧体的挤压,后者端面有塑料滑动面。压紧体为混凝土预制件,按螺栓距离设有带套筒的圆槽,螺栓拧入套筒,使压紧体把橡胶型材紧紧压向钢轨轨腰部位。在最终拨正钢轨和完成压紧体挤压后,压紧体和长轨内侧间的缝隙用填缝砂浆灌注。万一以后有必要更换个别部件,则用锯锯开填缝砂浆。当轨道需要调高时可采取增加轨下垫层及抬高槽型枕的办法实现。总之,整个系统是可以维修的。

弹性体型材上方有一橡胶防护板,该防护板被压入埋在压紧体的夹紧型材中。通过这种布置,防止水和污物进入压紧体和橡胶型材之间的滑动缝。

在运营荷载作用下,垂直力向下挤压泡沫弹性垫板。由于缓冲作用,振动被吸收和减弱。侧向力由橡胶型材经压紧体和灌浆缝传递到凹槽的侧边。由于垂向荷载,在滑动面之间产生缓冲值相当的滑动。卸载后,弹性垫板又把钢轨推回到初始位置。见图 3-11。

该轨道结构的特点是钢轨连续支承，轨下基础动应力减小，轨道极少维修或几乎没有维修；有关资料表明铺设在荷兰鹿特丹相类似的轨道运营二十多年来仍处于免维修状态；该结构不用扣件，钢轨横向稳定，轨下胶垫的弹性可根据需要设计使钢轨的沉陷量较大，且轨下和枕下两级减振，有效隔离轮轨垂向振动。由于钢轨嵌装，轨腰被橡胶体压紧，有效抑制钢轨振动并吸收和阻隔钢轨噪声在空气中的传播，并具有声屏障的作用。虽然目前还没有确切的降噪测试指标，但根据轨道动力学计算原理，这种轨道如在高架地段铺设预计可降低振动及噪声20dB以上。经本次对结构各部件的详细设计和经济指标分析，每公里造价约350万元，相对其他减振结构来说，造价较低。

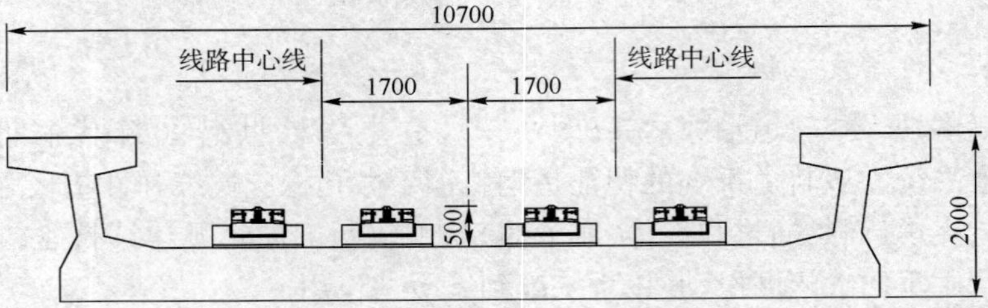

图3-11　高架桥上滑动嵌装式连续支承轨道

经以上分析比较，不难看出这种新型埋入式轨道是一种少维修、造价较低、减振降噪功能优越的极有良好发展前景的结构形式。

二 地下线地段结构

1. 长枕埋入式整体道床

长枕埋入式整体道床是将混凝土长轨枕埋在整体道床内，道床纵向钢筋贯穿轨枕，形成整体，结构坚固稳定、整洁美观。长轨枕为预应力式轨枕，在工厂预制，长度2.1m，轨枕混凝土强度C50，道床混凝土强度C30，纵向排水沟设在两侧。上海地铁1号线、2号线均采用长枕式整体道床，经多年运营，状态良好。见图3-12。

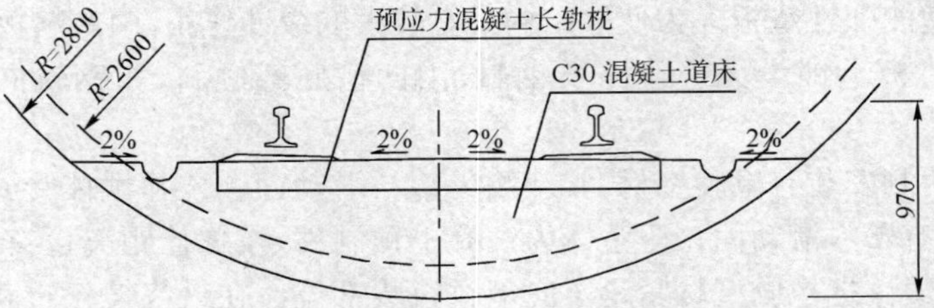

图3-12　长枕埋入式整体道床(尺寸单位:mm)

在隧道内铺设该结构形式有以下优缺点。

优点：①由于道床采用双层配筋，上层纵筋贯穿长枕预留孔，使道床强度特别加强；②施工时，一旦组成轨排，轨距及轨底坡就被确定，无须进行调整。

缺点：①造价高，混凝土长轨枕一般为预应力结构，每根造价为一对普通钢筋混凝土支承块的1.4倍；②由于长枕较重，施工运输困难；③现场施工时，钢筋穿过长枕，不能预先绑扎，作业时间较长。

2. 支承块式整体道床

支承块式整体道床是将支承块埋在整体道床内。支承块混凝土强度C50，道床混凝土强度C30。支承块式整体道床有侧沟式及中心水沟式两种形式，中心水沟式横断面有所削弱，道床的整体性稍差，一般适用于隧道围岩较强的地区，北京地铁采用中心水沟式整体道床，使用效果良好。另外，中心水沟式道床施工时，需设置中心模板，增加了施工的难度，见图3-13。

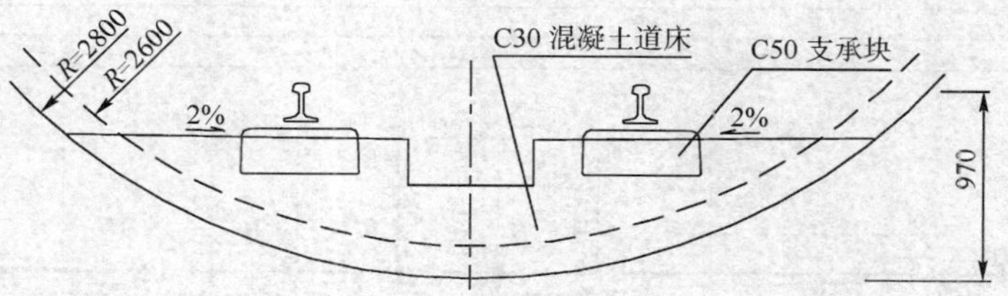

图3-13 中心水沟式支承块整体道床

侧沟式断面形式，道床整体性好、强度足，稳定性好，施工方便，广州、上海地铁均采用侧沟式，使用效果良好。见图3-14。

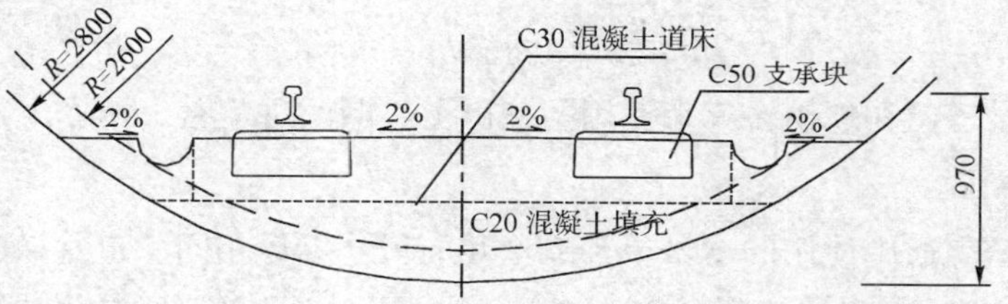

图3-14 侧沟式支承块整体道床

在隧道内铺设支承块式结构形式有以下优点：结构稳定、坚固耐久、道床整洁美观。支承块结构简单，制作容易，造价便宜。

单个支承块体积小、重量轻，施工时，可通过道床施工作业面前方风井等下料口直接放送至隧道内，通过无轨运输方式运抵作业面，直接在现场的施工面上组装轨排进行施工，不需建地面轨节拼装场和长距离运送轨排，并可将全线分为多工作面施工，缩短工期。

第五节 道岔及车挡

一 道岔

(一)道岔选型原则

(1)道岔结构形式应符合线路设置条件，并符合车辆直向、侧向通过速度等运行条件。

(2)道岔应具有足够的强度、稳定性、耐久性和适量弹性，确保列车安全、平稳、快速运行和乘客舒适。

(3)道岔应符合环保、节能、节约投资的要求，便于工厂制造，铺设方便，少维修。

(4)增强道岔标准化和零部件的通用性，延长使用寿命。

(二)道岔类型

道岔选型主要根据车辆的运行条件、线路折返能力及节约用地等要求，尽可能选择标准化产品。目前城市轨道交通中使用的 9 号道岔(图 3-15)根据导曲线的不同主要有 R=200m 和 R=180m 两种，其侧向通过速度分别为 35km/h 和 30km/h。每种道岔有曲线尖轨和直线尖轨两种结构形式。

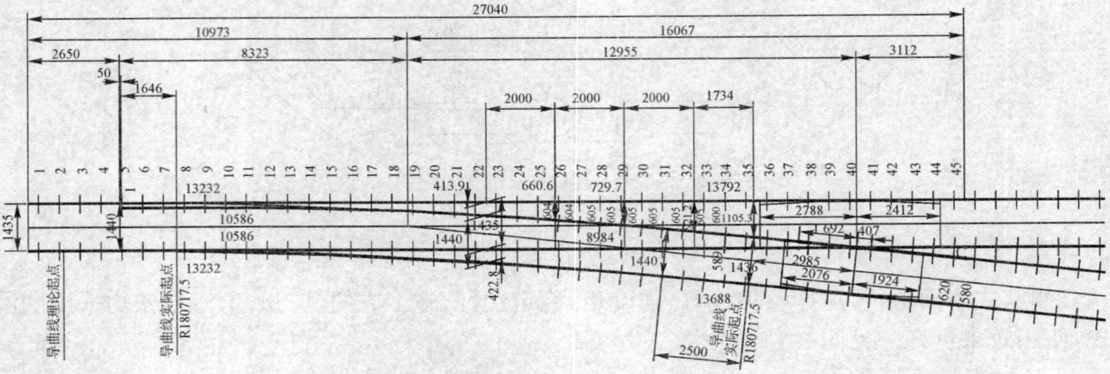

图 3-15 9 号道岔结构布置形式

目前地铁 9 号道岔在地铁多年来使用的基础上不断改进完善。技术上不断趋于成熟。

1. 9 号道岔类型

目前城市轨道交通中使用的 9 号单开道岔几何尺寸不尽相同。道岔辙叉角均为6°20′25″，道岔全长有 27.040m、27.773m、29.329m、29.569m 等；导曲线半径有 R=200m 和 R=180m 两种，其侧向通过速度分别为 35km/h 和 30km/h；尖轨类型有曲线尖轨和直线尖轨两种形式；辙叉又分为固定辙叉和可动心轨辙叉；扣件可分为弹条 II 型、弹条 III 型、DTVI2 型及其他多种形式。

道岔是城市轨道交通设计中轨道的薄弱环节，正确选择道岔型号极为重要，目前地铁 9 号道岔在地铁多年来使用的基础上不断改进完善。技术上不断趋于成熟。

(1)道岔全长及道岔前、后端长与铁道部标准图“专线(02)4204”相同。导曲线半径 200m，道岔全长 29.569m，列车直向允许通过速度 95km/h，侧向通过速度 35km/h。道岔主要结构：转辙器采用 11.2m、60AT 弹性可弯尖轨，尖轨尖端为藏尖式，尖轨设 2 个牵引点；固定辙叉采用高锰钢整铸式；护轨采用 50kg/m 钢轨制造；扣件采用 III 型弹条分开式可调扣件；轨下基础采用混凝土短枕式整体道床。其优点是道岔技术先进，结构合理，与国铁型号一致，通用性好，侧向通过速度较高，列车折返运行占用咽喉区时间短。其缺点是：尖轨设 2 个牵引点，需设 2 根拉杆及 2 台电动转辙机。曲线尖轨的耐磨性不如直线尖轨；配用 III 型弹条分开式扣件。该道岔应用于广州地铁四号线。

(2)该道岔是专为上海明珠线一期工程设计的 9 号单开道岔，为曲线型 AT 尖轨，尖轨长 10.586m，高锰钢整铸辙叉、导曲线半径 180m，道岔全长 27.040m，道岔直向容许通过速度 80km/h，侧向容许通过速度为 30km/h。道岔的特点是在垫板上设置了轨底坡减少钢轨磨耗；将转辙器设置的普通滑床板改为弹片型滑床板，改善了道岔的弹性和稳定性；高锰钢整铸辙叉直向冲击角由 1°06′00″改为 0°49′47″，侧向护轨冲击角 1°20′，列车直向通过的冲击角小，改善了道岔的受力条件，提高了旅客的舒适度。道岔进行全长轨顶面淬火，以减少轮轨偏磨。采用弹条 II 型分开式扣件。该道岔在上海明珠线一期工程铺设后，经过多年运营实践的检验，使用情况良好。

(3)采用 60kg/m 直线型 AT 尖轨，尖轨长 6.45m，高锰钢整铸辙叉，H 型可调护轨，道岔全长 29.329m。扣件为 DTVI2 型分开式扣件，导曲线半径 180m，直向允许通过速度80km/h，侧向通过速度 30km/h。是目前专为地铁设计的新型道岔，应用于北京、天津地铁。

该道岔有以下特点：

①尖轨采用一台电动转辙机，信号设备安装简单，维修费低、车站电务值班人员可减少一人，降低管理费。

②采用直线尖轨，耐磨、可延长尖轨使用寿命，左右开道岔可互换使用，管理上较方便。

③所采用的直线尖轨及辙叉与国铁同类道岔相同，方便供货，可降低造价。

2.7 号道岔类型

7 号道岔结构应采用 60kg/m 钢轨，60AT 尖轨，高锰钢整铸辙叉，导曲线半径 150m。道岔直向通过速度 70km/h，侧向通过速度 30km/h。道床采用短岔枕整体道床，弹条 II 型分开式扣件或 DTVI2 型扣件。正线、辅助线和试车线应采用不小于 9 号的各类道岔，车场线咽喉区应采用不大于 7 号的各类道岔，并宜采用 AT 尖轨、高锰钢辙叉和可调试护轨。

在选用道岔时应根据线路情况，选择合适的道岔形式。

(三)道岔设备

道岔设备采用电力驱动，应由机械装置、控制装置、电源装置、供电接触轨等组成。

道岔机械装置应包括道岔梁、接缝板、梁间连接装置、驱动装置、锁定装置、台车、手动转换装置、走行轨、安装底板和道岔固定端的转动装置。关节可挠型道岔除以上部分外，还应包括单独安装的导向面板、稳定面板、挠曲装置等。

(四)道岔设置原则

正线宜选择关节可挠型道岔，辅助线和车辆基地内的线路可选择关节型道岔。道岔的设置应根据线路条件选择适合其要求的道岔基本线型、道岔梁几何尺寸、转辙距离、转辙时间、衔接梁型式及尺寸、线间距和可动式避让梁的道岔设备。应标明道岔安装平台和道岔走行面的水平标高值，道岔的岔前点和岔后点的里程坐标、位置坐标，道岔区间线间距、道岔梁的端面与相邻的轨道梁端面间距值。当设置的道岔在定位或反位及渡线时，应保障车辆运行通过时平稳、安全、可靠。

道岔的设置应满足下列要求：

(1)车辆的有关技术条件和参数。

(2)设置在直线段。

(3)衔接道岔区的附带曲线的平面曲线半径：正线和辅助线不应小于 100m，车辆基地内不应小于 50m。反向曲线间应设 10m 长夹直线。曲线端距道岔端的距离应不小于 5m。

(4)道岔的附带曲线可不设缓和曲线。

(5)道岔设置区不应设竖曲线，其线路中所设竖曲线距道岔的附带曲线端的距离应大于 5m。

(6)道岔设置区及道岔区的附带曲线不应设超高。

(7)道岔宜设置在平坡上，困难条件下可设在不大于 3‰的坡道上，但应有防止车辆打滑和空转的措施。

(8)道岔与道岔连接时其间应设置衔接梁。衔接梁可选用钢结构梁或混凝土结构现浇梁，其长度应不小于 2m。

(五)道岔安装原则

(1)道岔必须安装在坚实稳定的基础上，道岔区应有良好的排水设施，道岔平台上不应有积水、堆积物及影响道岔运行的设施。

(2)道岔区应有足够的检修空间、通道和安装附属设施的条件及安全隔离设施，道岔区应有照明设施。

(3)道岔桥上的电力电缆、供电电缆、通信及信号电缆、道岔控制电缆等应按电压等级分别布置在道岔桥的两侧。

(4)道岔的台车走行基础和驱动装置安装基础宜采用二次浇注钢筋混凝土结构。道岔桥或道岔专用平台在土建时其凸台位置应预留连接钢筋，凸台钢筋与预留钢筋间应采用焊接连接。

(5)道岔区应设置电视监控设施，便于调度人员了解道岔运行工况。

二 车挡

车挡是防止列车在意外情况下冲击线路终端造成车辆和设备损坏的安全防护装置。车挡有固定式和滑动式两种。固定式车挡主要有用于早期北京地铁的沙堆弯轨式和用于上海地铁一号线的 DTII 型车挡。运营实践表明这两种固定式车挡性能均不理想。

缓冲滑动式车挡(图 3-16)由主架和制动轨卡组成，为摩擦制动，当列车质量 220t，时速 15km 撞击车挡时，可在 15m 内停车。上海地铁二号线、明珠线一期采用了 DDCQ2 型缓冲滑动式车挡。DDCQ3 型滑移式缓冲挡车器是根据本线所采用的 C 型车而研制的车挡，适用于高架线路和地下线路。

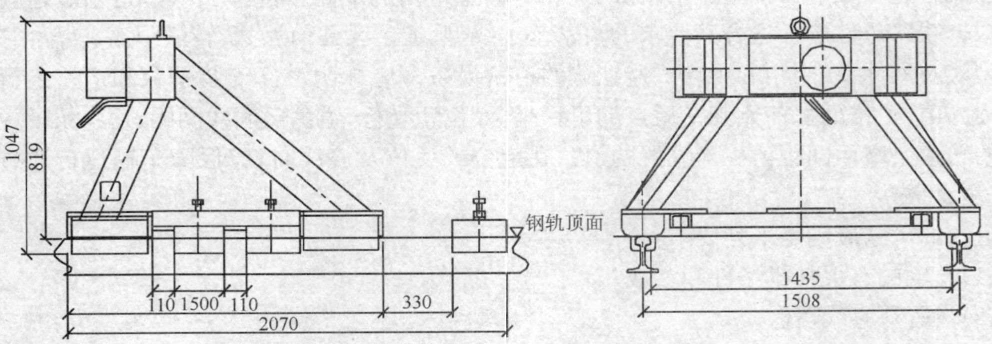

图 3-16 缓冲滑动式挡车器组装图(尺寸单位：mm)

液压缓冲挡车器是液压制动，技术先进，结构合理，制动距离短，能自动复位，主要用于地下线，可降低地下线路综合造价(每采用一组可降低综合造价约 200 万元)。目前国外使用较多，但它在国内还不成熟，尚处于研究试制阶段。

综上所述，滑移式缓冲挡车器，技术先进，结构合理，能有效地消耗列车动能，不损坏车辆和车挡，确保人身安全。新型的液压缓冲挡车器目前拟在明珠线二期工程中试用，如经过有关部门技术鉴定且试用效果良好。

三 线路及信号标志

1. 线路标志

线路标志分为百米标、坡度标、曲线要素标、曲线及缓和曲线起终点标、竖曲线起终点标、水准基点标等。

百米标、坡度标为烧制搪瓷板，白底黑字。安装于司机易见的隧道墙上或桥梁护栏上。

2. 信号标志

信号标志主要有限制速度标、列车停车位置标、终点停车标和警冲标等。

警冲标一般采用木料和铁皮制作，设于两汇合线之间，其余均为烧制搪瓷板，白底黑字。

百米标、限制速度标、停车位置标应设置于行车方向的右侧。

第六节　轨道工程施工

轨道的施工工艺比较复杂，在《地下铁道工程施工及验收规范》中已经详细论述了施工方法、规定、工序及标准，这里主要介绍一下整体道床和无缝线路的施工。

一 整体道床的施工特点

地铁隧道内整体道床的施工场地狭窄，施工精度要求高，工期短。因此，施工工艺应采用先进技术，施工机具应配套，机械化程度高，单工作面施工进度快，质量高.全线施工组织科学合理，综合进度快。以工期、质量、成本三者体现施工水平，追求良好的经济效益。

二 整体道床施工方法比较

方案一：传统支撑架支墩法

这种施工法是我国整体道床施工的传统工艺，目前仍被地铁普遍采用。其基本的施工顺序是：先用上承式或下承式支撑架架设作业循环工具轨，吊挂支承块组装轨排，调整几何状态后，在枕下浇注与道床同强度等级的混凝土支墩，养生达到 5MPa 强度后，拆除支撑架，再浇注道床混凝土，道床混凝土养生后，再拆除作业工具轨进入循环作业。

该工法如按每作业面施工日进度 75m，需配备的机具设备有：作业工具轨 60kg/m25m 有孔新轨 700 双米，鱼尾板及螺栓 56 套，钢轨支撑架 200 副，门式吊机 2 台，P24 门吊走行轨 900 双米。见图 3-17。

该工法存在以下缺点：①使用的二具轨数量大，工具轨如采用新轨，连续倒用后难免对钢轨造成损伤，影响钢轨在本线的铺设利用；如采用旧轨，则影响道床的施工精度。②需采用 2 台龙门吊车。③需铺设大量的吊车走行轨。④工序多，作业面长，影响施工进度。

方案二：整体式轨道排架法(图 3-18)

这种施工法是近年来我国铁路开发的新型施工工艺，整体轨道排架每榀长 6.25m，由

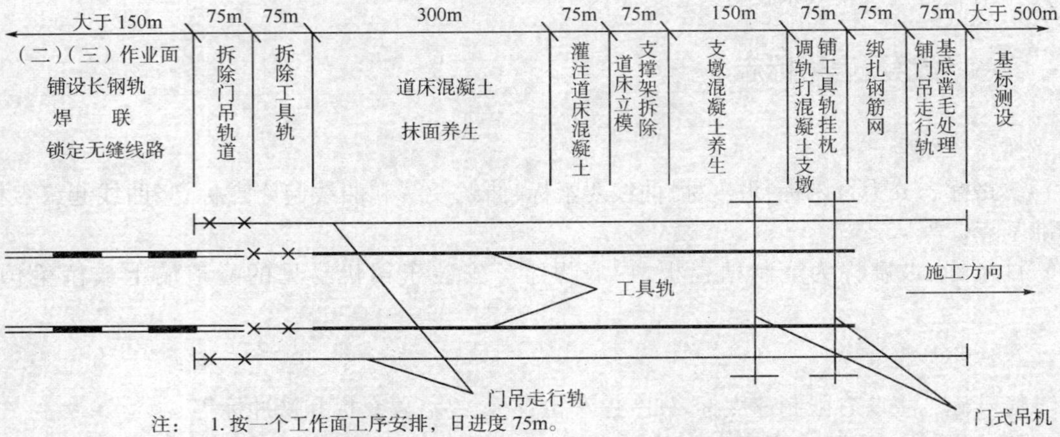

注： 1. 按一个工作面工序安排，日进度 75m。
2. 配备 ZMQ-10 门式吊机 2 台，门吊走行轨 P24kg/m900 双米，工具轨 P60kg/m 有孔新轨 700 双米，钢轨支承架 200 个，夹板、螺栓、扣件配套。

图 3-17　支承架工具轨施工整体道床工序循环

6.25m短轨、工字钢横梁、螺旋支腿、方向锁定器、浮动侧模板等组成。其特点是整体性强，便于整体吊装。施工基本步骤是用一台小龙门吊机将单个6.25m整体轨道排架吊至平台上悬挂短枕块组成短轨排。再用龙门吊机将整体式短轨排吊装连结成长轨排。调整轨排几何状态达到精度要求后予以锁定，之后直接浇注道床混凝土，混凝土养生达 5MPa 时，再用龙门吊机拆除排架进入循环作业。

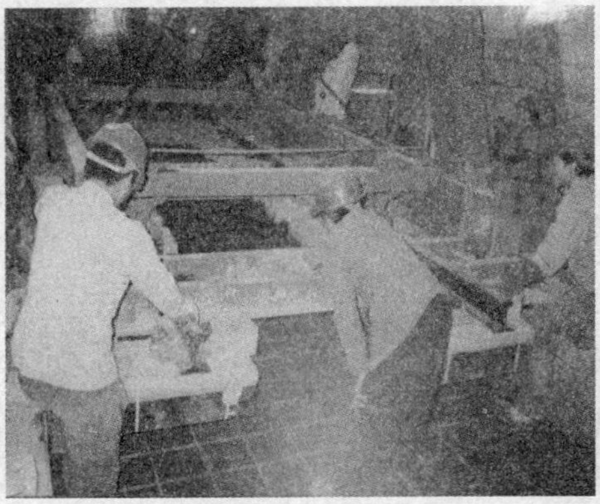

图 3-18　轨道排架法施工

该工法如按每作业面施工日进度 75m，需配备的机具设备有：6m 整体轨道排架 150m 合 25 榀，龙门吊机 1 台，P24 吊机走行轨 250 双米。

该施工法有以下优点：①仅用 150m 整体式轨道排架就可代替 700 双米工具轨和 200 付支撑架；②节省 650 双米 P24 走行轨和 1 台龙门吊机；③龙门吊机单机操作 6m 整体轨道排架，快速、方便、灵活；④只要将轨排精调到位后即可直接浇注混凝土，免去了在枕下浇注与道床同强度等级的混凝土支墩和养生两个重要工序，大大缩短了施工作业面的长度；⑤由于整体式轨道排架轨距和轨底坡固定，调整轨排时，只需调整方向和高度，方便快速。从而加快了作业循环时间，实际平均施工日进度达到 100m 以上。

目前，这种新施工法工艺成熟，机具配套。在应用时，可根据施工限界要求对整体式轨道排架和龙门吊机尺寸进行调整，适应地铁限界的要求。

采用整体式轨道排架法进行施工，其施工工艺见图 3-19。

三　无缝线路焊接、铺设

1. 长钢轨焊接

近年来，国内长钢轨的焊接技术发展较快。分以下几种方法：①工厂接触焊焊接长钢轨，工艺成熟,质量稳定。②现场移动式接触焊,焊接质量较稳定,国内引进多台焊机,正在进行国产化研制,可满足地铁无缝线路质量要求,广州地铁已采用这种焊法。③移动式气压焊,焊接强度与接触焊相同,焊机移动灵活、方便,基本不干扰其他线上作业,焊接成本较低,如日本高速铁路主要采用气压焊;但在我国气压焊接头质量稳定性受人员技术经验影响较大。为消除以上影响,目前我国已研制成功数字化控制焊机,排除了人为影响,基本实现了焊接工艺的自动化,经成都、沈阳铁路局以及青藏线焊接,质量十分可靠。其中 2004 年 8 月份青藏线现场焊接质量试验一次达到连续 15 个接头落锤试验三锤不断的内控高标准,已被青藏线采用。④铝热焊:我国引进的法国铝热焊工艺(如拉伊台克 QPCJ 铝热焊)质量稳定,但由于铝热焊接头强度较弱,不宜大量使用。

综上所述,数控气压焊焊机及焊头成本低,质量可靠,优点突出。

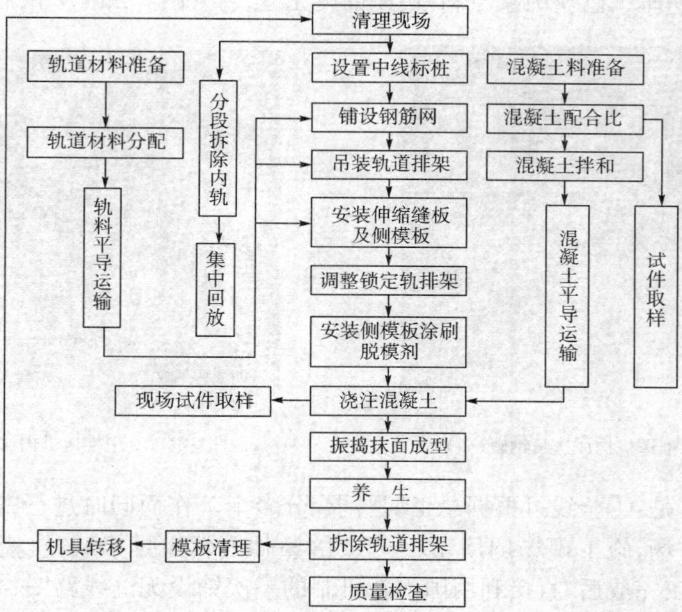

图 3-19　排架法施工支承块式整体道床工艺流程图

2. 无缝线路铺设方案

方案一:传统三铺二拆换铺法。

在地面铺建轨排组装基地,即轨节场,在轨节场用工具轨组装 25m 标准长度新轨的轨排,用小轨道平板车通过已铺轨道运至施工现场,现场用前述方案一的支撑架法铺设工具轨排。之后,为了给轨排运输提供通路,再用旧轨换铺新轨,全线整体道床施工完成后,再用传统二次换铺法铺设无缝线路长钢轨。

这种施工组织存在以下不足:①需使用大量工具轨和旧轨;②需建地面轨节场,轨排长距离运输;③换铺长轨必须远距离利用既有焊轨厂或建地面临时焊轨基地焊接长轨条,费用大;④全线只能从轨节场一头开设整体道床施工面由近及远顺序施工,不利于全线分段施工,工期长。这种施工组织比较适用于重量较重的长轨枕组装轨排和运输,目前这种施工技术已进行改进,老的方法基本不用。

方案二：一铺一拆线上直接焊。

该方案是在地面建轨节场，直接用25m不带孔新轨组成轨排，通过上述运输方式及支撑架法施工整体道床，新型接触焊作业车跟在道床施工之后，直接在线上现场拆下钢轨逐个进行轨缝焊接、铺设锁定。

这种方法的优点是：采用移动焊轨车（配AMS60闪光接触焊机）直接线上焊，节省了在既有焊轨厂焊轨后长距离专运列车运输长轨，或在地面建临时焊轨厂，施工费用节省。

缺点是：①全线不易实现多作业面快速铺设整体道床，整体道床铺设速度制约无缝线路焊铺；②移动焊轨车属大型设备，进入隧道现场较困难，全线总工期仍较长。

方案三：现场倒用整体式轨道排架，一次铺设无缝线路长钢轨。

全线整体道床采用整体式轨道排架法分段完成施工后，直接利用国内新研制的一次铺设无缝线路"长轨放送车"（已获国家专利）快速铺设无缝线路（图3-20、图3-21）。

图3-20 专用推送机构放送长钢轨（一）

图3-21 专用推送机构放送长钢轨（二）

该方案的优点是：①全线可根据总工期要求，分多个工作面同时进行整体道床施工；②不需要在地面建轨节场，施工现场倒用100～150m整体式轨道排架后，轨槽内无钢轨，节省费用；③整体道床施工完成后，直接利用国内新研制的一次铺设无缝线路"长轨放送车"（已获国家专利）快速铺设无缝线路，专用推送机构推送出轨速度14m/min，综合铺轨速度日进度2km以上，是目前铺轨速度最快的一种铺设方法；④在地面建临时焊轨基地，将25m标准轨焊接成150～250m长钢轨，接头焊接质量得到充分保证。

方案四：现场采用倒用整体式轨排架法多工作面施工整体道床，道床施工完成后运进25m标准轨，洞内采用移动式数控气压焊机直接线上焊接无缝线路。

该方案的优点是：①全线可根据总工期要求，多工作面同时进行整体道床施工，充分发挥排架法施工机械化程度高、速度快、质量保证的优势；②数控气压焊机洞内直接焊无需建地面临时焊轨基地，最节省经费。随着这种铺轨技术的发展，必将被广泛采用。

综上所述，无缝线路的焊接与铺设应与道床施工方法、长钢轨焊接工艺有机的结合，从而找出最佳方案匹配，使轨道工程的施工质量保证、工期最短，施工费用最低。经以上四个方案比较分析，方案一随着施工技术进步已被淘汰，方案二及方案三仍被采用，方案四代表目前先进技术。因此，在轨道施工及无缝线路铺设应采用方案四。采用方案四的突出优点是洞内直接焊接每个接头，节省地面临时焊轨基地一处费用约100万元，且随铺随焊，大大缩短铺轨工期。

本章小结

轨道是轨道交通运营设备的基础，它直接承受列车的荷载，并引导列车运行。轨道结构也是轨道交通的重要组成部分。一般由钢轨、扣件、轨枕、道床、道岔及其附属设备组成。本章主要介绍了地下铁道系统中钢轨、轨枕、扣件、轨道和道床、道岔及车挡的类型、特点及使用条件；轨道工程的施工工艺和施工方法。

思考与练习

1. 无缝线路铺设质量的高低影响其运营过程中的受力状态，应特别注意哪几个方面？
2. 整体道床中预制混凝土支承块应符合什么规定？
3. 钢筋混凝土支承块式整体道床的施工特点是什么？
4. 钢筋混凝土支承块式整体道床的施工方法有哪些？
5. 整体道床维修的主要内容有哪些？
6. 机械铺设道岔的组装工序是什么？
7. 运营线铺设道岔的注意事项是什么？
8. 铺轨所必需的技术资料主要有哪些？
9. 铺轨组织设计应包括哪些内容？
10. 悬臂铺轨工序是什么？

第四章 地下铁道结构

【本章能力目标】:通过本章的学习,学生应能结合地铁的施工方法合理选择车站与区间的结构形式,具有进行车站与区间结构初步设计的能力。

【知识目标】:通过本章的学习,学生应了解地铁结构设计荷载、原则及相关规范;熟悉地铁车站的类型、地铁车站的施工方法与结构形式;熟悉地铁区间隧道的施工方法与结构形式;熟悉地铁隧道截面形式与尺寸拟定的要点。

地下铁道的建筑物主要包括车站、区间和车辆段三大部分以及一些通风排水等辅助建筑物。车辆段多建在地面上;车站和区间多建在地下,二者也有建在高架桥上的。本章主要介绍建在地下的地铁建筑物。

第一节 地铁车站的类型

地铁车站根据所处位置、埋深、运营性质、结构横断面形式、站台形式、换乘方式的不同进行分类。

一 按车站与地面相对位置分类

(1)地下车站:车站结构位于地面以下。

(2)地面车站:车站位于地面。

(3)高架车站:车站位于地面高架桥上,见图 4-1。

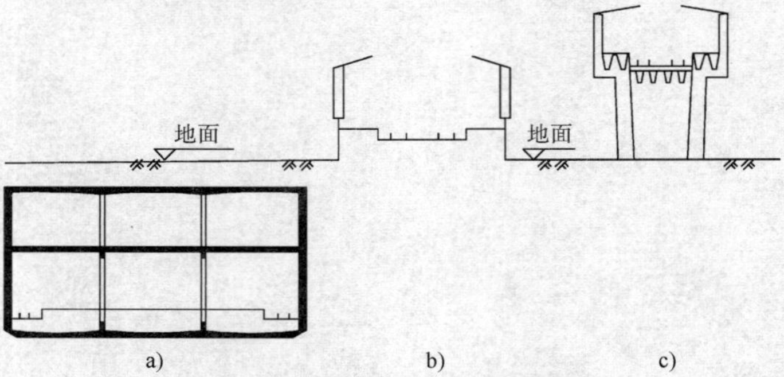

图 4-1 按车站与地面相对位置分类图

a)地下车站;b)地面车站;c)高架车站

二 按车站埋深分类

(1)浅埋车站:车站结构顶板位于地面以下的深度较浅,通常埋深(指轨面到地面距离)在 20m 以内。

(2)深埋车站：车站结构顶板位于地面以下的深度较深。深埋车站一般设在地面以下稳定地层或坚固地层内，埋深大于20m。

三 按车站运营性质分类

(1)中间站(即一般站)：中间站仅供乘客上、下车之用。功能单一，是地铁最常用的车站形式。

(2)区域站(即折返站)：区域站是设在两种不同行车密度交界处的车站。站内设有折返线和设备。根据客流量大小，合理组织列车运行。在两个区域站之间的区段上增加或减少行车密度。区域站兼有中间站的功能。

(3)换乘站：换乘站是位于两条及两条以上线路交叉点上的车站。它除具有中间站的功能外，更主要的是客流还可以从一条线上通过换乘设施转换到另一条线路上。

(4)枢纽站：枢纽站是由此站分出另一条线路的车站。该站可接、送两条线路上客流。

(5)联运站：联运站是指车站内设有两种不同性质的列车线路进行联运及客流换乘。联运站具有中间站及换乘站的双重功能。

(6)终点站：终点站是设在线路两端的车站。就列车上、下行而言，终点站也是起点站(或称始发站)，终点站设有可供列车全部折返的折返线和设备，也可供列车临时停留检修。

如线路远期延长后，则此终点站即变为中间站，见图4-2。

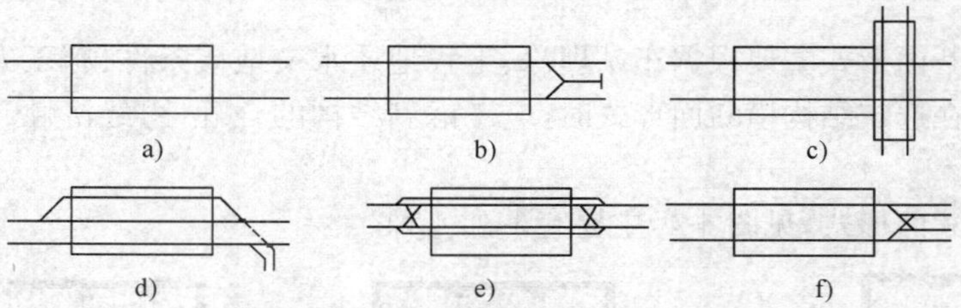

图4-2 按车站运营性质分类图

a)中间站；b)区域站；c)换乘站；d)枢纽站；e)联运站；f)终点站

四 按车站站台型式分类

车站站台型式(图4-3)主要有以下3类：

(1)岛式站台：站台位于上、下行行车线路之间，这种站台布置形式称为岛式站台。具有岛式站台的车站称为岛式站台车站(简称岛式车站，下同)。岛式车站是常用的一种车站型式。

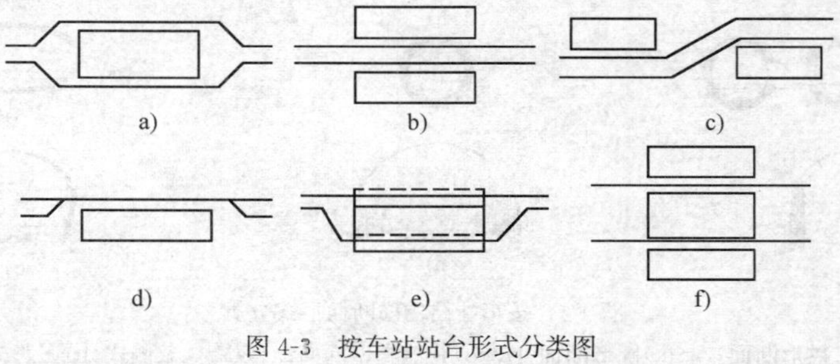

图4-3 按车站站台形式分类图

a)岛式站台；b)平行相对式侧式站台；c)平行错开式侧式站台；d)上下重叠式侧式站台；e)上下错开式侧式站台；f)岛、侧混合式站台岛式车站具有站台面积利用率高、能灵活调剂客流、乘客使用方便等优点，因此，一般常用于客流量较大的车站。

有喇叭口(常用作车站设备用房)的岛式车站在改建扩建时，延长车站是很困难的。

(2)侧式站台：站台位于上、下行行车线路的两侧，这种站台布置形式称为侧式站台。具有侧式站台的车站称为侧式站台车站(简称侧式车站，下同)。侧式车站也是常用的一种车站型式。

侧式站台根据环境条件可以布置成平行相对式、平行错开式、上下重叠式及上下错开式等型式。

侧式车站站台面积利用率、调剂客流、站台之间联系等方面不及岛式车站，因此，侧式车站多用于客流量不大的车站及高架车站。

当车站和区间都采用明挖法施工时，车站与区间的线间距相同，故无需喇叭口，减少土方工程量，改建扩建时，延长车站比较容易。

(3)混合式站台：岛、侧混合式站台是将岛式站台及侧式站台同设在一个车站内，具有这种站台型式的车站称为岛、侧混合式车站(简称混合式车站，下同)。

混合式站台可同时在两侧的站台上、下车，也可适应列车中途折返的要求。岛、侧混合式站台可布置成一岛一侧式或一岛两侧式。西班牙马德里地铁车站中多采用岛、侧混合式车站。

五 按车站结构横断面形式分类

车站结构横断面形式主要根据车站埋深、工程地质水文地质条件、施工方法、建筑艺术效果等因素确定。在选定结构横断面形式时，应考虑到结构的合理性、经济性、施工技术和设备条件。

车站结构横断面形式，见图 4-4，主要有下列 4 种。

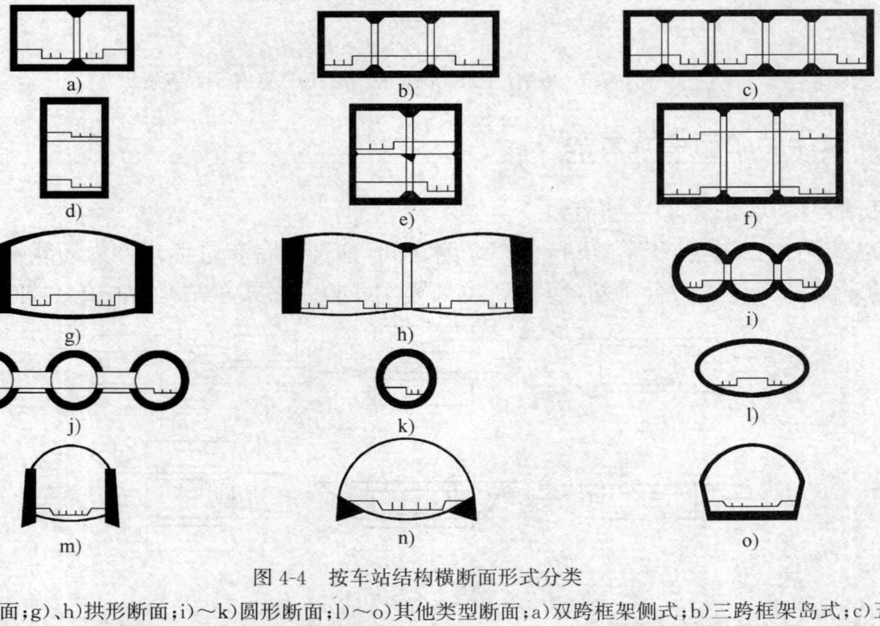

图 4-4 按车站结构横断面形式分类

a)～f)矩形断面；g)、h)拱形断面；i)～k)圆形断面；l)～o)其他类型断面；a)双跨框架侧式；b)三跨框架岛式；c)五跨框架一岛一侧式；d)双层单跨框架重叠侧式；e)双层双跨框架相错侧式；f)双层三跨框架重叠岛式；g)单拱一岛二侧式；h)双拱双岛式；i)三拱立柱岛式；j)三拱塔柱岛式；k)单圆侧式；l)椭圆岛式；m)～o)马蹄形

(1)矩形断面:矩形断面是车站中常选用的形式,一般用于浅埋车站。车站可设计成单层、双层或多层;跨度可选用单跨、双跨、三跨或多跨的形式。

(2)拱形断面:拱形断面多用于深埋车站,有单拱和多跨连拱等形式。单拱断面由于中部起拱,高度较高,两侧拱脚处相对较低,中间无柱,因此建筑空间显得高大宽阔,如建筑处理得当,常会得到理想的建筑艺术效果。

(3)圆形断面:圆形断面用于深埋或盾构法施工的车站。

(4)其他类型断面:其他类型断面有马蹄形、椭圆形等。

六 按车站间换乘形式分类

主要有以下五种类型,如图 4-5 所示。

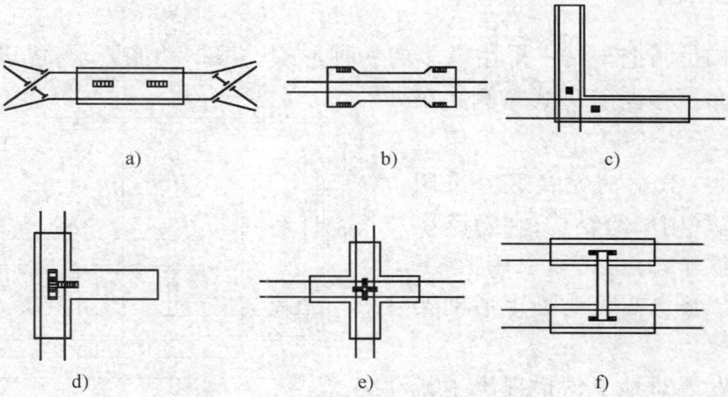

图 4-5 按车站间换乘形式分类图

a)"一"字形换乘之一;b)"一"字形换乘之二;c)"L"形换乘;d)"T"形换乘;e)"十"字形换乘;f)"工"字形换乘

(1)"一"字形换乘:两个车站上下重叠设置则构成"一"字形组合。站台上下对应,双层设置,便于布置楼梯、自动扶梯,换乘方便。

(2)"L"形换乘:两个车站上下立交,车站端部相互连接,在平面上构成"L"形组合。相交的角度不限。在车站端部连接处一般设站厅或换乘厅。有时也可将两个车站相互拉开一段距离,使其在区间立交,这样可减少两站间的高差,减少下层车站的埋深。

(3)"T"形换乘:两个车站上下立交,其中一个车站的端部与另一个车站的中部相连接,在平面上构成"T"形组合。相交的角度不限。可采用站厅换乘或站台换乘。两个车站也可相互拉开一段距离,以减少下层车站的埋深。

北京地铁雍和宫换乘车站采用"T"形换乘形式。环线车站与另一线车站上下立交,站台直接换乘,乘客可通过环线车站一端的换乘楼梯直接下到另一线车站的站台,换乘线路短。

(4)"十"字形换乘:两个车站中部相立交,在平面上构成"十"字形组合。相交的角度不限。"十"字形换乘车站采用站台直接换乘的方式。

北京地铁东四十条换乘车站采用"十"字形换乘形式。环线车站与另一线车站上下中部直接立交,站台直接换乘,两站间换乘楼梯均设在两站相交部位的站台上,乘客经换乘楼梯直接上下,换乘线路最短。

(5)“工”字形换乘：两个车站在同一水平面平行设置时，通过天桥或地道换乘，在平面上构成“工”字形组合。“工”字形换乘车站采用站台直接换乘的方式。

第二节　地铁车站结构

一　明挖法施工的车站结构

明挖车站按结构型式分为矩形框架结构和拱形结构，车站结构型式的选择应在满足功能要求的前提下，兼顾经济和美观，力图创造出与交通建筑相协调的气氛。

(一)矩形框架结构

矩形框架结构是明挖车站中采用最多的一种形式。根据功能要求，可以设计成单层、双层、单跨、双跨或多层多跨等型式。侧式车站一般采用多跨结构；岛式车站多采用三跨结构，站台宽度≤10m 时站台区宜采用双跨结构，有时也采用单跨结构；在道路狭窄的地段修建地铁车站，也可以采用上、下行线重叠的结构。图 4-6 为典型矩形框架车站的横断面。

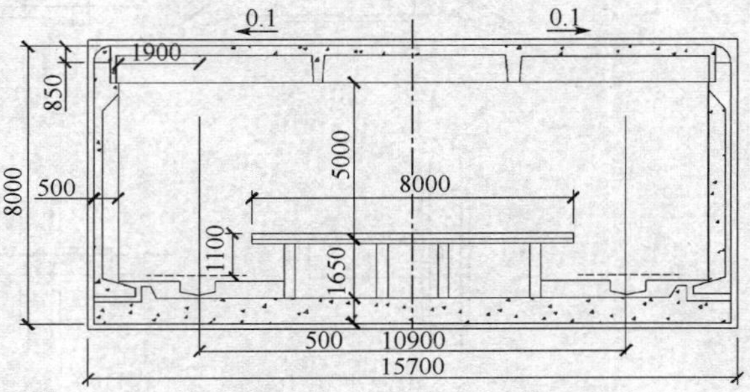

图 4-6　单距单层车站(尺寸单位:mm)

现代城市的发展对地下铁道提出了新的要求，在很多情况下地铁车站不再是一个单纯的交通性建筑，与城市其他构筑物或建筑物合建的例子越来越多。这时车站结构又是这些结构物的基础或基础的一部分，或者成为集交通、餐饮娱乐、购物于一体的地下综合体。这时应统一规划、统一设计、统一施工，这样不仅可节约建设资金，而且也可减少施工对城市产生的负面效应。

(二)拱形结构

一般用于站台宽度较窄的单跨单层或单跨双层车站，可以获得良好的建筑艺术效果。莫斯科地铁在拱形覆土较薄的车站中采用的一种断面型式。结构由拱形顶板的变截面单跨斜腿刚架和平底板组成，墙角与底板之间采用铰接，并在其外侧设有与底板整浇的挡墙，用以抵抗刚架的水平推力。明斯克地铁在 10m 站台的车站中，采用了多种型式的单拱车站，其顶盖为变截面的无铰拱，地下连续墙直接作为主体结构的侧墙，变截面的底板与墙体铰接。图 4-7 为拱形车站。

二　盖挖法施工的车站结构

图 4-8 示出了上海地铁 1 号线淮海路下面的常熟路站，这是我国首次用逆作法施工的地铁车站，地下连续墙既是基坑的侧壁支护，又是主体结构的侧墙，槽段之间采用十字钢板接头防渗抗剪，中间竖向临时支撑系统采用 H 钢立柱和钢管打入桩基础。

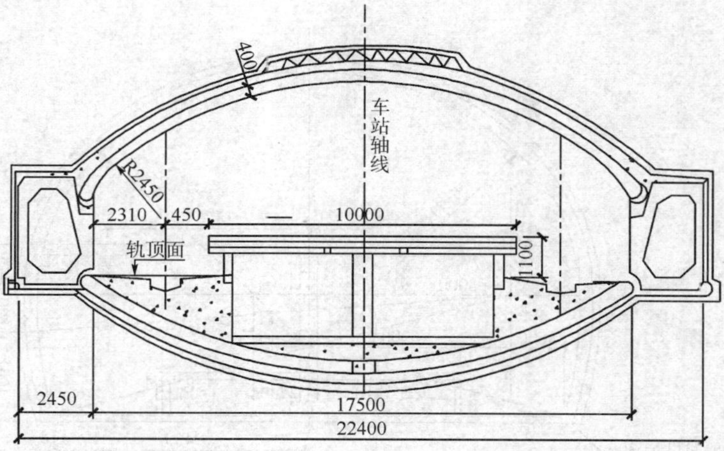

图 4-7　拱形车站(尺寸单位:mm)

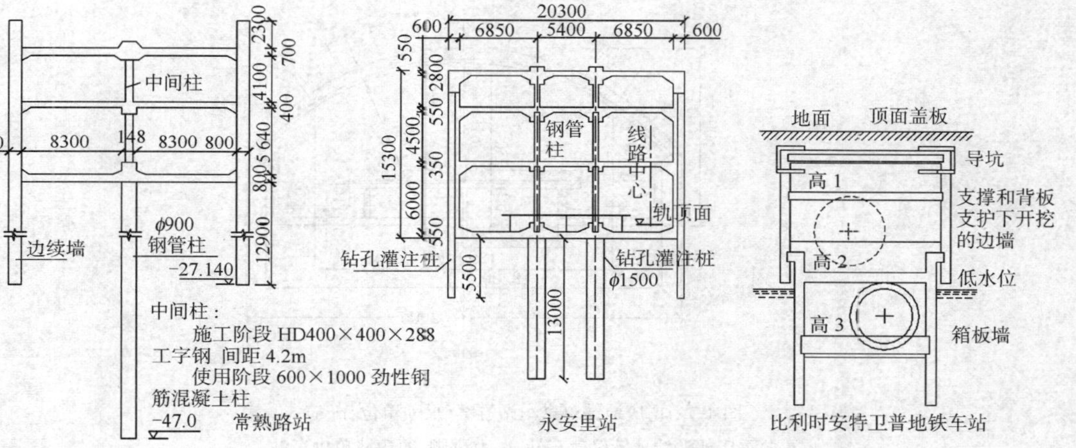

图 4-8　盖挖逆作法车站结构实例(尺寸单位:mm)

三　矿山法施工的车站结构

矿山法施工的地铁车站,视地层条件、施工方法及其使用要求的不同,可采用单拱式车站、双拱式车站或三拱式车站,根据需要可做成单层或双层。此类车站的开挖断面一般为 150～250m^2,由于断面较大,开挖方法对洞室稳定、地面沉降和支护受力等有重大影响,在第四纪土层中开挖时常需要采用辅助施工措施。

(一)单拱车站隧道

见图 4-9,这种构造型式由于可以获得宽敞的空间和宏伟的建筑效果,在岩石地层中采用较多;近年来国外在第四纪地层中也有采用的实例,但施工难度大、技术措施复杂、造价也高。

(二)双拱车站隧道

双拱车站有两种基本型式,即双拱塔拄式和双拱立柱式。

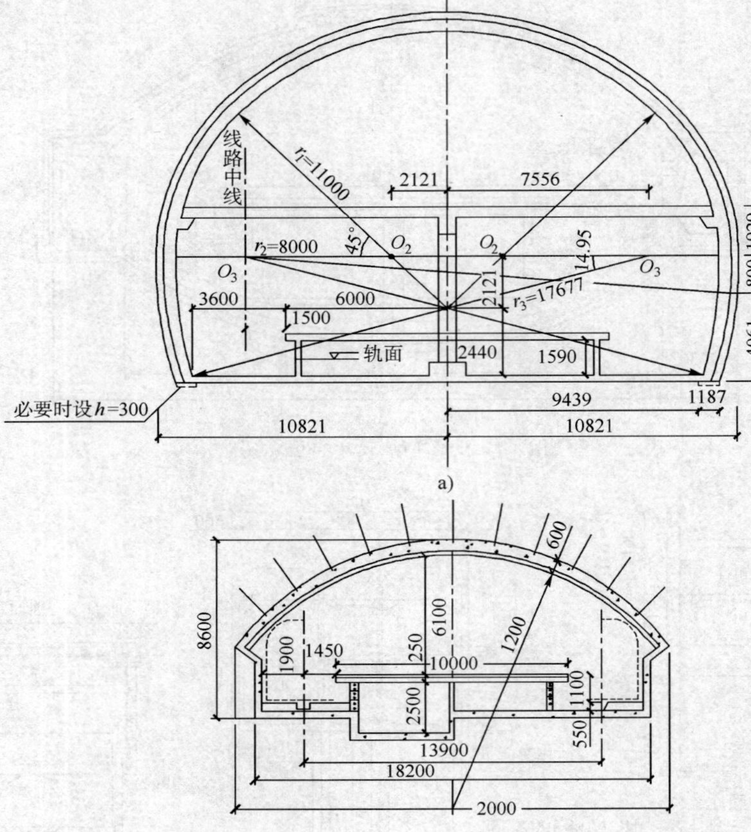

图 4-9　重庆地铁单拱车站方案(尺寸单位:mm)

a)重庆朝沙线地下轻轨车站;b)大拱脚、薄边墙单拱车站

1. 双拱塔柱式车站

这种车站在两个主隧道之间间隔一定距离开有横向联络通道,双层车站还可在其中布置楼梯间。两个主隧道的净距一般不小于 1 倍主隧道的开挖宽度。

图 4-10 示出了青岛地铁国棉九厂站的横断面。该站埋置于坚硬完整的花岗岩地层中(局部有破碎带),无地下水,上覆岩石厚度 9～11m,采用复合式衬砌。横通道净宽 4.5m,中心间距 21～23m。

2. 双拱立柱式车站

双拱立柱式车站早期多用于石质较好的地层中采用,图 4-11 示出了纽约地铁车站的实例。随着新奥法的出现,这种形式近年来在岩石地层中已经逐渐被单拱车站取代。

(三)三拱车站隧道

三拱车站亦有塔柱式和立柱式两种基本型式,但三拱塔柱式车站现已很少采用,土层中大多数采用三拱立柱式车站。见图 4-12。

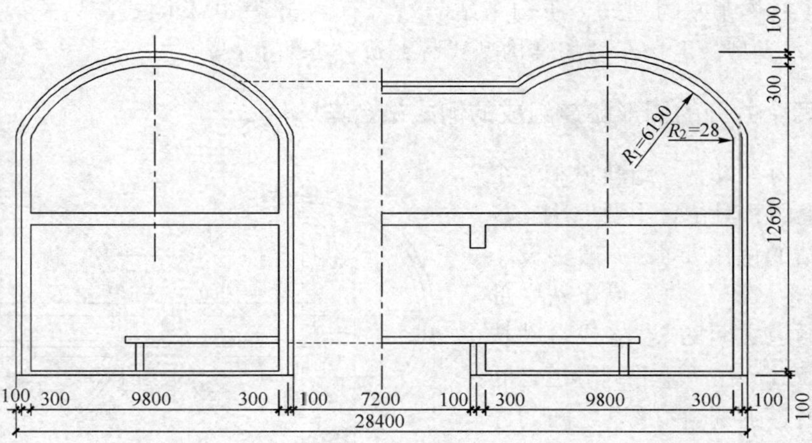

图 4-10 青岛地铁国棉九厂站(尺寸单位:mm)

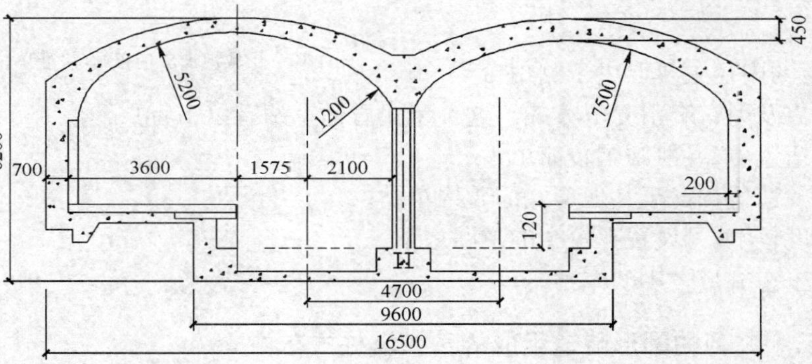

图 4-11 双拱立柱车站实例(尺寸单位:mm)

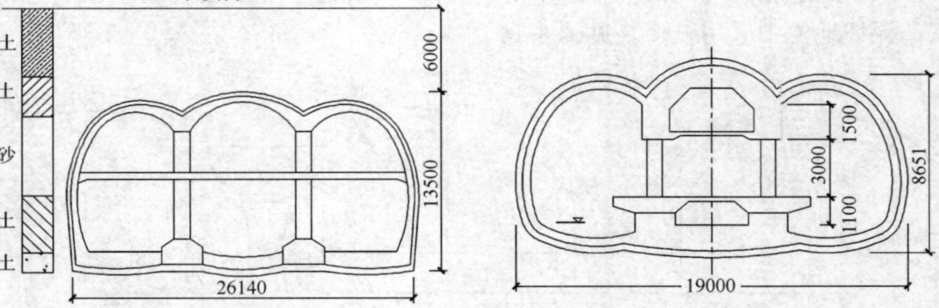

a) b)

图 4-12 三拱立柱式车站实例(尺寸单位:mm)

a)西单地铁车站;b)北刁志野车站

四 盾构法施工的车站结构

盾构车站的结构型式与所采用的盾构类型、施工方法和站台型式等关系密切。传统的盾构车站是采用单圆盾构或单圆盾构与半盾构结合或单圆盾构与矿山法结合修建的。单圆盾构可以是两台平行作业,也可利用一台在端头井内折返。近年来开发的“多圆盾构”等新型盾构,进一步丰富了盾构车站的型式。盾构车站的站台有侧式、岛式及侧式与岛式混用(称为复合式)的 3 种基本类型。盾构车站的结构型式可大致分类如下：

(一)由两个并列的圆形隧道组成的侧式站台车站

每个隧道内都设有一组轨道和一个站台。两隧道的相对位置主要取决于场地条件和车站的使用要求，一般多设于同一水平，乘客从车站两端或车站中部夹在两圆形隧道之间的竖井(或自动扶梯隧道)进入站台；在两个并列隧道之间可以用横向通道连通，两隧道之间的净距应保证并列隧道施工的安全并满足中间竖井(或斜隧道)的净空要求。见图 4-13。

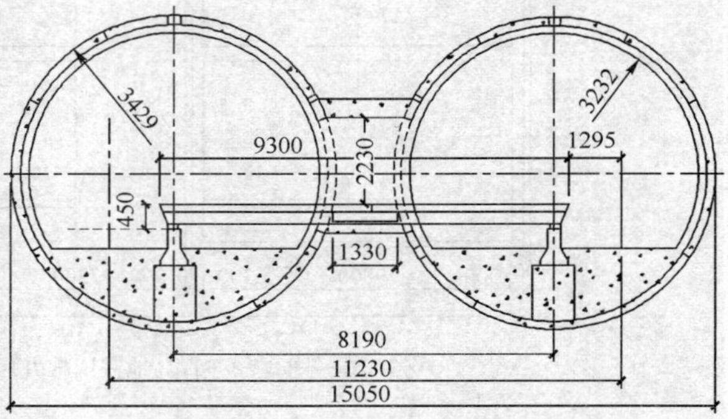

图 4-13　伦敦地铁盾构车站(尺寸单位:mm)

车站隧道的内径主要取决于侧站台宽度、车辆限界及列车牵引受电方式。这种型式盾构车站有以下特点：

(1)除横通道外，一般施工较简单；

(2)工期及造价均优于其他型式的盾构车站；

(3)总宽度较窄，可设置在较窄的道路之下；

(4)适用于客流量较小的车站。

(二)由三个并列的圆形隧道组成的三拱塔柱式车站

两侧为行车隧道并在其内设置站台，中间隧道为集散厅，用横通道将 3 个隧道连成一个整体。乘客从中间隧道两端或位于车站中部的竖井(或斜隧道)进入集散厅。此种形式的车站在前苏联的深埋地铁中采用较多。见图 4-14。

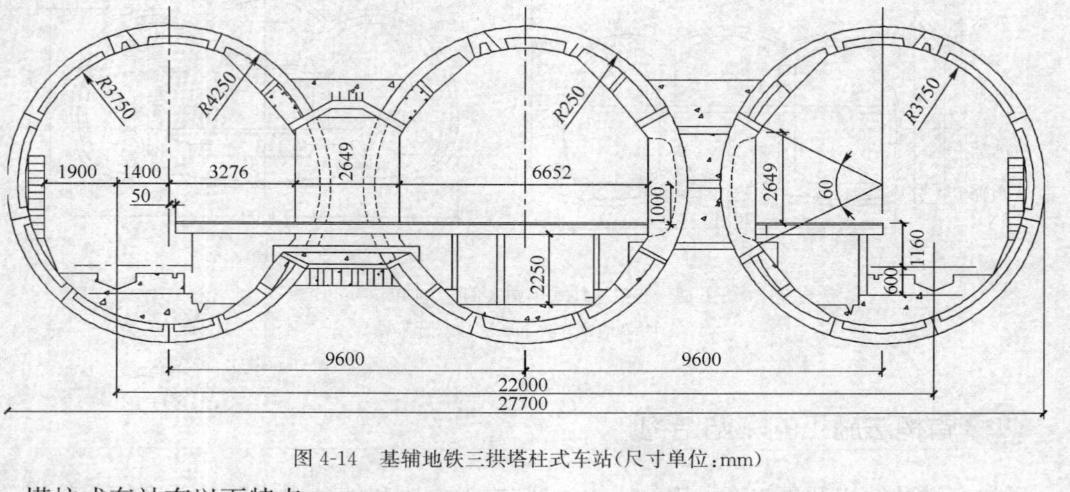

图 4-14　基辅地铁三拱塔柱式车站(尺寸单位:mm)

塔柱式车站有以下特点：

(1)除横通道外，一般施工较简单。

(2)总宽度较大，一般为 28～30m，故在较宽的路段内方可使用。

(3)为复合型站台。在集散厅范围为岛式站台，集散厅以外部分由于两旁侧隧道被斜隧道隔开，为侧式站台。适用于中等客流量的车站。

(4)适用于工程地质和水文地质条件较差的地层。

(5)由于车站被塔柱分为3个单独的站厅，建筑艺术效果不如立柱式车站。

(三)立柱式车站

传统立柱型车站为三跨结构，先用单圆盾构开挖两旁侧隧道，然后施工中间站厅部分，将它们连成一体。中间站厅视施工方法的不同，可以是拱形的或平顶的。两旁侧隧道的拱圈及中间隧道的拱圈(或平顶)支承在纵梁及立柱上。这种型式的车站也被称之为眼镜型车站，是一种典型的岛式车站，乘客从车站两端的斜隧道或竖井进入站台。站台宽度应满足客流集散要求，一般不小于10m，站台边至立柱外侧的距离不小于2m。

由于盾构车站主体结构内可作它用的空间有限，除必需的管理及设备用房外，大部分设备需布置在地面或专用的设备隧道内。通常的做法是在车站的端部修建多层多跨的大型竖井结构，集中布置运营设备并兼作乘客进出站的通道。

传统型的立柱车站施工工序多，工程难度大，造价也高，但和三拱塔柱式车站相比，它具有总宽度较窄，能满足大客流量需求的优点。总宽度一般可以控制在20m左右。针对传统盾构车站存在的问题，开发了“多圆型盾构”。这种新型盾构经组装或拆卸后，即可用于地铁区间隧道，也可用于车站隧道的施工，车站断面一次开挖成型。

图4-15为日本东京地铁7号线白金车站采用的盾构车站断面。车站隧道用三圆盾构修建。三圆盾构到达车站端头井后拆去其中央部分即形成两个开挖区间隧道的普通盾构。

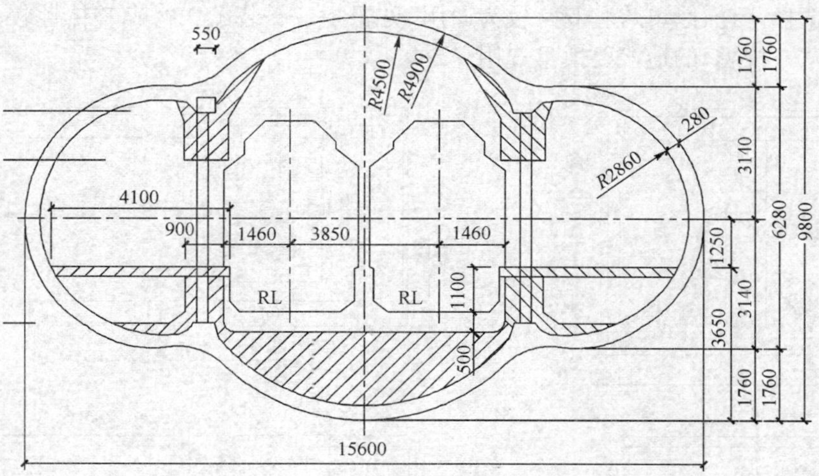

图4-15 东京地铁7号线白金车站(尺寸单位：mm)

第三节 区间隧道的结构与构造

地下铁道区间隧道衬砌结构与构造主要取决于隧道的用途、沿线地形、地物、水文地质、工程地质条件、施工方法、环境要求、维修管理、工期要求及投资高低等因素。

一 明挖法修建的隧道衬砌结构

明挖法施工的隧道结构通常采用矩形断面，一般为整体浇注或装配式结构，其优点是其内轮廓与地下铁道建筑限界接近，内部净空可以得到充分利用，结构受力合理，顶板上便于敷设城市地下管网设施。

（一）整体式衬砌结构

结构断面分单跨、双跨等形式，见图 4-16。由于其整体性好，防水性能容易得到保证，故可适用于各种工程地质和水文地质条件，但施工工序较多，速度较慢。

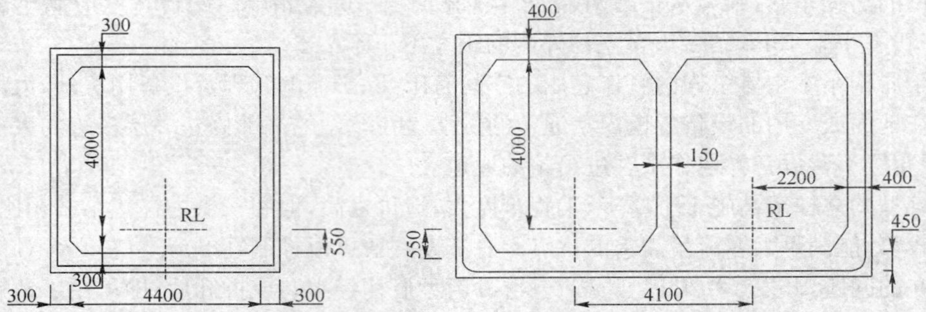

图 4-16　明挖法修建的整体式衬砌结构型式（尺寸单位：mm）

（二）预制装配式衬砌

预制装配式衬砌的结构形式应根据工业化生产水平、施工方法、起重运输条件、场地条件等因地制宜选择，目前以单跨和双跨较为通用，见图 4-17。装配式衬砌整体性较差，对于有特殊要求（如防护、抗震）的地段要慎重选用。

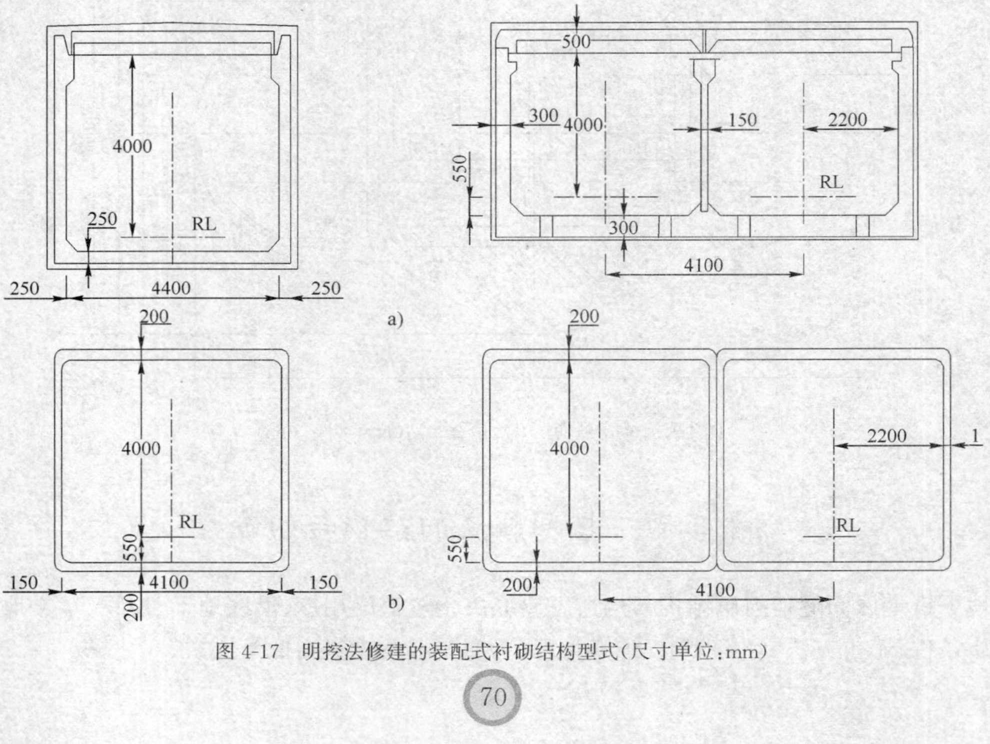

图 4-17　明挖法修建的装配式衬砌结构型式（尺寸单位：mm）

(三)区间喇叭口隧道

喇叭口衬砌通常都采用整体式钢筋混凝土结构,图 4-18 表示非对称形喇叭口结构。

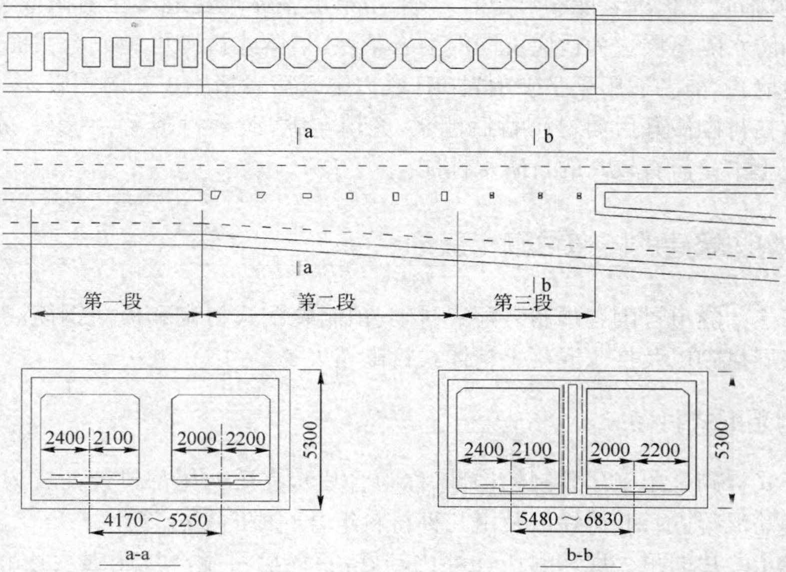

图 4-18 非对称型的喇叭口结构(尺寸单位:mm)

二 矿山法修建的隧道衬砌结构

地下铁道区间隧道采用矿山法施工时,一般采用拱形结构,其基本断面形式为单拱、双拱和多跨连拱。前者多用于单线或双线的区间隧道或联络通道,后两者多用在停车线、折返线或喇叭口岔线上。

根据隧道所处的围岩条件、地下水状况、地表下沉的控制、断面大小和施工方法等,可以采用基本结构类型及其变化方案。

(一)衬砌的基本结构类型——复合式衬砌

这种衬砌结构是由初期支护(喷射混凝土)、防水隔离层和模筑混凝土(或喷射混凝土)所组成。外层为初期支护,其作用为加固围岩,控制围岩变形,防止围岩松动失稳,是衬砌结构中的重要承载单元。一般应在开挖后立即施作,并应与围岩密贴。所以,最适宜采用喷锚支护,根据具体情况,选用锚杆、喷混凝土、钢筋网和钢支撑等单一或并用而成。

内层为模筑混凝土,通常在初期支护变形稳定后施作。因此,它的作用主要为安全储备,并承受静水压力,以及围岩蠕变或因围岩性质恶化和初期支护腐蚀后所引起的后续荷载,并提供光滑的通风表面。故一般采用模筑混凝土,但也可采用喷混凝土。

在初期支护和二次衬砌之间一般需敷设不同类型的防水隔离层。

(二)衬砌结构的变化方案

在干燥无水的坚硬围岩中,区间隧道衬砌亦可采用单层的喷锚支护,不做防水隔离层和二次衬砌，但此时对喷混凝土的施工工艺和抗风化性能都应有较高的要求，衬砌表面要平整，不允许出现表面开裂。

当岩层的整体性较好，基本无地下水，防水要求不高，从开挖到衬砌这段时间围岩能够自稳，或通过锚喷临时支护围岩能够自稳时，可采用单层整体现浇混凝土衬砌或装配式衬砌，不做初期支护和防水隔离层。为适应不同的围岩条件，整体式衬砌可做成等截面直墙式和等截面或变截面曲墙式，前者适用于坚硬围岩（III 级以上），后者适用于软弱围岩。

一般要求在衬砌做好后向衬砌背后注浆，充填空隙，改善衬砌受力状态，减少围岩变形。同时衬砌混凝土本身需有较高的自防水性能。

三 盾构法修建的隧道衬砌构造

盾构法修建的隧道衬砌有预制装配式衬砌、预制装配式衬砌和模注钢筋混凝土整体式衬砌相结合的双层衬砌以及挤压混凝土整体式衬砌三大类。

(一)预制装配式衬砌

预制装配式衬砌是用工厂预制的构件（称为管片），在盾构尾部拼装而成的。管片种类按材料可分为钢筋混凝土、钢、铸铁以及由几种材料组合而成的复合管片。

钢筋混凝土管片的耐久性和耐压性都比较好，目前已可生产抗压强度达 60MPa，渗透系数小于 10^{-11}m/s 的管片，而且，这种管片刚度大，由其组成的衬砌防水性能有保证，所以，在用盾构法修建的各种隧道中都得到了广泛的应用。其缺点是重量大，抗拉强度较低，在脱模、运输、拼装过程中，容易将其角部碰坏。

钢管片的强度高，重量轻，具有良好的焊接性，便于加工和维修、施工。与混凝土管片相比，其刚度小、易变形，而且钢管片的抗锈性差，在不做二次衬砌时须有抗腐、抗锈措施。

铸铁管片强度高，防水和防锈蚀性能好，易加工，和钢管片相比，刚度亦较大，故在早期的地下铁道区间隧道中得到了广泛的应用。

钢和铸铁管片价格较贵，现在除了在需要开口的衬砌环或预计将承受特殊荷载的地段采用外，一般都采用钢筋混凝土管片。

(二)双层衬砌

为防止隧道渗水和衬砌腐蚀，修正隧道施工误差，减少噪声和振动以及作为内部装饰，可以在装配式衬砌内部再做一层整体式混凝土或钢筋混凝土内衬。根据需要还可以在装配式衬砌与内层之间敷设防水隔离层。国内外在含地下水丰富和含有腐蚀性地下水的软土地层内的隧道，大都选用双层衬砌，即在隧道衬砌的内侧再附加厚 250～300mm 的现浇钢筋混凝土内衬，主要解决隧道防水和金属连接杆件防蚀问题，也可使隧道内壁光洁，减少空气流动阻力。

(三)挤压混凝土整体式衬砌

挤压混凝土衬砌（Extrude Concrete Lining，简称 ECL）就是随着盾构向前推进，用一套衬砌施工设备在盾尾同步灌注的混凝土或钢筋混凝土整体式衬砌，因其灌注后即承受盾构千斤顶推力的挤压作用，故有此称谓。

挤压混凝土衬砌可以是素混凝土或是钢筋混凝土，但应用最多的是钢纤维混凝土。

挤压混凝土衬砌一次成型，内表面光滑，衬砌背后无空隙，故无需注浆，且对控制地层变形特别有效。但因挤压混凝土衬砌需要较多的施工设备，而且混凝土制备、配送、钢筋骨架等工艺较为复杂，在渗透性较大的土层中要达到防水要求尚有困难。故挤压混凝土衬砌的应用尚未广泛使用。

四 特殊地段隧道衬砌结构

(一)沉埋结构

地下铁道穿越江、河、湖、海时，往往采用预制沉埋法施工，这一方法的要点是先在干船坞或船台上分段制作隧道结构，然后放入水中，浮运至设计位置，逐段沉入到水底预先挖好的沟槽内，处理好各节段的接缝，使其连成整体，贯通隧道。

沉埋结构横断面有圆形和矩形两大类，断面形状要从空间的充分利用和结构受力合理两方面综合考虑。当隧道位于深水中(大于 45m)，管段承受较大的水压时，其相应的内力较大，采用圆形或接近圆形的断面比矩形断面有利；当水深在 35m 之内时，可用矩形断面，水深介于 35～45m 之间时，要进行详细对比予以选择。

每节沉管的长度依据所在水域的地形、地质、航运、航道、施工方法等方面的要求确定，一般为 60～140m，多数在 100m 左右，最长的已达到 268m。

断面尺寸根据使用要求、与其他交通结构合建要求、埋深、地质条件、施工方法等确定。

管段结构构造除受力要求外，还应考虑管段浮运、沉放、波浪力、基础形式及地基性质的影响。

沉管段结构的外轮廓尺寸还要考虑浮力设计中既要保证一定的干舷，又要保证一定的安全系数。沉管结构混凝土等级一般为 C30～C50，采用较高的强度等级主要是抗剪的需要。沉管结构中不容许出现通透性裂缝，非通透裂缝的开展宽度应控制在 0.15～0.2mm，因此不宜采用 III 级或 III 级以上的钢筋。

当隧道的跨度较大，或者水、土压力较大(300～400kPa)时，顶、底板受到的弯矩和剪力很大，也可采用预应力结构。一般为简化施工，尽量采用普通钢筋混凝土结构。

沉管段连接均在水下进行，一般有水中混凝土连接和水压压接两种方式。按变形状况可分为刚性接头和柔性接头，对于地震区的沉管隧道宜采用特殊的柔性接头，这种接头即能适应线位移和角变形，又具有足够的轴向抗拉、抗压、抗剪和抗弯强度。

管段沉放和连接后，应对管底基础进行灌沙或以其他方法予以处理。

(二)顶进法施工的区间隧道结构

浅埋地下铁道线路在穿越地面铁路、地下管网群、交通繁忙的城市交通干线、交叉路口及其他不允许挖开地面的区段时，也常采用顶进法施工。

顶进法施工一般分为顶入法和顶拉法等，各种方法对其相应结构及构造有不同要求。

顶进法施工的区间隧道结构形式根据工程规模、使用要求、工程地质情况、施工方法合理选用，一般多选用箱形框架结构。其正常使用阶段的结构强度可参照明挖框架结构设计，垂直荷载应注意地面动载的影响，对施工阶段的结构强度，要验算千斤顶推力的影响及顶进过程中框架可能受扭的应力变化，在刃角、工作坑、滑板、后背等设计中除强度、刚度、稳定性满足要求外，还应考虑施工各阶段受力特性及构造措施。

第四节　设 计 荷 载

《地下铁道设计规范》(GB 50517—92)根据结构类型给出荷载分类表如下(表 4-1),但对于各项荷载标准值的取法没有明确规定,原则上要求根据相关规程或实际情况决定荷载大小,并考虑施工和使用过程中发生的变化。在设计中,以对结构整体或构件可能出现的最不利荷载组合进行计算。

荷 载 分 类 表　　表 4-1

荷载分类		荷载名称	结构类型	
永久荷载		结构自重	隧道结构	高架结构
		地层压力	＋	＋
		隧道上部和破坏棱体范围的设施及建筑物压力	＋	
		静水压力及浮力	＋	＋
		混凝土收缩及徐变影响力	＋	＋
		预加应力	＋	＋
		设备重力	＋	＋
		地基下沉影响力	＋	＋
		侧向地层抗力及地基反力	＋	＋
可变荷载	基本可变荷载	地面车辆荷载及其冲击力	＋	＋
		地面车辆荷载引起的侧向土压力	＋	＋
		地下铁道车辆荷载及其冲击力	＋	
		地下铁道车辆荷载的离心力及摇摆力		＋
		人群荷载	＋	＋
	其他可变荷载	温度影响力	＋	＋
		施工荷载	＋	＋
		风力		＋
		车辆加速或减速产生的纵向力		＋
偶然荷载		地震荷载	＋	＋

注:表中“＋”表示荷载存在。

表中“地层压力”的确定,在地下工程中是十分困难的事,规范原则上要求应根据结构所处工程地质和水文地质条件、埋置深度、结构形式及其工作条件、施工方法及相邻隧道间距等因素,结合已有试验、测试和研究资料,按有关公式计算或以工程类比确定。

表中“侧向地层抗力及地基反力”,应根据结构的形式、结构在荷载作用下的变形、结构与地层的刚度、施工方法、回填与压浆情况及地层的变形特征等因素确定。

表中地铁“车辆荷载”应按其实际轴重和排列计算,并考虑冲击力的影响,同时尚应采用线路通过的重型设备运输车辆的荷载进行验算。

表中“施工荷载”系指设备运输及吊装荷载,施工机具及人群荷载,相邻隧道施工的影响,盾构法或顶进法施工的千斤顶及压浆荷载等。

第五节　结构设计原则

一 工程结构材料

地铁土建工程的结构材料一般采用钢筋混凝土或预应力混凝土，在必要时，也可采用钢结构或钢与混凝土组合结构。规范规定了混凝土材料的最低强度等级(表 4-2)，此外，混凝土还须满足抗冻、抗渗和抗侵蚀等耐久性要求。

混凝土的最低设计强度等级　　表 4-2

地下结构	明挖法	整体式钢筋混凝土结构	C20
		装配式钢筋混凝土结构	C30
		地下连续墙	C25
	盾构法	装配式钢筋混凝土管片	C40
		整体式钢筋混凝土衬砌	C20
		挤压混凝土衬砌	C30
	矿山法	喷射混凝土衬砌	C20
		现浇混凝土或钢筋混凝土衬砌	C20
	顶进法	钢筋混凝土结构	C30
高架结构		整体式钢筋混凝土结构	C20
		装配式钢筋混凝土结构	C30
		预应力混凝土结构	C40

钢筋混凝土和锚喷支护中的非预应力钢筋可采用 I 级或 II 级钢筋，预应力钢筋优先采用高强钢绞线。

二 明挖隧道结构

明挖隧道可采用整体式钢筋混凝土结构或装配式钢筋混凝土结构。兼作主体结构使用的地下连续墙宜采用壁板式现浇或预制的钢筋混凝土结构。墙体可作为侧墙的一部分与现浇钢筋混凝土内衬墙组成共同受力结构，或直接作为隧道结构的侧墙和上部建筑的基础。

明挖隧道结构设计应符合下列规定：

(1)明挖隧道宜按底板支撑在弹性地基上的结构物计算。

(2)当车站结构简化为平面问题进行分析时，宜计入立柱和楼板压缩变形的影响。

(3)当设有斜托的框架结构进行内力分析时，宜计入斜托的影响。

(4)当用逆筑法修建车站时，应计入立柱施工误差造成的偏心影响。

(5)必要时应根据明挖隧道的地质、埋深、施工方法等条件，进行抗浮、整体滑移及地基稳定性验算。

(6)现浇钢筋混凝土壁板式地下连续墙的设计应满足下列要求：

①单元槽段的长度和深度，应根据建筑物的使用要求和结构特点、工程地质和水文地质条件、施工条件和施工环境等因素参考类似工程的实践确定，必要时可进行现场成槽试验。

②当确定地下连续墙的入土深度时，必须满足墙体整体抗滑移和抗倾覆稳定、坑底抗隆起稳定及坑底抗渗流稳定的要求。

③地下连续墙的墙体结构，当支撑系统设置围图或逆筑法中用楼板代替支撑时，可沿纵向取单位长度按弹性地基梁计算；当支撑系统不设围图只设对撑或锚杆时，可取一幅墙宽按弹性地基板计算，墙体宜按施工顺序逐阶段计算。当计入支撑作用时，应考虑每层支撑设置时墙体已有的位移和支撑的弹性变形。

④地下连续墙墙段之间可采用不传递应力的普通接头，当纵向必须形成整体时，应采用刚性接头。

⑤当地下连续墙作承重基础时，应进行承载能力、地基强度、变形和稳定性计算。

⑥当地下连续墙与隧道结构连接时，预埋在墙内的受力钢筋、连接螺栓或连接板锚筋等，均应满足受力要求，其锚固长度应符合构造规定。

⑦地下连续墙的墙面倾斜度和平整度，应根据建筑物的使用要求、地质条件及挖槽机械等因素确定。墙面倾斜度不宜大于1/50，局部突出不宜大于100mm且墙体不得侵入隧道净空。

三 矿山法隧道结构

矿山法施工的隧道，可采用整体式衬砌或复合式衬砌，确有技术经济依据时，也可单独采用锚喷衬砌。复合衬砌的外层衬砌为初期支护，可由注浆加固地层、锚喷支护及钢拱架等支护型式组合而成，内层衬砌宜采用模筑混凝土。

矿山法施工的隧道结构设计计算应符合下列规定：

(1)当计算整体式衬砌时，应计入地层抗力对衬砌变形的约束作用。

(2)锚喷衬砌和复合式衬砌初期支护的设计参数，可采用工程类比法或通过理论计算确定。

(3)复合式衬砌的初期支护，应按主要承载结构设计；二次衬砌，应根据其施工时间、施工后外部荷载的变化情况和地质条件等因素按下列原则设计：

(1)地层和初期支护的变形基本稳定后施作的二次衬砌，在外部荷载不再增加的情况下可按构造要求设计。

(2)第四纪土层中的浅埋隧道及通过软弱或膨胀性围岩中的隧道，初期支护应具有较大的刚度和强度，且宜提前施作二次衬砌，由二者共同承受外部荷载。当二次衬砌采用素混凝土衬砌时，应验算其抗裂度。

四 盾构隧道

盾构法施工的区间隧道，可采用单层衬砌或现浇钢筋混凝土内衬的双层衬砌，在满足工程使用、受力前提下，宜优先选用单层衬砌。

根据不同的地质条件和设计要求，单层衬砌可采用装配式钢筋混凝土衬砌或现场浇筑的挤压混凝土衬砌。装配式衬砌联络通道的门洞区段，可采用管片、铸铁管片或钢与钢筋混凝土的复合管片。

盾构法施工的隧道结构设计计算应符合下列规定：

(1)装配式衬砌宜采用具有一定刚度的柔性结构，应限制荷载作用下的变形和接头张开量，满足其受力和防水要求。

(2)隧道结构的计算简图应根据地层情况、衬砌构造特点及施工工艺等确定,宜考虑衬砌与地层共同作用及装配式衬砌接头的影响。在软土地层中,可按自由变形的弹性匀质圆环计算结构内力。

(3)装配式衬砌的构造应符合下列要求:

①隧道衬砌宜采用块与块、环与环间用螺栓连接的管片。

②衬砌环宽可采用 750～1 000mm,在与盾构千斤顶冲程相适应得情况下宜选用较大的宽度。曲线地段应采用适量的不等宽的楔形环,其环面锥度由隧道的直径、楔形块间距及隧道曲率半径确定,每环的楔形量可采用 20～50mm。

③衬砌厚度应根据隧道直径、埋深、工程地质及水文地质条件、使用阶段及施工阶段的荷载情况,宜为隧道外轮廓直径的 0.05～0.06 倍。

④衬砌环的分块,应根据管片制作、运输、安装和受力要求确定。单线区间隧道可采用6～8块;双线区间隧道为 8～10 块。

⑤衬砌制作和拼装必须达到下列精度:单块管片制作的允许误差,宽度为 0.5mm,弧弦长为 0.1mm;环向螺栓孔及孔位为 1.0mm。整环拼装的允许误差,相邻环的环面间隙为不大于 1.0～1.5mm,纵缝相邻块间隙为 1.5～2.5mm,纵向螺栓孔中心形成的圆周直径为 2～3mm,衬砌环外直径为 3.5mm。

⑥作用在挤压混凝土衬砌上的水平荷载,根据地层条件应按下列规定采用:对于砂土为垂直荷载的 0.7 倍;对于黏土为垂直荷载的 0.8 倍;对于岩石专门试验结果确定。当采用上述水平荷载值设计衬砌时,不计地层抗力。

⑦盾构千斤顶作用在挤压混凝土衬砌上的纵向压力不得大于 1.5MPa。

本章小结

本章主要介绍地铁车站的类型、地铁车站的结构形式、特点及施工方法;地铁区间隧道的结构形式、特点及施工方法;地铁结构设计荷载、原则以及相关规范。

(1)地铁车站的类型:

①按车站与地面相对位置划分:地下车站、地面车站、高架车站;

②按车站埋深划分:浅埋车站、深埋车站;

③按车站运营性质划分:中间站、区间站、换乘站、枢纽站、联运站、终点站;

④按车站结构横断面形式划分:矩形断面、拱形断面、圆形断面、其他类型断面;

⑤按车站站台形式划分:岛式站台、侧式站台及岛、侧混合站台;

⑥按车站换乘形式划分:“一”字形换乘、“L”形换乘、“T”形换乘、“十”字形换乘、“工”字形换乘。

(2)地铁车站的结构与构造:

①明挖法施工的车站:有矩形框架结构和拱形结构;整体式结构和装配式结构。

明挖车站一般是高而宽的结构,当埋置于饱和含水地层时,其顶板上覆土较薄,必受浮力作用,故明挖车站的结构设计,应就施工和使用的不同阶段进行抗浮设计。

②盖挖法施工的车站:按基坑开挖与结构浇注顺序不同,盖挖车站有盖挖顺作法、半逆作法和逆作法三种。文中重点介绍逆作法有关结构问题及构造要求。

③矿山法施工的车站：视地层条件、施工方法及其使用要求的不同，分为单拱式车站、双拱式车站、三拱式车站，根据需要可做成单层或双层。

此类车站的开挖断面一般较大，开挖方法对洞室稳定、地面沉降和支护受力等有重大影响，在第四纪土层中开挖时常需要采用辅助施工措施。

④盾构法施工的车站：盾构车站形式与所采用的盾构类型、施工方法和站台形式等有关。可大致划分为由两个并列的圆形隧道组成的侧式站台车站、由 3 个并列的圆形隧道组成的三拱塔柱式车站、立柱式车站。

（3）区间隧道的结构与构造：

①明挖法施工的隧道衬砌结构有整体式、预制装配式、区间喇叭口隧道、渡线隧道、折返线隧道等。

②矿山法施工的隧道衬砌多采用复合式衬砌，复合式衬砌由初期支护、防水隔离层和二次衬砌组成。

③盾构法施工的隧道衬砌有预制装配式衬砌、双层衬砌以及挤压混凝土整体式衬砌。

思考与练习

1. 简述地铁车站有哪几种类型？

2. 简述地铁车站的施工方法及结构形式。

3. 简述不同施工方法施工的车站结构构造特点。

4. 简述地铁区间隧道的施工方法与结构形式。

第五章　明(盖)挖法施工

【本章能力目标】:通过本章的学习,学生应能根据基坑深度与土质状况初步确定基坑明挖方案,进行明挖法的工序设计;能根据地铁上方道路交通的要求,初步选择盖挖法施工方案;能根据基坑所处的工程地质条件,选择基坑围护结构类型;能进行典型基坑围护结构的工艺设计。具有从事明(盖)挖法地铁施工的开挖、支护、混凝土工程的初步施工技术及组织管理能力。

【知识目标】:通过本章的学习,学生应熟悉明挖法、盖挖法的特点与应用,熟悉其工序要点;熟悉各种基坑围护结构的特点与应用,掌握各种围护结构的工艺流程及工序要点;熟悉支锚工程的作用、类型及设置要点;熟悉主体结构工程的施工工序要点。

第一节　明挖法施工

一　概述

明挖法是指修建地铁时,从地表向下开挖,形成露天的基坑,然后在基坑中修筑隧道衬砌,最后回填土石并恢复地面的施工方法。该法具有施工技术简单、作业面多、速度快、工程造价相对较低的特点。而且,由于技术成熟,明挖法施工可以很好地保证工程质量,因此,在地面交通和环境要求允许的条件下,应尽可能采用明挖法施工。明挖顺作法的施工步骤见图 5-1。

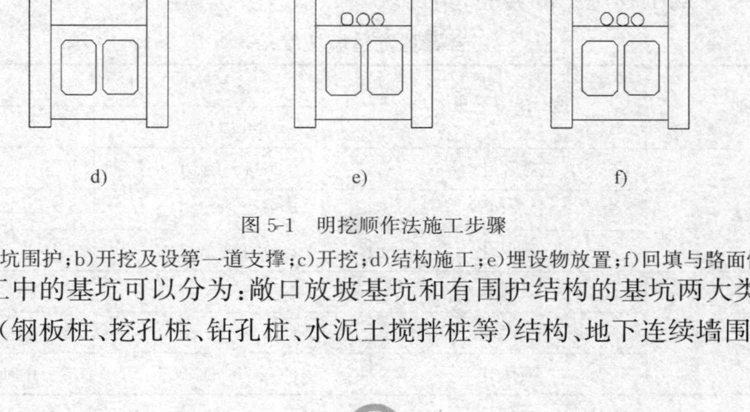

图 5-1　明挖顺作法施工步骤

a)基坑围护;b)开挖及设第一道支撑;c)开挖;d)结构施工;e)埋设物放置;f)回填与路面恢复

明挖法施工中的基坑可以分为:敞口放坡基坑和有围护结构的基坑两大类。围护结构主要有:排桩围护(钢板桩、挖孔桩、钻孔桩、水泥土搅拌桩等)结构、地下连续墙围护结构、土钉墙围护结构等。

在选择基坑类型时，应根据隧道所处地质、隧道埋深、工程地质和水文地质条件，因地制宜地确定。若基坑所处地面空旷，周围无建筑物或建筑物间距很大，地面有足够空地能满足施工需要，又不影响周围环境时，宜采用敞口放坡基坑施工。如果基坑较深，地质条件差，地下水位高，特别是处于城市繁华地区，无足够空地满足施工需要时，则可采用有围护结构的基坑。

二 敞口放坡基坑开挖

对于基坑深度较浅，施工场地空旷，周围建筑物和地下管线及其他市政设施距离基坑较远的情况，一般采用敞口放坡开挖法。敞口放坡开挖具有施工简单、施工速度快、工程造价低的优点，并且能为地下结构的施工创造最大限度的工作面，因此，在场地允许的条件下，宜优先采用。

放坡开挖断面分全放坡与半放坡两种。全放坡开挖断面是指边坡不设支撑结构，而采用放坡的方法保持土坡稳定，其优点是不需设置支撑结构，缺点是土方开挖量大，占用场地大。半放坡开挖与全放坡开挖的区别是在基坑的底部可设置一定高度的直槽，如土质较差时可打设悬臂式钢桩加强土壁稳定，其优点是可以减少土方开挖量。

基坑开挖过程中，由于开挖等施工活动导致土体原始应力场的平衡状态遭到破坏，严重时会出现土体位移，发生边坡失稳。因此，采用敞口放坡基坑修建地下铁道时，保证基坑边坡的稳定是整个施工过程的关键，否则，一旦边坡坍塌，不但地基受到振动，影响承载力，而且也会影响周围地下管线以及地面建筑物和交通的安全。为了保持基坑边坡的稳定，在敞口放坡基坑施工中，应注意采取以下防护措施：

(1)根据土层的物理力学性质合理确定边坡坡度，并与不同土层变化处设置折线边坡或留台阶；

(2)做好降排水和防洪工作，保持基底和边坡的干燥；

(3)严禁在基坑边坡坡顶 1～2m 范围内堆放材料、土方或其他重物；

(4)基坑开挖过程中，随挖随刷边坡，并进行支护；

(5)当基坑边坡坡度受到限制而采用围护结构又不经济时，可采用坡面土钉、挂金属网喷射混凝土或抹水泥砂浆护面技术等确保基坑边坡的稳定；

(6)暴露时间在 1 年以上的基坑，应设置坡面防护措施。

基坑边坡的坡度可以通过计算、图解、查表等方法确定。在地下铁道建设中，特别是北京地铁一、二期工程明挖法施工过程中，一般在地质条件好、土质均匀、地下水位低或通过降水将地下水位维持在基底面以下时，常采用查表法确定基坑边坡的坡度，根据地基基础设计规范并结合北京地铁一、二期工程施工的经验，给出表 5-1、表 5-2 作为参考。

岩石基坑边坡坡度 表 5-1

岩石类别	风化程度	坡度	
		8m 以内	8～15m
硬质岩石	微风化	1：(0.1～0.2)	1：(0.2～0.35)
	中等风化	1：(0.2～0.35)	1：(0.35～0.5)
	强风化	1：(0.35～0.5)	1：(0.75～1.00)
软质岩石	微风化	1：(0.35～0.5)	1：(0.5～0.75)
	中等风化	1：(0.5～0.75)	1：(0.75～1.00)
	强风化	1：(0.75～1.00)	1：(1.00～1.25)

土质基坑边坡坡度

表 5-2

土的类别	击实度或状态	坡　度		
		5m 内	5～10m	10～15m
碎土	密实	1：(0.35～0.5)	1：(0.5～0.75)	1：(0.75～1.00)
	中密	1：(0.5～0.75)	1：(0.75～1.00)	1：(1.00～1.25)
	稍密	1：(0.75～1.00)	1：(1.00～1.25)	1：(1.25～1.5)
粉土	$S_r \leqslant 0.5$	1：(1.00～1.25)	1：(1.25～1.5)	1：(1.5～1.75)
黏性土	坚硬	1：(0.75～1.00)	1：(1.00～1.25)	1：(1.25～1.5)
	硬塑	1：(1.00～1.25)	1：(1.25～1.5)	1：(1.5～1.75)

三　具有围护结构的基坑

目前地铁施工中所采用的围护结构种类很多，其施工方法、工艺和所用的施工机械各不相同，施工中应根据基坑深度、工程地质和水文地质条件、地面环境等因素，结合城市施工的特点，综合比较选择，各种围护结构的类型及其特点见表 5-3。

各种围护结构的特点

表 5-3

围护结构类型	特　点
桩板式墙	(1)H 钢间距一般为 1.2～1.5m； (2)造价低，施工简单，有障碍时可以调整间距； (3)止水性差，地下水位高或坑壁不稳时不适用； (4)无支撑时开挖深度不宜超过 6m，有支撑时开挖深度可达 10m
钢板桩墙	(1)成品制作，可反复使用； (2)施工简便，但有噪声； (3)刚度小，变形大，当与多道支撑结合时，可以用于软弱土层； (4)止水性尚好，有漏水现象时，需增加防水措施
钢管桩	(1)截面刚度大于钢板桩，在软弱土层中开挖深度可以增大； (2)需有防水措施
预制混凝土板桩	(1)施工简便，但有噪声； (2)需辅以止水措施； (3)自重大，受起吊设备限制，不适合大深度基坑，国内用于 10m 以内的基坑，法国用到 15m 深基坑
灌注桩	(1)刚度大，可用在深大基坑； (2)施工对周边地层、环境影响小； (3)需与止水措施配合使用，如搅拌桩、旋喷桩等
地下连续墙	(1)刚度大，开挖深度大，可适用于各种地层； (2)强度大，变位小，隔水性能好，同时可兼作主体结构的一部分； (3)可临近建筑物、构筑物使用，对环境影响小； (4)造价高

续上表

围护结构类型	特　　点
劲性水泥土搅拌桩（SMW）	（1）强度大，止水性好； （2）内插的型钢可拔出反复使用，经济性好
稳定液固化墙	国内尚未使用，日本应用较广
水泥搅拌桩挡墙	（1）无支撑，墙体止水性好，造价低； （2）墙体变位大

当基坑开挖深度较大或边坡土质软弱时，为了确保围护结构的稳定，也可在围护结构内设置支撑以抵抗侧压力。支撑的形式主要有水平支撑、斜支撑及土层锚杆等，详见本章第六节。

第二节　盖挖法施工

盖挖法指先盖后挖，即先以临时路面或结构顶板维持地面畅通后再向下施工。在城市交通繁忙地带修建地铁车站时，往往需要占用道路，而地面交通不能中断，且需确保一定交通流量时，可选用盖挖法。

按照主体结构的施工顺序，盖挖法可分为盖挖顺作法、盖挖逆作法和盖挖半逆作法。其特点都是在完成围护结构之后，需构筑一个覆盖结构承载行车、人流交通，并在其保护下完成基坑土方开挖和主体结构的施工。因此覆盖结构的设计和施工成为盖挖法的关键技术之一。

一 盖挖顺作法

盖挖顺作法是在完成围护结构后，以定型的预制标准覆盖结构（包括纵、横梁和路面板）置于围护结构上维持交通，往下反复开挖和加设横撑，直至设计标高。然后依序由下而上，施工主体结构和防水措施，回填土并恢复管线路。最后，视需要拆除围护结构的外露部分并恢复道路。其施工工序见图 5-2。

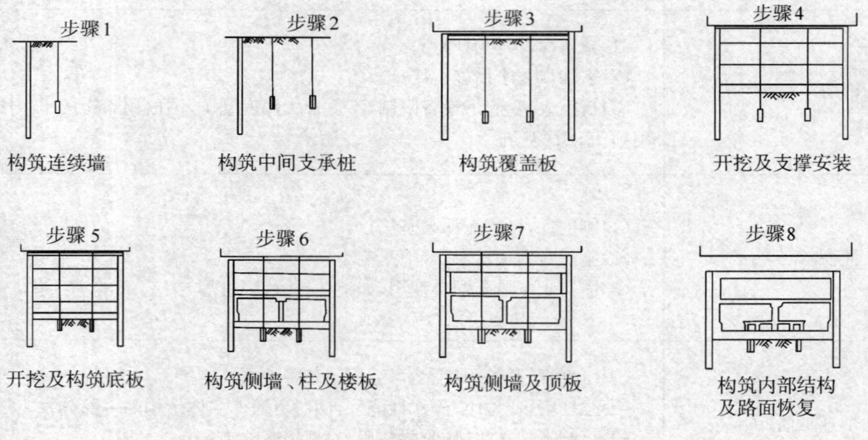

图 5-2　盖挖顺作法的一般步骤

盖挖顺作法主要依赖于坚固的围护结构物，根据现场条件、地下水位高低、开挖深度以及周围建筑物的邻近程度，可选择钢筋混凝土钻（挖）孔桩或地下连续墙。对于饱和的软弱地层，应以刚度大、止水性能好的地下连续墙为首选方案。随着施工技术的不断进步，工程质量和精度更易于掌握，故现在盖挖顺作法中的围护结构常用来作为主体结构边墙体的一部分或全部。

如开挖宽度很大，为了缩短横撑的自由长度，防止横撑失稳，并承受横撑倾斜时产生的垂直分力以及行驶于覆盖结构上的车辆荷载和悬挂于覆盖结构下的管线重量，经常需要在修建覆盖结构的同时建造中间桩柱以支承横撑。中间桩柱可以是钢筋混凝土的钻（挖）孔灌注桩，也可以采用预制的打入桩（钢或钢筋混凝土的）。中间桩柱一般为临时性支撑结构，在主体结构施工完成时将其拆除。为了增加中间桩柱的承载力和减少其入土深度，可以采用底部扩孔桩或挤扩桩。

定型的覆盖结构一般由型钢纵、横梁和钢—混凝土复合路面板组成。路面板通常厚200mm、宽300～500mm、长1 500～2 000mm。为便于安装和拆卸，路面板上均有吊装孔。

二 盖挖逆作法

如果开挖面大、覆土浅、基坑距周围建筑物很近，为尽量防止因开挖基坑而引起临近建筑物的沉陷，或需及早恢复路面交通，可采用盖挖逆作法施工。

盖挖逆作法的施工顺序是：先在地表面向下施工基坑的围护结构和中间桩柱（和盖挖顺作法一样，基坑围护结构多采用地下连续墙或帷幕桩，中间桩柱则多利用主体结构本身的中间立柱以降低工程造价），然后开挖表层土至主体结构顶板底面标高，利用未开挖的土体作为土模浇注顶板。顶板可以作为一道强有力的横撑，以防止围护结构向基坑内变形，待回填土后将道路复原，恢复交通。以后的工作都是在顶板覆盖下进行，即自上而下逐层开挖并建造主体结构直至底板，主体结构的现浇梁板也是以土模浇注的。

在特别软弱的地层中，且邻近地面建筑物时，除以顶、楼板作为围护结构的横撑外，还需设置一定数量的临时横撑，并在横撑上施加不小于设计轴力70%～80%的预应力。盖挖逆作法的施工步骤如图5-3所示。

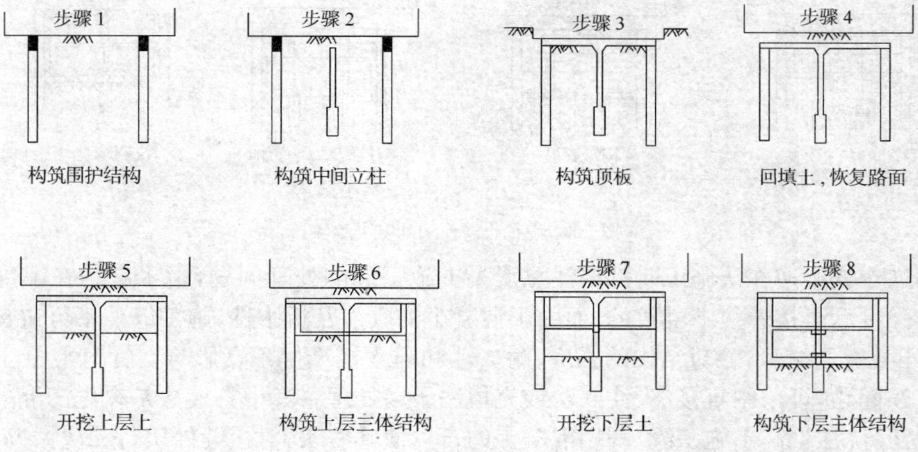

图5-3 盖挖逆作法的一般步骤

为了减少围护结构及中间桩柱的入土深度，可以在做围护结构和中间桩柱之前，用暗挖法预先做好它们下面的底纵梁，以扩大承载面积。当然，这必须在工程地质条件允许暗挖施工时才可能实现，而且在开挖最下一层土和浇注底板前，由于围护结构和中间桩柱都无入土深度，故必须采取措施（如设置横撑）以增加其稳定性。

采用盖挖逆作法施工时，若采用单层墙或复合墙，结构的防水层较难施作。只有采用双层墙，即围护结构与主体结构墙体完全分离，且中间无连接钢筋，才能在两者之间敷设完整的防水层。但需要特别注意中层楼板在施工过程中因悬空而引起的稳定和强度问题，一般可在顶板和楼板之间设置吊杆予以解决。

盖挖逆作法施工时，顶板一般都搭接在围护结构上，以增加顶板与围护结构之间的抗剪能力和便于铺设防水层。所以，需将围护结构外漏部分凿除，或将围护结构仅做到顶板搭接处标高，其余高度用便于拆除的临时挡土结构围护。

三 盖挖半逆作法

盖挖半逆作法指先浇筑永久性顶板，恢复道路交通，然后从上向下挖土并逐层施作临时支撑，开挖至底部标高后，施作底板，再从下向上依次逐层浇筑各层结构板，同时拆除临时支撑。盖挖半逆作法的施工步骤见图 5-4。盖挖半逆作法与逆作法的区别在于顶板完成及恢复路面后，向下挖土至设计标高后先浇注底板，再依次序向上逐层浇注侧墙、楼板，在半逆作法施工中，一般都必须设置横撑并施加预应力。盖挖半逆作法与盖挖顺作法的施工工序类似，区别在于盖挖半逆作法先浇筑的是永久性顶板，对道路的干扰时期短。

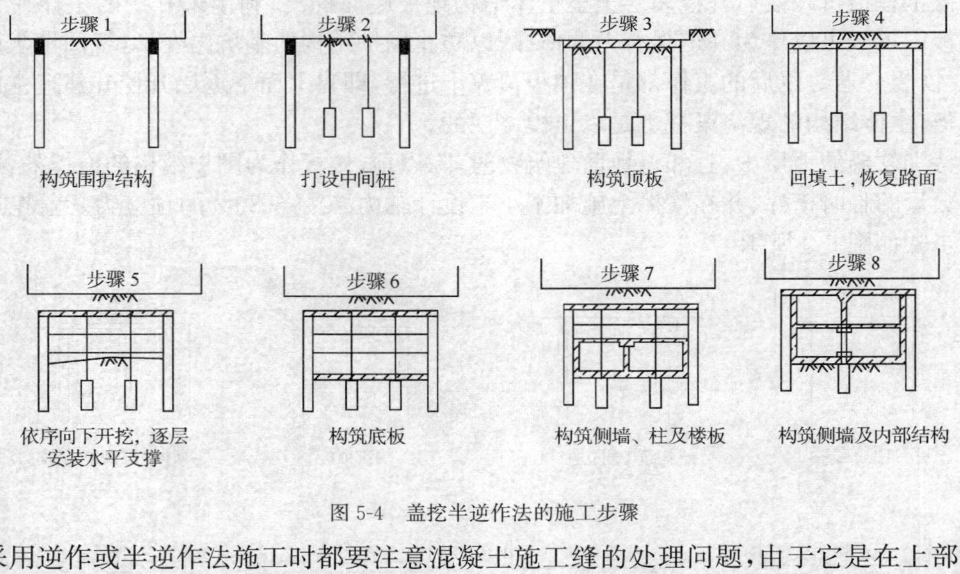

图 5-4 盖挖半逆作法的施工步骤

采用逆作或半逆作法施工时都要注意混凝土施工缝的处理问题，由于它是在上部混凝土达到设计强度后再接着往下浇筑的，而由于混凝土的收缩及析水性，施工缝处不可避免地要出现 3～10mm 宽的缝隙，将对结构的强度、耐久性和防水性产生不良影响。针对混凝土施工缝存在的上述问题，可采用直接法、注入法或充填法予以处理。其中直接法是在先浇混凝土的下面继续浇注，浇注口高出施工缝，利用混凝土的自重使其密实，对接缝处实行二次振捣，尽可能排除混凝土中的气体，增加密实性；注入法是通过预先设置的注入孔向缝隙内注入水泥浆或环氧树脂；充填法是在下部混凝土浇筑到适当高度时，清除浮浆后再用无收缩或微膨胀的混凝土或砂浆充填。试验证明注入法和充填法能保证结构的整体性，在构件破坏前不会出现施工缝滑移破坏的现象。

在逆作法和半逆作法施工中，如主体结构的中间立柱为钢管混凝土柱，而柱下基础为钢筋混凝土灌注桩时，需要解决好两者之间的连接问题。一般是将钢管柱直接插入灌注桩的混凝土内1.0m左右，并在钢管柱底部均匀设置几个孔，以利混凝土流动，同时也加强柱、桩之间连接。有时也可在钢管柱和灌注桩之间插入H型钢以加强连接。

由上可知，盖挖顺作法与明挖顺作法在施工顺序上和技术难度上差别不大，仅挖土和出土工作因受覆盖板的限制，无法使用大型机具，需要采用特殊的小型、高效机具并精心组织施工。而盖挖逆作法与明挖顺作法相比，除施工顺序不同外，还具有以下特点：

(1)对围护结构和中间桩柱的沉降量控制严格，以免对上部结构受力造成不良影响。

(2)中间柱为永久结构时，其安装就位困难，施工精度要求高。

(3)为了保证不同时期施工的构件相互间的连接能达到预期的设计状态，必须将各种施工误差控制在较小范围内，并有可靠的连接构造措施。

(4)非常软弱的地层除外，一般不需再设置临时横撑，这样不仅可节省大量钢材，也为施工提供了方便。

(5)由于是自上而下分层构筑主体结构的，故可利用土模技术，节省大量模板和支架。

(6)和盖挖顺作法一样，其挖土和出土往往成为决定工程进度的关键工序。但同时又因为施工是在顶板和边墙保护下进行的，安全可靠，并且不受外界气象条件的影响。

第三节 排桩围护结构

基坑开挖时，对由于场地限制不能放坡开挖的基坑，可采用排桩围护结构。排桩围护结构(又称帷幕桩围护结构)是地铁基坑开挖施工中经常采用的围护形式。构成排桩围护结构的基本桩单元，可以是钢板桩、挖孔桩、钻孔桩、水泥土搅拌桩或劲性水泥土搅拌桩(SMW)等。

排桩围护结构按照桩排列的密度分为：柱列式排桩围护结构、连续排桩围护结构和组合式排桩围护结构三种。如图5-5所示。

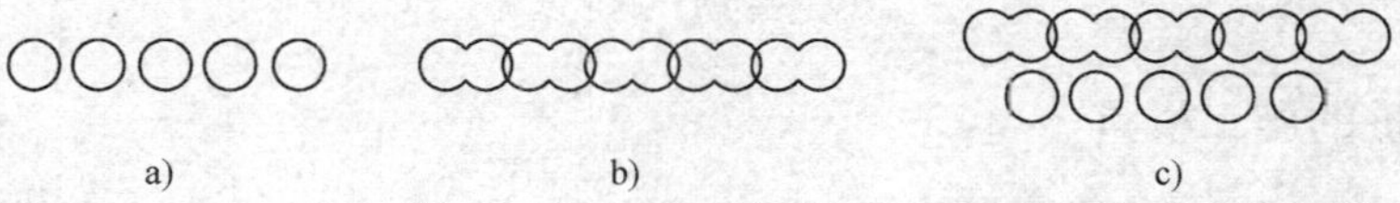

图5-5 排桩围护结构类型

a)柱列式排桩围护；b)连续排桩围护；c)组合式排桩围护

(1)柱列式排桩围护。当边坡土质较好，地下水位较低时，可利用土拱作用，以稀疏的钻孔灌注桩或挖孔桩支挡基坑。如图5-5a)。

(2)连续排桩围护。当土质较软不足以形成土拱时，应采用连续密排桩。密排的钻孔桩可以互相搭接，或在桩身混凝土强度尚未形成时，在相邻桩之间做一根素混凝土树根状把钻孔桩排连接起来。也可以采用SMW搅拌桩、钢板桩、钢筋混凝土板桩等。如图5-5b)。

(3)组合式排桩围护。当地下水位较高、开挖深度大，且对周围土体位移要求十分严格时，可采用钻孔灌注桩排与搅拌桩或SMW防渗墙组合的形式。如图5-5c)。

一 钢板桩围护结构

钢板桩围护结构是将钢板桩打入土层，设置必要的支撑或拉锚，以抵抗土压力和水压力，并保持周围地层稳定的一种围护结构。钢板桩支护的优点是：板桩材料质量可靠，施工简单，在软弱土层中施工速度快，并且有较好的挡水性，临时性结构的钢板桩可重复使用，降低成本。钢板桩围护结构多在沿海城市（如上海、天津等地）地下水位较高的地铁工程基坑中采用。钢板桩的缺点是柔性大，如用于深基坑需设置多道支撑（或锚杆），一般认为开挖深度超过 7m 的软土地层不宜采用。

钢板桩常用的断面形式多为 U 形或 Z 形。我国地下铁道施工中多用 U 形钢板桩，其沉放和拔除方法以及使用的机械均与工字钢桩相同。钢板桩围护结构可根据土压力大小设置为单层或双层。地下铁道施工时由于基坑较深，为保证钢板桩的垂直度与封闭合拢，多采用帷幕式构造，见图 5-6。

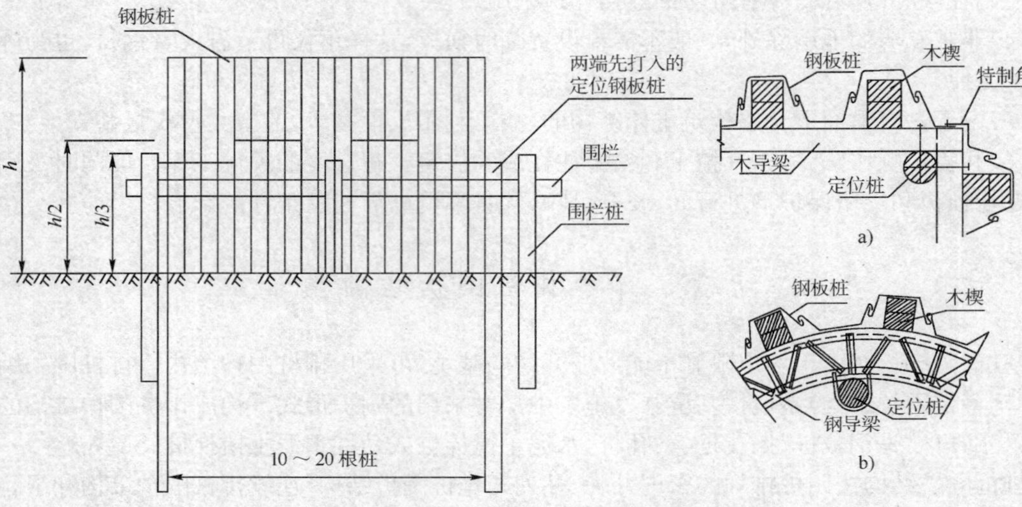

图 5-6　钢板桩围护结构

a)矩形基坑；b)圆形基坑

（一）钢板桩的施工机具

钢板桩的施工机具有冲击式打桩机（包括自由落锤、柴油锤、蒸汽锤等）和振动打桩机，此外还有静力压桩机等。施工时应根据钢板桩的重量、长度及数量，地基土质的特性，以及打桩机械对周围环境产生的噪声、振动等因素，综合选择合适的施工机械。表 5-4 为各种打桩机械的适用情况。

各类打桩机的适用情况　　表 5-4

机械类别		冲击式打桩机			振动锤	油压式压桩机
		柴油锤	蒸汽锤	落锤		
钢板桩	形式	除小型板桩外所有板桩	除小型板桩外所有板桩	所有形式板桩	所有形式板桩	除小型板桩外所有板桩
	长度	任意长度	任意长度	适宜长度	不适于太长桩	任意长度

续上表

机械类别		冲击式打桩机			振动锤	油压式压桩机
		柴油锤	蒸汽锤	落锤		
地质条件	软弱粉土	不适	不适	合适	合适	可以
	粉土、黏土	合适	合适	合适	合适	合适
	砂层	合适	合适	不适	可以	可以
	硬土层	可以	可以	不可以	不可以	不适
施工条件	辅助设施	规模大	规模大	简单	简单	规模大
	噪声	高	较高	高	小	几乎没有
	振动	大	大	少	大	无
	贯入能量	大	一般	小	一般	一般
	施工速度	快	快	慢	一般	一般
费用		高	高	便宜	一般	一般
工程规模		大工程	大工程	简易工程	大工程	大工程

(二)钢板桩的打入

钢板桩的设置位置应在基础最突出的边缘外，并留有支模、拆模的余地，便于基础施工。在场地紧张的情况下，也可利用钢板作侧模，但必须配以纤维板或油毛毡等隔离材料，以利钢板桩的拔出。

钢板桩在使用前应检查，尤其是对多次重复使用的钢板桩(由于在多次打拔、运输、堆放过程中，容易变形)，并对表面缺陷和挠曲进行矫正。

为确保施工后的板桩轴线符合设计要求，打桩前应设导向桩或导向梁作为导向装置。导向桩和导向梁可采用型钢，也可采用木材代替。导向装置在用完后，可拆出移至下一段连续使用。钢板桩打入的方法主要有：

(1)单根打入法：将钢板桩一根根打入至设计标高。这种施工方法速度快，桩架高度相对较低，但容易倾斜，当板桩打设要求精度较高、板桩长度较长(大于10m)时，不宜采用。

(2)屏风式打入法：将10～20根桩成排插入导向梁，使之成屏风状，然后用桩机来回施打，并使两端先达到要求深度，再将中间部分的板桩顺次打入。这种屏风施工方法可防止板桩的倾斜与转动，对要求闭合的围护结构常用此法。屏风式打入法的缺点是施工速度慢，桩架高。

(三)钢板桩的拔除

拔桩阻力由土对桩的吸附力及土与桩表面的摩擦阻力组成，拔桩的关键是要克服拔桩阻力。拔桩方法有静力拔桩法、振动拔桩法和冲击拔桩法三种。

钢板桩拔出的难易程度主要取决于土质、桩的垂直度及桩是否变形等。在硬土或密实砂土中拔桩困难，当钢板桩的垂直度很差、变形较大时拔除也很困难。板桩拔除时应注意以下几点：

(1)拔桩起点和顺序。可根据打桩时的情况确定拔桩起点，必要时也可间隔拔除，拔桩的顺序最好与打桩顺序相反。

(2)拔桩过程中必须保持机械设备处于良好工作状态，加强受力钢索检查，避免突然断裂。

(3)当钢板桩拔除困难时，可用振动锤或柴油锤再复打一次，用以克服土的黏聚力，同时消除钢板桩上的铁锈，以便顺利拔出。

(4)对因拔桩在地层中产生的空隙，应及时采用中粗砂填实或用膨润土浆液填充，以减少对周围地层和建筑物的沉降影响。当对土层位移有较高要求时，应在拔桩时跟踪注浆。

二 工字钢桩围护结构

作为基坑围护结构的工字钢桩，一般采用 50 号、55 号和 60 号的大型工字钢，桩间距一般为 1.0～1.2m。基坑开挖前，在地面用冲击式打桩机沿基坑设计边线逐根打入。若地层为饱和淤泥等松软土层，也可采用静力压桩机和振动打桩机进行沉桩。基坑开挖时，边挖土方，边在桩间插入 5cm 厚的水平木背板，以挡住桩间土体。基坑开挖至一定深度后，应依据工字钢桩的强度和刚度加设腰梁、横撑或锚杆(索)。腰梁多采用大型槽钢、工字钢制成，横撑则可采用钢管或组合钢梁，其支撑截面形式如图 5-7 所示。

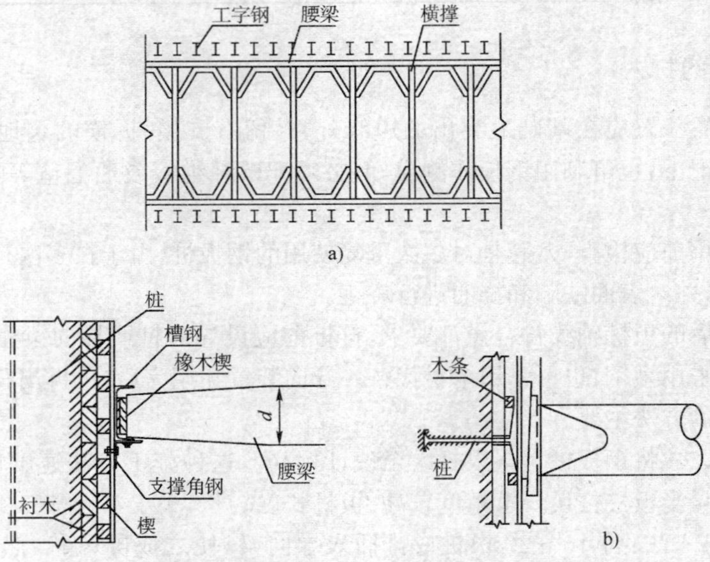

图 5-7　工字钢桩围护结构支护

工字钢桩围护结构适用于黏性土、砂性土和粒径不大于 10cm 的砂卵石地层，当地下水位较高时，必须配合人工降水措施。打桩时噪声较大，只适用于郊区或距居民点较远的基坑施工。

三 挖孔桩围护结构

挖孔桩是依靠人力挖掘成孔的桩，在作为基坑围护结构时，是依靠多个桩组成的桩墙而起到挡土作用的。挖孔桩施工机具简单，不受设备和工作面限制，可同时开挖多个孔。施工无振动，无噪声，无泥浆，对周围环境污染小，成桩质量好，适用于建筑物拥挤的地区，对临近结构和地下设施的影响小，造价低。

挖孔桩适用于无水或少水的土层中，对流动性淤泥、流砂和地下水较丰富的地区不宜采用。桩的直径不宜小于 1.2m，孔深一般不宜超过 20m。

挖孔桩施工的主要程序如下。

(一)开挖桩孔

一般采用人工开挖，开挖之前应清除现场覆土，排除一切不安全因素，做好孔口四周临时围护和排水措施。孔口应采取措施防止土石掉入，并安排好提土设备(卷扬机或绞车等)，布置好运土通道及弃土点，必要时孔口应搭设雨棚。挖孔过程中要随时检查桩孔尺寸和平面位置，减少施工误差。

挖孔过程中应注意安全，孔下人员必须配戴安全帽和安全绳，提取土渣的机具必须经常检查。孔身超过 10m 时，应经常检查孔内 CO_2 浓度，并应增加通风设施。

如用爆破施工，应采用浅眼爆破法，且在炮眼附近加强支护，以防止振塌孔壁。桩孔较深时，应采用电引爆，爆破后应通风排烟，经检查孔内无毒后施工人员方可下孔。

(二)护壁和支撑

桩身开挖过程中，开挖和护壁两个工序必须连续作业，以确保孔壁不塌。挖孔桩能否顺利施工，护壁起决定性作用，应根据地质、水文条件、材料来源等情况因地制宜选择支撑及护壁方法。桩孔较深、地质较差、出水量较大或遇流沙等情况时，宜采用就地灌注混凝土护壁(图 5-8)，每下挖 1～2m 灌注一次，随挖随支。护壁厚度一般采用 0.15～0.20m，混凝土强度等级为 C15～C20，必要时可配置少量的钢筋，也可采用下沉预制钢筋混凝土圆管护壁。如土质较松散而渗水量不大时，可考虑用木料做框架式支撑或在木框架后面铺架木板予以支撑。

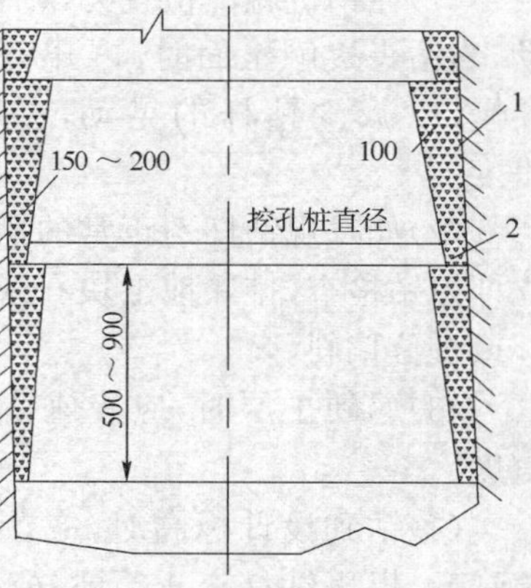

图 5-8　挖孔桩就地灌注混凝土护壁
(尺寸单位：mm)
1-混凝土护壁；2-连接钢筋

(三)排水

孔内渗水量不大时，可采用人工排水；渗水量较大时，可用高扬程抽水机抽水。若遇到混凝土护壁坍塌或漏水，可用水泥干拌堵塞。

(四)吊装钢筋骨架及灌注桩身混凝土

挖孔到达设计深度后，应检查和处理孔底、孔壁，清除孔壁及孔底浮土，孔底必须平整，以保证桩身混凝土与孔壁及孔底密贴，受力均匀。遇到地下水较难抽干时，可先铺砌条石、块石封底或采用水下混凝土封底。浇注桩身混凝土应一次浇注完毕，不留施工缝。

四 钻孔灌注桩围护结构

钻孔灌注桩围护常作为地铁基坑开挖中的围护结构，钻孔灌注桩成孔施工分为干作业法和湿作业法。

（一）钻孔灌注桩干作业成孔施工

干作业成孔施工，即无泥浆非循环钻进法。适用于地下水位低于桩底的一般黏性土、砂土及人工填土地基。

干作业成孔一般采用螺旋钻机进行。螺旋钻孔机由主机、滑轮、螺旋钻杆、钻头、滑动支架、出土装置等组成。主要利用螺旋钻头切削土体，被切下的土块随钻头旋转，并沿螺旋叶片上升而被推出孔外。该类钻机结构简单，性能可靠，成孔作业效率高、质量好、无振动、无噪声，最适用于匀质黏性土，并能较快穿透砂层。

干作业成孔施工工艺流程图见图5-9。为了保证成桩质量，在施工中应注意以下几点：

（1）在钻机就位检查无误后，使钻杆慢慢向下移动，当钻头接触土面时，再开动电动机，开始的钻速要慢，以减少钻杆的晃动，并易于校正桩位与垂直度。

（2）如发现钻杆不正常的摆动或难于钻进时，应立即停钻检查，排除地下块石或障碍物，避免设备损坏或桩位偏斜。

（3）遇硬土层时，应慢速钻进，以保证孔型与垂直度。

（4）钻到设计标高时，应在原深度处空转清土，停钻后，提出钻杆弃土。空转清土时，不可钻进，提钻弃土时，不可回转钻杆。

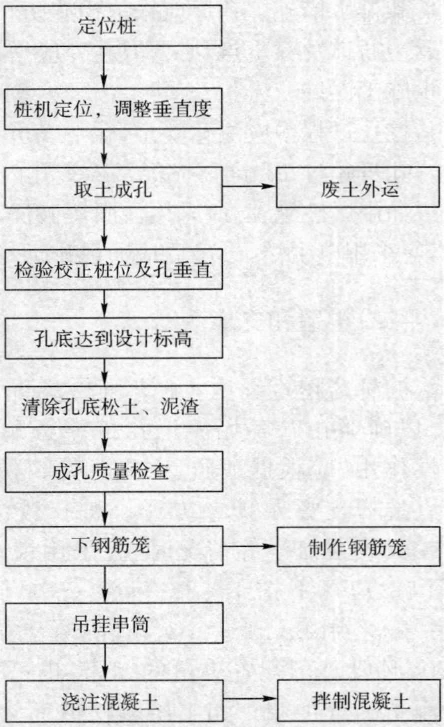

图5-9　干作业成孔施工工艺流程图

（5）弃土不可堆放在孔口边，应及时外运。

（6）吊放钢筋笼时，应防止变形和碰撞孔壁。钢筋笼外侧应设有预制的混凝土垫块，以保证混凝土保护层的厚度。

（7）经检查合格的孔，应及时浇注混凝土。混凝土从串筒内注入。深度大于6m时，靠混凝土自身重力下冲压实，小于6m时，应以长竹竿人工插捣，当只剩下2m时，用混凝土振捣器捣实。混凝土强度等级不低于C15。

（8）桩顶标高低于地面时，孔口应设盖板，以防人、物坠落。

（二）钻孔灌注桩湿作业成孔施工

利用钻机水下钻孔，同时借助泥浆进行护壁与携渣的成孔施工，称为湿作业钻进法。此法适用于一般黏性土、淤泥和淤泥质土、砂黏土和碎石类土，尤其适用于地下水位较高的土层。

湿作业法的成孔机械有冲击钻机、冲抓黏机及正、反循环旋转钻机、旋挖孔钻机等，可分别应用于不同土层中。图 5-10、图 5-11 分别为正、反循环旋转钻成孔示意图。

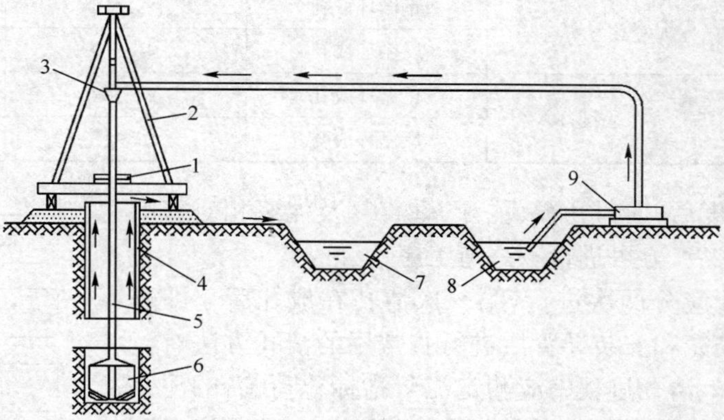

图 5-10　正循环旋转成孔示意图

1-钻机；2-钻架；3-泥浆龙头；4-护筒；5-钻杆；6-钻头；7-沉淀池；8-泥浆池；9-泥浆泵

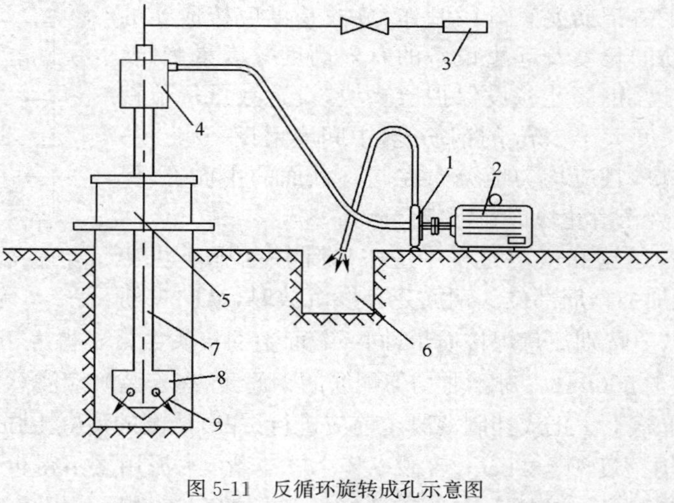

图 5-11　反循环旋转成孔示意图

1-砂石泵；2-电动机；3-真空泵；4-水接头；5-回转器；6-沉淀池；7-钻具；8-钻头；9-进渣口

钻孔灌注桩湿作业成孔施工工艺流程见图 5-12。其主要施工过程如下：

(1)成孔施工。成孔工艺应根据工程特点、地质条件和设计要求合理选择。成孔直径必须达到设计桩径，钻头应有保径装置。钻头直径应根据施工工艺和设计桩径合理选定。在成孔施工过程中应经常检查钻头尺寸，必要时应进行修理。

在正式施工前应进行试钻孔，数量不少于 2 个。核对地质资料，检验所选设备、机具、施工工艺以及技术要求是否适宜。如孔径、垂直度、孔壁稳定和沉淤等监测指标不能满足设计要求时，应拟定补救技术措施，或重新选择成孔工艺。

成孔施工应一次不间断地完成，成孔完毕至灌注混凝土的间隔时间不应大于 24h。

护壁泥浆可采用原土造浆或人工造浆。根据不同的成孔工艺和地质情况，在表 5-5 范围内选定。

护壁泥浆性能指标　　　　表 5-5

项　次	项　目		注入泥浆指标	排出泥浆指标
1	泥浆相对密度	正循环成孔	≤1.15	≤1.30
		反循环成孔	≤1.10	≤1.15
2	泥浆黏度(s)	正循环成孔	18～22	20～26
		反循环成孔	16～18	18～22

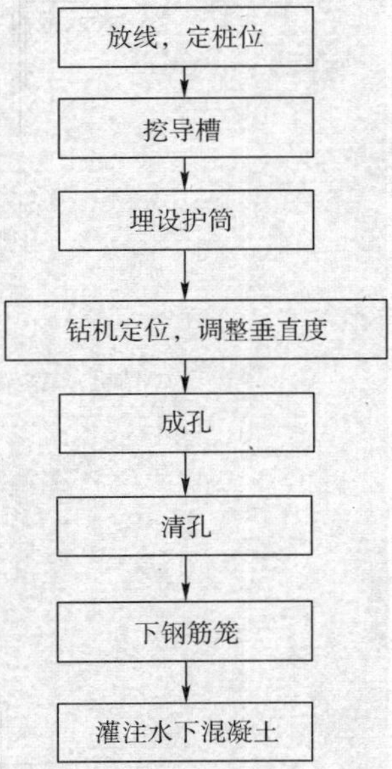

图 5-12　钻孔灌注桩湿作业成孔施工工艺流程图

成孔至设计深度后，应对孔径、孔深、垂直度及泥浆相对密度进行检查，符合要求后，方可进行下一道工序。

(2)清孔。清孔应分两次进行，第一次清孔在成孔后立即进行，第二次在下钢筋笼和安装导管后进行。常用的清孔方法有正循环和反循环两种。清孔过程中应测定泥浆指标，清孔后的泥浆相对密度应小于 1.15。清孔结束时应测定孔底沉淤，孔底沉淤厚度应小于 30cm。第二次清孔结束后孔内应保持一定水头高度，并应在 30min 内灌注混凝土。若超过 30min，灌注混凝土前应重新测定孔底沉淤厚度，并满足规定要求。

(3)钢筋笼施工。钢筋笼宜分段制作，分段长度应按成笼的整体刚度、来料钢筋的长度及起重设备的有效高度等因素确定。为了保证保护层厚度，钢筋笼应设保护层垫块，设置数量每节钢筋笼不少于 2 组；长度大于 12m 的钢筋笼，中间应增设一组。每组块数不得少于 3 块，且应均匀地分布在同一截面的主筋上，保护层垫块可采用混凝土滑轮块或扁钢定位体。

钢筋笼在起吊、运输和安装过程中应采取保护措施防止变形。起吊点宜设在加强箍筋部位。钢筋笼分段沉放时，纵向主筋的连接必须用焊接，要特别注意焊接质量，同一截面上的接头数量不得大于主筋数量的 50%，相邻接头间距不小于 500mm。对于非均匀配筋的钢筋笼，在安装时应注意方向性。

(4)水下混凝土施工。正式拌制混凝土前应进行试配，试配的混凝土强度应比设计桩身强度高 15%～25%，坍落度 16～20cm，含砂率 40%～45%，水泥用量不得少于 380kg/m^3，最多用量不宜大于 500kg/m^3。混凝土应具有良好的和易性和流动性。坍落度损失应满足灌注要求。

水下混凝土灌注是确保成桩质量的关键，灌注前应做好一切准备，以保证混凝土灌注作业连续进行。单桩混凝土灌注时间不宜超过 8h。混凝土灌注桩的充盈系数不得小于 1，也不应大于 1.3。

混凝土灌注用的导管内径应按照桩径和每小时灌注量确定，一般为 200～250mm，壁厚不小于 3mm。导管第一节即底管长度应大于 4.0m，导管标准节长度以 3.0m 为宜。浇注水下混凝土所用的隔水塞可采用混凝土浇制，混凝土强度不低于 C20 级，外形应规则光滑并配有橡胶垫片。

混凝土浇注时，导管应全部安装入孔，安装位置应居中。导管底距孔底高度以能放出隔水塞和混凝土为宜，一般控制在 50cm 左右。隔水塞应采用铁丝悬挂于导管内。混凝土灌入前应先在灌斗内灌入 0.1～0.2 m^3 的 1∶1.5 水泥砂浆，然后再灌入混凝土。等初灌混凝土足量后，方可截断隔水塞的铁丝将混凝土灌至孔底。混凝土初灌量应保证混凝土灌入后，导管埋入混凝土的深度不少于 0.8～1.3m，导管内混凝土柱和管外泥浆柱压力平衡。

在水下混凝土灌注中，导管埋入混凝土中的深浅对成桩质量至关重要。混凝土灌注过程中导管应始终埋在混凝土中，严格控制导管提升高度。导管埋入混凝土面的深度以 3～10m 为宜，最小埋入深度不得小于 2m。导管应勤提勤拆，一次提管拆管的长度不宜超过 6m。

混凝土灌注中应防止钢筋笼上浮。

混凝土实际灌注高度应比设计桩顶标高高出一定高度。高出的高度应根据桩长、地质条件和成孔工艺等因素确定，其最小高度不宜小于桩长的 5%，且应保证支护结构圈梁底及其以下的桩身混凝土强度满足设计要求。

五 深层搅拌桩围护结构

深层搅拌桩是加固软土地基的一种新方法，它是利用水泥、石灰等材料作为固化剂，通过深层搅拌机械，将软土和固化剂（浆液或粉体）强制搅拌，利用固化剂和软土之间所产生的一系列物理—化学反应，使软土硬结成具有整体性、水稳定性和一定强度的桩体。

水泥就地搅拌桩（MIP）首先出现在二次世界大战后的美国。20 世纪 50 年代引入日本，1974 年由日本港湾技术研究所等合作研制成功水泥搅拌固化法（CMC 法）。1977 年国内由冶金部建筑研究总院和交通部水运规划设计院开始进行深层搅拌法的室内试验和机械研制工作。1978 年制造出国内第一台 SJB－1 型双轴搅拌机。1980 年天津市机械施工公司等首先改制成单轴深层搅拌机。上海宝钢工程在 20 世纪 80 年代初开始应用搅拌桩代替钢板桩作为支护结构获得成功。1983 年铁道部第四勘测设计院等开始进行粉体喷射搅拌法加固的试验研究。1990 年日本大阪防水建设社研制开发了一种新的搅拌施工工艺——RR 工法，施工时搅拌头上下、左右、旋转翻滚成桩，一次成桩单元桩体直径达 2m。

深层搅拌法最适宜于饱和软黏土，包括淤泥、淤泥质土、黏土和粉质黏土等。加固深度从数米至 50～60m，国内最大深度可达 15～20m。一般认为对含有高岭石、多水高岭石与蒙脱石等黏土矿物的软土加固效果较好；对含有伊利石、氯化物等黏性土以及有机质含量高、酸碱度较低的黏性土的加固效果较差。

深层搅拌桩围护结构具有不透水、不需设支撑的特点，能在敞开的条件下开挖基坑，使用的材料仅为水泥，具有较好的经济效益，深受欢迎。深层搅拌桩的主要缺点是其抗拉强度低，因而常排列成格栅形式，成为重力坝式挡墙，或在其中插入型钢加以改良。

深层搅拌桩的施工工艺流程如图 5-13 所示。其施工过程大致为：

（1）桩架定位及保证垂直度。桩架安设到指定桩位并对中。当场地标高不符合设计要求或起伏不平时，应先进行开挖、整平。施工时桩位偏差应小于 5cm，桩的垂直度误差不超过 1%。

（2）预搅下沉。待搅拌桩的冷却水循环正常后，启动搅拌机电动机，放松起重机钢丝绳，使搅拌机沿导向架切土下沉，下沉速度可由电动机的电流表控制，工作电流不应大于 70A。如果下沉速度太慢，可从输浆系统补给清水以利于钻进。

（3）制备水泥浆。按照设计要求的配合比拌制水泥浆，在压浆前将水泥浆倒入集料斗中。

（4）提升、喷浆并搅拌。搅拌机下沉到设计深度后，开启灰浆泵将水泥浆压入地基土中，并且边喷浆边旋转，同时严格按照设计确定的提升速度提升搅拌头。

(5)重复搅拌或重复喷浆。搅拌头提升至设计加固深度的顶面标高时，集料斗中的水泥浆应正好排空。为使软土和水泥浆搅拌均匀，可再次将搅拌头边旋转边沉入土中，至设计加固深度后再将搅拌头提升出地面。

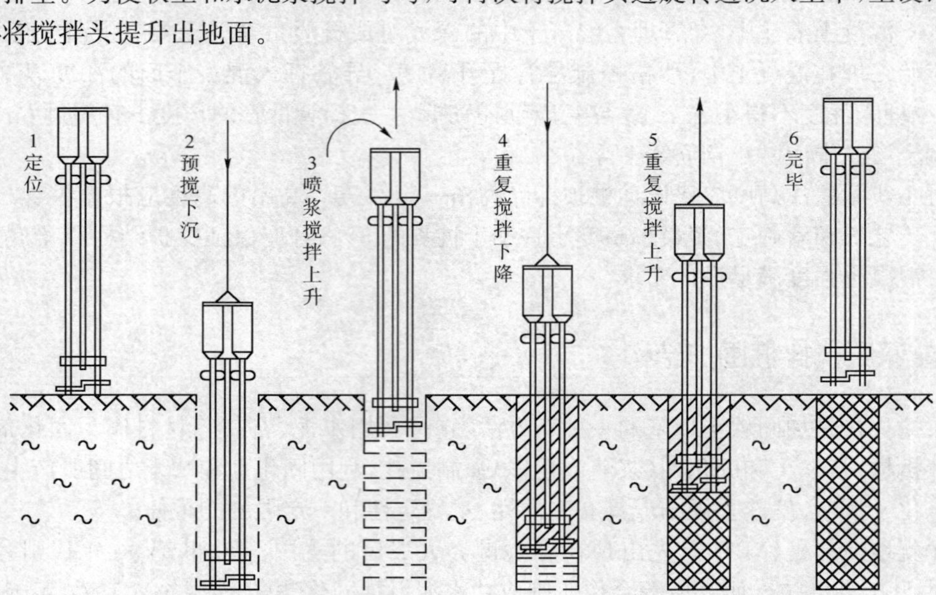

图 5-13 深层搅拌桩施工工艺示意图

根据需要，还可以再次复搅、复喷(即二次喷浆)。一般，第一次喷浆至顶面标高时，喷完总浆量的 60%，将搅拌头边搅边沉入土中，至设计深度后，再将搅拌头边提升边搅拌，并喷完余下的 40%水泥浆。喷浆搅拌时搅拌头的提升速度不应超过 0.5m/min。

(6)移位。桩架移至下一桩位施工。

六 劲性水泥土搅拌桩围护结构

劲性水泥土连续搅拌桩围护结构，又称 SMW(Soil Mixing Wall)，它是在水泥土搅拌桩中插入型钢或其他芯材形成的，具有承力与防渗两种功能的围护结构。

在设计分析上，目前对水泥土与型钢之间的黏结强度的研究还不充分。通常认为，水、土侧压力全部由型钢单独承担，水泥土搅拌桩的作用在于抗渗止水。水泥土对型钢的包裹作用提高了型钢的刚度，可起到减少位移的作用。此外，水泥土起到套箍作用，可以防止型钢失稳，对 H 型钢还可以防止翼缘失稳，这样可使翼缘厚度减小到很薄(甚至可以小于 10mm)。

(一)劲性水泥土搅拌桩围护结构的优点

(1)占用场地小。一般钢筋混凝土地下连续墙，墙体加导墙宽约 1.0～1.2m；双头搅拌桩加灌注桩宽 2m 以上，而 SMW 工法一般单排为 0.65～0.85m，双头搅拌桩宽度约为 1.2m。

(2)施工速度快。

(3)施工过程中对周边建筑物及地下管线影响小，对环境污染小，无废弃泥浆。

(4)耗用水泥、钢材少，造价低。特别是 H 型钢能够回收，成本大大降低。

(二)劲性水泥土搅拌桩围护结构的使用条件

SMW 围护结构的施工以水泥土搅拌桩为基础，因此凡是适合应用水泥土搅拌桩的场合都可以使用，特别是以黏土和粉质土为主的软土地区。SMW 围护结构使用的基坑深度与施工机械有关，国内一般在基坑开挖深度 6～10m 时采用，国外已有开挖深度 20m 的例子。

(三)劲性水泥土搅拌桩围护结构的布置

当采用国产的双轴搅拌机时，桩径一般为 700mm、间距 1000mm；采用进口的长螺旋多轴多组叶片的搅拌机时，有桩径 650mm、间距 900mm 和桩径 850mm、间距 1200mm 两种。插入的型钢有轧制 H 型钢、槽钢、拉森板桩，也有用钢板焊接而成的 H 型钢。桩体布置有单排、双排两种基本形式，均可以对 H 型钢进行隔孔设置（间隔布置）、全孔布置（连续布置）和隔孔与连续设置（间断布置），如图 5-14 所示。

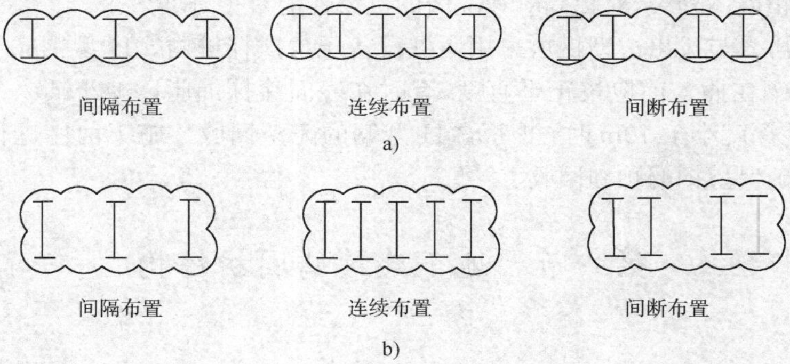

图 5-14　搅拌桩内型钢的布置方式

a)单排 SMW 工法搅拌桩；b)双排 SMW 工法搅拌桩

(四)劲性水泥土搅拌桩围护结构的施工要点

劲性水泥土搅拌桩围护结构的施工工艺见图 5-15 所示。

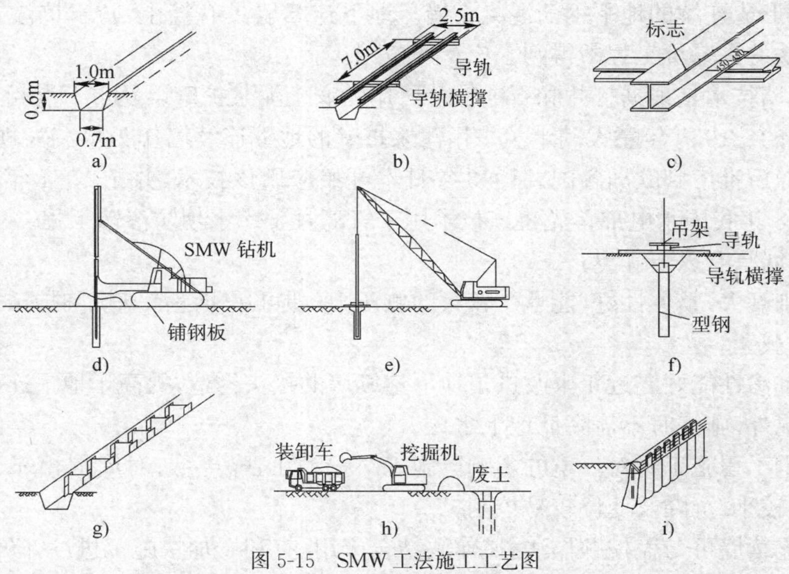

图 5-15　SMW 工法施工工艺图

a)导沟开挖；b)置放导轨；c)标定施工标志；d)SMW 钻掘搅拌；e)置放型钢；f)固定型钢；g)完成施工 SMW；h)废土运输；i)型钢顶端连接梁施工

(1)开挖导沟，设置围檩导向架。导沟可使搅拌机施工时的涌土不致冒出地面，导向架则是确保搅拌桩及 H 型钢插入位置的准确，这对设置支撑的 SMW 围护结构尤为重要。导向架应采用型钢做成，导向围檩间距比型钢宽度增加 20～30mm，导向桩间距 4～6m，长 10m 左右。围檩导向架施工时应控制好轴线与标高。

(2)搅拌桩施工。搅拌桩施工工艺与深层搅拌桩相同。水泥掺入量和水灰比是确保工程质量的重要指标。水泥掺入量一定时，采用较小的水灰比，水泥土强度就有保证。然而，水灰比小，水泥土的黏稠度高，H 型钢插入的阻力就大；水灰比大，H 型钢可依靠自重插入，但水泥土强度达不到预定要求。为确保水泥土强度不小于 1.2MPa，又使 H 型钢能顺利插入，一般水泥掺入量大于 20%，水灰比取 1.6～2.0。在水泥浆液中适当增加木质素磺酸钙的掺量，以减少水泥浆液在注浆过程中的堵塞现象。也可掺入一定量的膨润土，利用其保水性提高水泥土的变形能力，防止墙体开裂，对提高 SMW 墙的抗渗性能有很好的效果。

(3)型钢的压入与拔出。型钢可采用压桩设备压入搅拌桩内。H 型钢应平直、光滑、无弯曲、无扭曲。型钢在插入前应校正平直度，有时在表面涂抹油脂以减小插入与拔出时的摩阻力。当基坑开挖深度小于 10m 时，可考虑 H 型钢的完整回收。施工前应进行型钢抗拔验算与拉拔试验，以确保型钢的顺利回收。

第四节　地下连续墙围护结构

一 概述

地下连续墙是连续构筑在地下的一道钢筋混凝土墙。它是在地面上利用特制的成槽机械，沿着开挖工程的周边在泥浆护壁下开挖沟槽，再将制作好的钢筋笼放入槽段内，采用导管法浇注水下混凝土，形成一个单元墙段，各墙段之间采用特定的接头方式(如接头管或接头箱等)相互连接，形成连续的地下钢筋混凝土墙。地下连续墙具有挡土、防水抗渗及承载多种功能，在我国地铁的深基坑工程中得到了广泛的应用。

地下连续墙技术是根据打井和石油钻井所用膨润土泥浆护壁以及水下混凝土施工方法的应用发展起来的。1950 年意大利米兰采用泥浆护壁的地下连续墙作为水利大坝的防渗墙，故又称米兰法，随后推广到欧洲各国。1959 年日本开始应用该技术，并于 1961 年在日本地铁 4 号线采用，1958 年我国水电部首先将该技术用于青岛月子库水坝防渗墙工程。

地下连续墙具有以下优点：

(1)墙体刚度大，整体性好，能承受较大的侧压力，即可用于超深基坑围护结构也可作为主体结构承担荷载。

(2)防水抗渗性能好。近年来改进了地下连续墙的接头构造，提高了地下连续墙的防渗性能，除特殊情况外，施工时不需降低地下水位。

(3)可减少工程施工时对环境的影响。施工时振动小，噪声低；对周围相邻工程结构和地下管线的影响较小，沉降及变位较易控制。

(4)地下连续墙可与盖挖顺作法、逆作法结合应用，有利于加快施工进度，降低工程造价。

(5)适用于多种地质条件，目前在我国除岩溶地区和承压水头很高的砂砾层难以采用外，在其他各种土质中皆可应用。

但是地下连续墙施工也存在一些不足之处，主要表现在：

(1)施工后对废泥浆的处理会增加工程造价，处理不当时还会造成环境污染。

(2)槽壁坍塌问题。如地下水位急剧上升，护壁泥浆液面急剧下降，土层中有软弱疏松的砂性夹层，泥浆的性质不符合要求，施工管理不善等均可能引起槽壁坍塌，引起地面沉降，危害临近工程结构和地下管线的安全。同时也可能使墙体混凝土体积超方，墙面结构超出允许界限。

(3)地下连续墙仅作为施工临时挡土结构时不够经济，若结合工程实际，使其既作为临时围护、抗渗墙，又作为地下永久结构，则将降低工程造价。

一般来说，当在软土地质条件下基坑开挖深度大于 10m 时，基坑周围建筑或地下管线对位移和沉降要求较高，或围护结构可用作主体结构的一部分，或结构采用逆作法施工时，均可采用地下连续墙。

地下连续墙按其填筑的材料不同，分为土质墙、混凝土墙、钢筋混凝土墙和组合墙(预制钢筋混凝土墙板和现浇混凝土墙的组合等)；按其成墙的方式，分为排桩式、壁板式、桩壁组合式；按其用途不同分为临时挡土墙、防渗墙，主体结构兼作临时结构的地下连续墙，多边形基础兼作墙体的地下连续墙等。

所谓排桩式地下连续墙实际上就是把钻孔灌注桩并排连接形成的地下连续墙，其施工工艺与钻孔灌注桩相同。壁板式连续墙指在专用挖槽机械挖成的狭长槽段内现浇钢筋混凝土而成平面形墙，各幅墙体之间用锁结管或钢筋、钢板搭接，连接成整体。

预制钢筋混凝土连续墙是在挖好的沟槽内，依次连续插入预制的钢筋混凝土墙板，然后用特殊的固化泥浆将其固定在沟槽内而成。固化泥浆的固化性能为：成槽时充满沟槽以维持槽壁的稳定，待墙板插入后逐渐硬化从而固定墙板。

目前，我国应用最多的还是现浇钢筋混凝土壁板式连续墙，这也是本书介绍的主要内容。

地下连续墙与主体结构的连接方式根据其作用的不同而不同，主要有四种形式，如图 5-16 所示。

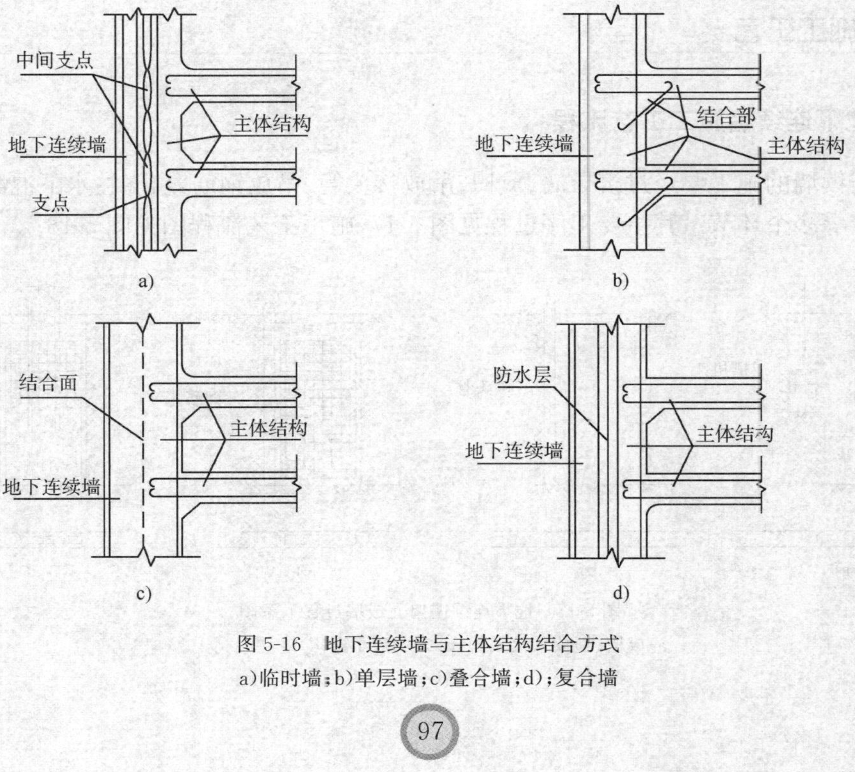

图 5-16　地下连续墙与主体结构结合方式

a)临时墙；b)单层墙；c)叠合墙；d)；复合墙

二 成槽设备

成槽机械是地下连续墙施工的关键设备。应根据地质条件、开挖断面、技术要求等，选择合适的成槽机械。目前在施工中应用较多的有抓斗式、回转式和冲击式三种。

1. 抓斗式成槽机

抓斗式成槽机以其斗齿切削土体，将土渣收容在斗体内，出槽后开斗放出土渣，再返回到挖土位置，重复往返动作完成挖槽作业。抓斗式成槽机分液压抓斗和钢索抓斗，钢索抓斗是最简单的挖土机械，效率不高；液压抓斗的切土力较强，成槽效率高。

2. 回转式成槽机

以回转的钻头切削土体进行挖掘，钻头下的土渣随循环的泥浆排出地面，从钻头数目来看，有单头钻和多头钻之分，单头钻主要用来钻导孔，多头钻多用来挖槽。

多头钻是一种采用动力下放、泥浆反循环排渣、电子测斜纠偏和自动控制钻进成槽的机械，日本称之为 BW 钻机。我国参考 BW 钻机结合我国国情设计和制造了 SF 型多头钻。

回转式成槽机的排土方式多为反循环形式，排泥泵为潜水式，功率较高，钻机用钢索吊住，边排泥边下放，泵的能力可以选择，大功率的泵可以将卵石、漂石吸出，挖槽速度极快。与其他挖槽机相比，这类机械的机械化程度较高，零部件很多，维修保养要求较高，需要熟练的操作技术。

3. 冲击式成槽机

冲击式成槽机通过钻头的上下运动或变换运动方向，击碎地基土，并借助泥浆循环把土渣带出槽外。它不仅适宜于一般软土层，对卵石、砾石、风化岩层亦可适用。这种钻机构造简单，价格低廉，但施工中噪声、振动较大，废弃泥浆污染环境。

三 施工工艺

(一)地下连续墙施工工艺流程

地下连续墙的施工要经过筑导墙、成槽、吊放接头管、吊放钢筋笼、浇注水下混凝土及拔出接头管成墙等多个环节。其主要工序过程见图 5-17，施工工艺流程图见图 5-18。

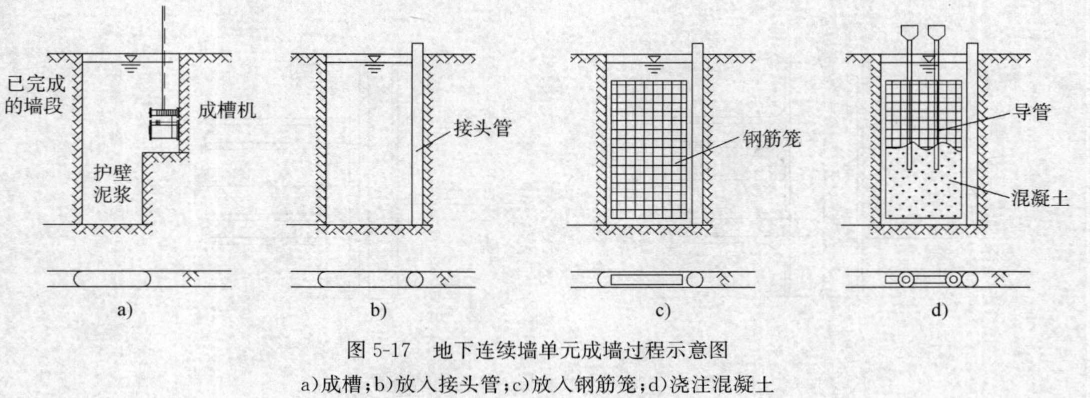

图 5-17　地下连续墙单元成墙过程示意图

a)成槽；b)放入接头管；c)放入钢筋笼；d)浇注混凝土

(二)导墙构筑

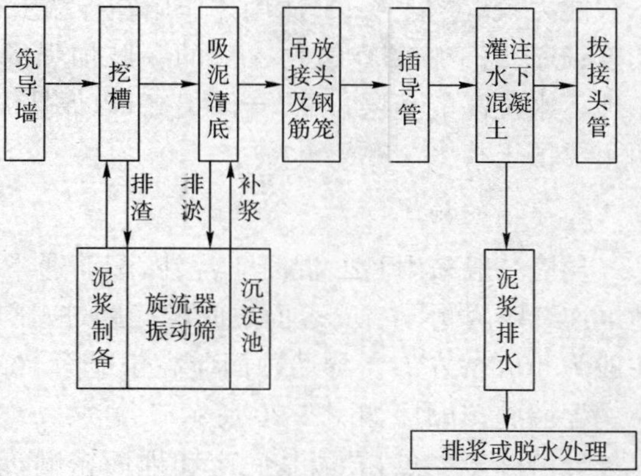

图 5-18　地下连续墙施工工艺流程图

1. 导墙的作用

导墙作为地下连续墙施工中必不可少的构筑物,具有以下作用:

(1)测量基准作用。导墙规定了沟槽的位置走向,划分了单元槽段,作为测量挖槽标高、垂直度和精度的基准。

(2)挡土作用。在挖掘地下连续墙沟槽时,地表土松软容易坍塌,因此在单元槽段挖完之前,导墙起挡土墙作用。

(3)承重作用。导墙既是挖槽机械轨道的支承,又是钢筋笼接头管等搁置的支点,有时还承受其他施工设备的荷载。

(4)稳定泥浆液面作用。导墙可存储泥浆,稳定槽内泥浆液面。泥浆液面始终保持导墙面以下 20cm,并高出地下水位 1m,以稳定槽壁。

(5)其他作用。导墙还可防止泥浆漏失,阻止雨水等地面水流入槽内;地下连续墙距现有建筑物很近时,导墙还起到一定的补强作用。

2. 导墙的形式

导墙一般为现浇钢筋混凝土结构,应具有必要的强度、刚度和精度,要满足挖槽机械的施工要求。在确定导墙形式时应考虑下列因素:地表层土的特性、荷载情况、地下连续墙施工对临近建筑物的影响、地下水状况等。当施工作业面在地面以下时(如在路面以下施工),导墙的形式还应考虑对先施工的临时支护结构的影响。

图 5-19 表示了各种形式的导墙。其中 a)、b)断面最简单,它适用于表层土质良好和导墙上荷载较小的情况;c)、d)为L形导墙,是应用较多的两种,适用于表层土为杂填土、软黏土等

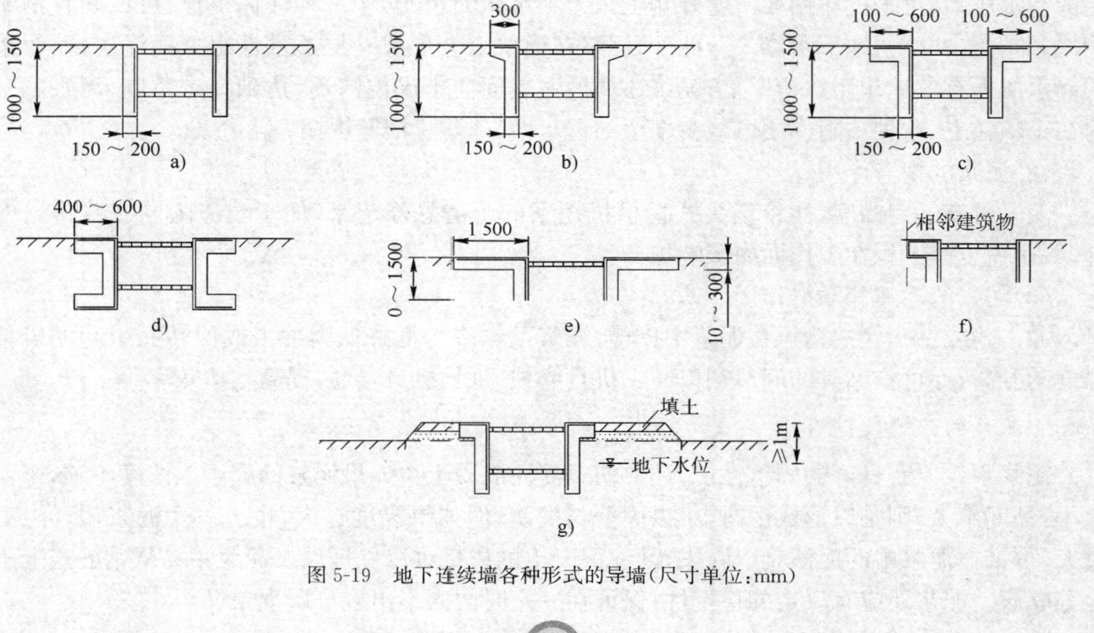

图 5-19　地下连续墙各种形式的导墙(尺寸单位:mm)

承载能力较弱的土层；e)适用于作用在导墙上荷载很大的情况，可根据荷载计算其伸出部分的长度；f)适用于相邻建筑物一侧的一肢加强的情况，以保护建筑物；g)适用于地下水位高的土层，须将导墙提高，以保持泥浆面距水位1m，导墙提高后两边要填土找平。

3. 导墙的施工

导墙一般采用C20混凝土浇注，配筋通常为ϕ12～14mm，间距200mm。地下连续墙两侧导墙内表面之间的净距，应比地下连续墙厚度略宽，加宽量一般为40mm左右。导墙顶面应高于地面100mm，以防雨水流入槽内。

导墙施工顺序如图5-20所示。

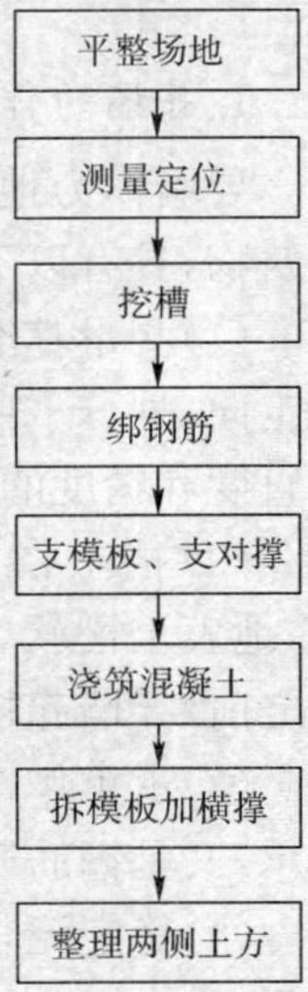

图5-20　导墙施工顺序

导墙施工要点：导墙基底应和地面密贴，墙侧回填土用黏性土夯实；导墙中线位置即地下连续墙的中心，在平面上必须按测量位置施工，在竖向必须保证垂直，它直接关系到地下连续墙的精度；导墙的转角处形式做成图5-21的平面形式，以保证转角处断面的完整；导墙内水平钢筋必须相互连接成整体；导墙拆模后，应沿其纵向每隔1m设上、下两道支撑，将两片导墙支撑起来；在导墙的混凝土达到设计强度之前，禁止任何重型机械和运输设备在旁边行驶，以防导墙受压变形。

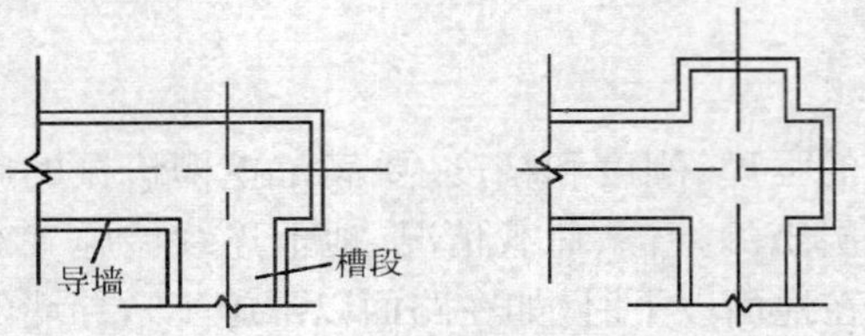

图5-21　导墙转角形式

(三)泥浆护壁

1. 泥浆的作用

在地下连续墙挖槽过程中，泥浆的作用为：护壁、携渣、冷却机具和切土润滑，其中以护壁最为重要。泥浆的正确使用是保证挖槽成败的关键。

(1)泥浆的护壁作用

泥浆具有一定的密度，如槽内泥浆液面高出地下水位一定高度，泥浆在槽内对槽壁产生一定的静水压力，可抵抗作用在槽壁外侧土压力和水压力，相当于一种液体支撑，可以防止槽壁倒塌和剥落，并防止地下水渗入。此外，泥浆在槽壁上会形成一层透水性很低的泥皮，使泥浆的静水压力有效地作用在槽壁上；泥浆还从槽壁表面向土层内渗透，达到一定范围，泥浆就粘附在土颗粒上，这种粘附作用可减少槽壁的透水性，并防止槽壁坍塌。

(2)泥浆的携渣作用

泥浆具有一定黏度，能将钻头式挖槽机挖下的土渣悬浮起来，便于土渣随同泥浆排出槽外，并避免土渣沉积在工作面内影响挖槽。

(3)泥浆的冷却和润滑作用

冲击式或钻头式挖槽机在泥浆中挖槽，泥浆可作冷却剂降低因冲击或回转而引起的机具温度的升高，亦可作钻具的润滑剂以减少机具磨损，延长机具寿命，提高挖槽效率。

2. 泥浆的配置及储存

泥浆不仅要有良好的固壁性能，还要便于灌注混凝土。如果泥浆的膨润土浓度不够，密度太小，黏度不大，则难以形成泥饼，难以固壁与携渣；但如果黏度过大，也会发生泥浆循环阻力过大，携带在泥浆中的泥沙难以除去，灌注混凝土的质量难以保证以及泥浆不易从钢筋笼上驱除等弊病。泥浆还应有一定的稳定性，保证在一定时间内不出现分层现象。

目前在我国，地下连续墙所用的护壁泥浆主要是膨润土泥浆，其主要成分为膨润土、水和其他掺和物。常用泥浆的配合比及性能指标见表 5-6、表 5-7 所示。

膨润土泥浆参考配合比 表 5-6

土质	膨润土	酸性陶土	纯黏土	CMC	纯碱	分散剂	水	备注
黏土	6～8	—	—	0～2	—	0～0.5	100	
砂	6～8	—	—	0～0.5	—	0～0.5	100	
砂砾	8～12	—	—	0.05～0.1	—	0～0.5	100	防渗漏剂
软土	—	8～10	—	0.05	4		100	
粉质黏土	6～8	—	—	—	0.5～0.7		100	
粉质黏土	1.65	—	8～20	—	0.03		100	半自动泥浆
粉质黏土	—	—	12	0.15	0.03		100	半自动泥浆

注：1. CMC 即甲基纤维素配成的 1.5%溶液。

2. 分散剂常用的有碳酸钠、三(聚)磷酸钠。

泥浆性能指标 表 5-7

目次	项目	性能指标		检验方法
		一般土层	软土层	
1	相对密度	1.04～1.25	1.05～1.25	泥浆比重秤
2	黏度	18～22s	18～25s	500mL/700mL 漏斗法
3	含砂率	＜4%～8%	＜4%	含砂仪
4	胶体率	≥95%	＜98%	100mL 量杯法
5	失水量	＜30mL/30min	＜30mL/30min	失水量仪
6	泥皮厚度	1.5～3.0mm/30min	1.5～3.0mm/30min	失水量仪
7	静切力 1min 静切力 10min	10～25mg/cm^2	20～30mg/cm^2 50～100mg/cm^2	静切力测量仪
8	稳定性	＜0.5 g/cm^2	≤0.02 g/cm^2	500mL 量筒或稳定剂
9	pH 值	＜10	7～9	pH 试纸

注：1. 表中上限为新制泥浆，下限为循环泥浆。

2. 当采用反循环排渣和冲抓钻成孔以及在黏性土层钻进时，亦可只考虑相对密度、黏度、胶体率三项指标。

泥浆搅拌常用高速回转式搅拌机(即螺旋桨式)，拌好的泥浆在储浆池内，一般静置 24h 以上，最低不少于 3h，以便膨润土颗粒充分水化膨胀。

3. 泥浆再生处理

在地下连续墙施工中，泥浆要与地下水、泥土和混凝土接触，膨润土、掺和料等成分会有所消耗，且混入一些土渣和电解质离子等，使泥浆受到污染而质量恶化。应根据泥浆的恶化程度，进行再生处理。泥浆处理的方法主要有以下两种：

(1)重力沉降处理。即利用泥浆和土渣的密度差使土渣沉淀的方法。沉淀池的容积愈大停留时间愈长，沉淀分离的效果愈显著。所以最好采用大沉淀池。其容积一般为一个单元槽段有效容积的 2 倍以上，沉淀池设在地上或地下均可，要考虑泥浆循环、再生、舍弃、移动等操作的方便，再结合现场条件进行合理配置。

(2)机械处理。机械处理方法通常是使用振动筛和旋流器等。

振动筛是通过强力振动将土渣与泥浆分离的设备。经过振动筛除去较大土渣的泥浆，尚带有一定量的细小砂粒。

旋流器是使泥浆产生旋流，使砂粒在离心力作用下聚焦在旋流器内壁，再在自重作用下沉落排渣。给浆压力一般控制在 25～35N/cm^2。旋流器的尺寸取决于泥浆的处理量、黏度、相对密度、土颗粒的混入率等，通过底阀门来调节处理效果。

处理后的泥浆可重复使用，对于污染严重难以处理或处理不经济的泥浆应予以废弃。废弃的泥浆在运走之前，应进行泥水分离。

(四)成槽

成槽是地下连续墙施工的主要工序，提高成槽施工效率是缩短工期的关键。槽壁形状决定墙体外形，所以成槽的精度又是保证地下连续墙施工质量的关键之一，特别是墙体的垂直度，必须保证设计要求。根据我国地铁设计规范规定，连续墙墙面倾斜度不宜大于 1/150，局部突出不宜大于 100mm，且墙体不得侵入主体结构隧道净空。

1. 槽段划分

槽段划分就是确定单元槽段的长度，它既是进行一次挖掘的长度，也是一次浇注混凝土的长度。单元槽段愈长，接头愈少，越利于提高墙体的整体性和截水、防渗功能及工作效率。槽段划分应综合考虑以下条件：

(1)地质条件对槽段稳定性的影响。当地层不稳定时，为防止槽壁倒塌，应减小槽段长度，以缩短成槽时间。

(2)对相邻建筑物的影响。当附近有高大建筑物或地面有较大荷载时，为了保证槽壁的稳定应缩短槽段长度，以缩短槽壁暴露时间。

(3)槽段最小长度，不得小于挖槽机械工作装置的长度。

(4)起重机械的起重能力。根据起重机械起重能力估算钢筋笼的尺寸和质量，以此推算槽段的长度。

(5)混凝土的供应能力。一般情况下每个单元槽段内的混凝土宜在 4h 内浇注完毕。

(6)泥浆池的泥浆储备能力。通常情况下，泥浆池的容量应不小于每个单元槽段容量的 2 倍。

(7)槽段间接头的设置。一般情况接头应避免设在转角处及地下连续墙与内部结构的连接处，以保证地下连续墙有较好的整体性。

(8)作业面和连续作业时间。单元槽段可采用 2～4 个挖掘最小长度，一般可取 4～8m。但最后封闭槽段应采用 2 个挖掘单元。

2. 槽段开挖

1)钻抓式挖槽机开挖

钻抓式挖槽机挖槽时，采用两孔一抓施工工艺。预先在每一个挖槽单元的两端用潜水钻机钻两个直径与槽段宽度相同的垂直导孔，然后用导板抓斗依次挖除导孔之间的土体使之形成槽段。导孔位置必须准确垂直，以保证槽段质量。钻抓式挖槽机挖槽如图 5-22 所示。

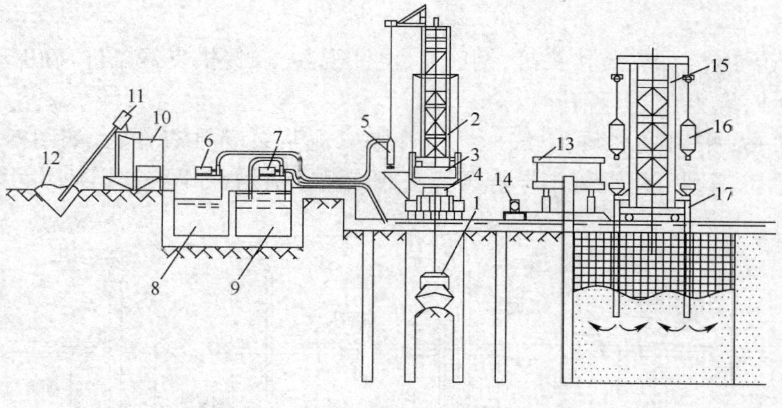

图 5-22　地下连续墙用钻抓式挖槽机施工工艺布置

1-导板抓斗；2-机架；3-出土滑槽；4-翻斗车；5-潜水电站；6、7-吸泥泵；8-泥浆池；9-泥浆沉淀池；10-泥浆搅拌机；11-螺旋输送机；12-膨润土；13-接头顶升架；14-油泵车；15-混凝土灌注机；16-混凝土吊斗；17-混凝土导管

2)回转式多头钻成槽机开挖

多头钻成槽技术属于无杆钻机技术，一般由组合多头钻机(由 4～5 台潜水钻组成)、机架和底座组成。钻头采取对称布置正反向回转，使扭矩相互抵消，旋转切削土体成槽，其施工示意见图 5-23。

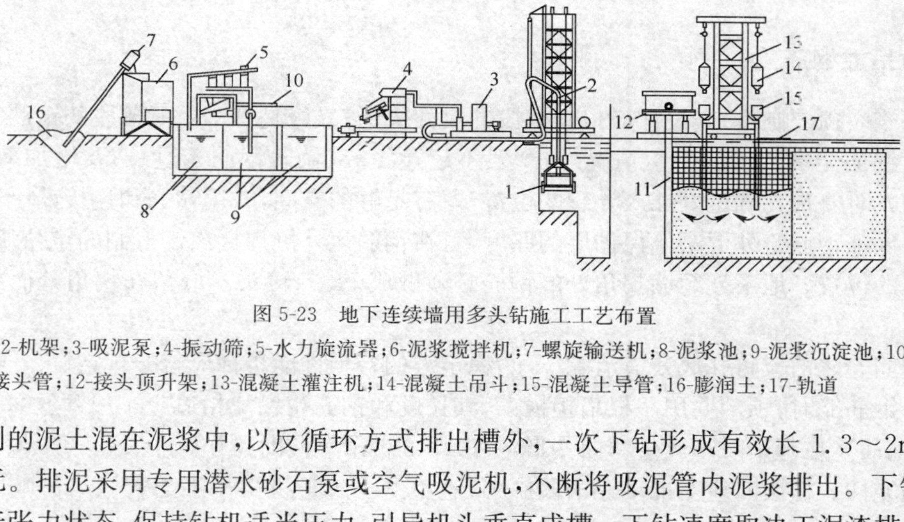

图 5-23　地下连续墙用多头钻施工工艺布置

1-多头钻；2-机架；3-吸泥泵；4-振动筛；5-水力旋流器；6-泥浆搅拌机；7-螺旋输送机；8-泥浆池；9-泥浆沉淀池；10-补浆用输送管；11-接头管；12-接头顶升架；13-混凝土灌注机；14-混凝土吊斗；15-混凝土导管；16-膨润土；17-轨道

掘削的泥土混在泥浆中，以反循环方式排出槽外，一次下钻形成有效长 1.3～2m 的圆形掘削单元。排泥采用专用潜水砂石泵或空气吸泥机，不断将吸泥管内泥浆排出。下钻时应使吊索处于张力状态，保持钻机适当压力，引导机头垂直成槽。下钻速度取决于泥渣排出能力和土质硬度，应保持下钻速度均匀，采用吸力泵排泥时，下钻速度为 9.6m/h；采用空气吸泥法及砂石泵排泥时，下钻速度为 5m/h 左右。

3)挖槽施工要点

为了确保成槽质量和槽壁的稳定，挖槽过程中应注意做好以下几方面的工作：

(1)确保场地平整以及地表层的地基承载力；

(2)确保作业场内的各种施工机械能够正常运转；

(3)随时测定泥浆的相对密度与黏度等性能指标，确保泥浆质量和槽壁的稳定；

(4)随时调整并确保成槽机的垂直度；

(5)预先钻导向孔确保成槽位置。

3.清槽

为了给下道工序(如安装接头管、钢筋笼、浇注混凝土)提供良好条件,确保墙体质量,应对残留在槽底的土渣、杂物进行清除。

清槽方法一般采用吸水泵、空气压缩机和潜水泥浆泵等排渣方法,如图5-24a)、b)、c)所示;下钢筋笼后清槽则可用混凝土导管压清水或稀泥浆清槽,如图5-24d)所示。

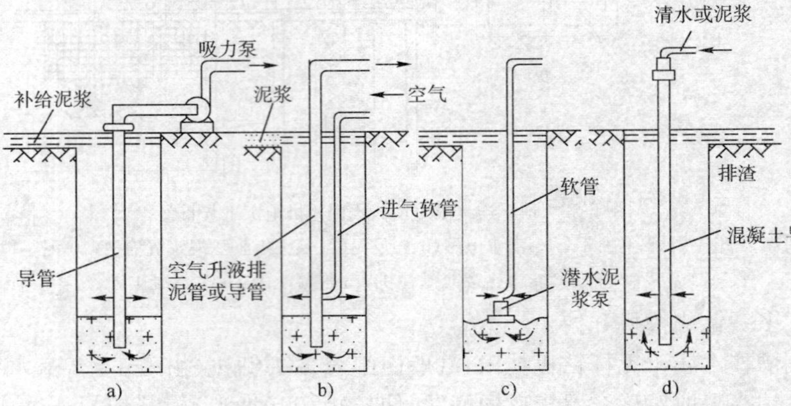

图5-24 连续墙清槽方法

a)吸力泵清槽;b)压缩空气清槽;c)潜水泵泥浆清槽;d)利用混凝土导管压清水或泥浆清槽

(五)吊放钢筋笼

钢筋笼应预先制作,其尺寸应根据槽段的尺寸决定,最好是一个单元槽段的钢筋笼组成一个整体。钢筋笼的长度除特殊情况外,一般不超过10m,倘若钢筋笼过长,要增加剪力斜撑。组装钢筋笼时要预先确定好插入导管的位置,留有足够的空间,并用箍筋和连接筋予以加强。

为了保证钢筋笼外混凝土保护层的厚度,可在钢筋笼外侧焊接扁钢弯制的定位块,用以固定钢筋笼的位置。地下连续墙拐角处的钢筋必须做成L形,接头不应留在拐角处而放置在直墙部位。

下钢筋笼之前应将孔底残渣清除干净,稳定液的各项性能指标应符合规定。

起吊钢筋笼时,顶部要用一根扁担横梁,其长度和钢筋笼尺寸相适应。用钢丝绳吊住四个角,为使钢筋笼在起吊时不产生弯曲变形,一般用2台吊车同时操作。

钢筋笼插入槽段时应对准单元槽段中心,避免由于起重机操作不当或风力影响引起钢筋笼摆动损坏槽壁。

(六)水下混凝土浇注

地下连续墙的墙体浇注采用直升导管法。导管间用丝扣连接,也可采用消防用橡皮管的快速接头,以便于在钢筋笼中顺利升降。

导管的数量与槽段长度有关,槽段长度小于4m时,可用一根导管;大于4m时,应使用两根或两根以上的导管。导管间距应根据导管直径确定,使用直径150mm导管时,间距为2m;使用直径200mm导管时,间距3m。导管应尽量靠近接头。导管埋入混凝土的深度不应小于1.5m,最大不超过9m。灌注过程中不应使混凝土溢出或流入槽内。

混凝土要连续灌注，因故中断时其中断时间不应超过 30min。混凝土搅拌好之后，应在 1.5h内灌注完毕，夏天温度高时由于混凝土凝结硬化快，应在搅拌好 1h 内灌注完毕，否则应掺入缓凝剂。

混凝土浇注过程中，应经常检查其质量，量测混凝土上升高度。

(七)接头处理

地下连续墙各槽段之间的连接部位，称为接头。接头是地下连续墙的薄弱环节，其施工质量关系到墙体的防渗性与整体性，应采用合适的方法进行施工。接头的施工方法主要有两种，分述如下。

1.接头管接头

接头管接头又称锁口管接头，是地下连续墙常用的一种接头方法。其做法是在挖好槽段后在槽段两端吊入接头管，施工过程如图 5-25 所示。

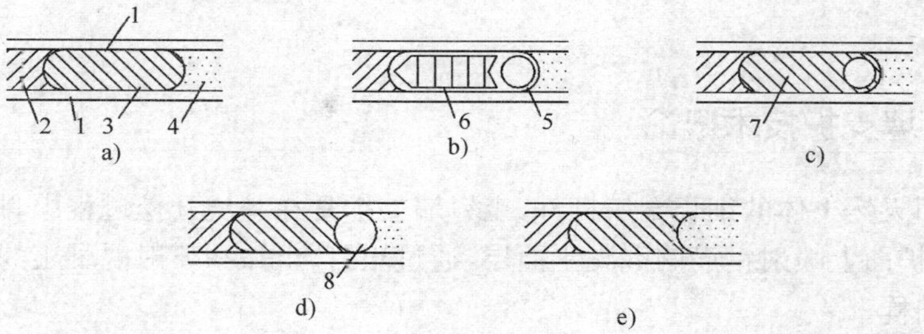

图 5-25 地下连续墙接头管接头的施工过程

a)开挖槽段；b)吊放接头管和钢筋笼；c)浇注混凝土；d)拔出接头管；e)形成接头

1-导墙；2-已浇注混凝土的单元槽段；3-开挖的槽段；4-未开挖的槽段；5-接头管；6-钢筋笼；7-正浇注混凝土的单元槽段；8-接头管拔出后形成的圆孔

为了使施工时每一个槽段纵向两端受到相等的水、土压力，一般沿地下连续墙纵向将槽段分为一期和二期进行跳段开挖。先开挖一期槽段，待槽段内土方开挖完成后，在该槽段两端放入接头管，然后吊放钢筋笼和浇注水下混凝土。这时两端的接头管起到模板的作用，将刚浇注的混凝土与二期槽段土体隔开。待一期槽段混凝土初凝时，用机械将接头管拔出。这时，一期槽段混凝土与二期槽段土方之间形成一个圆形孔。而后，继续开挖和浇注二期槽段，各槽段混凝土相连接形成地下连续墙。

接头管大多为圆形，外径不小于设计混凝土墙厚的 93%，管壁厚 19～20mm，每节长度 5～10m。为了便于接头管的拔起，管身应涂抹黄油。开始灌注混凝土 2h 后，将接头管旋转半圆周，或提起 10cm。在混凝土浇注完后 3～5h 开始起拔，开始时每隔 20～30min 起拔一次，每次上拔 30～100cm。

为了确保接头的止水性，在接头管拔出后，应对混凝土表面泥浆进行处理，再灌注相邻槽段混凝土。

2.接头箱接头

接头箱接头使地下连续墙形成更好的整体，接头处刚度更好。接头箱与接头管施工方法相似，只是以接头箱代替接头管，其施工过程如图 5-26。

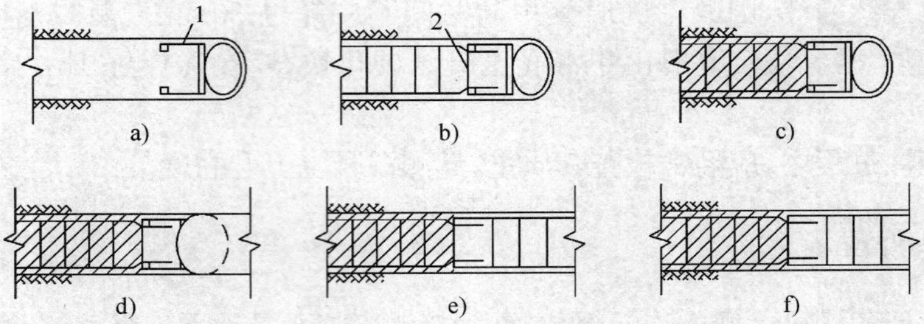

图 5-26　地下连续墙接头箱接头的施工过程

a)插入接头箱；b)吊放钢筋笼；c)浇注混凝土；d)吊出接头箱；e)吊放后一个槽段的钢筋笼；f)浇注后一个槽段的混凝土形成整体接头

1-接头箱；2-焊在钢筋笼端部的钢板

第五节　土钉墙围护结构

一　土钉墙支护技术概论

土钉是加固天然土体的细长金属杆件，土钉墙支护是在基坑开挖过程中，将土钉置入原状土体中，并在支护面上喷射钢筋网混凝土面层，通过土钉、土体和喷射混凝土的共同作用，形成的土钉墙支护结构。

土钉墙支护适用于地下水位以上或经过人工降水后的黏性土、粉土、杂填土及非松散砂土和卵石土等。对于淤泥质土及饱和软土应采用复合型土钉墙支护。

土钉有打入钉、射入钉和注浆钉，常用的是钻孔注浆型土钉。钻孔注浆土钉是先在土中成孔，置入变形钢筋或钢管，然后沿全长注浆填孔。土钉体及面层构造形式见图 5-27。

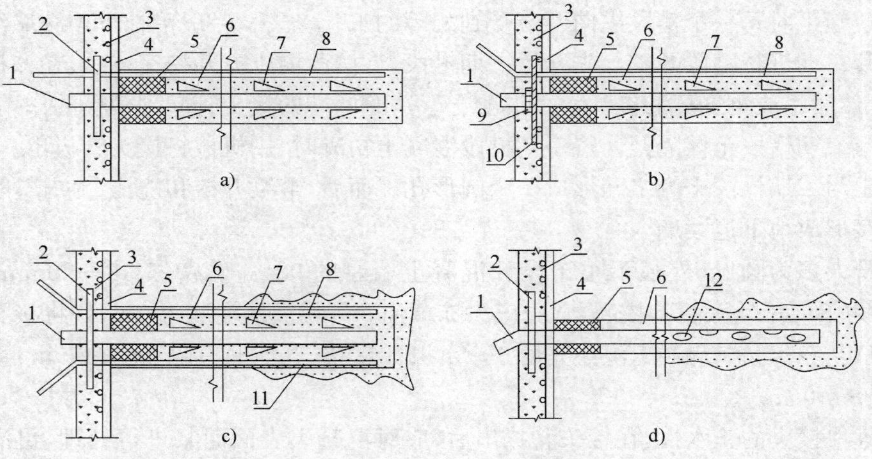

图 5-27　土钉构造

a)普通注浆土钉；b)预应力土钉；c)二次挤裂注浆土钉；d)钢花管注浆土钉

1-土钉钢筋(管)；2-井字钢筋；3-喷混凝土；4-钢筋网；5-止浆带；6-砂浆；7-对中支架；8-排气管；9-螺母；10-垫板；11-二次注浆管；12-注浆孔

土钉墙支护利用置入土层中的土钉，改善天然土体抗拉、抗剪强度的不足，约束土体变形，并与土体共同承担外荷载。土体进入塑性变形阶段后，发生的应力重分布使得土钉承受更大的力，而喷射混凝土面层调节支挡结构表面的应力分布，体现整体作用。土钉墙破坏具有明显的平移和转动性质，类似于重力式挡土墙。

土钉墙支护中喷射混凝土面层的作用，除了可以稳定开挖面上的局部土体外，还可以防止土钉崩落和受到侵蚀。

土钉墙支护的特点：

(1)土钉墙支护是通过土钉与周围土体接触形成的复合体。在土体发生变形的条件下，通过土钉与土体接触界面上的黏结力或摩擦力，使土钉被动受拉，并通过受拉工作面给土体约束加固，提高整体稳定性和承载能力，增强土体变形的延性。

(2)土钉墙是原位土中的加筋技术，是在从上至下的开挖过程中将土钉置入土中，形成以土钉和它周围加固了的土体为一体的类似于重力式挡土墙结构。

(3)土钉墙支护是边开挖边支护，流水作业，不占独立工期，施工快捷。

(4)设备简单，操作方便，施工场地小；材料用量和工程量小，经济效益好。

(5)土体位移小；采用信息化施工，发现墙体变形过大或土质变化，可及时修改、加固或补救，确保施工安全。

二 土钉墙支护参数

1. 土钉长度

沿支护高度，土钉内力相差较大，一般为中部大，上部和底部小。中部土钉受力大，但顶部土钉对限制支护结构最大水平位移甚为重要，而底部土钉对抵抗基底滑动、倾覆或失稳有重要作用。另外当支护结构临近极限状态时，底部土钉的作用会明显加强。因此将上下土钉取为等长，或顶部土钉稍长，底部土钉稍短是合适的。

一般对非饱和土，土钉长度 L 与开挖深度之比 $L/H=0.6\sim1.2$，密实砂土及干硬性黏土取小值。为减少变形，顶部土钉长度宜适当增加；底部土钉长度可适当减少，但不宜小于 $0.5H$。

对饱和软土，由于土体抗剪能力很低，土钉内力因水压作用而增加，设计时取 $L/H>1$ 为宜。

2. 土钉间距

土钉间距的大小影响土体的整体作用效果，目前尚不能给出有足够理论依据的定量指标。土钉的水平间距和垂直间距一般宜为 1.2～2.0m。垂直间距依土层及计算确定，且与开挖深度相对应。上下插筋交错排列时，遇局部软弱土层的情况下间距可小于 1.0m。

3. 土钉直径

当采用钢筋时，一般为 $\phi18\sim\phi32$mm 的 II 级以上螺纹钢筋；当采用角钢时，一般为 L50×50×5 角钢；当采用钢管时，一般为 $\phi50$mm 钢管。

土钉孔径 D 一般取 75～150mm。

4. 土钉倾角

土钉水平倾角一般为 0～20°，倾角大小取决于注浆钻孔工艺与土体分层特点等多种因素。研究表明，倾角越小，支护的变形越小，但注浆质量较难控制；倾角越大，支护的变形越大，但倾角大有利于土钉插入下层较好的土层内。

5. 注浆材料

注浆材料一般用水泥砂浆或水泥素浆。水泥采用不低于 425 号的普通硅酸盐水泥，水灰比为 1∶0.4～1∶0.5。

6. 喷射混凝土面层

临时性土钉支护的面层通常用 50～150mm 厚的钢筋网喷射混凝土，混凝土强度等级不低于 C20。钢筋网常用 $\phi6$～$\phi8$ 的 I 级钢筋焊成 15～30cm 的方格钢筋网。永久性土钉墙支护面层一般厚度为 150～250mm，设两层钢筋网，分两次喷射而成。

三 土钉墙施工

土钉的施工方法有打入法、射入法及钻孔注浆法等。打入法是用机械（如振动冲击钻、液压锤等）将角钢、钢筋或钢管打入土体。打入土钉不需预先钻孔，施工速度快，但钉长受到限制，所以布置较密。射入法是以高压气体作动力，将土钉射入土体，其施工速度更快，但射入钉的直径和钉长皆受到限制。最为常见的是注浆钉，以下主要介绍注浆钉的施工工艺。

注浆土钉墙支护一般施工顺序为：开挖一定深度的基坑，在基坑开挖面上设置一排土钉孔（各排孔之间错位成梅花形布置），注浆，喷射混凝土，继续向下开挖一定深度，并重复以上工序，直至所需的深度。有时根据需要，喷射两层混凝土面层。土钉墙支护施工过程如图 5-28 所示。

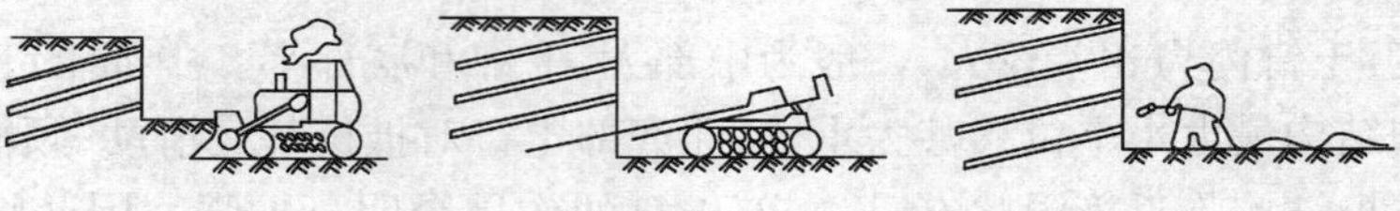

a) b) c)

图 5-28 土钉墙支护施工过程

a)土体开挖；b)置土钉；c)注浆、挂网、喷射混凝土

1. 开挖

土钉墙支护根据设计规定的分层开挖深度按顺序施工，在未完成上层作业面的土钉与喷射混凝土支护以前，不得进行下一层深度的开挖。当基坑面积较大时，允许在距离四周边坡 8～10m的基坑中部自由开挖，但应注意与分层作业区开挖相协调。

当用机械进行土方作业时，应防止边壁出现超挖或造成边壁土体松动。基坑的边壁宜采用小型机具或铲锹进行清坡，保证边坡平整并符合设计规定的坡角。

支护施工应能保证修整后的裸露边坡在设计规定的时间内及时进行，即及时设置土钉和喷射混凝土。

为防止基坑边坡的裸露土体因钻孔作业发生坍塌，对于不良土层可考虑采用以下措施：

(1)对修整后的边壁立即喷一薄层混凝土或砂浆，待凝结后再进行钻孔；

(2)在作业面上先构筑网喷混凝土面层，而后进行钻孔并设置土钉，然后再清坡。

此外，还可在开挖前垂直击入钢花管，用压力注浆方法加固边坡土体。

2. 排水

土钉支护宜在排除地下水的条件下进行施工，避免土体处于饱和状态，同时减轻作用于面层上的静水土压力。土钉支护施工排水系统包括地表排水、支护内部排水以及基坑排水等。

基坑四周范围内的地表应予以修整,构筑排水沟和水泥地面,防止地表水向地下渗透。靠近边坡处的地面应适当垫高,便于径流远离边坡。

对于支护内部的水,可在支护面层设置长度为40~60cm的水平塑料排水管,管壁带孔,内填滤水材料,随着施工开挖过程,按一定间距从上到下将其插入边壁土体,以便支护完成后能将混凝土面层后的积水排出。其设置如图5-29所示。

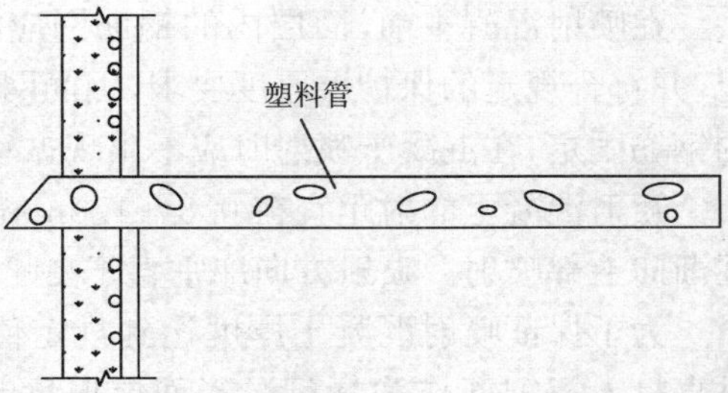

图5-29 面层背部排水

对于基坑内的渗水,应在坑底设置排水沟及集水坑。排水沟距离边壁0.5~1.0m,排水沟及集水坑宜用砖砌并用砂浆抹面,坑中积水应及时抽排。

当遇有特殊土层或为防止地表沉降不允许降低地下水位时,如地下水流量不大,可采取对地下水全封闭堵截的方法。

3.注浆钉的设置

土钉成孔采用的机具应适应土层的特点,满足成孔要求。在进钻和抽出过程中不引起塌孔,在易塌孔的土体中钻孔时应采用套管或挤压成孔。

钻孔前,应根据设计要求定出孔位并作出标记和编号。孔位的允许误差不大于200mm,成孔的倾角误差不大于3°,当成孔过程中遇到障碍需调整孔位时,不得损害支护的稳定。成孔过程中取出的土芯应按土钉编号逐一记录并及时与初步设计时所认定的土体参数作以对比,发现有较大偏差时应及时修改土钉的设计参数。钻孔后要进行清孔检查,对于孔中出现的局部渗水塌孔或掉落松土应立即处理。

土钉钢筋置入孔中前,应先用定位支架对中,保证钢筋处于钻孔的中心部位,支架沿钉长的间距约为2~3m左右,支架的构造应不妨碍浆体自由流动。支架可采用金属或塑料件。土钉钢筋置入孔中后,可采用重力、低压或高压方法注浆填孔。通常宜用0.4~0.6MPa的低压注浆工艺。压力注浆时应在钻孔口部设置止浆塞(如为分段注浆,止浆塞置于钻孔内规定的中间位置),注满后保持压力3~5min。压力注浆时应注意附近的面层混凝土强度是否能抵抗注浆压力的作用。

对于下倾的斜孔采用重力或低压注浆时,应采用底部注浆方式,注浆导管底端应先插入孔底,在注浆同时将导管缓慢地匀速撤出,导管的出浆口应始终处于孔中浆体的表面以下,保证孔中气体能全部逸出。对于水平钻孔,需用分段压力注浆,此时必须配以排气管,并与土钉钢筋绑牢,在注浆前与土钉钢筋同时送入孔中。

二次挤裂注浆用于有较高抗拔能力的加强型土钉,即在首次注浆(砂浆)终凝后2~4h内,用高压(2~3MPa)向孔中的二次注浆管注入水泥净浆,注满后保持压力5~8min。边壁带孔的二次注浆管与钻孔等长,在首次注浆前与土钉钢筋同时送入孔中。

注浆用水泥砂浆的水灰比不宜超过0.4~0.45,当用水泥净浆时水灰比不超过0.45~0.5,并宜加入适宜的外加剂用以促进早凝和控制泌水,施工时当浆体工作度不能满足要求时应通过外加化学高效减水剂来解决。浆体应搅拌均匀,防止混入杂物而堵管。每次注浆,应预先计算所需的浆体体积,并根据注浆泵的冲程数计算实际注入浆体体积,以确认注浆的充填程度,实际注浆量必须超过孔的体积。

土钉钢筋可通过端部螺纹、螺帽、楔形垫圈及金属垫板与混凝土面层连接,垫板与混凝土面层之间空隙用高强水泥砂浆填平。如图 5-30 所示。土钉钢筋也可通过井字钢筋直接焊接在混凝土面层的钢筋网上。

4. 喷射混凝土面层

在喷射混凝土前，面层内的钢筋网应牢固固定在边壁上，并符合规定的保护层厚度要求，钢筋网片可用插入土中的钢筋固定，在混凝土喷射时应不出现振动。

喷射混凝土的射距宜在 0.8～1.5m 范围内，并从底部逐渐向上部喷射。喷射方向应垂直于受喷面。

为了保证喷射混凝土厚度达到规定值，可在边壁面上垂直打入短钢筋作为标记。当面层厚度超过 12cm 时，应分层喷射，层厚一般不超过 10cm。

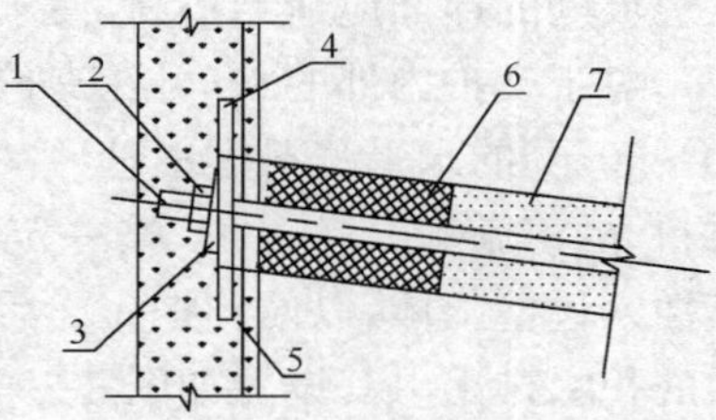

图 5-30　土钉与面层连接细部

1-土钉钢筋；2-螺母；3-楔型垫圈；4-垫板；5-钢筋网；6-止浆塞；7-砂浆

四 土钉墙质量检查

现场土钉施工必须进行土钉的现场抗拔试验，包括基本试验和验收试验。基本试验在专门设置的非工作钉上进行，一般应进行到破坏，用来确定土钉的极限荷载；验收试验则在工作钉上进行，为非破损加载检验。

每一典型土层中至少应有 3 个专门用于基本试验的非工作钉即测试钉。测试钉除其总长度和黏结长度可与工作钉有区别外，孔径、材料和其他参数以及施工方法等应与工作钉完全相同。测试钉的注浆黏结长度一般不少于 5m，在满足钢筋不发生屈服并最终发生拔出破坏的前提下宜取较长的黏结段。为消除加载试验时面层变形对黏结界面强度的影响，测试钉在距孔口处应保留不小于 1m 长的非黏结段。在试验结束后，非黏结段再用浆体回填。

土钉的现场抗拔试验用穿孔液压千斤顶加载，土钉、千斤顶、测力杆三者在同一轴线上，千斤顶的反力支架可置于喷混凝土面层上，加载时用油压表控制加载值并由测力杆准确计量。土钉的拔出位移量用百分表（精度不小于 0.02mm，量程不小于 50mm）测量，百分表的支架应远离混凝土面层着力点。

测试钉的试验应采用分级连续加载。首先是加少量初始荷载（不大于土钉设计荷载的 1/10）使加载装置保持稳定。以后的每级荷载增量不超过设计荷载的 20%。在每级荷载施加完毕后立即记下位移读数并保持荷载稳定不变，连续记录以后 1min、6min、10min 的位移读数。若同级荷载下 10min 和 1min 位移增量小于 1mm，即可继续施加荷载，否则应保持荷载不变，继续测读 15min、30min、60min 时的位移。此时若 60min 与 6min 的位移增量小于 2mm，可立即进行下级荷载，否则即认为达到极限荷载。

选作验收用的工作钉应具代表性，其数量不少于土钉总数的 1%或 3 个。

土钉支护的施工监测内容至少应包括支护整体位移的量测和附近地表、地物的变形及开裂状态观察。有条件时还应对支护的工作状态做全面的监测。此外，还可用收敛计监测边壁水平位移的稳定过程。施工监测过程应持续至整个基坑回填结束，支护退出工作为止。

在支护施工阶段，每天监测不少于 2 次，在完成基坑开挖、变形趋于稳定的情况下可减少监测次数。

五 复合型土钉墙支护

对自立性很差的软弱土体，普通土钉墙支护有困难时应当考虑采用复合型土钉墙支护。

所谓复合型土钉墙支护，是指以钢管、钢板桩、水泥搅拌柱等作为挡土防渗帷幕，并与土钉一起共同组成的支护结构。它可以解决土体的自立性、隔水性以及喷射混凝土面层与土体的黏结问题。复合型土钉墙显然比普通土钉墙支护效果更好，可满足较大的基坑开挖深度。

第六节　支锚工程施工

基坑围护体系由两部分组成，一是围护结构，二是内支撑或者土层锚杆（统称为支锚工程），二者紧密连接，形成稳定的整体支护结构。支锚工程能有效地传递和平衡作用在围护结构上的土、水压力，减少围护结构的位移，确保了围护结构的稳定及基坑施工的安全。

内支撑可以直接平衡两端围护结构上所受的侧压力。土层锚杆设置在围护结构的背后，为挖土作业与结构施工创造了空间，有利于提高施工效率，在基坑较宽、横撑刚度不足，或因坑内作业需要不宜采用内支撑时，可采用土层锚杆的形式。

一 内支撑

地下铁道施工中采用的内支撑系统，按其材料可以分为钢管支撑、型钢支撑、钢筋混凝土支撑及钢与钢筋混凝土的组合支撑等。

钢支撑具有自重小，安装和拆除方便，可重复使用的优点。根据土方开挖进度，钢支撑可以做到随挖随支撑，故一般情况下应优先考虑采用。但钢支撑也有整体刚度差，安装节点多，当节点构造不合理或施工不当时，往往容易导致钢支撑变形，进而造成基坑过大的水平位移。

现浇钢筋混凝土结构支撑具有较大的刚度，适用于各种复杂平面形状的基坑。工程实践表明，在钢结构支撑施工技术水平不高的情况下，钢筋混凝土支撑具有更高的可靠性。但是混凝土支撑具有自重大，材料不能重复使用，安装和拆除困难的缺点。当采用爆破方法拆除支撑时，会出现噪声、振动以及碎石飞出等危险。此外，混凝土支撑从钢筋绑扎、立模板、浇捣至养护的整个施工过程需要较长的时间，不能做到随挖随支撑，这对及时控制墙体的变形不利。

1. 内支撑体系的结构形式

(1)单跨压杆式支撑。主要用于跨度较小的基坑，这种形式的支撑具有结构形式简单，施工安装方便的特点。如图 5-31 所示。

(2)多跨压杆式。当基坑宽度较大时，需要在支撑杆件的中部设置支点，就形成了多跨压杆式支撑体系。如图 5-32 所示。

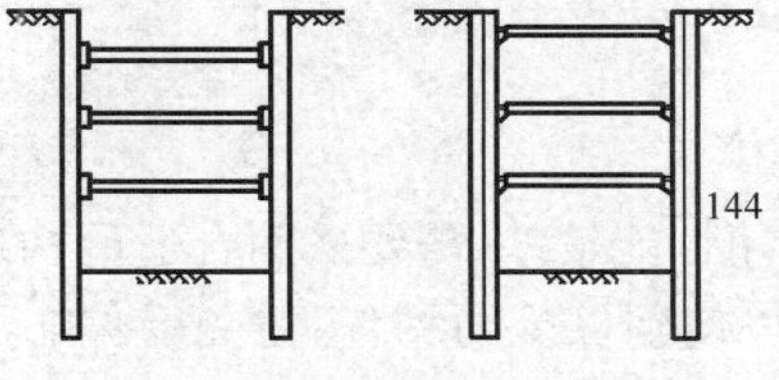

图 5-31　单跨压杆式支撑

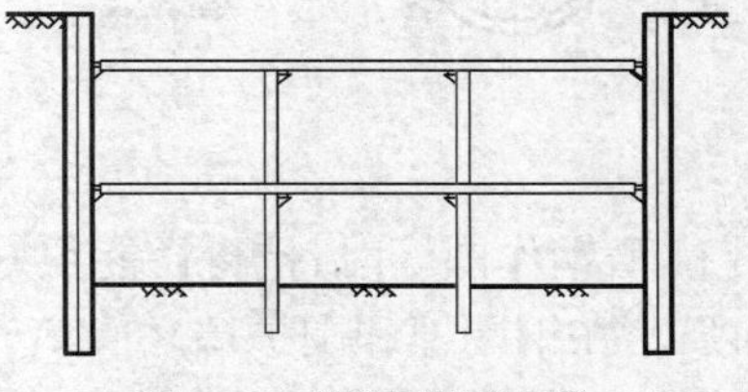

图 5-32　多跨压杆式支撑

2. 内支撑的布置

内支撑布置的基本形式有水平支撑和斜支撑两种。

1)水平支撑

如图 5-33 所示。水平支撑常用的形式有横撑和角撑,在基坑拐角或断面变化处用角撑,其他一般用横撑。采用水平支撑的优点是:墙体水平位移小;安全可靠,开挖深度不受限制;但要求围护结构的平面形状比较规则,以矩形为最佳。开挖基坑宽度较大时,支撑应加设中间支柱来保持其稳定性。

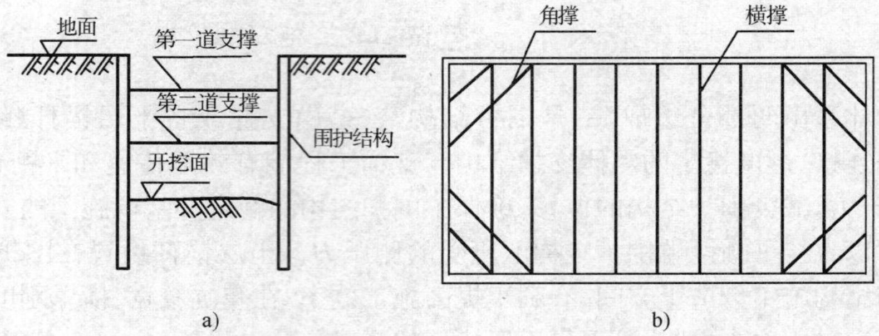

图 5-33　水平支撑示意图

a)立面图;b)平面图

2)斜支撑

如图 5-34 所示。斜支撑是在基坑横向宽度较大或形状不规则,不便使用水平支撑时采用的支撑形式。采用斜支撑时,围护结构上部水平位移比较大,易引起地面及附近建筑下沉,对沉降要求严格的地段应慎用,基坑开挖深度也受到一定限制。

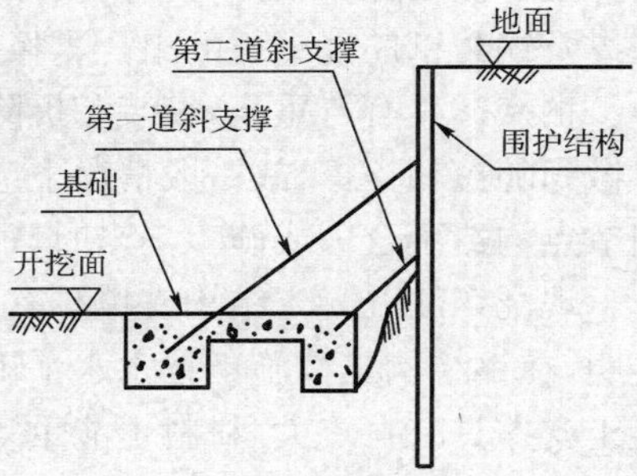

图 5-34　斜支撑

3. 内支撑的构造

1)钢支撑

钢支撑和钢围檩的常用截面有钢管、H 型钢、工字钢和槽钢以及它们的组合形式等。如图 5-35 所示。

钢支撑节点构造是钢支撑构造的关键环节,不恰当的节点连接容易使基坑产生过大变形。H 型钢和钢管常采用螺栓连接和焊接。焊接方式传力性能好,但是现场工作量较大。螺栓连接的可靠性不如焊接,但拼装方便。

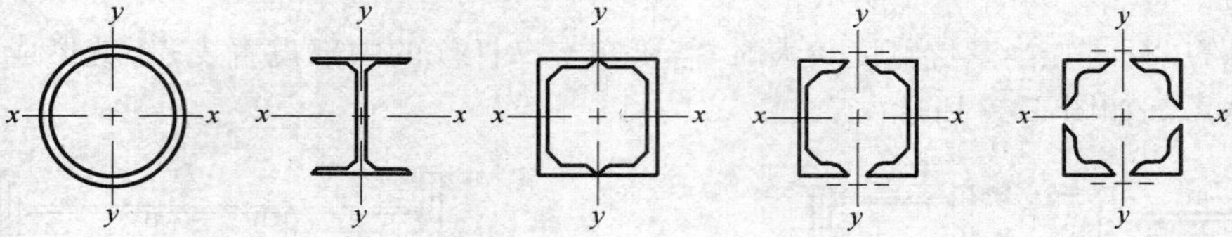

图 5-35　钢支撑的常用截面形式

用 H 型钢作围檩时,抗弯性能很好,但是抗剪和抗扭性能较差,需要采用合适的构造措施予以加强。在钢围檩和围护墙之间填充细石混凝土可以使围檩受力均匀,避免受偏心力作用和产生扭矩;在围檩和支撑腹板上焊接加劲板可以增强腹板的稳定性和提高截面的抗扭刚度,防止局部压屈破坏。

2)现浇钢筋混凝土支撑

钢筋混凝土支撑体系应在同一平面内整体浇注。支撑及围檩一般采用矩形截面。支撑截面高度应满足受压构件的长细比要求(不大于 75),还应不小于其竖向平面内计算跨度的 1/20。围檩的截面高度(水平向尺寸)不应小于其水平方向计算跨度的 1/8,围檩的截面宽度(竖向尺寸)不应小于支撑的截面高度。

混凝土围檩与围护墙之间不应留有空隙。在竖向平面内围檩可采用吊筋与墙体连接,吊筋的间距一般不大于 1.5m,直径可根据围檩及水平支撑的自重经计算确定。

当混凝土围檩与地下连续墙之间需要传递水平剪力时,应在墙体上沿围檩方向预留剪力筋或剪力槽。

3)立柱

常用的立柱采用格构式钢柱,以方便主体工程基础底板钢筋的施工,同时便于与支撑构件的连接。为了防止立柱沉降或坑底土回弹对支撑结构的影响,立柱下端应支承在稳定土层中,在软土地区应设置立柱桩基础。

4)内支撑结构施工要点

内支撑的安装和拆除顺序应与支护结构的工况相适应,并与开挖和主体结构的施工顺序密切配合。施工中应坚持先安装上层支撑,后开挖下部土方的原则。在主体结构底板或楼板施工完成并达到一定强度后,方可拆除支撑。

对于采用混凝土支撑的基坑,应在混凝土强度达到设计强度的 80%以后,再开挖支撑以下的土方。拆除混凝土支撑的爆破作业应事先做好施工组织,严格控制药量,合理安排引爆时间,确保主体结构和周围环境的安全。

为了保证钢支撑接头的质量,应尽可能在地面拼装,以减少基坑内拼装的节点数。对于多次重复使用过的钢支撑,应严格检查尺寸,符合要求后方可使用。钢围檩节长不宜小于相邻 4 个支撑点之间的距离。拼装点宜设在主支撑点位置附近。支撑构件穿越主体结构时,应设止水片。

钢支撑安装就位后,应按设计要求施加预应力,预应力大小以控制在钢支撑轴力的 50%为宜。

二 土层锚杆

土层锚杆是在岩石锚杆的基础上发展起来的,在 1950 年以前岩石锚杆就在隧道中应用。1985 年德国首先在深基坑开挖中用土层锚杆作为挡土墙支护。

锚杆是一种新型的受拉杆件,一般由锚头、拉杆和锚固体三个基本部分组成。锚头锚固在围护结构上。锚固体在岩石中的为岩石锚杆,在土层中的为土层锚杆。基坑开挖时,作用在围护结构上的侧应力可由锚杆与岩土之间产生的作用力来平衡,从而维持围护结构的稳定。土层锚杆的布置如图 5-36 所示,其主要优点有:

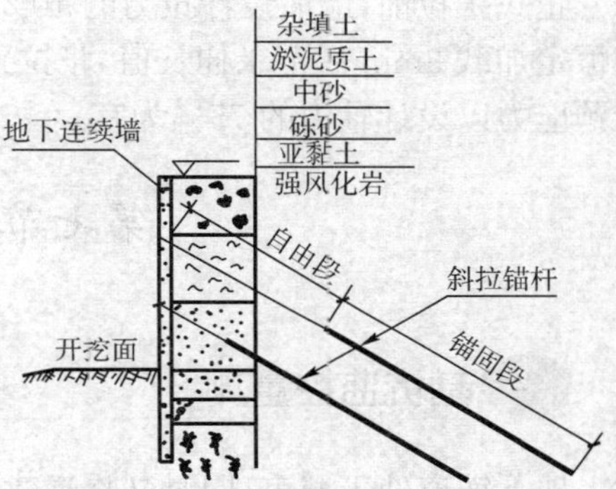

图 5-36 土层锚杆

(1)用锚杆代替内支撑,基坑内空间开阔,有利于土方施工;

(2)锚杆施工机械及设备作业空间不大,可以为各种地形及场地所选用。

(3)锚杆的设计拉力可由抗拔试验获得，保证设计具有足够的安全度；

(4)锚杆可预加应力，能有效地控制结构的变形；

(5)锚杆施工噪声和振动小，对周边环境影响小。

1. 锚杆布置

最上层锚杆的覆土厚度不小于4m，锚杆间距通过计算确定，一般上下层间距4～5m，水平间距为1.5～3m。锚杆倾角为13°～35°。锚固体位于滑动土体1m以外，锚杆长度一般为15～30m。

2. 锚杆施工

锚杆的施工方法以钻孔注浆法为主，称为注浆锚杆。其施工过程为：钻孔、安装锚杆、注浆和张拉锚固。

1)钻孔

土层锚杆钻孔机械，主要有旋转式钻孔机、冲击式钻孔机和旋转冲击式钻孔机三种，应根据地质情况合理选择。钻孔前根据设计先定出孔位并作好标志，钻孔时严格控制位置、方向和深度。

2)锚杆的制作与安装

拉杆是锚杆的主要部分，作用于支护结构上的荷载是通过拉杆传递给锚固体，再传给土层的。土层锚杆用的拉杆有粗钢筋、钢丝束和钢绞线等。荷载较小时用粗钢筋，当荷载较大时，宜选用钢丝束或钢绞线。

制作锚杆时，应根据设计断面，采用1～3根钢筋或钢绞线制成束型，每隔2～3m绑扎一处。为保证锚杆束位于钻孔中心，并方便插入，每隔2～3m放置一个定位器。同时，为非锚固段拉杆自由伸长，在锚固段和非锚固段之间放置堵浆器，或在非锚固段包裹塑料布加以保护。

锚杆安装之前要认真检查，符合要求方可安装。当钻孔机钻杆退出后应及时插入锚杆和注浆管。

3. 注浆

注浆材料有水泥砂浆和纯水泥浆。

注浆应分两次进行，第一次注入水泥砂浆；第二次注浆应在第一次注浆初凝后进行，压住纯水泥浆。注浆压力不大于上覆土压力的2倍，也不大于0.8MPa。

4. 施加预应力

待注浆材料强度达到设计强度的75%后，进行锚杆张拉。为了避免由于张拉引起相邻锚杆预应力的损失，张拉应采用“跳张法”，即隔一拉一的方法。

正式张拉前，应取设计拉力的10%～20%进行预张拉。正式张拉应分级加载，每级荷载应恒定加载3min后记录伸长值，张拉到设计荷载时恒载10min，伸长无变化时进行锁定。锁定预应力以设计轴力的75%为宜。

第七节　基坑开挖与回填

一　基坑监控量测

地下铁道处于城市，同时又临近建筑物和交通要道，为确保施工安全，对于支护桩、地下连续墙和土钉墙等支护的基坑，在墙体上应设置观测点，以观测水平和横向位移，并绘出时间—

位移曲线，如需要，还可进行土压力和结构应力测试，以获得综合资料。

二 基坑土方开挖

1. 基坑开挖应具备的条件

(1)已拟定开挖实施方案。

(2)基坑内地下水位已降至开挖面以下 0.5m。

(3)弃(存)土地点已经落实。

(4)地下管线已经改移或悬吊完毕。

(5)运输道路及行走路线已经确定并取得了有关部门同意和认可。

(6)现场拆迁已完成，场地清理干净，排除地面水并做好测量工作。

(7)施工机械、车辆已维修保养好。

2. 基坑开挖常用的机械设备和车辆

一般采用的机械设备有推土机、挖掘机、铲运机和大型翻斗运输车等。

3. 设置运输马道

为满足机械车辆出入基坑的需要，应设置马道，其坡度一般为 1 ∶ 7，设置位置要因地制宜，通常 300m 左右设置一条，并尽量利用车站出入口和通风道处作为马道，以尽量减少土方的开挖数量。

4. 土方开挖

土方应分层开挖，每层开挖深度一般为 4～6m，并在纵向设置一定的坡度，如果采用有围护结构的基坑，土方开挖尚需与横撑、锚(钉)杆的施工相配合，充分利用地层的时空效应，防止基坑产生纵向滑坡。为防止基底扰动和超挖，当机械开挖至设计标高以上 10～20cm 时，应采用人工清底。

三 基坑回填

基坑回填前，应选好土料(以砂性土为宜)，清理基地，做好质量控制的准备工作等。

基坑应分层并从低处开始逐层回填并压实。基坑边坡与主体结构之间狭窄之处，应采用人工回填。地下管线处应从两侧用细土均匀回填。特殊部位处理好后，再采用机械进行大面积回填。为确保回填密实度，在回填过程中，应根据规定进行密实度检查，合格后方可回填上层土。

第八节　主体结构施工

一 防水层施工

采用明挖法施工的结构防水，一般由结构自身防水混凝土和附加防水层组成。附加防水层可以采用卷材、涂料或防水砂浆等。通常防水层设在主体结构外侧(迎水面)，且要与结构的表面黏结良好。处于侵蚀性介质中的防水材料须耐侵蚀；受振动作用的防水材料要有足够的柔度。

根据基坑护坡方法，如敞口放坡、桩柱法、地下连续墙等所提供的防水层施作条件，可选择

"外防外贴"法和"外防内贴"法，而底板及侧墙下部则均用先贴法。

(一)外防外贴法

外防外贴法主要用于敞口放坡明挖法施工的结构。其防水材料主要是高聚物改性沥青防水卷材(如 SBS 改性沥青防水卷材)、高分子防水卷材，顶板防水层宜采用聚氨酯防水涂料、自黏式防水卷材等。

外防外贴法的施工步骤一般为：先在底板的垫层混凝土及边墙下部(永久保护墙与卷材接槎高度)用先贴法按规定施作防水层，并抹水泥砂浆予以保护。然后立模灌注主体结构混凝土，拆模后连接卷材留槎部分，用后贴法将其直接粘贴在边墙结构上，并施作保护层。顶板防水层施工完毕应及时施作顶板防水层的保护层。施工过程中应注意：

(1)基面要平整、牢固、清洁、干燥，基面含水率不大于 9%。结构的阴阳角均应抹成圆弧形或钝角，对沥青类卷材圆弧半径不小于 150mm，高分子类卷材圆弧半径不小于 100mm。后贴法部位的基面应涂刷基底料。

(2)卷材防水层的层数应根据场地的水文地质、工程的重要性、卷材的质量和厚度等因素确定。卷材间的搭接长度不应大于 100mm(长边)和 150mm(短边)，上下两层和相邻两幅卷材接缝应错开 1/3 幅宽。平、立面转角处卷材如需接缝，应将接缝放在平面上，距立面不小于 300mm。转角处应用相同材料或抗拉和延伸性较高的材料加强。

(3)采用热熔法施工时，应严格控制温度，温度过低影响黏结质量，过高则烧坏防水层；采用溶剂型施工时，要严格注意溶剂挥发程度，过早或过迟黏合都会影响黏结强度。

(二)外防内贴法

外防内贴法主要用于桩支护明挖顺作法施工的地铁工程结构中。

车站顶板、底板及侧墙应设置柔性外防水层进行全包防水，边墙防水层采用"外防内贴"法施工。即在支护桩间设网喷混凝土并找平，做到基面合格后敷设柔性防水卷材，然后施作边墙结构。柔性防水层可以采用膨润土防水毯、聚酯胎基 SBS 改性沥青防水卷材和聚氨酯涂料等。

二 钢筋工程

(一)钢筋加工

地下铁道工程位于城市地区，场地狭窄，因此，钢筋一般是在工厂加工好后运至现场安装。地下铁道区间隧道结构断面形式统一，一般采用点焊钢筋骨架，以减少现场绑扎工作量，减轻劳动强度，保证工程质量。

工厂加工钢筋及骨架，均应按规范和设计要求进行，出厂前应检查验收，合格后才能运往施工现场。

(二)钢筋绑扎与安装

为了保证钢筋绑扎的质量，绑扎前应做好以下工作：

(1)认真熟悉设计图纸，拟定施工方案，确定绑扎顺序，做好技术交底。

(2)核对并检查钢筋数量、类型、型号、直径等是否与设计相符。

(3)检查结构位置、标高和模板支立情况，无误后测设钢筋位置。

(4)清理模板内杂物并准备好绑扎铁丝和工具。

施工准备工作完成后，按规范和设计要求进行绑扎。若施工中采用套筒冷挤压、锥螺纹、电渣压力焊等施工技术连接钢筋时，要按相应的规范要求施工，以确保工程质量。

钢筋绑扎完毕，应进行隐蔽工程检查，合格后方可进行下道工序。

三 模板工程

明挖地下铁道车站和隧道均为钢筋混凝土框架结构，表面积大，模板用量多，做好模板设计工作是十分重要的。

为保证钢筋混凝土质量，应尽量采用钢模板或胶质叠合板，有条件的地段，可采用模板台车。但在地下铁道结构特别是车站、通风道和车站出入口等处，预埋件较多，应考虑采用钢木模板的结合，以利预埋件的固定和穿出。

对于方形或矩形柱可采用组合钢模板，而圆形柱多采用对装成节的钢模板或玻璃钢模板；变形缝处的端头模板，要便于设置与固定止水带和填缝板，因此应采用木模板。模板支架多采用钢管支架。放坡开挖施工的钢筋混凝土框架结构的边墙，顶板模板的支撑见图 5-37。如有围护结构时，则边墙的外模板、支架和穿孔螺栓均可取消。

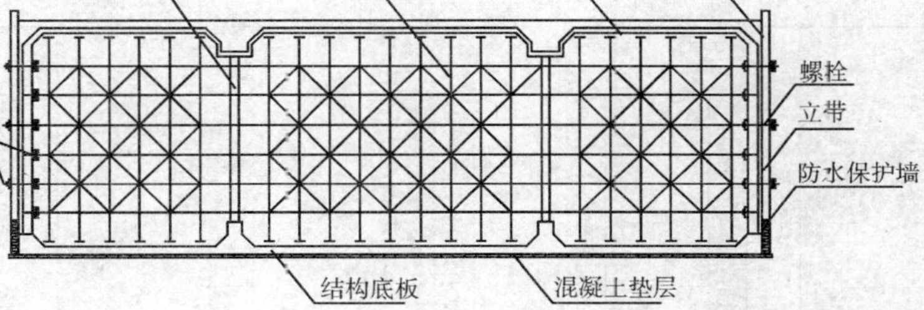

图 5-37　边、顶模板支撑支架图

(一)模板基本要求

(1)模板应事先设计，并进行检算，保证模板及支架的强度、刚度和稳定性。

(2)模板接缝应严密不漏浆并涂隔离剂，以利拆模。

(3)模板必须保证各部位形状尺寸和相互间位置的正确性。

(4)模板要考虑多次周转使用及方便安装和拆除，对混凝土无损伤，并方便钢筋绑扎和混凝土灌注。

(5)结构顶板模板支立时应考虑 1～3cm 的沉落量。

模板支立程序和要点见图 5-38、图 5-39。

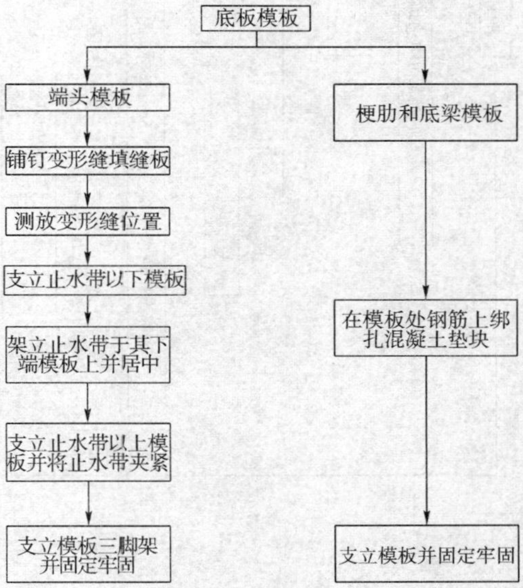

图 5-38　模板支立程序之一

(二)模板台车

明挖法施工的地下铁道区间隧道断面是定型

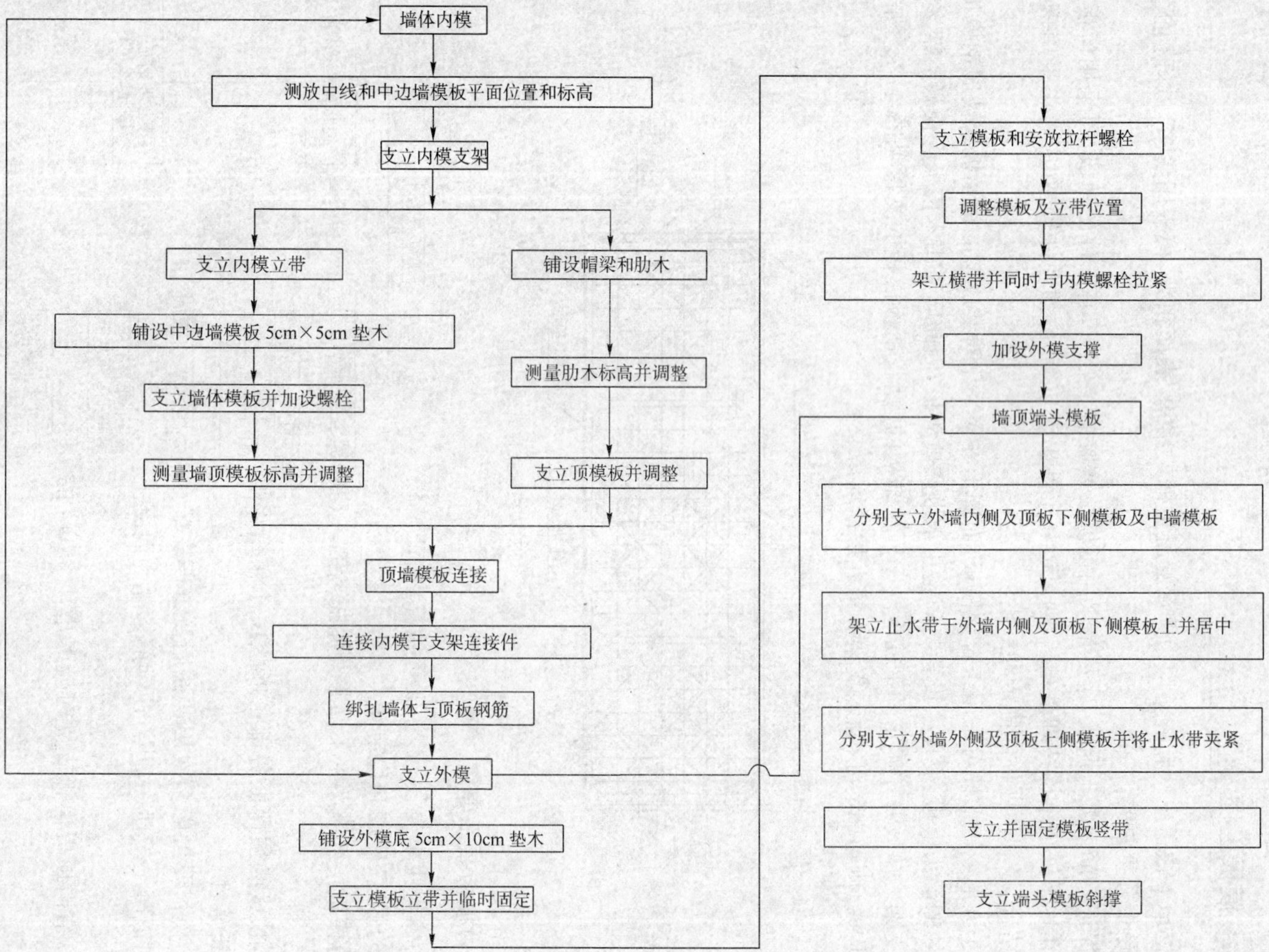

图 5-39　模板支立程序之二

的，而且结构长，因此，应采用模板台车灌注混凝土，以实现模板拆装、运输机械化，加快施工进度，减轻劳动强度，保证工程质量。

模板台车是利用钢模板铰接折叠原理，采用设于台车上的机械手的推、拉、顶的作用来实现拆支模板，其施工程序和操作要点为：

(1)支模板：台车载着模板运至安装地点后，分别伸出垂直、水平、斜拉千斤顶，将模板顶出并就位。

(2)拆模板：台车运至拆模地点后，分别伸出垂直、水平、斜拉千斤顶与模板相连，分别收缩斜拉千斤顶和垂直、水平千斤顶，将模板拆下。

四 混凝土工程

地下铁道隧道结构的材料、配合比、搅拌、运输和混凝土灌注等均应符合防水混凝土工程的要求。结构工程所用混凝土多为商品混凝土，采用搅拌站集中生产，搅拌车运送。输送泵车输送至灌注地点。

(一)混凝土工程施工程序

(1)区间混凝土工程施工顺序依次为底板、中边墙及顶板。

(2)车站混凝土工程施工顺序依次为底板、柱、边墙及顶(楼)板，或底板、柱及边墙和顶(楼)板。

(二)钢筋混凝土工程施工要点

(1)结构底板、墙、顶(楼)板钢筋混凝土施工，均应以变形缝为界划分为区段，各区段间隔施工，并一次灌注完毕。

(2)顶(楼)板、底板以台阶分层进行灌注，墙及柱水平分层灌注，并保证上下层覆盖时间不超过2h。

(3)钢筋及模板间必须用砂浆或塑料垫块垫紧，以保证钢筋保护层厚度。

(4)混凝土如产生离析现象，应进行二次搅拌，均匀后方可灌注。混凝土灌注高度超过2m时应加串筒。

(5)混凝土采用高频振捣器振捣，并在底板、顶(楼)板混凝土初凝之前用平板振捣器再进行一次振捣，以消除泌水，确保混凝土密实。

(6)在预埋件多及钢筋密集处需采用同强度等级细石混凝土灌注，保证不漏振。

(7)变形缝止水带处，顶、底板应掀起止水带灌注其下混凝土，并认真振实，将止水带缓慢压在下层混凝土上后，再灌注其上混凝土。边墙处止水带应采用铁丝将其拉紧于边墙立筋上，防止混凝土灌注时将止水带压偏。

(8)施工缝尽量少留或不留，隧道底板与边墙施工缝留在底板表面以上20～30cm处，并尽可能做成凹形、凸形或台阶形。混凝土灌注之前凿毛，清除浮渣和杂物，用水清洗并保持湿润。灌注混凝土时先铺放20～30mm厚的同标号砂浆，再正式灌注混凝土。

(9)在灌注墙、柱与板交界处时，应停歇1～1.5h后再继续灌注混凝土。

(10)在灌注混凝土过程中，派专人观测模板、支架、钢筋、预埋件和留洞处的情况，发现变形、移位等，应及时采取措施予以处理。

(11)加强混凝土养护，混凝土灌注终凝后及时采取措施，保持混凝土表面经常湿润。

第九节　案例(上海轨道交通7号线常熟路车站工程)

一 工程概况

上海轨道交通7号线常熟路车站为地下3层岛式车站，位于常熟路上，北起延庆路，南至淮海中路。车站主体为双柱3跨结构，长157.2m，标准段宽22.8m；车站结构顶板覆土厚度约4.7m；标准段基坑开挖深度约24.3m，端头井基坑开挖深度约25.9m。车站主体结构采用厚1m、深52m地下连续墙作围护；南、北端头井及标准段各设置8道支撑；主体部分的桩基础主要为支撑H型钢立柱的承重立柱桩(H型钢立柱与车站永久结构柱结合，在诱导缝部位为双榀H型钢)；车站主体结构底板进行高压旋喷桩网格地基加固处理；车站主体部分采用钢路面盖板盖挖施工工艺。

在车站结构的南侧，有运营的上海轨道交通1号线(区间隧道距离车站南端头井最近距离仅13.9m，通过换乘厅和换乘通道可进行换乘)；基坑的东侧有瑞华公寓(市级重点保护建筑物，距离车站主体基坑东侧3.6m)、淮海大楼(市级重点保护建筑物，距车站主体基坑东侧的水平距离最近处为10.8m)；在基坑的西侧有居民住宅楼(最近点到基坑西侧的距离为3.3m)，见图5-40。

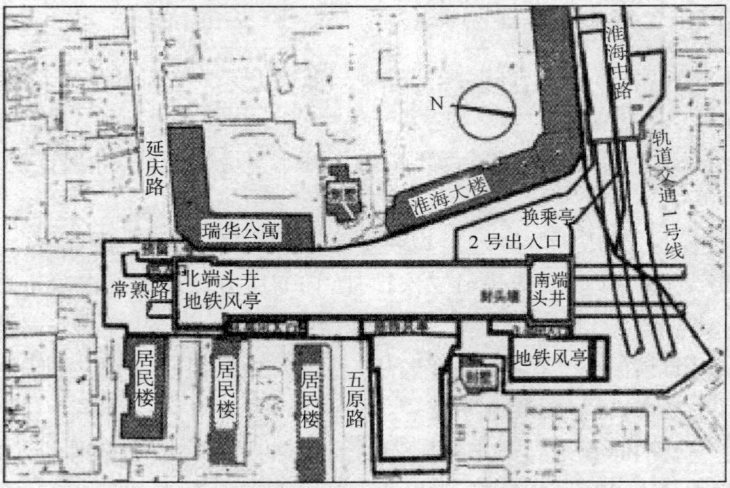

图5-40　常熟路站周边保护建筑示意图

二 工程地质与水文地质

场区内有③层淤泥质粉质黏土、④层淤泥质黏土为主要软弱层，缺失⑥层硬土，沉积有厚层的溺谷相⑤3、⑤4层。场地基坑开挖范围内土层主要为黏性土和粉性土，属弱透水层。

场区年平均地下水位离地表面0.5～0.7m。⑤3层为微承压水层，第⑦层黄绿色粉砂层为第一承压水含水层，承压水头水位埋深为8.5m(标高为-5.68m)。

三 基坑施工难点

(1)交通组织。常熟路车站周边道路为淮海中路、常熟路、五原路及延庆路，机动车和非机动车流量相当大。根据交通疏解要求，施工期间常熟路上的交通不能中断，而主体结构基坑东侧距瑞华公寓的最近距离只有3.6m，西侧距最近的居民住宅3.3m，因此，基坑两侧均不能满足组织社会交通及施工便道的要求，只能在基坑上通行。

(2)环境保护。轨道交通1号线及淮海大楼、瑞华公寓等基坑周边建筑物需保护。

(3)地下连续墙施工。需解决施工52m深地下连续墙的成槽与起吊设备的配置、钻孔引导、泥浆配比、地下连续墙接缝防渗控制等问题。

(4)地下管线搬迁。原管线搬迁规划要求在常熟路车站西侧基坑外排1根f1400的合流管、排电力电缆及跨越电缆；在西侧北端头井盖板下浇筑1块钢筋混凝土板，在其上铺设1根24孔通信电缆、1根f500和1根f300上水管，过北端头井后转出基坑外再排布。现场实际条件导致原搬迁规划难以实施。

四 施工技术措施

围绕周边建筑环境保护问题，在地下连续墙施工、地基加固、基坑开挖、施工监测等方面采取一系列技术措施。

1. 地下连续墙施工

(1)为了减小承压水对周边环境的影响，将整个车站地下连续墙均加深到52m，地下连续墙墙趾插入⑦2层土体。单幅钢筋笼最大质量约50t，从成槽与起吊设备的配置、钻孔引导、控制泥浆配比以及加强地下连续墙接缝防渗控制等方面着手，在保证围护结构质量的前提下，连续、快速地进行地下连续墙施工。

(2)在连续墙施工时，导墙的施工对周边建筑物影响最大，为减少导墙开挖对周边建筑物的影响，在施工导墙前，先在靠近建筑物的基坑西侧，打1排钢板桩，以减小开挖造成的土体变形。

(3)通过适当缩短分幅宽度，有效地利用土拱效应，缩短各道工序施工时间，减小槽壁坍塌等措施，降低地下连续墙施工对建筑物的影响。

(4)在南端头井以北处设置1道临时封堵墙(地下连续墙形式)，将主体结构分为南区和北区(图6-41)，使南端头井分隔成尺寸较小的基坑，采用对周边环境影响较小的逆筑法进行结构施工，从而降低基坑开挖对轨道交通1号线造成的风险。

(5)在瑞华公寓西侧的地下连续墙施工中，引进新型钠基膨润土制作的泥浆，调整泥浆性能，减少地下连续墙在③t层砂质粉土成槽过程中的坍塌，保证了施工质量及瑞华公寓的安全。

2. 地基加固

(1)对南端头井基坑外侧2.25～6m范围内的土体进行二次加固，先进行水泥土搅拌桩地基加固，然后施工南端头井地下连续墙，接着再进行水泥土搅拌桩与连续墙之间的2.25m的高压旋喷桩加固(图5-41)。这样可减小连续墙成槽和基坑开挖施工对轨道交通1号线区间隧道的影响。

(2)车站主体结构底板主要位于⑤3 层上部，局部位于⑤1 层底部。⑤1 层和⑤3 层作为天然地基，变形量较大，且易产生不均匀沉降，故需进行高压旋喷桩网格地基加固处理。车站负一层中板位于淮海大楼及瑞华公寓木桩底标高，超载大，且土质软弱，为了控制基坑变形，保护淮海大楼及瑞华公寓，对车站下一层中板处的土体，进行旋喷桩抽条加固。

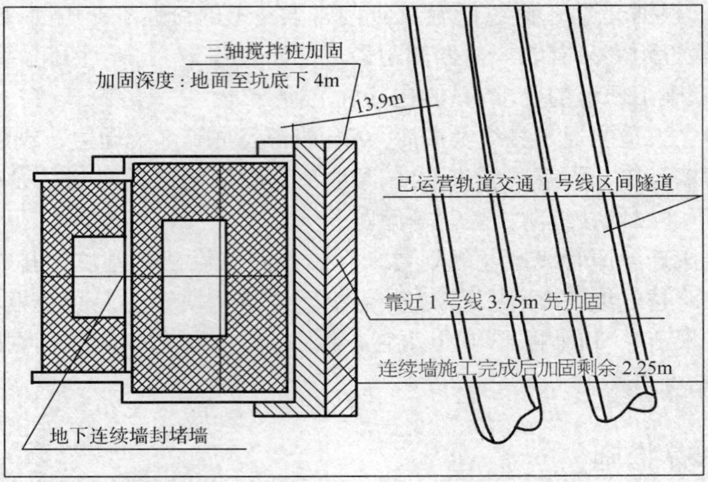

图 5-41　南端头井坑外土体加固示意图(尺寸单位：mm)

3. 基坑开挖

在基坑开挖过程中，为了保护周边建筑，采取了以下措施控制基坑变形：

(1)采用两明、两暗逆作法施工技术；先施工南端头井，再施工北端头井及标准段。

(2)南、北端头井及标准段各设置 8 道支撑，其中第一道为混凝土支撑，其余 7 道为 f609×20 钢管支撑，南端头井第七道钢支撑和北端头井第五、第七道为双榀钢支撑，以增加支撑结构体系的刚度。

(3)提高混凝土支撑和逆筑楼板的混凝土级配强度，掺入适量的早强剂，使其尽快达到一定的强度，减少基坑的变形。

(4)进行坑内疏干降水，提高土体的稳定性。

(5)北端头井及标准段采用分层放坡开挖的方式，开挖过程中，加强土坡稳定控制。

4. 采用钢路面板

传统的盖挖逆筑施工是在车站的顶板浇注完成后覆土，恢复路面交通，但速度慢。本工程借鉴日本的盖挖施工技术，即在地面标高位置，借助基坑的第一道混凝土支撑，上架 H 型钢梁，并在 H 型钢梁上铺设可拆卸的钢路面板，一方面可供交通车辆行走；另一方面，在开挖过程中可及时拆卸，满足土方和材料运输的要求，作为施工便道使用。

钢路面板具有附着力大、耐久、气候适应性强、耐磨性好等特点。其主材为热轧压延 H 型钢，由 5 根一定长度的 H 型钢横向并排焊接成整体，在其两侧用钢板补强，形成一个长方形的钢路面板，再在其上筑纤维混凝土路面层。

在车站围护结构及 H 型钢立柱桩施工完毕后，进行顶圈梁和首道混凝土支撑施工，先将 H 型钢纵梁搁置在首道混凝土支撑上，再将钢路面板搁置在 H 型钢纵梁上，荷载通过 H 型钢立柱桩传递给地基。

5. 地下管线搬迁

由于北端头井西侧地下连续墙距离西侧小区住宅楼建筑边线仅 3.3m，若排布合流管管槽，可布管线的位置只有 2.0m 左右（考虑房屋条形基础宽度），超过 4m 的开挖深度对西侧小区住宅楼的安全将造成重大影响，需打设 2 排合计 80 延米（深 12m）的拉森钢板桩。但北端头井基坑西侧居民小区的围墙尚未拆除，合流管管槽的开挖将延期。经方案优化后，北端头井西侧部分顶板和挡土墙采取逆筑施工，在顶板上部和挡土墙之间设置管廊，将 ϕ1 400 合流管、ϕ300 上水、ϕ500 上水、24 孔电信管线铺设在管廊中，再在管廊上方铺设钢路面板，从而缩短了施工工期。

6. 施工监测

（1）采用电子水平尺自动沉降监测和常规隧道区间沉降、水平位移、直径收敛监测，加强对轨道交通 1 号线的监护。

（2）委托上海市房屋安全监察所，对淮海大楼和瑞华公寓进行房屋质量检测，制订专项监测方案；在基坑开挖过程中，密切注意周边房屋和地表沉降的变化，及时分析数据，采取相关措施，确保建筑物安全。

五 施工效果

运用钢路面板盖挖法施工工艺，成功地解决了常熟路社会交通、管线铺设与基坑施工的矛盾。解决了施工场地狭小的问题，成为新型钢路面盖板盖挖法技术与上海传统深基坑施工工艺良好结合的范例。

利用管廊不仅解决了地下管线的搬迁问题，而且，只需打设 1 排 30 延米的拉森钢板桩，节约投资约 50 万元。管廊从施工开始到结束，居民住宅沉降变形量为 2.6mm，累计最大沉降变形量为 6.4mm（含地下连续墙施工时造成的沉降），有效地保护了居民的利益。

本章小结

本章主要阐述明挖法与盖挖法的施工工序及地铁工程基坑支护的主要方法，如排桩围护结构、地下连续墙围护结构、土钉墙围护结构等，同时对基坑的开挖与回填、主体结构的施工做了介绍。

浅埋地铁特别是地铁车站，经常采用明挖法或盖挖法施工。明挖法具有施工工序简单，速度快，造价低等优点，适用于地面场地开阔时。盖挖法施工工序复杂，速度慢，造价高，主要适用于地铁上面道路交通不能中断时。明挖法根据基坑深度与土质的不同，可以进行放坡开挖或具有围护结构的垂直开挖。盖挖法根据施工工序的不同，分为盖挖顺作法、盖挖逆作法和盖挖半逆作法三种。

当基坑断面较小、深度不大时，可采用排桩结构进行围护。构成排桩围护结构的基本桩单元，可以是钢板桩、挖孔桩、钻孔桩、水泥土搅拌桩或劲性水泥土搅拌桩（SMW）等。排桩可以布置为柱列式、连续式或组合式等。地下连续墙围护结构具有刚度大、整体性好、抗渗性能好，并可兼作主体结构的外墙的特点。当基坑深度较大时，可采用地下连续墙作为基坑的围护结构。土钉墙是由土钉、土体与喷射混凝土面层三者组成的类似于重力式挡土墙的基坑支护结构，土钉墙还可与钢管、钢板桩、水泥搅拌桩等共同组成复合型的土钉墙支护。

作为围护结构体系的一部分，支锚工程能有效地传递和平衡作用在围护结构上的水、土压力。支锚工程包括内支撑与土层锚杆两种类型。内支撑可以直接平衡围护结构上所受的侧压力，构造简单；土层锚杆设置在围护结构的背后，为挖土作业与主体结构的施工创造了空间。

思考与练习

1. 说明明挖法的施工顺序、特点及适用条件；何时采用敞口放坡明挖法，何时采用具有围护结构的明挖法？

2. 说明盖挖法的适用条件；说明盖挖顺作法、盖挖逆作法及盖挖半逆作法的施工工序及各自特点。

3. 说明各种排桩围护的结构的特点、应用，简要说明各种排桩围护结构的施工工艺。

4. 说明地下连续墙的特点、施工工艺及各工序施工要点。

5. 简述土钉墙支护的机理、特点及工序要点。

6. 简述支锚工程的种类，内支撑与土层锚杆的施工要点。

7. 说明主体结构各主要工序施工要点。

8. 已知某车站基坑基本概况如下所述，试进行基坑围护结构的施工工艺设计。

(1)基坑基本概况

车站北面位于居民区，南面为某港务局仓库及码头。车站基坑全长207.1m，标准段基坑宽18.9m，盾构吊出加宽段宽23.5m；基坑标准段深23.0m，北端盾构吊出段深约23.9m，南端盾构吊出段深约24.7m。

车站围护结构采用厚800mm连续墙加内支撑方案，连续墙标准槽段长5.0m，三层标准段及北端盾构吊出井段竖向设5道支撑，南端盾构吊出井段竖向设6道支撑；平面每3.0m一道支撑；内支撑采用ϕ600mm钢管支撑。基坑围护结构见图5-42。基坑安全等级为一级。

(2)水文地质状况

本工程水文地质复杂，土层分布情况依次为①人工杂填土，厚2～6m；②$_1$黑色、灰黑色软塑状淤泥质土，厚1.0～5.5m，②$_2$灰黑色淤泥质粉细砂层，厚2～12.4m；③$_2$灰色、灰绿色中、粗砂层，厚1～9.2m；⑤$_1$褐红、暗红色可塑状粉质黏土，厚1.1～2.5m，⑤$_2$褐红、暗红色硬塑状粉质黏土，厚0.5～7.2m；⑥暗红、暗紫色全风化泥质粉砂岩、泥岩，厚0.6～16.1m；⑦褐红、暗紫红色强风化泥质粉砂岩、泥岩，厚0.7～12.1m；⑧褐红、暗紫红色中等风化泥质粉砂岩、粉砂岩，中厚层；⑨褐红、暗紫红色微风化泥质粉砂岩、粉砂岩，薄层至厚层构造。

站区内淤泥质粉砂层为不均匀的液化土，液化等级微轻至严重；淤泥、淤泥质土等软土可能发生震险；残积层及全风化岩层具弱膨胀性。区段内地下水有第四系孔隙水与基岩裂隙水两种类型，为中等含水层，基岩裂隙水存在微承压性。

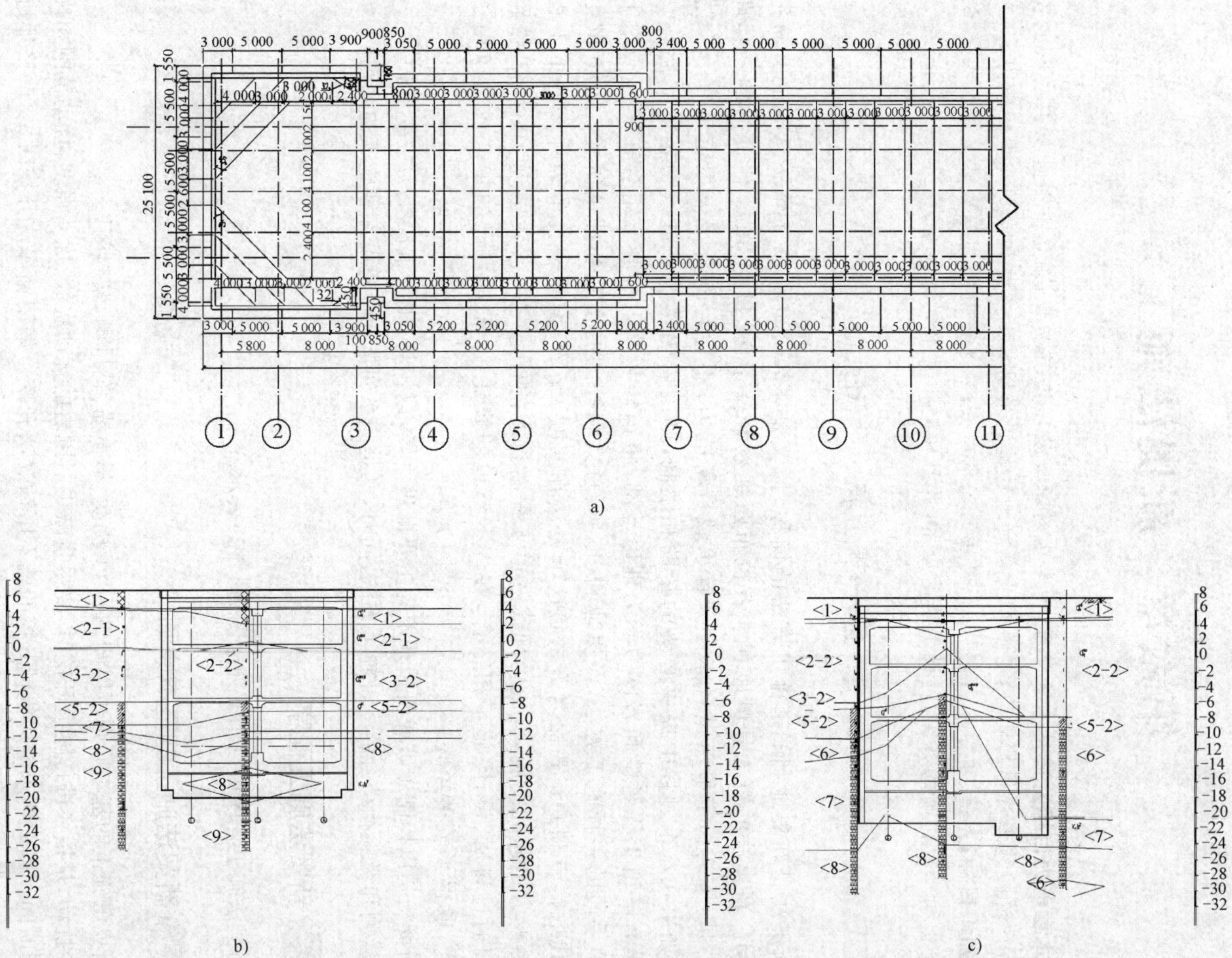

图 5-42　基坑围护结构布置图

a）围护结构平面布置图；b）北端端墙地质剖面图；c）南端端墙地质剖面图

第六章　新奥法施工

【本章能力目标】:通过本章学习,使学生对新奥法理论有初步认识,并且能够具备初步安排地下铁道的施工过程的能力,具备初步确定地铁施工采用施工方法和支护类型的能力。

【知识目标】:通过本章学习,领会新奥法的基本理论;熟悉量测的内容。掌握施工的选择;初期支护和二次衬砌的施工;辅助工法的应用,并且能安排风水电的作业。

第一节　概　　述

新奥法是新奥地利隧道施工方法的简称,原文是 New Austrian Tunnel Method,简称 NATM。新奥法的概念是奥地利学者拉布西维兹教授于 20 世纪 50 年代提出的。其理论核心是:围岩稳定显然是岩体自身有承载自稳能力;不稳定围岩丧失稳定是有一个过程的,如果在这个过程中提供必要的帮助和限制,则围岩仍然能够进入稳定的状态。它是以既有隧道工程经验和岩体力学为理论基础,将锚杆和喷射混凝土组合在一起作为主要支护手段的一种施工方法,经奥地利、瑞典、意大利等国的实践和理论研究,于 20 世纪 60 年代取得专利并正式命名。之后这个方法在西欧、北欧、美国和日本等许多地下工程中获得极为迅速的发展,已成为现代隧道工程新技术的标志之一。我国近 40 年来,铁路等部门通过科研、设计、施工相结合,在许多隧道的修建中,根据自己的特点成功应用了新奥法,取得了较多经验。

新奥法是以控制爆破或机械开挖为主要掘进手段,以锚杆、喷射混凝土为主要支护方法,理论、量测和经验相结合的一种施工方法,同时,又是一系列指导隧道设计和施工的原则。

一　新奥法施工程序

新奥法施工程序可以用下列框图(图 6-1)表示。

二　新奥法施工的基本原则

新奥法施工的基本原则可以归纳为“少扰动、早喷锚、勤量测、紧封闭”。

少扰动,是指在进行隧道开挖时,要尽量减少对围岩的扰动次数、扰动强度、扰动范围和扰动持续时间。因此要求能用机械开挖的就不用钻爆法开挖。采用钻爆法开挖时,要严格地进行控制爆破。尽量采用大断面开挖,根据围岩类别、开挖方法、支护条件选择合理的循环掘进进尺。自稳性差的围岩,循环掘进进尺应短一些。支护要尽量紧跟开挖面,缩短围岩应力松弛时间。

早喷锚,是指开挖后及时施作初期锚喷支护,使围岩的变形进入受控状态。这样做一方面是为了使围岩不致因变形过度而产生坍塌失稳;另一方面是使围岩变形适度发展,以充分发挥围岩的自承能力。必要时可采取超前预支护措施。

勤量测，是指以直观、可靠的量测方法和量测数据来准确评价围岩(或围岩加支护)的稳定状态，或判断其动态发展趋势，以便及时调整支护形式、开挖方法，确保施工安全和施工顺利进行。量测是现代隧道及地下工程理论的重要标志之一，也是掌握围岩动态变化过程的手段和进行工程设计、施工的依据。

紧封闭，一方面是指采取喷射混凝土等防护措施，避免围岩因长时间暴露而导致强度和稳定性的衰减，尤其是对于风化的软弱围岩。另一方面更为重要的是指适时对围岩施作封闭形支护，这样做不仅可以阻止围岩变形，而且可以使支护和围岩能进入良好的共同工作状态。

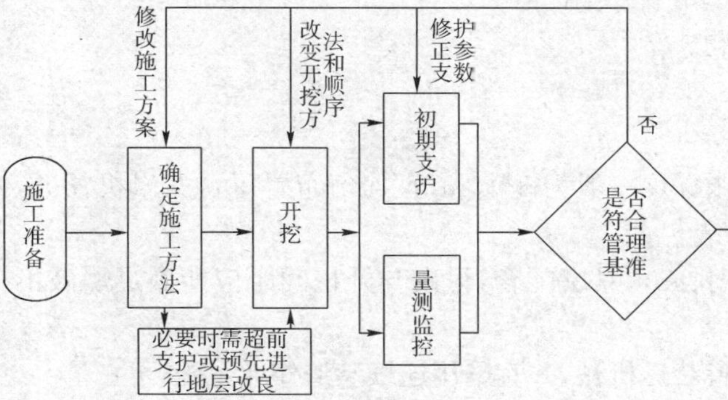

图 6-1　新奥法施工程序

第二节　开 挖 方 法

隧道施工方法实际上指的是开挖成型方法。按开挖隧道的横断面分部情况来分，施工方法可以分为全断面法、台阶法、分部开挖法。

一　全断面法

全断面法是将隧道的开挖断面一次开挖成形。如图 6-2 所示。

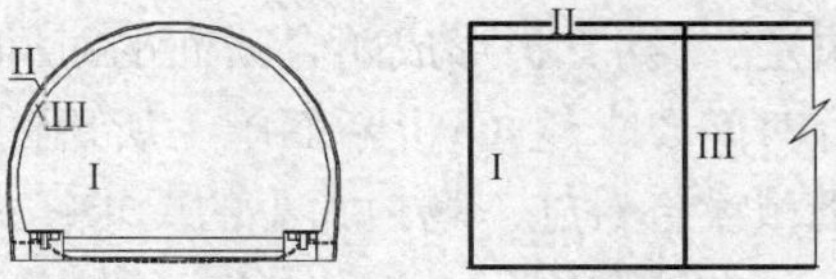

图 6-2　全断面法

I-全断面开挖；II-初期支护；III-二次衬砌

(一)适用范围、条件及优缺点

全断面法一般适用于整体性良好(I～IV)的稳定围岩。采用全断面施工，应有充分而且配套的机械设备，如钻孔台车和高效率装运机械，喷射混凝土机械等。

全断面工序简单，工作面宽敞，运输、通风、排水方便，管线路易于布置，能进行机械化施工。施工速度快、工效高、安全，并且质量也远较分部开挖好。但应注意，此法的机械设备需要多，耗用动力大，某一配件或设备供应不足时将影响全面施工。

(二)施工作业顺序

(1)测量放样。在开挖面上进行测量并绘制出中线与水平线，然后绘出开挖轮廓线，再按照钻爆设计准确标出炮眼位置。

(2)台车就位。使台车所钻炮眼的方向能符合设计要求。

(3)钻凿炮眼。必须严格按照炮眼的位置、方向、深度钻眼,特别是掏槽眼与周边眼。钻凿周边眼一定要按设计的外插角认真掌握,才能取得良好的光面爆破效果,防止超挖。

(4)装药连线。先将炮眼吹洗干净,正确按照钻爆设计装药连线,保证装药量正确,保证起爆顺序无误。

(5)台车后退。设备退到安全地点起爆。

(6)通风找顶。爆破之后立即进行通风排出洞内有害气体,及时处理危石。

(7)锚喷支护。根据围岩情况进行支护。

(8)出渣运输。把开挖下的石渣运出洞外。

(9)二次衬砌。围岩稳定后做衬砌。

(三)施工注意事项

(1)开挖断面大,炮眼数量多,炮眼深度一般为 3～5m,宜均匀布置每台凿岩机任务,使钻眼作业同时完成。

(2)钻爆和装运顺序作业,工序安排必须紧密配合,衬砌与开挖间距应能满足爆破不损坏圬工等要求。

(3)加强运输调度工作和合理配备装运机械,并宜采用连续装渣作业设施。

(4)尽可能采用衬砌模板台车,配合混凝土输送泵施工将拱墙一次浇注完成。

(5)洞口应配备一定机械维修设备。

二 台阶法

台阶法主要是将隧道断面分成两部分开挖,即先挖上半部断面,再开挖下半部断面。如图 6-3 所示。

台阶法中包括长台阶法、短台阶法和微台阶法等三种,其划分一般是根据台阶长度来决定的,如图 6-3 所示。至于施工中究竟采用何种台阶法,要根据两个条件决定:初期支护形成闭合断面的时间要求,围岩越差,闭合时间要求越短;上断面施工所用的开挖、支护、出渣等机械设备对施工场地大小的要求。

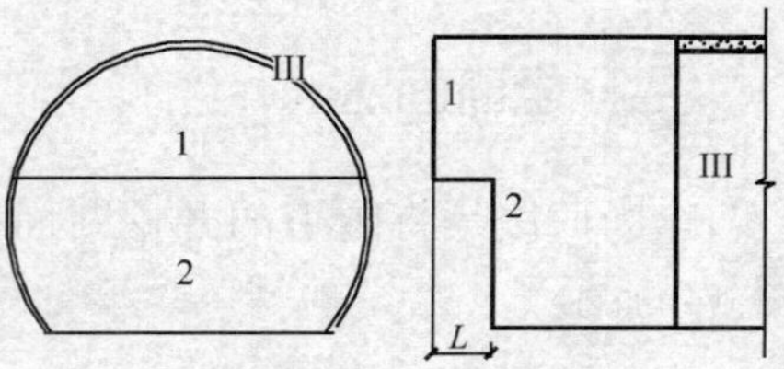

图 6-3　台阶法

1-上台阶;2-下台阶;III-衬砌;L-台阶长度

在软弱围岩中应以前一条件为主,兼顾后者,确保施工安全。在围岩条件较好时,主要考虑是如何更好地发挥机械效率,保证施工的经济性,故只要考虑后一条件。

(一)长台阶法

上台阶超前 50m 以上或大于 5 倍洞跨。施工时上下都可配同类机械进行平行作业,当机械不足时也可用一套机械设备交替作业,即在上半断面开挖一个进尺,然后再在下断面开挖一个进尺。当隧道较短时,亦可先将上半断面全部挖通后,再进行下半断面施工。

相对于全断面来说,长台阶依次开挖的断面和高度都比较小,只需配备中型钻孔台车即可施工,而且对维持开挖面的稳定也十分有利。所以,它的适用范围较全断面广泛,凡是在全断面中开挖面不能自稳，但围岩坚硬不用仰拱封闭断面的情况，都可采用长台阶法。

(二)短台阶法

短台阶法上台阶长度小于 5 倍但大于 1～1.5 倍洞跨，上下断面采用平行作业。

由于短台阶法可缩短支护结构闭合的时间，改善初期支护的受力条件，有利于控制隧道收敛速度和量值，所以适用范围很广，Ⅰ～Ⅴ级围岩都能采用，尤其适用于Ⅳ～Ⅴ级围岩，是新奥法施工中主要采用的方法之一。

短台阶法的缺点是上台阶出渣时对下半断面施工的干扰较大，不能全部平行作业。为解决这种干扰可采用皮带机运输上台阶的石渣，或设置由上半断面过渡到下半断面的坡道，将上台阶的石渣直接装车运出。

(三)超短台阶法

上台阶仅超前 3～5m，只能采用交替作业。

由于超短台阶初期支护全断面闭合时间更短，更有利控制围岩变形。更能有效控制地表沉陷。所以超短台阶法适用于膨胀性围岩和土质围岩，要求及早闭合断面的场合。

超短台阶法的缺点是上下断面相距较近，机械设备集中，作业时相互干扰大，生产效率低，施工速度较慢。

(四)施工中注意事项

(1)当顶部围岩破碎，施工支护需紧跟时，可适当延长台阶长度，以减少施工干扰；

(2)台阶宜少分层，使装渣机械靠近开挖面，以减少扒渣距离；

(3)衬砌顺序采用先墙后拱；在围岩破碎地段，则应先拱后墙；

(4)在短隧道或Ⅰ～Ⅲ级硬岩的隧道，各区段需尽先贯通时，可将上半断面全部挖通后，再挖下部断面，进行单工序作业；

(5)上台阶弧形导坑的长度，当围岩需要临时支护时，可拉开一定距离，以减少干扰。

三 分部开挖法

分部开挖法是将隧道断面分部开挖逐步成型，且一般将某部超前开挖，故也可称为导坑超前开挖法。新奥法施工的分部开挖可有三种变化方案：台阶分部开挖法、单侧壁导坑法、双侧壁导坑法，如图 6-4 所示。

1. 台阶分部开挖法

又称环行开挖留核心土法，一般将断面分成环行拱部、上部核心土、下部台阶等三部分。根据断面的大小，环行拱部又可分成几块交替开挖。

台阶分部开挖法的主要优点是：与超短台阶相比，台阶长度可以加长，减少上下台阶施工干扰；而与下述的侧壁导坑法相比，施工机械化程度较高，

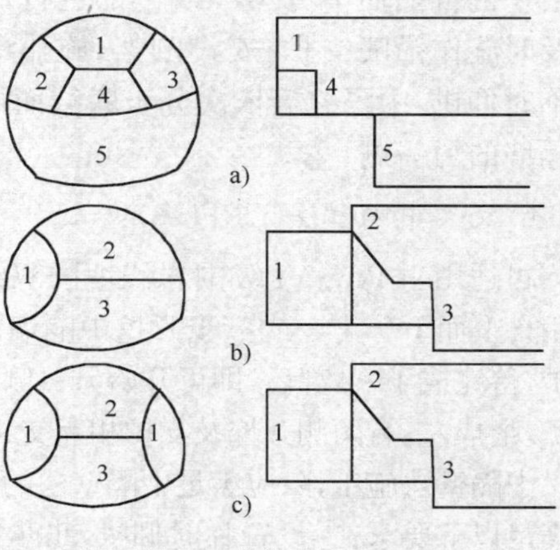

图 6-4 分部开挖法(一)

a)台阶分布开挖法；b)单侧壁导坑法；c)双侧壁导坑法

施工速度可加快。

采用台阶分部开挖时应注意下列问题:虽然核心土增强了开挖面的稳定,但开挖中围岩要经受多次扰动,而且断面分块多,支护结构形成全断面封闭时间长,这些都有可能使围岩变形增大。因此,它常要结合辅助施工措施对开挖工作面及其前方岩体进行预支护和预加固。

2. 单侧壁导坑法

这种方法一般是将断面分成三块:侧壁导坑 1、上台阶 2、下台阶 3。侧壁导坑尺寸应本着充分利用台阶的支撑作用,并考虑机械设备和施工条件而定。一般侧壁导坑宽度不宜超过0.5倍洞宽,高度以起拱线为宜,这样导坑可分二次开挖和支护,不需要架设工作平台,人工架立钢支撑也比较方便。

单侧壁导坑法是将断面横向分成三块或四块,每步开挖的宽度较小,而且封闭型的导坑初期支护承载能力大,所以,单侧壁导坑法适用于断面跨度大,地表沉陷难于控制的软弱松散围岩中。

3. 双侧壁导坑法

当隧道跨度很大,地表沉陷要求严格,围岩条件特别差,单侧壁导坑法难以控制围岩变形时,可采用双侧壁导坑法。现场实测表明,双侧壁导坑法所引起的地表沉陷仅为短台阶法的 1/2 左右。

这种方法一般是将断面分成四块,左、右侧壁导坑 1、上部核心土 2、下台阶 3。左、右侧导坑错开的距离,应根据开挖一侧导坑所引起的围岩应力重分布的影响不致波及另一侧已成导坑的原则确定。

双侧壁导坑法虽然开挖断面分块多,扰动大,初期支护全断面闭合的时间长,但每个分块都是在开挖后立即各自闭合的,所以在施工中变形几乎不发展。

双侧壁导坑法施工安全,但速度较慢,成本较高。

4. 中洞法

在连拱隧道或单线隧道的喇叭口地段,先开挖两洞之间中隔墙部分,并完成中隔墙混凝土浇筑后,再进行左右两洞开挖的施工方法。

5. 中隔壁法(CD 法)

可适用于 IV~V 级围岩的浅埋双线隧道。施工时应沿一侧自上而下分为二或三部进行,每开挖一部均应及时施作锚喷支护、安设刚架、施作中隔壁,底部应设临时仰拱,中隔壁墙依次分步联结而成,之后再开挖中隔墙的另一侧。

6. 交叉中隔壁法(CRD 法)

可适用于 IV~VI 级围岩浅埋的双线或多线隧道。采用自上而下分为二或三步开挖中隔墙的一侧,并及时支护,待完成 1~2 部后,即可开始另一侧 1~2 部开挖及支护,形成左、右两侧开挖及支护相互交叉的情形。采用交叉中隔壁法施工,除应满足中隔壁法的施工要求外,还应满足以下要求:①设置临时仰拱,步步成环;②自上而下,交叉进行;③中隔壁及交叉临时支护,在灌注二次衬砌时,应逐段拆除(图 6-5)。

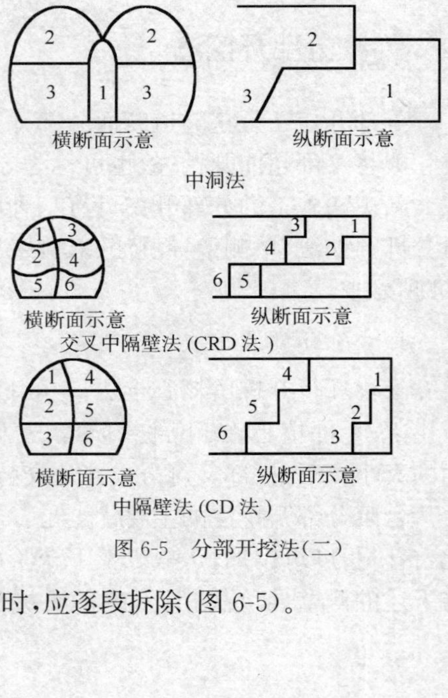

图 6-5　分部开挖法(二)

四 松散地层的新奥法施工(浅埋暗挖法)

近年来,采用浅埋暗挖法施工的地下铁道工程已越来越多,它的优越性也越来越明显,目前已经成为城市地下铁道施工采用的主要方法之一。

浅埋暗挖法是在新奥法的基础上,针对城市地下工程的特点发展起来的。城市浅埋地下工程的特点主要是:覆土浅,地质条件差(多数是未固结的砂土、黏性土、粉细砂等),自稳能力差,承载力小,变形快,特别是初期增长快,稍有不慎极易产生坍塌或过大的下沉,而且在隧道附近往往有重要的地面建筑物或地下管网,给施工带来严格的要求。浅埋暗挖法是以超前加固、处理软弱地层为前提,采用足够刚性的复合衬砌(由初期支护和二次衬砌及中间防水层所组成)为基本支护结构的一种用于软土地层近地表隧道的暗挖施工方法。它以施工监测为手段,并以此来指导设计和施工,保证施工安全,控制地表沉降。在应用范围上,不仅可用于区间、大跨度过渡线段、通风道、出入口和竖井的修建,而且可用于多跨、多层大型车站的修建;在结构形式上,不仅有圆拱曲墙、大跨度平拱直墙,还有平顶直墙的形式;在与其他施工方法的结合上,有浅埋暗挖法与盖挖法结合,还有与半断面插刀盾构的结合。近年来我国隧道工作者将浅埋暗挖法应用到一些不良地质地段和极其困难的施工环境中,取得了宝贵的经验。

与其他施工方法相比,浅埋暗挖法具有许多特点:

(1)适用于各种地质条件和地下水条件;

(2)具有适合各种断面形式(单线、双线及多线、车站等)和变化断面(过渡段、多层断面等)的高度灵活性;

(3)通过分部开挖和辅助施工方法,可以有效地控制地表下沉和坍塌;

(4)与盾构法相比较,在较短的开挖地段使用也很经济;

(5)与明挖法相比较,可以极大减轻对地面交通的干扰和对商业活动的影响,避免大量的拆迁;

(6)从综合效益观点出发,是比较经济的一种施工方法。

1.施工的基本原则

根据国内外的工程实践,浅埋暗挖法的施工应贯彻如下原则:

(1)管超前:指采用超前管棚或小导管注浆等措施先行支护,实际上就是采用超前支护的各种手段,提高掌子面的稳定性,防止围岩松动和坍塌;

(2)严注浆:指在导管超前支护后,立即进行压注水泥浆或其他化学浆液,填充围岩孔隙,使隧道周围形成一个具有一定强度的客体,以增强围岩的自稳能力;

(3)短开挖:指一次注浆,多次开挖,即限制一次进尺的长度,减少围岩的松动;

(4)强支护:指在浅埋的松软地层中施工,初期支护必须十分牢固,具有较大的刚度,以控制开挖初期的变形;

(5)快封闭:指在台阶法施工中,如上台阶过长,变形增加较快,为及时控制围岩松动,必须采用临时仰拱封闭,开挖一环,封闭一环,提高初期支护的承载能力;

(6)勤量测:指对隧道施工过程进行经常性的量测,掌握施工动态,并及时反馈以指导设计和施工。

2.地层预加固和预支护技术

在城市地下铁道浅埋暗挖法施工中,经常遇到砂砾土、砂性土、黏性土或强风化基岩等不稳定地层。这类地层在隧道开挖过程中自稳时间短暂，往往引起较大的地面沉降。往往初期支护还未来得及施作，或喷射混凝土还未达到足够强度时，拱墙的局部地层已经开始坍塌。为此需要采用地层预支护和预加固方法，来提高地层自稳能力，减少地表沉降。目前我国采用较多的预支护手段为小导管注浆和管棚。在国外行之有效的水平旋喷预支护，已在国内试验成功并开始应用，预切槽试验正在研究中。

第三节　支护与衬砌

隧道开挖后，为了有效约束和控制围岩的变形，增强围岩的稳定性，保证施工安全，以及为了确保运营过程中的稳定、耐久、减少阻力和美观，均须施作必要的结构作为支护。

按现代岩体力学原则设计隧道支护体系的基本出发点，隧道结构体是由围岩和支护结构共同构成的，其中围岩是主要的承载单元，支护结构是辅助性的，但通常也是必不可少的，在某些情况下，支护结构也是主要承载元素。

因此，隧道开挖一经暴露宜及时施作初期锚喷支护来恢复和提高岩体的自身承载能力，当整个隧道体系逐渐稳定下来，则采取二次衬砌以保证隧道的永久稳定和安全。初期支护与二次衬砌构成了隧道的复合式支护。

锚喷支护是喷射混凝土、锚杆、钢筋网、喷射钢纤维混凝土、钢支撑等结构组合起来的支护形式。根据不同围岩的稳定状态，可采用锚喷支护中的一种或几种结构的组合以适应围岩的状况。

锚喷支护是一种符合岩体力学原理的支护方法，具有良好的物理力学性能。由于施作及时、密贴，能有效地控制围岩的变形，封闭岩体的张性节理、裂隙，加固结构面，充分发挥和利用岩块之间的镶嵌、咬合和自锁作用，从而恢复并提高了岩体自身的稳定性、强度、自承能力和整体性。与此同时，锚喷支护具有良好柔性的特点，使得它在与围岩体共同变形的过程中，能有效地调整围岩应力，控制围岩作有限度的变形，进而将围岩体与锚喷支护构成统一的承载体系。

工程实践证明，锚喷支护较传统的模筑混凝土衬砌有显著的优越性。锚喷支护能充分发挥围岩的自承能力，并有效地利用洞内净空，即提高了作业的安全性，又提高了作业效率，受力更为合理，既能适应软弱岩层和膨胀性岩层隧道施工，又能用于治理坍方和隧道衬砌裂损。与传统模筑衬砌相比，能节省大量的混凝土、木材、劳动力，加快施工进度，工程造价可降低40%～50%，并利于提高施工机械化程度，改善作业条件。

一　喷射混凝土

(一)喷射混凝土的支护机理

喷射混凝土是用喷射机把掺有速凝剂的粗细集料混凝土以适当的压力，高速喷射到隧道岩壁表面迅速凝结而成的混凝土。

从锚喷支护作用机理来看，一方面柔性的喷层具有相当大的徐变特性，能保证围岩在与喷层共同变形时产生一定的径向位移，确保防护带的形成；另一方面，由于喷层与岩层非常密贴，并具有相当高的早期强度，因此能有效地控制围岩的位移，主动加固防护带，且使之组成共同的结构承受围岩荷载。此外，由于喷混凝土与围岩紧密接触而带来荷载的均匀性及充分利用地层抗力，使得喷层中的弯矩大为减少，因而尽管喷层很薄，也不会在弯矩的作用下发生破坏。也就是说，喷混凝土支护结构通过两个方面起支护作用。

(二)喷射混凝土的喷射方式

(1)潮喷。将砂、石料预加水，使其浸润成潮湿状，再加水泥拌和均匀，从而降低上料和喷射时的粉尘，其工艺流程见图6-6。

(2)湿喷。用湿喷机压送拌和好的混凝土，在喷头处添加液态速凝剂，再喷到岩面上，其工艺流程如图6-7所示。

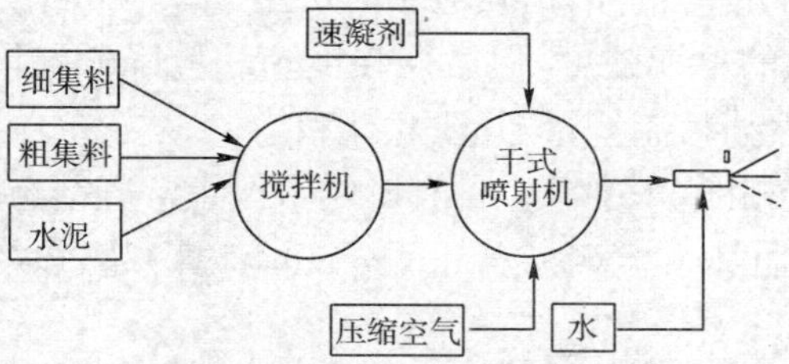

图6-6 潮喷工艺流程

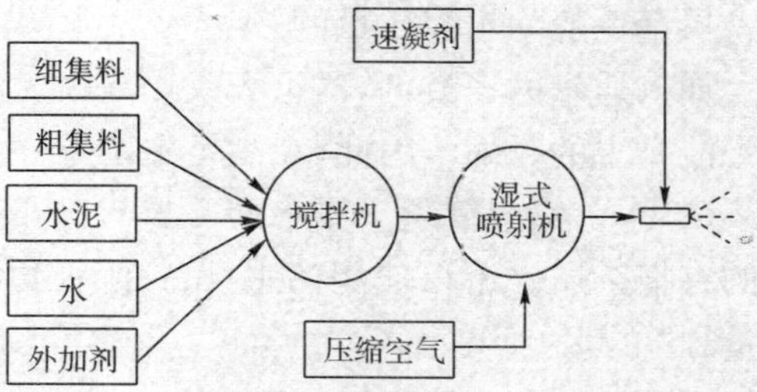

图6-7 湿喷工艺流程

(三)喷射混凝土的材料及其组成

1.喷射混凝土的材料

(1)水泥。喷射混凝土对所用水泥的基本要求是：掺入速凝剂后凝结快、保水性好、早期强度增加快、收缩小。一般优先采用C32.5号以上的普通硅酸盐水泥，其次是矿渣硅酸盐水泥和火山石灰质硅酸盐水泥。在有专门使用要求的情况下采用特种水泥。应使用新鲜的各种水泥，其性能应符合现行的国家水泥标准。过期或受潮结块的水泥不能使用。

(2)砂子。喷射混凝土的用砂应符合普通混凝土用砂标准所要求的用砂标准。一般采用中砂或粗中砂，细度模数一般宜大于2.5。细砂不宜采用。砂的含泥量不得大于5%，含水量按质量计以控制在5%～7%为宜。砂的颗粒级配见表6-1。

砂的颗粒级配表 表6-1

筛孔尺寸(mm)	0.15	0.30	1.20	5.0
累计筛余(以重量的百分比计)	90～100	30～60	20～55	0～10

(3)石子。喷射混凝土采用坚硬、耐久的卵石或碎石。石子的最大粒径与混凝土喷射机的输料管直径有关，一般不宜超过管内径的1/3，目前最大粒径采用20mm。石子的级配可参考表6-2使用。为减少回弹量，石子的级配应将大于15mm粒径的颗粒控制在20%以下。但喷钢纤维混凝土所用的石子，其粒径以小于10mm为宜。当用碱性速凝剂时，不能使用含有活性二氧化硅的岩石或卵石(如流纹岩、安山岩类石料)，以免产生碱集料反应，引起混凝土的开裂。石子的含泥量不得大于10%。

石子的颗粒级配表 表6-2

筛孔尺寸(mm)	5	10	20
累计筛余(以重量的百分比计)	90～100	30～60	0～5

(4)速凝剂。在喷射混凝土中掺入速凝剂的目的在于:加速喷混凝土的凝结、硬化,提高早期强度;减少喷射混凝土的回弹量;防止因重力作用而引起喷射混凝土的流淌或脱落;增大一次喷射厚度,缩短分层喷射的时间间隔。

所以,对速凝剂的基本要求是掺用后,喷混凝土能快凝早强,收缩变形小,对温度和水灰比的变化不敏感,对混凝土后期的物理力学性能无显著不良等。

速凝剂使用前应作速凝效果试验,并选择最佳掺量。其项目有:掺速凝剂后水泥的初、终凝时间(水泥浆初凝应不大于5min,终凝应不大于10min);早期强度;28d后期强度。

速凝剂有固体和液体两种。日前国内主要使用固体粉末状速凝剂,如红星一型、711型、阳泉二型、782型、8880型等,其中以红星一型应用最广。

掺量一般为水泥质量的2%~4%(喷拱部时可用3%~4%,喷边墙时可用2%~3%)。

加入适量的速凝剂,虽可大大提高喷射混凝土的早期强度,但后期强度却相应降低,且加大了混凝土的收缩。因此,在满足施工条件下,应严格控制掺量,并注意拌和均匀。

(5)水。喷射混凝土用水的要求与普通混凝土相同,水中不应含有影响水泥正常凝结与硬化的有害杂质。不得使用污水、pH值小于4的酸性水和含硫酸盐量(按SO_4计算)超过水的重量1%的水。

2.喷射混凝土的配合比与水灰比

(1)配合比。它是指每1m^{3}喷射混凝土种水泥、砂子和石子的重量比例。配合比的选择,应通过试验确定。应满足混凝土的强度和其他物理力学性能(抗剪、黏结、耐久性)的要求,同时还应满足喷射工艺(减少回弹,不发生离析、分层,和易性好)的要求,且水泥用量为最小。

为了减少回弹,一般含砂率要在45%~60%。含砂率提高,水泥用量大,又势必增加混凝土收缩、开裂和费用,其强度也相应降低,较佳的含砂率是50%~55%左右。水泥用量375~400kg,不宜超过450kg。胶骨比1∶4~1∶5。

根据大量工程实践,喷混凝土的配合比(质量比)(水泥:中砂或中粗砂:石子),对于隧道边墙采用1∶(2~2.5)∶(2.0~2.5);对于隧道拱部采用1∶2∶(1.5~2.0)较为合适。

(2)水灰比。它也是影响喷混凝土强度和其他物理力学性能的重要因素。若水灰比过小,不仅料束分散,回弹量增多,粉尘大,而且喷层上会出现干斑、砂窝等现象,影响喷射混凝土的密实度。当水灰比过大时,会造成喷层流淌、滑移,甚至大片坍落,影响混凝土的强度及速凝效果。根据经验,喷射混凝土的水灰比一般为0.4~0.5。此时,喷射混凝土表面光泽,粗集料分布均匀,回弹量小。

(四)喷混凝土的机械(具)设备

喷混凝土作业的机械(具)设备主要包括:混凝土喷射机、上料机、搅拌机、机械手、混凝土运送搅拌车、混凝土喷射三联机等。

(1)混凝土喷射机。它是喷射混凝土的主要机械设备,目前国内使用的国产喷射机,根据其构造特点和使用物料的干湿程度不同,有以下几种:①双罐式混凝土喷射机;②转体式混凝土喷射机;③螺旋式混凝土喷射机;④转盘式混凝土喷射机。这几种混凝土喷射机均为干式喷射机。所需的水是由喷射人员凭经验在喷嘴处加入。

由于干喷式喷射机喷射时水泥水化作用不充分而易造成粉尘大,回弹物多。干喷时水灰比难以准确控制,质量较难保证。为此,20世纪50年代国外开始研制湿式喷射机。我国从事湿式喷机研制工作也有十多年的历史，并已研制出JSP5/10型挤压泵式湿喷机，可利用微电脑控制多台电机的开关，具有较大的生产能力。它在降低粉尘量，减少回弹率，保证质量方面均达到较好效果。

(2)搅拌机。由于采用干式喷射机，喷射的混合料是干料，拌和时极易产生粉尘。因此，应采用涡轮桨强制式混凝土搅拌机，最常用的是J4-375型(原JW-375型)搅拌机。这种搅拌机搅拌时间短，密封性能好，粉尘少，虽然体积大但可用汽车拖运，转移方便。另外，有适合于洞内使用的小型搅拌机如JW-200型、安Ⅳ型等，它们都具有粉尘低、使用方便等优点。

(3)空气压缩机(俗称空压机)。它是混凝土喷射机的动力设备。为了防止压缩空气中的油水混入喷射混凝土中，在高压风进入混凝土喷射机前必须先通过油水分离器(有过滤式和拆板式两种)，把油水过滤排掉，避免喷射混凝土产生结块、堵管等现象。

(4)机械手。为了减轻工人把持喷枪的劳动强度和改善喷射的工作条件，目前国内外都在研制各种型号和喷射混凝土机械手。机械手的型号虽有多种多样，但都具备使喷枪前后俯仰、左右摆动或画圈，臂杆伸缩、升降或旋转等功能，使其满足喷射工艺要求。所有机械手一般具有：喷枪，臂的伸缩、回转或翻转机构，大臂的起落机构等。

(五)喷射混凝土施工

1.喷射混凝土的施工准备

为使混混凝土作业顺利进行，在施喷前应做好如下两方面的准备工作。

(1)材料、机械(具)的准备。如核实水泥和速凝剂的品种、标号和出厂日期以及储备量是否足够；砂、石料是否符合质量要求，并有足够储备量；保证施喷用水的水量和压力。

检查发电机、空压机运转是否正常；检查搅拌机、上料机、喷射机就位是否恰当，试车运转是否良好；检查风、水、电线路是否处于良好状态。施喷前应进行试风、通水，情况正常才能开始喷射作业。

(2)施喷场地的准备。检查隧道开挖的净空尺寸，凿除欠挖部分；清除松动危岩浮石和墙脚处的弃渣；用高压水(风)冲洗受喷岩面(易潮解、泥化的岩面只能用高压风冲扫)；对滴、漏水处应采取措施进行处理；做喷射混凝土的厚度的标志(如利用锚杆的外露长度或在岩面上用快凝水泥浆粘铁钉等)；做好回弹物的回收及利用的安排。

2.喷射作业

它是喷射混凝土整个施工过程中最关键而紧张的作业。要求喷射手有熟练的喷射技术，各施工环节如备料、拌和、运输、上料，风、水供应，照明、喷射等能紧密配合。这些是关系到喷射混凝土质量好坏及回弹量多少的关键。在喷射作业中要掌握好如下几个问题。

(1)喷嘴与受喷岩面之间的距离和角度。通常在喷头上接一个直径为100mm长为0.8～1.0m的塑料拢料管。它使水泥充分水化，且喷射混凝土集中束及回弹石子不致伤害喷射手。喷嘴与受喷岩面之间的最优距离是按喷射混凝土的最高强度和最小回弹量来确定的，一般以0.8～1.2m为宜。

喷嘴与受喷岩面的角度，一般应垂直或稍微向刚喷射过的部位倾斜(不大于10°)，以使回弹物受到喷射束的约束，抵消部分弹回的能量，则回弹量最小、效果最好。喷射拱部时应沿径向喷射。

(2)一次喷射厚度及各喷层之间间歇时间。当喷层较厚时需分层喷射。一次喷射的厚度应根据喷射效率、回弹损失、混凝土颗粒间的凝聚力和喷层与受喷面间的黏着力等因素确定。一次喷射厚度可参照表 6-3。

一次喷射厚度(cm) 表 6-3

部　位	掺速凝剂	不掺速凝剂	部　位	掺速凝剂	不掺速凝剂
边墙	7～10	5～7	拱部	5～6	3～4

各喷层间的间歇时间与水泥品种、施工温度(施工最低温度不应低于＋5℃)和有无掺速凝剂等因素有关。一般常温下(15～20℃),采用红星一型速凝剂时可在 5～10min 以后进行下一次喷射。采用碳酸钠速凝剂时要在 30min 以后才能进行下一次喷射。

喷射混凝土紧跟开挖时,从混凝土喷完到下一循环放炮的时间间隔,一般应不小于 4h,以使喷射混凝土的强度不致因爆破震动而受到影响。

(3)喷射分区与喷射顺序。为了减少喷射混凝土因重力作用而引起的滑动或脱落现象,喷射时应按照分段、分部、分块、自下而上,先墙后拱的原则进行。图 6-8 所示为一 6m 长的基本段,其中又分为 2m 长的三个小段,每段高 1.5m(指边墙),顺次横向推移,从"1"向"3"喷射,待"3"喷完约 20～30min 以后,"1"部混凝土已终凝,就可进行下一高度的喷射作业。如需在其上进行第二层喷射,也不会造成第一层混凝土被冲坏的现象,不论边墙还是拱部都是如此。

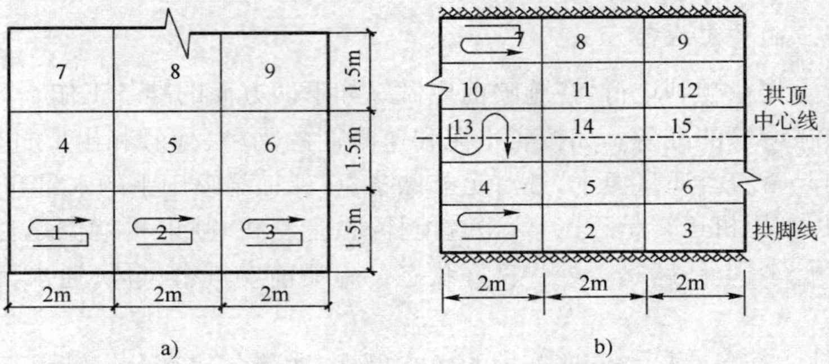

图 6-8 喷射分区及喷射顺序

a)边墙喷射分区及喷射顺序;b)拱圈喷射分区及喷射顺序

喷射混凝土时,喷头要正对受喷岩面,均匀缓慢地按顺时针方向作螺旋形移动,一圈压半圈,绕圈直径为 20～30cm,以使混凝土喷射密实。

对凸凹悬殊的岩面,喷射时应注意喷射次序要先下后上,先两头后中间,以减少回弹量。正常状态下喷射混凝土的回弹率拱部不超过 25%,边墙不超过 15%。

3. 堵管问题的处理

喷射作业中常遇到堵管,其原因是多方面的,如粗集料过大(粒径大于 25cm 以上);水泥硬块或其他杂物;混合料(主要是砂)湿度过大(大于 6%)致使摩擦力增大;输料软管弯头过小及风压偏低等均能引起堵管。另外若司机操作不对,如先开电动机后给风;混合料未吹完就停风;误开放气阀而停风等也会引起堵管。

遇到堵管发生时,喷射机司机应立即关闭电动机,随后关闭风源,喷射手将软管拉直,然后用手锤敲击以寻找堵管处。当敲击钢管时有发硬感觉处,即为堵管部位。找到堵管部位后,可将风压升到 0.3～0.4MPa(不超过 0.5MPa),并用锤击堵塞部位,使其畅通。排除堵管时,喷嘴前方严禁站人,以免被喷伤。

4.喷枪头的操作注意事项

突然断水、断料时，喷头应移开受喷面，严禁用高压风、高压水冲击刚喷好的混凝土。

受喷面敷设有金属网时，水灰比宜稍大，喷嘴与受喷面的距离也要相应缩短到 0.7m 左右。

5.喷射混凝土的养护

为了使水泥充分水化，喷射混凝土的强度均匀增长，减少或防止混凝土的收缩开裂，确保混凝土的质量，喷后要进行良好的养护。《铁路隧道施工规范》(TB 10204—2002)规定：喷混凝土终凝后 2h 起即应开始洒水养护。洒水次数以能保持混凝土具有足够的湿润状态为度。养护期不得少于 14 昼夜。

黄土或其他土质隧道喷射混凝土以采用喷雾养护为宜，防止洒水软化下部土层。

6.喷射混凝土的质量检查

为了确保喷射混凝土的质量，应作如下检查：

(1)每批原材料进库(场)时，均应进行质量检查与验收。施工中对喷射混凝土及水泥砂浆的原材料、配合比及拌和均匀性，每工班至少检查二次，尤其要注意控制砂子的含水量。

(2)喷射混凝土强度的检查。检查喷射混凝土强度时，应就地提取混凝土试件，其数量为单线隧道每 20 延长米、双线隧道每 10 延长米至少在拱部和边墙各取一组.材料或配合比变更时另取一组，每组至少取三块，进行抗压强度试验。当有特殊设计要求时，可增做抗拉强度、喷射混凝土与岩面的黏结力、抗掺性等相应的试验。

合格条件是：每批试块(指同一配合比)的抗压强度均值，不低于 C18；任意一组试块抗压强度平均值，最低不得低于设计强度等级的 85%；同批试块为 3～5 组时，低于设计强度等级的试块组数不得多于 1 组。

强度不符合要求时，应查明原因，采取措施，一般可用加厚的办法予以补强。

(3)喷层与围岩黏结情况的检查。可用锤敲击，如有空响应凿除洗净重喷。

(4)喷层厚度的检查。可用插针、凿孔等方法检查。喷射时可插入长度比设计厚度大 5cm 的粗铁丝，纵、横向 1～2m 设一根作为施工控制用。衬砌完成后单线隧道每 20 延长米、双线隧道每 10 延长米至少检查一个断面，从拱顶中线起每隔 2m 凿孔检查一个点。

合格条件是：每个检查面上，全部检查孔处喷射混凝土的厚度 60%以上应不小于设计厚度，其余不小于设计厚度的 1/2。但钢筋网喷射混凝土的最小厚度应不应小于 6cm。

7.回弹物料的利用

根据现场实践表明，采用干法喷射混凝土时回弹量较大，除应设法减少回弹外，尚应将回弹物料回收利用。方法之一是将洁净而尚未凝固的回弹物料按一定比例掺入混合料中(掺入量不宜大于 15%)，重新搅拌后喷射(不宜用于喷射拱顶)；其二是利用它浇灌普通混凝土结构或预制构件。

二 锚杆

(一)锚杆的支护机理

锚杆(索)是用金属或其他高抗拉性能的材料制作的一种杆状构件。使用机械装置、胶结介质，将其安设在地下工程的围岩或其他工程体中，形成能承受荷载，阻止围岩变形的锚杆(索)支护。

(二)锚杆的种类

要使锚杆成为洞室开挖中的良好支护手段，锚杆必须具备两个基本条件。第一，锚杆受力后产生变形，且其本身不受破坏；第二，锚杆与围岩保持紧密接触。

锚杆种类繁多，我国较为普遍采用的锚杆(索)，按其与被支护的锚固方式不同，可大致分为如下几种。

1. 机械式锚固锚杆

这种锚杆是通过其端部锚头锚固在围岩中，杆的另一端则由垫板同岩面接触，拧紧螺母使垫板紧压在岩面上，此时锚杆即进入工作状态，对围岩产生预加压应力，以增强围岩的稳定性和阻止围岩的变形。

这种锚杆的结构构造简单，容易加工，施工安装方便，施作后能立即提供支护抗力，并能对围岩施加不大的预应力，故适合于坚硬裂隙岩体中的局部支护和系统支护。但由于爆破震动可能引起锚头滑动，因此，当开挖面向前掘进后，应有计划地将螺母重复拧紧，使其始终处于工作状态。

2. 黏结式锚固锚杆

它又分为端部黏结式锚固锚杆(如快硬水泥卷端部锚固锚杆、树脂端部锚固锚杆)和全长黏结式锚固锚杆(如水泥砂浆全长黏结式锚固锚杆、树脂全长黏结式锚固锚杆)。

我国铁路隧道使用最多的是全长黏结的砂浆钢筋锚杆，如图 6-9 所示。这种锚杆一般不带锚头，通常采用先灌后锚式(详见后述)，即通过风动灌浆器向锚杆孔灌注水泥砂浆(最好为早强水泥砂浆)，然后插入锚杆使之与围岩黏结在一起，让杆体牵制围岩的变形，以达到增强围岩稳定性和减少围岩变形的目的。

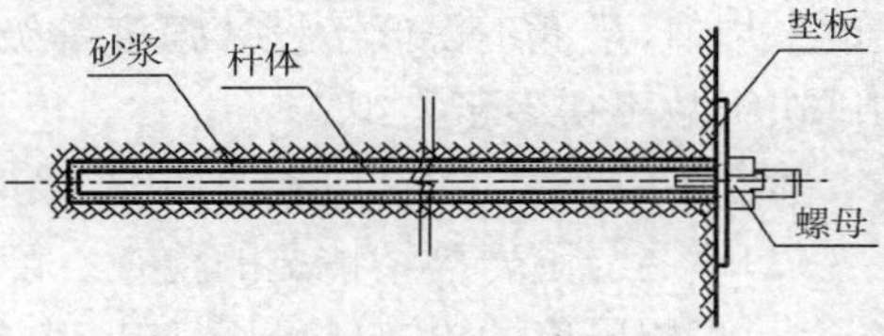

图 6-9　普通水泥砂浆全黏结锚杆

砂浆锚杆的特点是：在整个钻孔壁上岩体与杆体紧密连接，具有较高的锚固力，抗冲击和抗震动性能好，对围岩的适应性强，由于其价廉、施作简单，故适用于围岩变形量不大的各类地下工程的永久系统支护。

但如砂浆的强度不足和充填不饱满，则限制围岩变形的能力大大削弱。砂浆的早期强度不足，则不能限制开挖后围岩的最初变形而减弱砂浆锚杆的应有作用。

(三)锚杆的布置

锚杆的布置分为局部布置和系统布置。

1. 局部布置

它主要用在坚硬而裂隙发育或有潜在龟裂及节理的围岩。重点加固不稳块体，隧道拱顶受拉破坏区为重点加固区域。

锚杆局部布置的原则为：拱腰以上部位锚杆方向应有利于锚杆的受拉；拱腰以下及边墙部位锚杆宜逆向不稳定岩块滑动方向。

局部加固的锚杆,必须保证不稳定块体与稳定岩体的有效联结,为此,可见现场测定或采用赤平极射投影和实体比例投影作图法确定不稳定块体的形状、重量和出露位置,据此确定锚杆间距和锚入稳定岩体的长度。

2. 系统布置

在破碎和软弱围岩中,一般采用系统布置的锚杆,对围岩起到整个加固作用。对于局部很破碎、软弱围岩部位或可能出现过大变形的部位,应加设长锚杆。

锚杆系统布置原则:

(1)在隧道横断面上,锚杆宜垂直隧道周边轮廓布置,对水平成层岩层,应尽可能与层面垂直布置,或使其与层面成较大角度,对于倾斜成层的岩层,其失稳原因主要是层面滑动,锚杆与层面呈斜交布置;

(2)在岩面上锚杆宜成菱形排列,纵、横间距为0.6~1.5m,其密度约为0.6~3.6根/m^2;

(3)为了使系统布置的锚杆形成连续均匀的压缩带,其间距不宜大于锚杆长度的1/2,在II、III级围岩中,锚杆间距宜为0.5~1.2m,但当锚杆长度超过2.5m时,若仍按间距不大于1/2锚杆长度的规定,则锚杆间的岩块可能因咬合不良而导致掉块坠落,为此,其间距不宜大于1.25m。

(四)锚杆的施工

由于钢筋砂浆锚杆具有材料来源广泛、杆体加工制作容易、具有良好的物理力学性能好、施工工艺简单、成本低等优点,目前在我国地下工程中得到广泛应用。它的安装工艺分为先灌后锚式和先锚后灌式两种。但前者使用较多,现介绍如下。

1. 砂浆锚杆

材料及配合比。

(1)钢筋:锚杆一般采用16Mn或5号钢,条件不具备时,可用3号钢,为了增强钢筋与砂浆的黏结力宜采用螺纹钢。杆径一般为ϕ16~22,使用前应矫直和清除污锈。水泥:选用不低于C32.5号的普通硅酸盐水泥。砂子:严格过筛的粒径不大于3mm的中、粗砂。速凝剂:速凝剂使用前应作速凝效果试验,一般要求初凝不大于5min。如红星一型和711型,其掺量约为水泥质量的2%~4%。集料比:1∶1~1∶2;水灰比:0.4~0.45。

(2)灌浆设备。灌注水泥砂浆通常采用牛角形灌浆器。它由伞形阀门、牛角形罐体、注浆管等组成。罐体上部设有进风管和排气管,近风端装有气压表。

(3)钻孔。按锚杆支护的设计要求来确定钻杆孔位、间距、与岩面交角、孔深及孔径等,用凿岩机进行钻孔。锚杆与岩面、层面或裂隙面的交角,一般以90°为宜。孔径应大于锚杆直径15~20mm,以保证锚杆与孔壁之间充填一定数量的砂浆。灌浆前应用高压风将孔眼吹净。

(4)注浆及安装锚杆。注浆时,将注浆管插入到孔底,在注浆的同时,将注浆管徐徐向外拔出,待注浆管口距钻孔口20~30 cm时,停止注浆,然后将锚杆插入至孔底部将砂浆挤满钻孔。为防止锚杆滑出,用木楔临时固定,待砂浆初凝后去掉木楔。

(5)锚杆的质量检查

锚杆质量检查,包括长度、间距、角度、方向、抗拔力等。其中主要是做抗拔力试验,对于重要工程可增作灌浆密度试验。如抗拔力不符合设计要求时,一般可用加密锚杆予以补强。

2. 中空注浆锚杆

中空注浆锚杆施工钻孔使用风动凿岩机钻孔,钻孔前根据设计要求定出孔位,钻孔保持直线并与所在部位岩层结构面尽量垂直，钻孔直径 ϕ42mm，钻孔深度大于锚杆设计长度 10cm。如图 6-10 所示。

施工工艺说明：

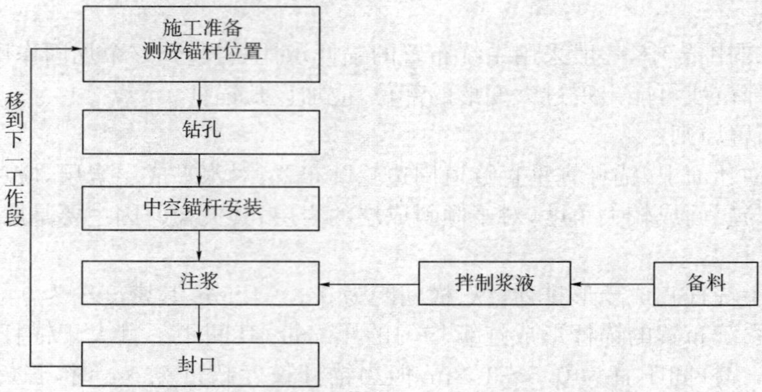

图 6-10　中空注浆锚杆施工工艺框图

(1)钻孔：按设计位置沿拱部开挖轮廓上标出锚杆位置；用锚杆钻机或风枪钻孔，钻至设计深度后，用水或高压风清孔，经检查后进行锚杆安设。

(2)锚杆安装：中空锚杆按设计要求定做，使用前先检查锚杆孔中有无异物堵塞，如有异物清理干净。锚杆由人工安设，应保持锚杆的外露长度 10～15cm，然后安装孔口帽(止浆塞)。

(3)注浆准备：为了保证连续不间断注浆，注浆前认真检查注浆泵的状况是否良好；检查制浆的原材料是否备齐，质量是否合格。

(4)注浆作业：迅速将锚杆、注浆管及注浆泵用快速接头连接好。开动注浆泵注浆，直至浆液从孔口周边溢出或压力表达到设计压力值为止。注浆过程中，每次移位前及时清洗快速接头，以保证注浆连续进行。浆液严格按配合比配制，注浆过程中若出现堵管现象，及时清理锚杆、注浆软管和注浆泵。为保证注浆效果，严格控制注浆压力，橡胶止浆塞打入孔口不小于30cm，而且要待排完气之后立即封闭止浆塞以外的钻孔。

三 防水层施工

(一)防水层铺设前的准备工作

(1)测量隧道坑道开挖断面，对欠挖部位应加以凿除，对喷射混凝土表面凹凸显著部位应分层找平；外露的锚杆头及钢筋网头应齐根切除，并用水泥砂浆抹平。喷射混凝土表面凹凸部位应修凿、喷补，使混凝土表面平顺。

(2)应检查塑料板有无断裂、变形、穿孔等缺陷，保证材料符合设计、质量要求。

(3)应检查施工机械设备、工具是否完好无缺，并检查施工组织计划是否科学、合理等。

(二)防水层铺设主要技术要求

(1)塑料板防水层施作，应在初期支护变形基本稳定和二次衬砌灌注前进行。开挖和衬砌作业不得损坏已铺设的防水层。因此，防水层铺设施作点距爆破面应大于 150m，距灌注二次衬砌处应大于 20m；当发现层面有损坏时应及时修补；当喷层表面漏水时，应及时引排。

(2)防水层可在拱部和边墙按环状铺设，并视材质采取相应接合方法。塑料板宜采用搭接宽度为 10cm，两侧焊缝宽应不小于 2.5cm(橡胶防水板黏结时，其搭接宽度为 10cm，粘缝宽不小于 5cm)。

(3)防水层接头处应擦干净，塑料防水板应用与材质相同的焊条焊接，两块塑料板之间接缝宜采用热熔焊接，其焊接温度和速度应根据材质试验确定。

(4)防水板用垫圈和绳扣吊挂在固定点上，其固定点的间距：拱部应为 0.5～0.7m，侧墙为 1.0～1.2m，在凹凸处应适当增加固定点；固定点之间防水层不得绷紧，以保证灌注混凝土时板面与混凝土面能密贴。

(5)采用无纺布做滤层时，防水板与无纺布应密切叠合，整体铺挂。

(三)防水层施工程序(图 6-11)

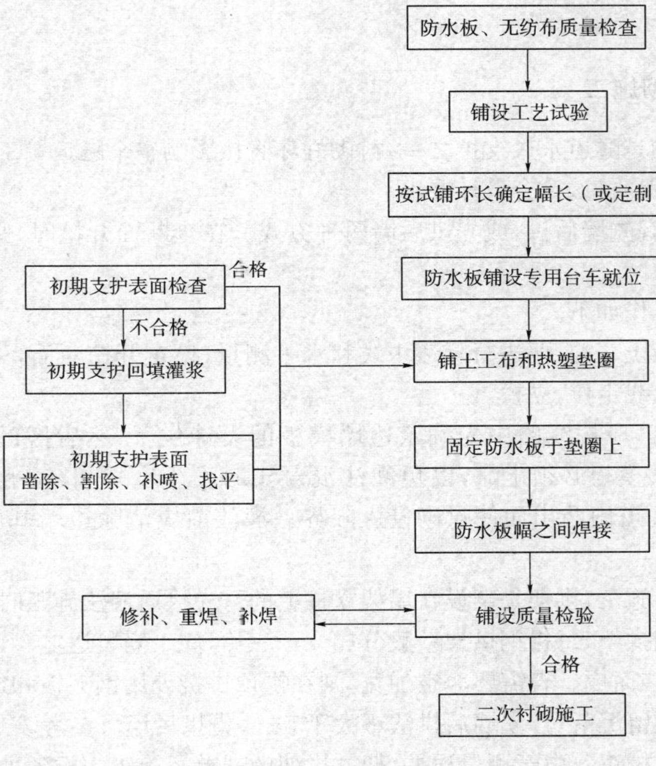

图 6-11　防水板施工工艺流程图

(四)防水板的搭接方法

(1)环向搭接

即每卷塑料板材沿衬砌横断面环向进行设置。

(2)纵向搭接

板材沿隧道总断面方向排列。

(五)防水层的保护措施

(1)在二次衬砌前,严禁在铺设塑料板防水层的地段进行爆破作业;

(2)模筑混凝土时,严禁模板、堵头等损坏塑料板防水层。

四 二次衬砌施工

隧道作为地下结构物,除了应满足铁路运输在使用上的要求外,还必须具有耐久性。一般除了坚硬、不易风化的 VI 围岩外,都应施作混凝土衬砌。所以,模筑整体衬砌在传统上就是持久保证隧道功能的重要结构。

复合式衬砌是由初期支护和二次衬砌组成的。二次支护是饰面及提供安全储备或承受后期围岩压力,在 III 级及以下按安全储备设计;在 IV 级及以上围岩时按承载结构设计,并均满足构造要求。

因此,模筑混凝土衬砌仍然是铁路隧道的重要支护型式。其材料和级配应符合相应规范与操作规程的要求。

(一)混凝土衬砌施工

模筑混凝土衬砌是隧道永久支护之一,衬砌好坏直接影响整个隧道等工程质量和使用,因此,在施工中必须确保质量,符合设计要求。

衬砌顺序,一般有先墙后拱,或先拱后墙两种方式。在全断面开挖时,则应尽量使用金属模板台车整体砌筑。

衬砌施工准备工作如下。

在灌注衬砌混凝土之前,要进行隧道中线和水平测量,检查开挖断面,欠挖部分按规范要求进行修凿。然后放线定位,立模。

先拱后墙法施工,应按线路中先确定边墙模板的设计位置,然后搭设工作平台灌注边墙混凝土。这个支架模板必须牢靠,以免灌注混凝土时发生变形、移动和倾斜。特别应防止支架模板系统向隧道内凸出而使衬砌侵入限界。灌注前应清除边墙基底的虚渣和污物,排净积水。

对于先墙后拱法施工,拱架是架设在墙架立柱上的。先拱后墙法施工时,拱架的架设是直接支撑在地层上的钢拱架,每榀钢拱架一般分成二～三片,便于安装运输。钢拱架制成设计所需的形状,在工点拼装而成。若需要净空加宽,则在拱顶拼接处用钢夹板和螺栓连接即可。

拱架的标高要预留沉落量,先墙后拱法不大于 5cm,先拱后墙可参考表 6-4,并应在施工过程中按实际情况加以校正。由于测量误差、架立拱架的误差及施工中的各种原因,有可能在灌注时拱脚内挤,故在架设拱脚时拱脚每侧加宽 5～10cm,拱顶加高 5cm。

先拱后墙法施工拱架预留沉落量 表 6-4

围岩级别	III 及以下	IV	V	VI
预留沉落量(cm)	≤5	5～10	10～15	15～20

拱架和墙架的间距应根据围岩情况、跨度大小和衬砌厚度,并结合模板长度等因素确定。一般采用 1m,最大不超过 1.5m。各个拱架和墙架之间应设置纵向拉杆,最后一排应架设斜

撑，并联结牢靠。表 6-5 可作为参考。

拱架及墙架间距 表 6-5

围岩级别	I～II	IV～III	V～VI
间距(m)	1.5～1.0	1.2～0.8	0.8～0.6

目前，现场多采用钢模板，应注意在使用中尺寸型号要配套，并要经常将已有变形的钢模板予以修整，以保证衬砌尺寸准确、表面平顺光滑。

(二)混凝土的制备与运输

由于隧道内空间狭小，混凝土多在洞外拌制好后，用运输工具运送到工作面再灌注。

1. 配料

在混凝土制备中应严格按照选定的原材料重量配合比配料，特别要严格控制加水量，保证水灰比的正确性。使混凝土硬化后能获得设计所要求的强度和耐久性，有使拌和物具有施工要求的和易性。新拌和好的混凝土的坍落度，边墙处为 1～4cm，拱圈及其他施工不便之处为 2～5cm。

2. 搅拌与运送

混凝土的拌和，一般用采用机械搅拌。每次拌和时间约为 1.5～2.5min，以拌和均匀、色泽一致、石子表面应被砂浆包裹为度。

为了保证混凝土的质量，最好采用混凝土搅拌输送车，并注意下列要求：

(1)混凝土在运输过程中不得发生分层离析、漏浆、严重的泌水现象，以免破坏混凝土的均匀性；

(2)运送至浇筑地点时，混凝土的坍落度损失值不得超过原规定的 30%，使其仍具有较好的流动性；

(3)从搅拌机出料到浇筑振捣完毕，不得超过混凝土的初凝时间 15min 。

(三)灌注与振捣

为了确保混凝土衬砌的强度、整体性和密实度，灌注应做到内实外光、新旧混凝土在接茬处结合良好，每层混凝土得到充分振捣。

1. 灌注

衬砌的混凝土灌注应划分环节进行，在松软地层一般每个环节长度不超过 6m。混凝土灌注时的自由倾落高度不宜超过 2m。

混凝土的灌注应左右两侧分层对称进行，分层厚度一般为 30cm，两侧高差最大不超过 50cm。同时必须保证灌注作业的连续性，灌注层之间的时间间隔，应使混凝土在前一层初凝前浇筑完毕。否则，应按施工接缝进行处理。

2. 振捣

混凝土的捣固工作，应使用振动器进行。通过强烈的机械振动，使混凝土拌和物料克服颗粒间的摩擦力和黏聚力，从而增强砂浆的流动性，使集料滑动下沉、砂浆填充满集料间的空隙、气泡上浮；同时也使拌和物填满模板的各个角落。

(四)养护与拆模

1. 养护

为了保证混凝土强度的正常增长，使混凝土具有良好的硬化条件，防止早期干缩产生的裂纹，应在灌注后 12h 内，根据气候条件、混凝土的品种、洞内环境的湿度等立即进行养护。

当隧道内相对湿度＞90％ 时，不洒水养护；相对湿度在 60％～90％时，应洒水保育不少于 7～14d；相对湿度＜60％时，洒水保育 14～21d。对于普通硅酸盐水泥，洒水养生不少于 7d；掺有外加剂或有抗渗剂的混凝土洒水养生不少于 14d。

2. 拆模

当混凝土达到相应设计强度，满足有关施工规则要求后方可拆模。

不承重的模板和端头挡板，如直墙、水沟和电缆槽等，一般达到 2.5MPa 时拆模；承重模板，如曲墙和单线隧道拱圈，达到设计强度的 70％以上时拆模；围岩压力很大的单线、双线和多线隧道的拱圈，应达到设计强度的 100％方可拆模。

五 模筑混凝土的综合机械化施工及其机具

全断面隧道开挖时，灌注整体式混凝土衬砌有着良好的条件来实现综合机械化。综合机械化是把配料、混凝土搅拌、运输、立模、灌注、捣固等主要施工过程的机械化配套进行，其中以机械化搅拌站、混凝土输送泵和全断面模板台车的配套使用为主。

(一)混凝土搅拌站

目前，隧道施工中用的混凝土搅拌站分为集中搅拌式和分散搅拌式两种。对于长大隧道或隧道群施工，现在都趋于集中搅拌式为主。

搅拌站多设置在洞口附近，由一定数量的混凝土搅拌设备及相关设施组成。砂、石料分别堆集于储料仓内，通过电钮启闭料仓底部的活动门，是砂、石集料分别经由胶带运输机运至进料斗计量后进入；水泥由电动卷扬机通过吊笼提升到平台，人工配合拆包倾入进料斗；再经过分料槽到各台搅拌设备，自动加水搅拌后卸入混凝土输送车运至浇筑处，从而能实现混凝土的配料、计量、上料、搅拌和出料的全系列自动化。

(二)混凝土输送泵

混凝土泵是通过管道压送混凝土的灌注机械。

风动输送泵装置的结构比较简单，操作方便，能间歇输送，每次压送后管道内没有剩余的混凝土拌和物，消耗动力小，清洗容易，因而应用广泛。它是利用压缩空气将混凝土从钢罐内压入输送管中，并沿管道吹送到终端，经过减压器降低速度和冲击而后卸出。

使用中应注意：

(1)粗集料尺寸应不大于输送管道内径的 1/3。水灰比一般采用 1.5～0.6；坍落度以 5～10cm 为佳；

(2)管路要顺直，安装良好，不漏气；

(3)输送混凝土工作压力一般为 0.5～0.6MPa，如发生堵管，应立即停泵检查处理。

(三)全断面金属模板台车

金属模板台车是灌注混凝土时的工作平台,并用以支撑钢模,通过液压操纵对钢模进行装拆,是衬砌灌注综合机械化的重要设备。

模板台车可分为:整体移动式和穿越式(分体式)。

1. 整体移动式模板台车(图 6-12)

整体移动式模板台车采用大块曲模板、机械或液压脱模、背附式振动设备集装成整体,并在轨道上走行。它只有一套模板,与移动装置固定在一起,台车就位灌注混凝土后,须经过养护至规定强度时才能拆模前移。

整体式台车主要适用于全断面一次开挖成形或大断面开挖成形的隧道衬砌施工。

2. 穿越式(分体式)模板台车

穿越式(分体式)模板台车是将走行机构与整体模板分离,因此一套走行机构可以解决几套模板的移动问题。台车就位灌注混凝土后约 12h,可撤走支承车架,仅用模板支撑已灌注的衬砌;台车后腿至养护达到强度的灌注部位,用车架拆下模板,移动至新的灌注地点继续作业。既提高了走行机构的利用率,又可以多段衬砌同时施作。

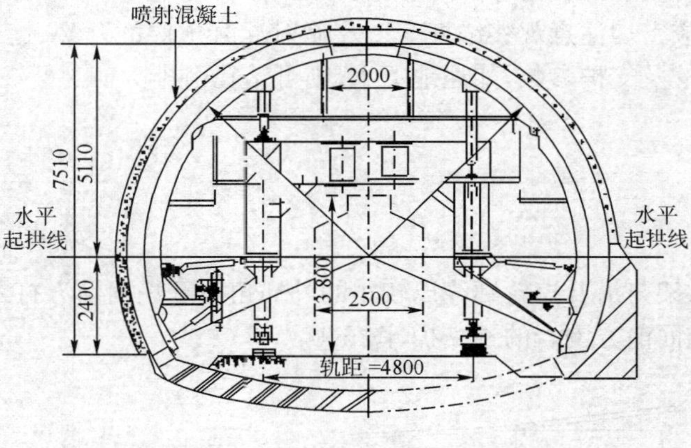

图 6-12 整体移动式模板台车(尺寸单位:mm)

第四节 辅助施工法

一 超前锚杆

1. 构造组成

超前锚杆是沿开挖轮廓线,以稍大的外插角,向开挖面前方安装锚杆,形成对前方围岩的预锚固,在提前形成的围岩锚固圈的保护下进行开挖等作业(图 6-13)。

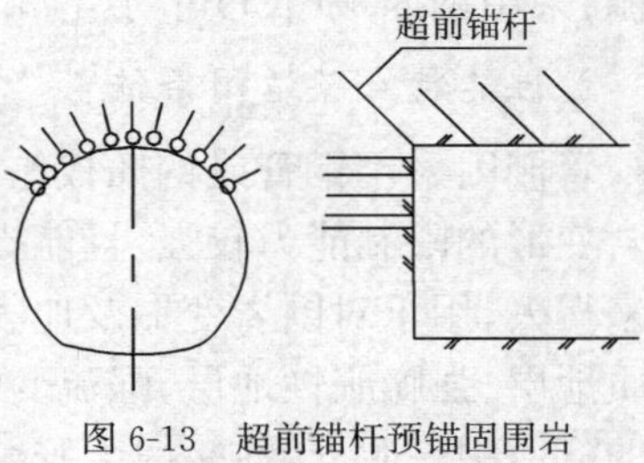

图 6-13 超前锚杆预锚固围岩

2. 性能特点及适用条件

这类超前支护的柔性较大,整体刚度较小。虽然它们都可以与系统锚杆焊接以增强其整体性，但对于围岩应力较大时，其后期支护刚度就有些不足。因此此类超前支护主要适用于应力不太大、地下水较少的软弱破碎围岩的隧道工程中，如土砂质地层、弱膨胀性地层、流变性较小的地层、裂隙发育的岩体、断层破碎带等、浅埋无显著偏压的隧道。也适用于采用中小型机械施工的隧道。

3.设计、施工要点

(1)此类超前锚杆的超前量、环向间距、外插角等参数，应视围岩地质条件、施工断面大小、开挖循环进尺和施工条件而定。一般，超前长度为循环进尺的3～5倍，宜采用3～5m长，环向间距采用0.3～1.0m；外插角宜用10°～30°；搭接长度宜为超前长度的40%～60%左右，即大致形成双层或双排锚杆。

(2)超前锚杆宜用早强砂浆全黏结式锚杆，锚杆材料可用不小于$\phi22$的螺纹钢筋。

(3)超前锚杆的安装误差，一般要求孔位偏差不超过10cm，外插角不超过1°～2°，锚入长度不小于设计长度的96%。

(4)开挖时应注意保留前方有一定长度的锚固区，以使超前锚杆的前端有一个稳定的支点。其尾端应尽可能地多与系统锚杆及钢筋网焊接。若掌子面出现滑坍现象，则应及时喷射混凝土封闭开挖面，并尽快打入下一排锚杆，然后才能继续开挖。

(5)开挖后应及时喷射混凝土，并尽快封闭环形初期支护。

(6)开挖过程中应密切注意观察锚杆变形及喷射混凝土层的开裂、起鼓等情况，以掌握围岩动态，及时调整开挖及支护参数，如遇地下水，则可钻孔引排。

二 管棚

1.构造组成

管棚是利用钢拱架与沿开挖轮廓线以较小的外插角向开挖面前方打入钢管或钢插板构成的棚架来形成对开挖面前方围岩的预支护(图6-14)。

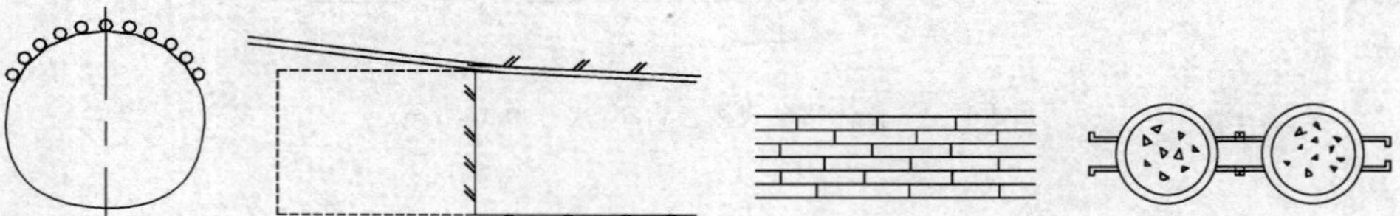

a)　　b)　　c)

图6-14　管棚预支护围岩(长管棚)

a)棚管的环向布置；b)管棚钢管纵向错接；c)钢管端部横向连接

采用长度小于10m的小钢管的称为短管棚；采用长度为10～45m且较粗的钢管的称为长管棚；采用钢插板(长度小于10m)的称为板棚。

2.性能特点及适用条件

管棚因采用钢管或钢插板作纵向预支撑，又采用钢拱架作环向支撑，其整体刚度加大，对围岩变形的限制能力较强，且能提前承受早期围岩压力。因此管棚主要适用于围岩压力来得快来得大，用于对围岩变形及地表下沉有较严格限制要求的软弱破碎围岩隧道工程中。如土砂质地层、强膨胀性地层、强流变性地层、裂隙发育的岩体、断层破碎带、浅埋有显著偏压等围岩的隧道中。此外，在一般无胶结的土及砂质围岩中，可采用插板封闭较为有效；在地下水较多时，则可利用钢管注浆堵水和加固围岩。

短管棚一次超前量少，基本上与开挖作业交替进行，占用循环时间较多，但钻孔安装或顶入安装较容易。

长管棚一次超前量多，虽然增加了单次钻孔或打入长钢管的作业时间，但减少了安装钢管的次数，减少了与开挖作业之间的干扰。在长钢管的有效超前区段内，基本上可以进行连续开挖，也更适于采用大中型机械进行大断面开挖。

3. 设计、施工要点

(1)管棚支护结构一般按松弛荷载理论进行设计。

(2)管棚的各项技术参数要视围岩地质条件和施工条件而定。长管棚长度不宜小于10m，一般为10～45m；管径70～180mm，孔径比管径大20～30mm，环向间距为0.2～0.8m；外插角1°～2°；两组管棚间的纵向搭接长度不小于1.5m；钢拱架常采用工字钢拱架或格栅钢架。

(3)钢拱架应安装稳固，其垂直度允许误差为±2°，中线及高程允许误差为±5cm；钢管应从工字钢腹板圆孔穿过，或穿过花钢拱架；钻孔方向应用侧斜仪检查控制，钢管不得侵入开挖轮廓线。钻孔平面误差不大于15cm，角度误差不大于0.5°。

(4)第一节钢管前端要加工成尖锥状，以利于导向插入。要打一眼，装一管，由上而下顺序进行。

(5)长钢管应用4～6m的管节逐段接长，打入一节，再接续后一节，连接头应采用厚壁管箍，上满丝扣，丝扣长度不小于15cm；为保证受力的均匀性，钢管接头应纵向错开，一般按编号，偶数第一节用4m，奇数第一节用6m，以后各节均采用6m。

(6)当需增加管棚刚度时，可在安装好的钢管内注入水泥砂浆，一般在第一节管的前段管壁交错钻10～15mm孔若干，以利排气和出浆，或在管内安装出气导管，浆注满后方可停止压注。

(7)水泥砂浆应用牛角泵或其他能满足要求的设备灌注。砂浆标号可用C20～C30，并适当加大灰砂比。

(8)钻孔时如出现卡钻或坍孔，应注浆后再钻，有些土质地层则可直接将钢管顶入。

三 超前小导管注浆

1. 构造组成

超前小导管注浆是在开挖前，先用喷射混凝土将开挖面和5m范围内的坑道封闭，然后沿坑道周边向前方围岩打入带孔小导管，并通过小导管向围岩压注起胶结作用的浆液，待浆液硬化后，坑道周围岩体就形成了一个有一定厚度的加固圈。在此加固圈的保护下即可安全地进行开挖等作业(图6-15)。若小导管前端焊一个简易钻头，则可钻孔、插管一次完成，称为自进式注浆锚杆。

2. 性能特点及适用条件

浆液被压注到岩体裂隙中并硬化后，不仅将岩块或颗粒胶结为整体起到加固作用，而且填塞了裂隙，阻隔了地下水向坑道渗流的通道，起到了堵水作用。因此，超前小导管注浆不仅适用于一般软弱破碎围岩，也适用于地下水丰富的软弱破碎围岩。

3. 小导管布置和安装

(1)小导管钻孔安装前,应对开挖面及5m范围内的坑道喷射5～10cm厚的混凝土封闭。

(2)小导管一般采用ϕ32mm的焊接钢管或ϕ40mm的无缝钢管制作,长度为3～6m,前端收成尖锥形,前段管壁上每隔10～20cm交错钻眼,眼孔直径宜为6～8mm。

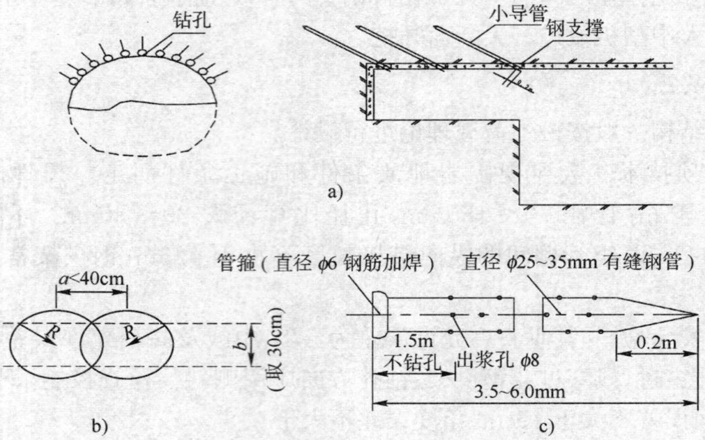

图6-15 超前小导管注浆预加固围岩

a)超前小导管布置;b)注浆半径及孔距选择;c)小导管全图

(3)钻孔直径应较管径大20mm以上,环向间距应按地层条件而定。渗透系数大的,间距亦应加大,一般采用20～50cm;外插角应控制在10°～30°之间,一般采用15°。

(4)Ⅴ级围岩劈裂、压密注浆时可采用单排管;Ⅵ级围岩或处理坍方时可采用双排管;地下水丰富的松软层,可采用双排以上的多排管;渗入性注浆宜采用单排管;大断面或注浆效果差时可采用双排管。

(5)小导管插入后应外露一定长度,以便连接注浆管,并用塑胶泥(40Be水玻璃拌525号水泥)将小导管周围孔隙封堵密实。

4. 注浆材料

(1)注浆材料种类及适用条件

①在断层破碎带及砂卵石地层(裂隙宽度或颗粒粒径大于1mm,渗透系数$k \geqslant 5\times10^{-4}$m/s)等强渗透性地层中,应采用料源广且价格便宜的注浆材料。一般,对于无水的松散地层,宜优先选用单液水泥浆;对于有水的强渗透地层,则宜选用双液水泥—水玻璃浆,以控制注浆范围。

②断层泥地带,当裂隙宽度(或粒径)小于1mm,或渗透系数$k \geqslant 10^{-5}$m/s时,注浆材料宜优先选用水玻璃类或木胺类浆液。

③中、细、粉砂层、细小裂隙岩层及断层泥地段等弱渗透地层中,宜选用渗透性好、低毒及遇水膨胀的化学浆液,如聚氨酯类。

④对于不透水的黏土层,则宜采用高压劈裂注浆。

(2)注浆材料的配比

注浆材料的配比应根据地层情况和胶凝时间要求,并经过试验而定,一般的:

①采用水泥浆液时,水灰比可采用0.8∶1～2∶1,需缩短凝结时间,则可加入氯盐、三乙醇胺速凝剂。

②采用水泥—水玻璃浆液时，水泥浆的水灰比可采用 0.8∶1～1.5∶1；水玻璃浓度为 25°～40°Be，水泥浆与水玻璃的体积比宜为 1∶1～1∶0.3。

5. 注浆

(1)注浆设备性能良好，工作压力应满足注浆压力要求，并应进行现场试验运转。

(2)小导管注浆的孔口最高压力应严格控制在允许范围内，以防压裂开挖面，注浆压力一般为 0.5～1.0MPa，止浆塞应能经受注浆压力。注浆压力与地层条件及注浆范围要求有关，一般要求单管注浆能力扩散到管周 0.5～1.0m 的半径范围内。

(3)要控制注浆量，即每根导管内已达到规定注浆量时，就可结束；若孔口压力已达到规定压力值，但注入量仍然不足，亦应停止注浆。

(4)注浆结束后，应做一定数量的钻孔检查或用声波探测仪检查注浆效果，如未达到要求，应进行补注浆。

(5)注浆后应视浆液种类，等待 4h(水泥—水玻璃浆)～8h(水泥浆)方可开挖，开挖长度应按设计循环进尺的规定，以保留下一定长度的止浆墙(亦即超前注浆的最短超前量)

(6)自进式注浆锚杆又称迈式锚杆，它是将超前锚杆与超前小导管注浆相结合的一种先进的超前支护措施。它主要作了以下几点改进。

其一是它在小导管的前端焊接了一个简易的一次性钻头或尖端，从而将钻孔和顶管同时完成，缩短了导管安装时间；尤其适用于钻孔易坍塌的地层。

其二是对于可以采用水泥浆的地层，它改用水泥砂浆压注，可进一步降低造价。

其三是它的管体采用波纹或变径外形，以增加黏结和锚固力，增强了加固效果。

四 超前深孔帷幕注浆

上述超前小导管注浆，对围岩加固的范围和加固处理的程度是有限的，作为软弱破碎围岩隧道施工的一项主要辅助措施，它占用时间和循环次数较多。因此，在不便采取其他施工方法(如盾构法)时，深孔预注浆加固围岩就较好地解决了这些问题。注浆后即可形成较大范围的筒状封闭加固区，称为帷幕注浆。

1. 注浆机理及适用条件

注浆机理可以分为两种：

一种是对于破碎岩层、砂卵石层、中、细、粉砂层等有一定渗透性的地层，采用中低压力将浆液压注到地层中的空穴、裂缝、孔隙里、凝固后将岩土或土颗粒胶结为整体，称为“渗透注浆”。

另一种是对颗粒更细的黏土质不透水(浆)地层，采用高压浆液强行挤压孔周，使黏土层劈裂成缝并充塞凝结于其中，从而对黏土层起到了挤压加固和增加高强夹层加固作用，称为“劈裂注浆”。因此深孔预注浆可适用于所有软弱破碎围岩的加固。

深孔预注浆一般可超前开挖面 30～50m，可以形成有相当厚度和较长区段的筒状加固区，从而使得堵水的效果更好，也使得注浆作业的次数减少，它更适用于有压地下水及地下水丰富的地层中，也更适用于采用大中型机械化施工，见图 6-16。

如果隧道埋深较浅，则注浆作业可在地面上进行；对于深埋长大隧道可利用辅助平行导坑对正洞进行预注浆，这样都可以避免与正洞施工的干扰，缩短施工工期，如图 6-16 所示。

2. 注浆范围

图 6-16 中已示意出对围岩进行注浆加固的大致范围，即形成筒状加固区。要确定加固区的大小，即确定围岩塑性破坏区的大小，可以按岩体力学和弹塑性理论计算出开挖坑道后围岩的压力重分布结果，并确定其塑性破坏区的大小，这也就是应加固的区域大小。

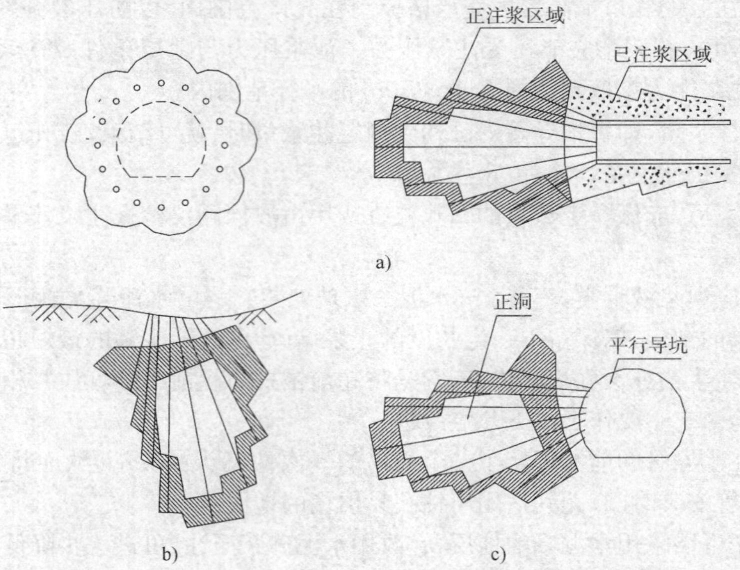

图 6-16　超前深孔帷幕注浆

a)洞内超前注浆；b)地表超前支护；c)平导超前注浆

3. 注浆数量及注浆材料选择

注浆数量应根据加固区需充填的地层孔隙数量来确定。一般来讲，不可能也无需将全部孔隙充填密实，就可以达到加固和堵水的目的。

为了做好注浆工作，必须事先对被加固围岩进行土力学试验，查清围岩的透水系数、土颗粒组成、孔隙率、饱和度、密度等。必要时还要做现场注浆和抽水试验。注浆材料的选择参见小导管注浆部分。

4. 钻孔布置及注浆压力

图 6-16 中已示出了几种注浆钻孔的布置方式。另外，对于浅埋隧道，还可以采用平行布置方式，即注浆钻孔均呈竖直方向并相互平行分布，但每钻一孔即需移动钻机。

钻孔间距要视地层条件、注浆压力及钻孔能力等来确定。一般，渗透性强的地层，可采用较低的注浆压力和较大的钻孔间距，钻孔量也少，但平均单孔注浆量大。

注浆压力应根据地层条件、机械能力等因素在现场试验确定。

5. 施工要点

(1)注浆管。一般采用带孔眼的焊接钢管或无缝钢管。注浆管壁上有眼部分的长度应根据注浆孔的位置和注浆区域来确定，其余部分不钻眼，并用止浆塞将其隔开，使浆液只注入到有效区域。止浆塞常用的有两种，一种是橡胶式，一种是套管式。安装时，将止浆塞固定在注浆管上的设计位置，一起放入钻孔，然后用压缩空气或注浆压力使其膨胀而堵塞注浆管与钻孔之间的间隙，此法主要用于深孔注浆。

另外，若采用全孔注浆，则可以用铅丝、麻刀或木楔等材料在注浆孔口将间隙堵塞。但全孔注浆因浆液流速慢，易造成“死管”问题，尤其是深孔注浆时。

(2)钻孔。钻孔可用冲击式钻机或旋转式钻机，应根据地层条件及成孔效果来选择。钻孔位置应满足设计要求，孔口位置偏差不超过 5cm，孔底位置偏差不超过孔深的 1%。钻孔应清洗干净，并作好钻孔检查记录。

(3)注浆顺序。应先上方后下方，或先内圈后外圈，先无水孔后有水孔，先上游(地下水)后下游顺序进行。应利用止浆阀保持孔内压力直至浆液完全凝固。

(4)结束条件。注浆结束条件应根据注浆压力和单孔注浆量两个指标来判断确定。单孔结束条件为：注浆压力达到设计终压；浆液注入量已达到计算值的 80%以上。全段结束条件为：所有注浆孔均已符合单孔结束条件，无漏注。注浆结束后必须对注浆效果进行检查，如未达到设计要求，应进行补孔注浆。

(5)注浆检查。除在注浆前进行钻孔质量、材料质量检查、注浆后对注浆效果检查外，注浆过程中应密切注意注浆压力的变化。采用双液注浆时，应经常测试混合浆液有胶凝时间，发现问题应及时处理。

(6)开挖时间。注浆后应视浆液种类，等待 4h(水泥—水玻璃浆)～8h(水泥浆)方可开挖，但最后应注意保留止浆墙，并进行下一循环的注浆。若注浆工作在正洞以外进行，则超前时间易于保证。

第五节　量　　测

由于对地下工程的受力特点及其复杂性认识的加深，自 20 世纪 50 年代以来，国际上就开始通过对地下工程的现场量测来监控围岩和支护的稳定性，并应用现场量测结果修正设计和指导施工。

一 量测的目的

(1)掌握围岩在施工中的动态，控制围岩变形。

(2)了解支护结构的效果，及时采取措施，安全施工。

(3)修正设计，保证隧道既安全又经济。

二 量测项目

量测的项目分为必测和选测项目。必测项目有地质和支护状况观察；周边位移；拱顶下沉；锚杆或锚索内力及抗拔力。选测项目有地表下沉；围岩体内位移；围岩与支护间的压力等。选测项目根据围岩地质条件、隧道工程结构、工程施工及环境条件进行选择。

监测项目应根据不同工程的特点来确定，主要取决于工程规模、重要性程度；地下工程的形状、工程结构和支护特点；地应力大小和方向；工程地质条件；施工方法；在尽量减少施工干扰的情况下，要能监控整个工程的主要部位。位移监测是最直接易行的，因而应作为监测的重要项目。对于浅埋工程，地表沉降和支护结构的受力状况监测也是极其重要的。我国《地下铁道工程施工及验收规范》(GB 50299—1999)中将浅埋暗挖法施工的监测项目分为应测项目和选测项目，见表 6-6。

浅埋暗挖法工程主要监测项目 表 6-6

类别	监测项目	监测仪器	测点布置	监测目的	监测频率
应测项目	围岩与支护状态	地质素描及拱架支护状态观察	每一开挖循环	了解施工过程中实际地质情况和支护结构变形情况，为变更支护参数提供依据	(1)开挖面距监测断面前后＜2D 时，1～2 次/d (2)开挖面距监测断面前后＜5D 时，1 次/2d (3)开挖面距监测断面前后＞5D 时，1 次/周
	地表、地表建筑、地下管线及结构物沉降	水准仪和水准尺	每 10～50m 一个断面	了解施工过程中地表、地下管线、建筑物与倾斜情况，评估周边环境是否安全	
	拱顶下沉	水准仪和水准尺	每 5～30m 一个断面，每断面 1～3 对测点	了解施工过程中初期支护结构变形情况	
	周边净空收敛	收敛计	每 5～100m 一个断面，每断面 2～3 个测点	了解施工过程中初期支护结构变形情况	
	岩体爆破地表质点振动速度和噪声	声波仪及测振仪	质点振动速度根据结构要求设点，噪声根据规定的测距设置	了解爆破引起地表及建筑物的振动及噪声情况，为爆破设计提供参数	随爆破随时进行
选测项目	围岩与结构内部位移	多点位移计、测斜仪等	选择代表性地段设监测断面，每断面 2～3 个测孔	了解施工过程中地层不同深度的变形情况，研究施工引起的地层位移规律	(1)开挖面距监测断面前后＜2D 时，1～2 次/d (2)开挖面距监测断面前后＜5D 时，1 次/2d (3)开挖面距监测断面前后＞5D 时，1 次/周
	围岩与支护结构间压力	压力传感器	选择代表性地段设监测的断面，每断面 10～20 个测点	了解施工过程中初期支护结构的荷载分布情况	
	钢筋格栅拱架内力	钢筋计或其他测力计	取代表性地段设监测断面，每断面 10～20 个测点	了解施工过程中初期支护结构的内力分布情况	
	初期支护、二次衬砌内力及表面应力	混凝土应变计或应力计	必要时进行		
	锚杆内力、抗拔力及表面应力	锚杆测力计及拉拔器		检查和检验锚杆的安装质量和了解抗拉拔强度是否符合要求，要进行锚杆拉拔测试。用于测试锚杆的锚固强度是否达到规范的要求	

注：D 为隧道直径。

三 量测方法

(一)地质素描

与隧道施工进展同步进行的洞内围岩地质(和支护状况)的观察和描述,通常称为地质素描。它是隧道设计和施工过程不可缺少的一项重要地质详勘工作,是围岩工程地质特性和支护措施的合理性的最直观、最简单、最经济的描述和评价。

(二)水准仪测拱顶下沉或地表下沉

由已知高程的临时或永久水准点,使用较高精度的水准仪,就可观测出隧道拱顶或隧道上方地表各点的下沉量及其时间的变化情况。隧道底鼓也可用此法观测。通常这个值是绝对位移值。另外也可以用收敛计测拱顶相对于隧道底的相对位移。

(三)坑道周边相对位移

隧道开挖后,围岩向坑道方向的位移是围岩动态的最显著表现,最能反映出围岩(或围岩加支护)的稳定性。因此对坑道周边位移的量测是最直接、最直观、最有意义、最经济和最常用的。为量测方便起见,除对拱顶、地表下沉及底鼓可以量测绝对位移外,坑道周边其他各点,一般均用收敛计量测其中两点之间的相对位移值,来反映围岩位移动态。

(四)围岩内部位移

围岩内部各点的位移同坑道周边位移一样是围岩动态表现。它不仅反映了围岩内部的松弛程度,而且更能反映围岩松弛范围的大小,这也是判断围岩稳定性的一个重要参考指标。在实际量测工作中,先是向围岩钻孔,然后用位移计量测钻孔内(围岩内部)各点相对于孔口(岩壁)一点的相对位移。

四 量测期间及量测频率的确定

1. 量测期的确定

在稳定性较好的围岩中,其变形收敛快,一般量测 7d 就可以判断围岩稳定状态;而在塑性流变岩体中,其变形收敛时间长,有时可达两个月以上,则需进行较长时间的观测。确定量测期间一般的原则是:对变形量小、收敛快的,其量测期间可短些;对变形量大,持续时间长的,其量测期间就要长一些;量测的开始时间应尽量提早。一般要求,初始读数的测取,应在开挖后 24h(最好 12h)内完成,且应在下一循环开挖前提前完成。

2. 量测频率的确定

在整个量测期间,量测频率并不是均匀的。原则上讲,应当是变形速度快,量测频率要高;变形速度慢,量测频率可低。

坑道开挖后,围岩的早期变形速度快,量测频率要高,应每日 1～2 次观测;后期变形速度减缓,量测频率可低,如每月 1～2 次。

五 量测的控制标准

(1)水平相对位移的允许收敛率见表 6-7。

水平相对位移收敛率(%)　　表 6-7

埋深(m) 围岩级别	<50	50~300	301~500
III	0.1~0.3	0.2~0.5	0.4~1.2
IV	0.15~0.5	0.4~1.2	0.8~2.0
V	0.2~0.8	0.6~1.6	1.0~3.0

注:收敛率是指两测点的水平相对位移与该两测点间距离之比。
脆性围岩的隧道取表中较小值,塑性则取较大值。

(2)允许位移速度,规定为周边位移 0.1~0.2mm/日;拱顶下沉速度 0.07~0.15mm/日。

(3)位移加速度,如果围岩位移速度呈典型的蠕变曲线特征,即先减速,后等速或呈明显的加速趋势,则表明围岩正向不稳定方向发展或已出现破坏。

第六节　辅 助 作 业

在隧道修建时,开挖坑道和修筑衬砌,称为基本作业。为基本作业提供必要的施工条件,并直接为基本作业服务的作业,称为辅助作业。辅助作业内容包括:一是通风防尘;二是压缩空气供应;三是施工给水与排水;四是施工供电与照明。

一 通风防尘

(一)施工通风的必要性及有关规定

在隧道施工中,洞内氧气减少且混入了各种有害气体与岩尘。其原因是:爆破时,炸药分解而放出一氧化碳、二氧化碳;隧道内施工人员的呼吸要消耗氧气,呼出二氧化碳;坑木氧化腐朽,机具运转摩擦,亦会放出二氧化碳;隧道穿过煤层或某些地层,还会释放出瓦斯、硫化氢;钻眼、爆破和装渣等作业则会产生大量烟尘和污浊空气。此外,随着导坑不断向山体深部延伸,温度和湿度相应提高,对人体亦产生有害影响。

隧道施工中的有害气体有以下几种:一是一氧化碳,它是一种对人体危害很大的毒性气体;二是二氧化碳,它比空气重一倍,常积存于坑道底部,没有显著毒性,但有窒息作用;三是硫化氢,也是毒性很大的一种气体,比空气稍重,对眼膜、呼吸道有刺激作用;四是氮的氧化物如二氧化氮、五氧化二氮,来源于爆破,有剧毒;五是瓦斯又称沼气,无色、无臭、无味、无毒,但具有爆炸性,是一种危险气体。

此外,烟尘是使坑道内空气污浊的重要因素,其中游离二氧化硅(SiO_2)对人体危害很大,隧道施工人员长期吸入烟尘,将导致硅肺病。

隧道施工通风和防尘的目的,就是为和更换和净化坑道内的空气,冲淡有害气体的浓度,降低粉尘含量,保证施工人员的健康与安全,提高劳动生产率。

(二)通风方式

实施机械通风,必须有通风机和风道。按照风道的类型即通风机安装位置,分为以下几种通风方式:

1. 风管式通风

风管式通风是用软管作风道,根据隧道内空气流向的不同,又可分为压入式、吸出式、混合式三种型式。

1)压入式

如图 6-17 所示,通风机和局部扇风机把新鲜空气经风筒压入工作面,污浊空气沿隧道流出,它是一般隧道施工常用的方法。

压入式通风通的优点是:冲淡和排出炮烟的作用比较强;工作面回风不通过风机和通风管,对设备污染小,在有瓦斯涌出的工作面采用这种方式比较安全;可以用柔性风管;工作面的污浊空气沿隧洞流出,沿途一并带走隧洞内的粉尘及有毒、有害气体,对改善工作面的环境有利。其缺点是:在长距离掘进排出炮烟需要的时间长,通风排烟量较大,回风流污染整条隧洞。

2)吸出式通风

如图 6-18 所示,通风机或局部扇风机经风筒把工作面的污浊空气抽出,新鲜风流沿隧洞流入。

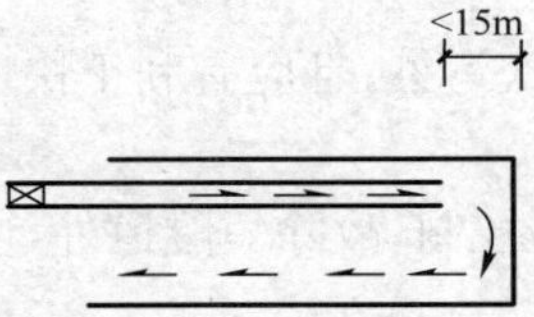

图 6-17　压入式通风

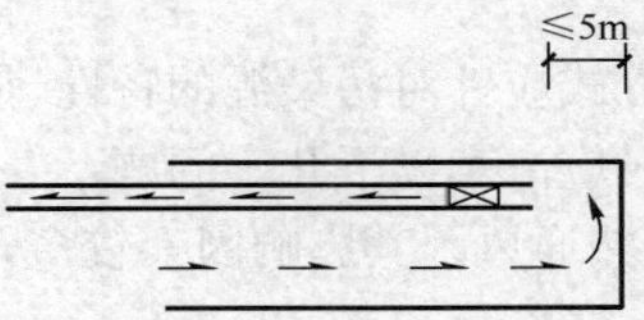

图 6-18　吸出式通风

抽出式通风在有效吸程内排烟效果较好,排出炮烟所需的风量小,回风流不污染隧道。但抽出式通风的有效吸程很短,只有当风筒口离工作面很近时才可以获得满意的结果。当风机或风筒距工作面很近时,往往造成工作面设备布置较困难。这种方法在工程中较少采用。

3)混合式通风

混合式通风系统如图 6-19 所示。这种方式综合了前两种方式的优点,适合于大断面长距离隧道通风,在机械化作业时更为有利。采用喷锚支护的隧道,喷浆地点的粉尘浓度很高,采用混合式通风,降尘效果十分明显。

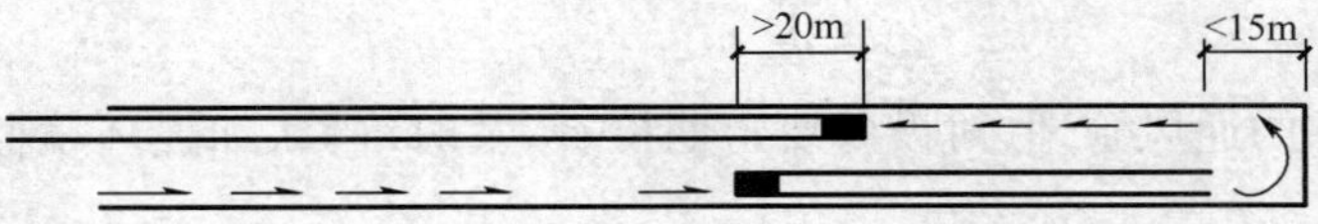

图 6-19　混合式通风

2. 巷道式通风

利用隧道本身和辅助坑道组成主风流和局部风流两个系统互相配合而达到通风目的。以有平行导坑的隧道为例来说明组成一个风流循环系统:在平导的侧面开挖一个通风洞,通风洞口安装通风机,平导的洞口设置两道风门,除最里面的一个横通道作风流通道外,其余的横通道全部设风门或堵塞。当主风机向外抽风时，平导内就产生负压，洞外新鲜空气就向洞内补充，由于平导口及横通道全部风门关闭或堵塞，新鲜空气只能由正洞进入，直至最前端横通道带动污浊空气经平导进入通风洞排出洞外，形成循环风流(图 6-20)。另外对平导和正洞导坑前面的独头巷道，再辅以局部的风管式通风。

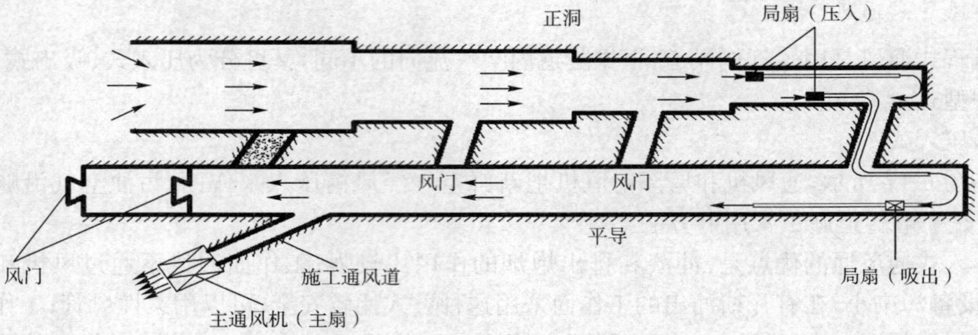

图 6-20　巷道式通风

这种通风方式，断面小，阻力小，可供应较大的风量，是目前解决长隧道施工通风比较有效的方法。

(三)通风方式的选择

通风方式应针对污染源的特性，尽量避免成洞地段的二次污染，且应有利于快速施工。因而在选择时应注意以下几个问题：

(1)自然通风因其影响因素较多，通风效果不稳定且不易控制，故除短隧道外，应尽量避免采用。

(2)压入式通风能将新鲜空气直接输送至工作面，有利于工作面施工，但污浊空气将流经整个坑道。若采用大功率、大管径风机，其适用范围较广。

(3)吸出式通风的风流方向与压入式相反，但其排烟速度慢，且易在工作面形成炮烟停滞区，故一般很少单独使用。

(4)混合式通风集压入式和吸入式的优点于一身，但管路、风机等设施增多，在管径较小时可采用，若有大管径、大功率风机时，其经济性不如压入式。

(5)利用平行导坑作巷道通风，是解决长隧道通风的方案之一，其通风效果主要取决于通风管理的好坏。若无平行导坑，如断面较大，可采用风墙式通风。

(6)选择通风方式时，一定要选用合适的设备即通风机和风管，同时要解决好风管的连接，尽量减少漏风率。

(7)搞好施工中的通风管理，对设备要定期检查，及时维修，加强环境监测，使通风效果更加经济合理。

(四)风机及风管布置

通风机有轴流式和离心式两类。在隧道施工通风中主要采用轴流式通风机。设置通风机时，其安装基础要充分承受机体重量和运行时产生的震动，或者水平架设到台架上。吸入口注意不要吸入液体和固体，而且要安装喇叭口以提高吸入、排出的效率。

放置在隧道内的风管，应设在不妨碍出渣运输作业、衬砌作业的空间处，同时要牢固地安装以免受到振动、冲击而发生移动、掉落。在衬砌模板台车附近，不要使风管急剧弯曲，以减少风压损失。风管一般均用夹具等安装在支撑构件上，若不使用支撑，只有喷混凝土和锚杆时，可在锚杆上装特殊夹具挂承力索，而后通过吊钩安装风管。风管的连接应密切，以减少漏风，一般管用密封带或垫圈，软管则用紧固件连接。风管可挂设在隧道拱顶中央、隧道中部或靠近边墙墙角等处，一般在拱顶中央处通风效果较好。

(五)通风管理

通风效果的好坏，与通风设备安装质量，维护管理的好坏，有十分重要的关系。地下坑道空间狭窄，风管受到炮崩车刮，导致漏风增加。巷道式通风则往往因风门安装不严或启闭无人过问而形成风流短路，这些都影响施工的安全与进度。因此，对通风应加强管理，制定切实的通风管理制度，固定专人看管，巡回检查和保养维修。

(六)防尘措施

在隧道施工中，有害气体的危害比较明显，故一般为人们所重视；而粉尘对人体的危害不能立即反映出来，因而往往被忽视。

粉尘的产生主要来自凿岩作业，约占洞内空气中含尘量来源的85%；其次是由爆破产生的约占10%；装渣运输只占5%。目前，推行湿式钻眼是防尘工作的主要措施。但要使坑道内含尘量降到2mg/m^{3}的标准，只靠湿式凿岩还是不够的，必须采取综合措施。

1.湿式凿岩

湿式凿岩即打“水风钻”，在钻眼时高压水通过钻头冲洗孔眼，润湿粉尘，防止岩粉飞散到空气中。

2.机械通风

机械通风是降低洞内粉尘浓度的重要手段。但现场有些工点，往往将炮烟吹散后，就把通风机关闭，实际上未能发挥机械通风在降低粉尘含量方面的效用。因此，必须要求在主要作业(钻眼、装渣等)进行期间，必须经常保持通风。

3.喷雾洒水

喷雾洒水和冲刷岩壁，不仅可以消除爆破出渣所产生的粉尘，而且可以吸收或溶解少量有害气体，并能降低坑道温度，使空气变得明净清爽。

4.个人防护

对于防尘而言，个人防护主要指戴防尘口罩，在凿岩、喷混凝土等作业时还要配带防噪声的耳塞及防护眼镜等。

二 压缩空气供应

在隧道施工中，由于以压缩空气为动力的风动机具结构简单而轻巧，因此得到广泛的采用，如凿岩机、风钻台车、装渣机、风动槽式列车和梭车、风动混凝土压送器、喷射混凝土机、压浆机、锻钎机等都是较通用的风动机具。这些风动机具所需要的压缩空气是由空气压缩机产生，并通过高压风管输送给风动机具的。

空气压缩机一般设置在洞外的空压机站内，空压机站生产的高压风量必须保证施工高峰期所有风动机具共同工作时需要的高压风量。

此外，风动机具要正常工作，还需要有足够的风压。其工作风压要求不小于0.5MPa，空压机生产的高压风的压强一般为0.7～0.8MPa，为保证工作风压，要尽量避免压缩空气在管路输送过程中的风压损失。主要措施是：接头要严密不漏风；主管路采用大直径高压风管（ϕ200mm或更大一点）；合理的管路布置。

三 施工给水与排水

施工中的给水与排水是同施工安全和创造良好的施工条件密切相关的。坑道内出现地下水会软化围岩，引起落石塌方；坑道底部积水不及时排除则会有碍钻眼、爆破和清底；坑道顶部淋水对工人健康不利，影响施工效率；水量过大时甚至会淹没工作面，迫使停工整顿；而坑道内凿岩、喷雾洒水、灌注衬砌以及洞外空压机冷却和施工人员生活等则均需用水。因此隧道工程既要有给水设施，又要有排水设施，方能确保施工顺利进行。

(一)施工给水

1.水质要求

凡无臭味、不含有害矿物质的洁净天然水都可作施工用水，但仍应做好水质化验工作，以便心中有数。生活用水更要求新鲜清洁。参照国家水质标准，施工用水要求见表6-8。

施工用水水质要求 表6-8

用水范围	水质项目	允许最大值
混凝土作业	硫酸盐含量(SO_4)	不大于1000mg/L
	pH值	不得小于4
	其他杂质	不含油、糖、酸等
湿式凿岩与防尘	细菌总数	在37℃养生24h不超过100个
	大肠菌总数	每升水中不超过3个
	浑浊度	不大于5mg/L，特殊情况不大于10mg/L

2.给水方式

给水的方式主要根据水源情况而定。常用水源有：①山上自流水或泉水；②河水；③钻井取水。

由上述水源自流引导或机械提升到蓄水池储存，并通过管路送达使用地点。个别缺水地区，可用汽车运水。

蓄水一般采用开口水池，其构造见图6-21。水池容积根据水源情况为一昼夜用水量的1/2～1/10（用水量大则贮水系数小），通常为50～150m^3。

水池位置应选择在基地坚固的山坡上，防止水池变形开裂，并避开隧道顶部，以免漏水渗入隧道，造成山体滑动或洞内塌方。

水池与工作面的相对高度，以水达到工作面时水压不小于0.3MPa折合水柱30m为准。因此，水池与它供水的最高工作面之间的高差应为：

$$H \geqslant 1.2(30 + h_{损}) \tag{6-16}$$

管路的水头损失 $h_{损}$ 的计算，可查阅有关手册。

给水管道，主管一般用 75～150mm 直径，支管用 50mm 直径。管道铺设应保证质量，确保不漏水。寒冷地区应有防冻措施。

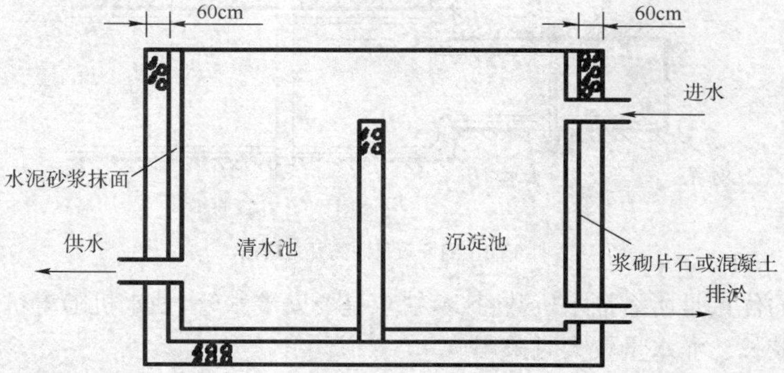

图 6-21　蓄水池的构造

(二)洞内排水

开挖隧道时，经常会有地下水进入坑道，施工防尘有废水排出，这些水都应及时引出洞外。排水方式应根据线路坡度情况和水量大小而定。

1. 顺坡施工的排水

向洞内开挖是上坡，叫顺坡施工。因时只需随导坑的延伸，在一侧挖水沟，使水顺坡自然排出洞外即可 。

若设有平行导坑时，则平导应较正洞低 0.2～0.6m，使正洞的水通过横通道引入平导排出，有利于正洞的正常施工。

2. 反坡施工的排水

向洞内开挖为下坡，叫反坡施工。因水向工作面汇集，需用机械排水。排水系统的布置有两种方式：

(1)分段开挖反坡水沟。在分段处挖积水坑，每个积水坑处设一抽水机，把水抽至后一段反坡，又最后一个抽水机把水排除洞外，如图 6-22 所示。

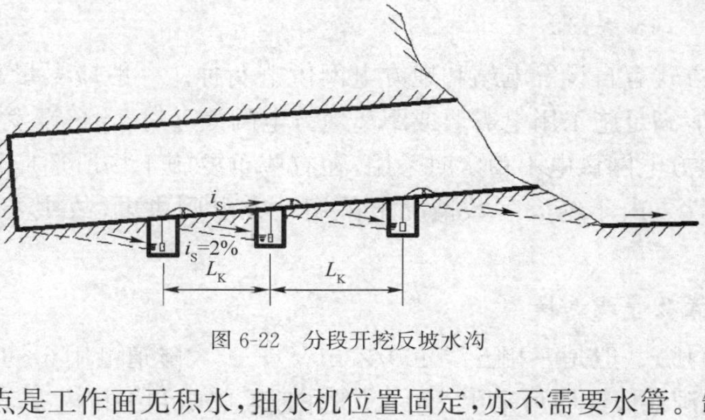

图 6-22　分段开挖反坡水沟

这种方式的优点是工作面无积水，抽水机位置固定，亦不需要水管。缺点是用的抽水机多，而且要开挖反坡水沟。一般隧道较短和坡度较小时采用。

(2)隔开较长距离开挖集水坑。开挖面的积水用小泵抽到最近的集水坑内，再用主抽水机将水排到洞外，如图 6-23 所示。

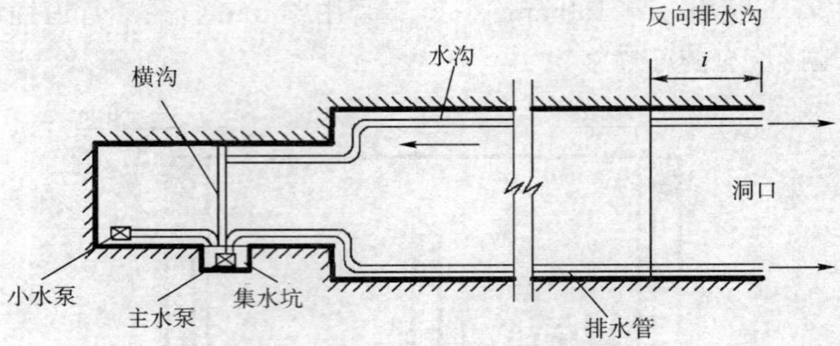

图 6-23　隔开较长距离开挖集水坑

这种方式的优点是所需抽水机数量少，缺点是要安装水管，抽水机随着坑道的掘进而拆迁前移。在隧道较长、涌水量较大时采用。

反坡施工的隧道，应对地下水涌水量有足够的估计，排水设施要有后备。必要时，应在导坑掌子面上钻较深的探水眼，防止突然遇到地下水囊、暗河等大量涌水进入坑道造成事故。

另外，施工排水的一个特殊方面是要防止洞外突然倒灌洞内。尤其在反坡施工及斜井施工时，洪水倒灌往往造成重大事故。为此，应做好洞口地表排水、截水设施。

四 施工供电及照明

随着隧道施工机械化程度的提高，隧道施工的耗电量较大，且负荷集中。同时为确保施工质量及施工安全，向隧道内供电的要求也较高，因此，施工供电非常重要。

(一)供电

1.施工用电量估算

在施工现场，电力供应首先要确定总用电量，以便选择合适的发电机、变压器、各类开关设备和线路导线，做到安全可靠供电，减少投资。确定现场供电负荷的大小时，不能简单地将所有用电设备的容量相加。因为在实际生产中，并非所有设备都同时工作，另外，处于工作状态的用电设备也并非均在额定工作状态。工地施工用电量，常采用估算公式进行计算。

2.供电方式

隧道施工供电方式有自设发电站和地方电网供电两种。一般应尽量采用地方电网供电，只有在地方供电不能满足施工用电需要或距离地方电网太远时，才自设发电站。此外，自发电还可作为备用，当地方电网供电不稳定时采用，在有些重要施工场所还应设置双回路供电网，以保证供电的稳定性。由于绝大多数情况下采用地方电网供电，故主要介绍变电站的有关内容。

3.供电线路布置及导线选择

(1)隧道供电电压，一般是三相五线 400/230(V)。长大隧道可用 6～10kV，动力机械的电压标准是 380 V；成洞地段照明可采用 220 V，工作地段照明和手持电动工具按规定选用安全电压供电。

(2)供电线路布置在成洞地段用 400/230(V)供电线路，一般采用塑料绝缘铝绞线或橡皮绝缘铝芯线架设；开挖、未衬砌地段以及手提灯应使用铜芯橡皮绝缘电缆。布置线路应注意以下几点：一是输电干线或动力、照明线路安装在同一侧时，必须分层架设。其原则是高压在上，低压在下；干线在上，支线在下；动力线在上，照明线在下，且应在风、水管路相对的一侧。二是隧道内配电线路分低压进洞和高压进洞两种。一般隧道在1000m以下（独头掘进时），采用低压进洞，电压为400V，配电变压器设在洞外；当隧道在1000m以上则采用高压进洞，以保证线路终端电压不致过低。高压进洞电压一般为10kV，配电变压器设在洞内。三是根据隧道作业特点，电线路架设分两次进行。在进洞初期，先用橡套电缆装设临时电路，随着工作面的推进，在成洞地段用胶皮绝缘线架设固定线路，换下电缆供继续前进的工作面使用。四是洞内敷设的高压电缆，在洞外与架空高压线连接时，应安装相同电压等级的阀型避雷器一组及开关设备。架设低压线路进洞，在洞口的电杆上，应安装低压阀型避雷器一组。五是不允许将通电的多余电缆盘绕堆放，以免引起电缆过热发生燃烧和增加线路电压降。六是低压进洞导线敷设方法分垂直、水平两种。水平排列占空间较大，影响施工机械通过，故一般采用垂直排列。垂直排列时，采用针式绝缘子固定，线间距为0.2m，下部导线离地面不小于3m，横担间距一般为10m。高压电缆进洞一般采用明敷设。明敷设是将电缆架设在明处，根据不同地段的具体条件，可分别用金属托架、挂钩或帆布带等固定。电缆线离地面不小于3.5m，横担间距一般为3～5m。七是线路需分支时，分支至所接设备的连接应使用橡套电缆，且每一分支接线应在接头与所接设备之间，安装开关和熔断器；照明线路则仅在总分支接头处设置开关和熔断器。分支接头处应按规定搭接，并用绝缘胶布包裹。

（二）照明

1.普通光源施工照明

（1）照明安全变压器作业地段照明必须使用安全变压器，其容量不宜过大，输入电压为220V，输出电压有36V、32V、24V、12V四个等级，以便按工作面的安全因素要求选用照明电压，并应装有按电源电压下降而能调整的插头。

（2）不同地段的照明布置

根据隧道施工规范要求，不同地段照明布置见表6-9。

不同地段的照明布置 表6-9

工作地段		灯头距离（m）	悬挂高度（m）	灯泡容量（W）
施工作业面		不少于15W/m²（断面较大时可适当采用投光灯）		
开挖地段和作业地段		4	2～2.5	60
运输巷道		5	2.2～3	60
特殊作业地段或不安全因素较多地段		2～3	3～5	100
成洞地段	用灯泡时	8～10	4～5	60
	用日光灯时	20～30	4～5	40
竖井内		3		60

注：在直线段，灯头距离采用表中大数，曲线段采用小数。

（3）事故照明设施

在主要交通道、竖井、斜井、涌水较大的抽水站、高压变电站等重要地点，应设事故照明装置以保证安全。

2. 新光源照明

普通光源一般使用的是电灯或荧光灯，优点是价格低，使用方便，但其耗电量较大且亮度较弱。而采用新光源，如低压卤钨灯、高压钠灯、钪钠灯、钠铊铟灯等，其优点一是大幅度地增加了施工工作面和场地的照度，为施工人员创造了一个明亮的作业环境，可保证操作质量；二是安全性能好；三是节电效果明显；四是使用寿命长，维修方便，减少电工的劳动程度。

第七节　案例（浅埋暗挖法地铁施工）

案例一　软—流塑状淤泥质地层，并在地面楼群下的地铁施工

南京地铁江路站至鼓楼站区间，长 303m 段穿越一流塑状淤泥质地层，该地层具有高压缩性，高灵活性，强度低，易产生蠕动，地下水丰富，又极难排水疏干，围岩基本无自稳能力等特点。地铁有近 100m 段穿越地面楼群（图 6-24），该楼群为 2～7 层的房屋，均为 20 世纪 70～80 年代建筑，基础均为条基，抵抗基础不均匀沉降能力低。各办公营业楼和居住大楼不能搬迁，须维持正常经营与居住。在繁华商业中心无法采用房屋搬迁后再用明挖的方法，又因区间规模较小，软—流塑地层区段较短，采用盾构法施工极不经济。在这种恶劣环境下采用特殊技术处理，成功地修建了建筑楼群下软—流塑状淤泥质地层中的城市地铁隧道，该工程主要采取了下列技术措施：

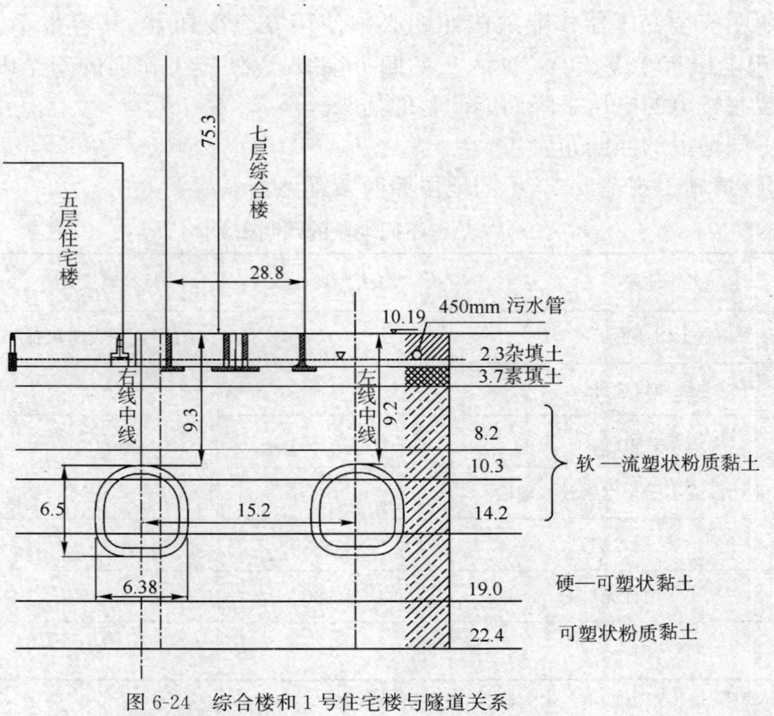

图 6-24　综合楼和 1 号住宅楼与隧道关系

①确定地面建筑的允许地表沉降

以《建筑地基基础设计规范》规定的允许不均匀沉降为基础，结合隧道工程本身特点，据地面沉降曲线规律和地面楼房状态和强度现状，确定了该工程楼房地基基础允许的地表沉降值为 30～48mm。

②大、小管棚结合超前预支护方案

本工程可供选择的预支护方案有大、小管棚结合超前预支护，水平旋喷拱棚超前预支护和水平冻结超前预支护等方案。经过各方案的造价、控制地表沉降的效果、技术的可行性及可靠性、工棚、施工难易程度及对环境的影响等指标进行定量和定性分析，以多目标模糊决策理论，进行了预支护方案的多目标优化决策，最后确定以大、小管棚相结合作为该工程的超前预支护方案。

超前预支护大管棚，采用直径 108mm 钢管，环向间距 0.35mm，管棚长 18m，搭接长度 4m，如图 6-25 所示。大管棚注浆材料为采用 32.5 级普通硅酸盐水泥—水玻璃双浆液，水玻璃浓度为 25～35Be°，模数 2.6，水泥浆水灰比 0.8：1～1：1，水泥浆与水玻璃体积比 1：1。

工程实践证明，大管棚刚度大，一次施作距离长，小管棚注浆加大了围岩固结体范围，增大了预支护拱棚的厚度，实现了围岩的稳定；同时工法成熟，工艺简单，工效高，工期短，造价低。发挥了大管棚和小管棚预支护的各自优点，形成了软—流塑状淤泥质地层下有效、可靠的预支护形式。

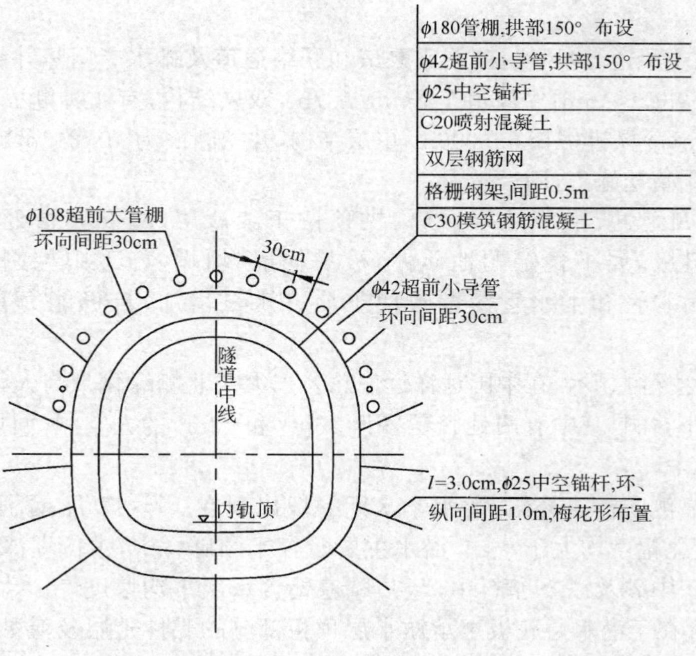

图 6-25　超前大管棚和超前小导管

③软—流塑状淤泥质地层注浆加固

软—流塑状地层具有高压缩性、高灵敏度、强度低、易产生蠕动、地下水丰富、孔隙率低、透水性差的特点。而在该中淤泥质粉土层中，传统的渗透性注浆及水泥注浆材料可注性差，注浆效果难以保证。根据本工程的特点，进行了大量的注浆材料的选择和配比室内试验，选择了 HC-T 凝结时间可调的高强早凝水泥作为主要注浆材料，以高压劈裂分段后退注浆方式进行围岩加固注浆，注浆有效扩散半径 0.75m，形成了注浆孔周边渗入和压密的浆液固结体以及较大范围的浆脉固结体，有效地加固了围岩，疏干了地下水，稳定了掌子面，减少了地表沉降量。

④系统完整的信息化施工

施工中成立了专门的监测及信息反馈队伍，制定了科学严密的安全量测实施计划，在本段施工过程中，针对软—流塑地层高压缩性、地面建筑物密集的一些施工难点，共布置了近 2000 个测点进行了地表沉降、拱顶沉降、净空收敛等量测项目的监测，收集了大量的监测资料，及时掌握了各过程中的动态，有效地指导和控制了施工过程，保证了施工及地面建筑物和管线的安全。

案例二　松散含水地层大断面浅埋洞室施工

①工程概况及难度

北京地铁“复—八”线王府井站西南风道位于东长安街下，其出口在北京饭店对面，中国远洋运输总公司和长安俱乐部大楼之间的夹道中，所处位置极为显要，施工场地极为狭窄。风道结构距中远公司大楼 3.0m，该楼高 6 层，砖混结构；距长安俱乐部大楼 4.5m，该大楼 8 层，混凝土结构。在风道西侧有 2 根直径 50cm 煤气管线，距结构 0.5m。隧道开挖及降水对附近建筑物及地下管网的影响不可忽视。结构覆土内部有一根直径 40cm 污水管道，因年久失修，已渗漏严重。

风道由竖井、主风道、冷风机房、污水泵房和联络通道及排水专用竖井组成。其中竖井深 22m，开挖断面 9.9m×7.6m；主风道全长 95.487m，双层结构，有 4 种断面形式，开挖最大断面 13.1m×12.6m；冷风机房长 52.096m，单层结构，开挖断面为 10.246m×7.1m。如此特大断面的浅埋洞室用暗挖施工，困难极大。

风道处于第四纪冲、洪积地层，结构拱顶位于细沙层，墙及底板处于中砂及卵石层中，围岩类别为Ⅵ级，属不稳定的地质体，极易松散、坍塌，施工中控制地层稳定极为重要。另外，由于污水管和下水管渗漏致使土质含水量增加，自稳能力丧失，使施工更加困难。

根据地质雷达探测显示，在中国远洋运输总公司大楼北侧绿化带与人行道和自行车道间地层下有很多大小空洞，其中有两处容积各为 $36m^3$ 和 $42m^3$ 的大空洞，回填混凝土 $78m^3$，回填注浆用水泥 210t。

地下水主要靠侧向径流补给，潜水丰水期一般出现在 10～12 月，承压水丰水期出现在 1～2月，其水位变化幅度均大于 1m。潜水主要赋存于圆砾石中，水位埋深为 12.4～16.2m。承压水主要赋存于中砂及以下卵石中，竖井风道处含水层平均厚度 7m，水位埋深为 15.7～20.4m。夹层水存在于潜水层底板至承压水层顶板部分的黏性土层及亚黏土性层，这部分水位于弱透水层，水量小，但给开挖造成一定的难度，一次需要加大抽水井的密度，以提前疏降。由于拆迁原因，风道竖井开工时“复—八”线施工降水已基本停止，区域地下水位逐步回升，降水难度增大。另外由于场地狭窄，无法施作规则排列的抽水井，只能根据现场情况采用不规则布置。第一次降水不到位，第二次只能从结构内打井，降水对周围地层影响可达到 500～600m，甚至更大，因而要谨慎处理降水问题。

②工程施工实践

如此大断面风道结构，紧邻楼房建筑，地层松散，富含地下水，而降水条件极其困难，施工中困难重重，历经了许多挫折。施工人员坚持以科学理论分析为先导，以监控量测、信息反馈为手段，积极实用施工新技术，成功实现了高跨大断面洞室的暗挖施工，解决了极不利条件下非规则列的井点降水，钻孔灌注隔断墙对邻近楼房建筑的成功保护，有效地控制了地面沉降。在施工中未出现坍塌及涌水事故，管线网路不断裂、不渗漏，保持了地面交通和办公等各种社会活动的正常进行，保持了良好的环卫、环保条件。经验收风道工程质量良好，全部支护、衬砌结构尺寸符合标准，强度高，表面平整，基本做到无渗漏水。采取的主要技术措施有：

a. 浅埋暗挖高大断面12m，最大开挖跨度达12.6m，直边墙遵循短开挖、快支护、强支撑、早封闭、勤量测的施工原则。考虑到高跨度结构的特点，采用临时中壁法并设置两道临时仰拱的三层六部开挖方法，如图6-26所示。其中各分部开挖再次划分为弧形开挖核心土的二台阶。这种三层六部二台阶形式，把高跨洞室分割成了极小导坑施工，各导坑支护及时封闭，从而在松散富含地下水条件下，最大限度地减少了掌子面及边墙的涌泥涌砂的发生，减少了洞室施工对周边地层的扰动，控制了地表的过量沉降。

图6-25 风道开挖施工工序

b. 钻孔灌注桩隔断墙对临近楼房的保护

城市松散、浅埋地层中，矿山法施工隧道对周边地层的干扰范围很大，引起的地表沉降范围广，沉降量大。邻近暗挖隧道的建筑物常因过量的水平位移和不均匀沉降而导致破坏。因此，在暗挖隧道对周边地层严重影响区域内的楼房建筑，通常要求进行基础托换或地基加固处理。

中国远洋运输公司大楼侧墙距风道结构距离仅为3.0m，处于暗挖隧道对周边地层严重影响区域内。该大楼为扩大条形基础，基础埋深浅，砖混结构，建筑可靠性低。根据楼房结构和人员办公的实际情况，采用钻孔灌注排桩隔断墙。

钻孔桩隔断墙有效地起到了洞室暗挖施工对地层扰动的隔断作用，明显减少了风道施工引起隔断外侧的土体位移，保证了楼房建筑的安全。

c. 极不利条件、非规则排列下的井点降水

由于场地狭窄，无法在风道两侧布置规则的降水井，能够设置降水井的位置有紧邻风道结构外侧一侧及风道本身位置。

利用渗流理论对非规则排列地面井点降水进行了深入分析，编制了空间渗流有限元程序。

采用洞边井点、洞内井点以及离风道结构较远的地铁“复一八”线废弃井点综合井群进行降水，使得在极困难条件下，得以降水到需要水位。

在降水过程中对承压水采用深井降水回管技术，浅水采用洞内注浆堵水、排水相结合，上层滞水采用注浆挤压、封堵的技术，实现了无水施工条件，减少了降水引起的地面沉降。

d. 洞内钻机静压注浆和洞内地层竖直冻结技术及失败教训

考虑到富水砂层钻孔注浆过程中的成孔困难，在第二层地板上，利用地质钻机钻孔至设计深度后，再利用钻孔水龙头，钻杆及钻头出水直接注浆新技术。注浆孔间距1.2m风道结构内竖直钻孔注浆，结构外侧倾斜钻孔注浆，采用水泥水玻璃双浆速凝浆液，实现了0.5～1.0MPa的注浆压力。

注浆止水加固后开挖，发现涌水量仍然很大。分析其原因，掌子面前方无止水帷幕，仍然有透水面存在；在大水量并有部分活动水条件下，注入的浆液被水稀释或部分被水冲走，无法达到良好的固结，同时，细粉沙层密实，一般用于注浆的国产超细水泥颗粒大，可灌性差。因而在有承压水的含砂地层中静压注浆止水是极其困难的，也是难以成功的。

施工中曾在洞内第二层分部底板上设置竖直冻结孔进行地层冻结，冻结孔开孔横向间距900mm，排间距1000mm，每段两端横向封头隔墙横向间距450mm。

经30d冻结，冻结壁四周厚度达到1.8～2.2m，冻结体的单轴抗压强度达到了4.95MPa，冷冻管周围达到了－30℃。洞内竖直冻结效果良好，冻结施工本身是成功的。

地层冻结后进行隧道开挖与支护施工，因冻结方案考虑不周，维护冻结与开挖施工相矛盾，维护冻结被迫停止，导致冻结配合隧道施工失败。

案例三　含水淤泥地层底下过街道的施工

上海地铁某车站出入口通道由过街段和出入口段组成。原设计为明挖施工为7.2m×3.65m矩形断面，人防段为4.8m×4.25m矩形断面。后因街道交通不能中断，改为暗挖，采用平拱直墙复合衬砌断面，底板标高不变，初期支护为C20混凝土，300mm厚格栅钢架喷射混凝土，二衬为350mm厚C30钢筋混凝土。该通道所处地层自上而下为人工填土、褐黄色黏土、灰色淤泥质黏土、灰色黏质粉土等。地下水埋深0.80～1.10m，在下层粉沙中还有承压水，埋深在底板面以上。

工程在含水淤泥地层中，应预设加固和预支护，但地层可注性差，一般的注浆加固效果不稳定，传统的小导管或管棚超前预支护技术因其刚度小，管间缝隙还会流泥流水，施工洞内安全、街道地面沉降等问题突出。经过专家研究，采取如下技术措施。

以《建筑地基基础设计规范》规定的基础允许不均匀沉降、《各类地下管接头技术标准》规定的管线不均匀沉降为基础，结合隧道工程本身的特点即地质、埋深、断面大小和施工方法，确定隧道施工地面沉降规律，提出了地面建筑物和地下管线所允许隧道施工地表沉降值的确定方法，本工程最不利条件下允许的地表沉降值为28.0mm。

针对含水流塑状淤泥质地层含水量大、渗透低的特点，采用凝结时间可调的高凝早强水泥，劈裂分段后退式注浆超前加固地层，可形成注浆孔周边渗入和压密的浆液固结体以及较大范围的浆脉固结体，加固地层并疏干地下水。

针对淤泥质地层渗透性差，传统地面降水效果差，通道暗挖段两头存在的施工竖井和已建车站基坑，暗挖施工采用的闭合管幕超前预支护防水能力强等条件，采用水平渗水管、注浆挤水的降水方式。

创新性地将管幕顶进施工引入隧道预支护，用管棚在通道全长范围一次施工，所谓管幕是使管棚紧密排列，管间咬合不仅使支护纵向刚度大，横向也具有较大刚度，管间不渗水，不流泥，实现隧道全包预支护，不仅隧道暗挖施工安全，更能有效地控制地层位移，可以实现浅埋暗挖隧道施工地面沉降30mm、隆起10mm以内的指标。

长管幕布置如图6-27所示。管棚钢管间的连接如图6-28所示，图中b)及c)可多管同时顶入，不仅加快进度，还可以减少管间接缝。

预支护管幕施工是本工程的特点，其施工步骤为：安装反力座和推进装置→钢管推进→清孔→灌注管内混凝土→封机→工作面深孔注浆加固→隧道开挖。

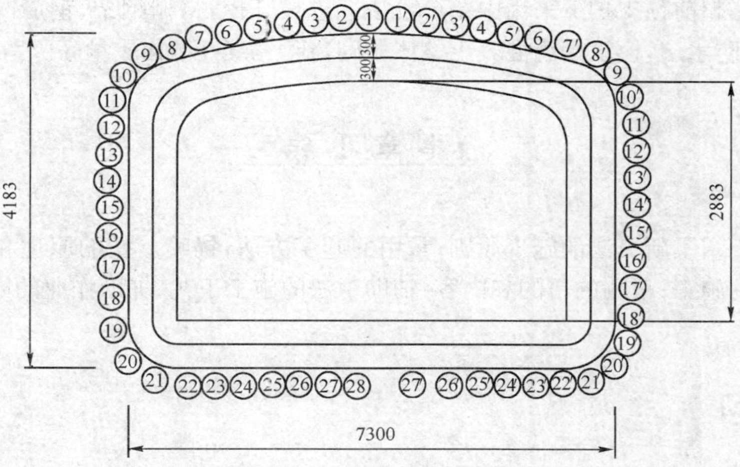

图 6-27　管幕预支护钢管布置构造(尺寸单位:mm)

管幕顶进系统包括后背、千斤顶系统和顶进架,系统布置形式见图 6-29。其中,后背由竖井喷混凝土护壁和垫铁组成;千斤顶采用 RR-5020 型,外形尺寸为 127mm×733mm,顶力为 500kN,冲程为 51cm,顶进架由定位装置和导向装置组成,采用拼装式,可实现不同顶进顺序的定位和导向。

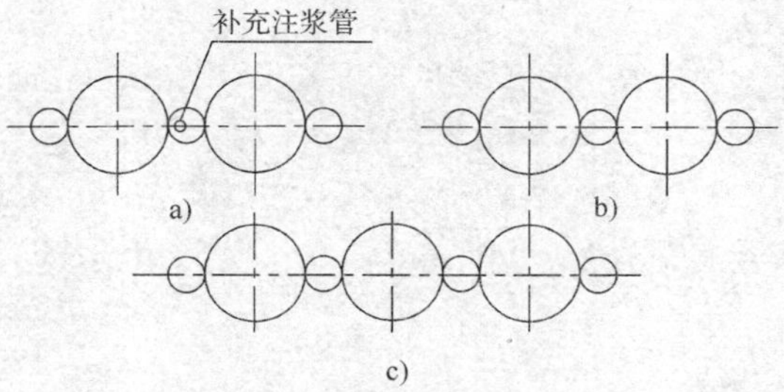

图 6-28　预支护管幕间连接

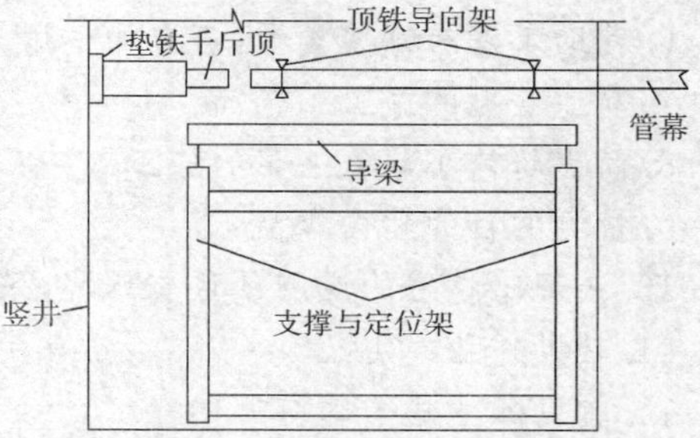

图 6-29　顶进系统布置图

当顶进后背和顶进架安装完毕后,根据幕布顶进千斤顶,因支撑架上各孔位已按设计图确定,导向架精确就位后同时具有定位功能。导梁与前后支架通过螺栓连接,保证在顶进过程中导梁的稳定性和方向性。上述工序结束后即可进行预支护管幕的顶进工作。

原则上管幕施作次序由上而下进行,具体施工时可根据施工场地和顶进设备情况视顶进要求按下列三种方式调整施作顺序:方式一,单管单点序次顶入,管幕由上而下逐根施作,两侧对称进行;方式二,单管多点序次顶入,先施作定位管幕,然后由上而下施作其他管幕;方式三,用分节推入的方法,每节 6m,节间通过丝扣连接。管幕就位后,随即进行清孔工作。由于地层事先进行了预加固处理,因此清孔可以采用洛阳铲人工清除,当人工清孔困难时,采用 MGY 型水平螺旋钻机清孔。

管内混凝土灌注采用后退式,混凝土强度 C15,混凝土输送管从孔底灌注,混凝土灌注至管口位置时,采用预先准备好的木塞封口。

管幕间连接钢管需进行补充注浆处理,以加强连接效果和管间止水性能。注浆材料可采用素混凝土泥浆。选用 HC-P 高强早强水泥,水灰比为 0.8∶1;注浆压力为 1.0MPa,分段后退式补充注浆。

在闭合管幕超前预支护下采用中壁台阶法短进尺开挖，格栅钢架、钢筋网、喷混凝土联合支护，全包附加防水层，模筑钢筋混凝土整体衬砌，施工安全，结构质量高。

本章小结

本章主要介绍了新奥法的施工原则；常用的施工方法；锚喷支护的原理和施工工艺；防水层和二次衬砌的施工；量测的目的和内容；辅助工法的施工工艺；辅助作业的内容。

思考与练习

1. 新奥法施工原则和施工程序？
2. 全断面开挖、台阶法、分部开挖法的定义？
3. 隧道的开挖方法有哪些，适用于何种情况？
4. 简述锚喷支护的施工过程？
5. 二次支护的施工过程？
6. 辅助工法有哪些类型，各自的适用条件？
7. 简述管棚的施工工艺？
8. 简述超前小导管注浆的施工工艺？
9. 量测的目的和内容？
10. 浅埋暗挖法的应测项目有哪些，采用的仪器有哪些？
11. 辅助作业的定义？
12. 辅助作业的内容有哪些？
13. 如何确定空压机站的生产能力？如何确定钢管的直径？
14. 机械通风有哪些种类，如何选择？
15. 通风的目的？通风计算包括哪些内容？

第七章　盾构法施工

【本章能力目标】:通过本章的学习,学生能够具备目前主流盾构开挖与推进的一般施工能力、盾构施工的技术管理能力;具有分析盾构施工的主要技术问题,并提出相应的解决方法的能力。

【知识目标】:通过本章的学习,学生应了解盾构的类型、结构组成、适用范围、施工的程序与环节;明确各类盾构的施工技术特点,理解土压平衡的原理和实施方法;掌握盾构法施工的关键工序及技术措施。

第一节　盾构法概述

盾构法(Shield Tunnel Method)是暗挖隧道的一种施工方法。1818 年法国工程师布鲁诺尔(M. I. Brunel)最早提出了用盾构法建设隧道的设想,并在英国取得了专利。1825 年,他第一次在伦敦泰晤士河下开始用一个断面高 6.8m、宽 11.4m 的矩形盾构修建隧道。经过了一百多年的应用与发展,盾构法施工在地铁、公路、电信、上下水道等城市基础建设中得到了广泛应用,发展至今已形成能够适应各种技术要求的盾构。

盾构法主要应用于软土、流砂、淤泥等特殊地层。盾构法隧道的基本原理是用一件有形的钢质组件沿隧道设计轴线开挖土体而向前推进。这个钢质组件在初步或最终隧道衬砌建成前,主要起防护开挖后的土体、保证作业人员和机械设备安全的作用,这个钢质组件简称为盾构。盾构另一个作用是能够承受来自地层的压力,防止地下水或流沙的入侵。上海、广州地铁的施工表明,盾构施工不仅不受地面交通、河道、潮汐、气候条件的影响,而且盾构的推进、出土、衬砌拼装等可实行自动化、智能化和施工远程控制信息化,掘进速度较快,施工劳动强度较低,并具有显著的环保功能。

一　盾构技术的发展

1887 年,Greathead 在南伦敦铁路隧道工程中组合使用盾构和压气施工法(气压式盾构)进行施工,奠定了目前盾构施工法的基础。20 世纪 40 年代起,前苏联采用直径为 6.0～9.5m 的盾构先后在莫斯科、列宁格勒等城市修建地下铁道区间和车站隧道,将盾构法施工水平推进到一个新高度。20 世纪 50 年代以来,随着日本经济的高速发展,城市建设成为当务之急,盾构法施工在日本得到迅速发展,在东京、大阪、名古屋、京都等城市的地下铁道施工中都广泛地采用盾构法施工。为了克服在城区松软含水地层中盾构施工引起的地面沉降,以及钢筋混凝土管片的制造精度和防水问题,日本和德国等研究并制成了泥水加压式等新型盾构和相应的施工工艺、配套设备,以及各种新型衬砌和防水技术。

1966 年我国上海打浦路隧道首次使用网格式盾构施工,1984 年上海地下铁道一号线工程正式采用土压平衡盾构法修建区间隧道，这条地铁已于1994年投入运营。但应指出，早在1952年阜新输水隧道就已开始采用ϕ2.6m的盾构施工以及1968年北京开始了ϕ7.0m盾构隧道的工程试验，并在钢筋混凝土管片制造、防水技术、加固混凝土施工等方面取得了成功。

随着北京、上海、广州、南京等城市地铁施工中盾构技术的成功应用，近年来盾构法在全国大中城市地下工程中已被广泛采用，如深圳地铁、成都地铁、西安地铁、沈阳地铁、南水北调中线穿黄隧道等工程项目。此外，广深港客运专线10.8km长的狮子洋隧道使用4台复合泥水平衡式盾构，全长3630m的武汉长江隧道则使用了直径ϕ11.38m的超大型盾构，并取得了可喜的成果。

二 盾构法施工的优越性

盾构法施工之所以为世界各国广泛采用，除了近代城市地下工程发展的客观需要外，还由于该法本身具有以下突出的优越性。

(1)施工安全。在盾构设备掩护下，于不稳定土层中，可安全进行土层开挖与支护工作。

(2)作业环境好，施工时与地面工程及地面交通互不影响，也不影响航运，尤其是在城区建筑物密集和交通繁忙地段，该法更有优越性。

(3)振动和噪声小，地表沉降易于控制，对施工区域环境影响较小，对施工地区附近的居民几乎没有干扰。

(4)机械化程度高，施工人员少，施工速度快。预制衬砌，质量易于控制，隧道质量高。

三 盾构的分类

根据开挖、工作面支护和防护方式，一般可将盾构分为：全敞开式、半敞开式、闭胸式以及异型式盾构4大类。

(一)全敞开式盾构

1.手掘式盾构

主要用于无水并具有一定自稳能力的软土层，而且整个开挖过程都以人工为主，劳动强度大，施工速度慢。其构造简单，配套设备较少，如图7-1所示。可根据工作面的地质条件或全部敞开开挖，或正面支撑开挖，随挖随撑。

2.半机械式盾构

在人工挖掘式盾构的上半断面或下半断面，增加相应的开挖设备，代替部分人工挖掘，从而减轻了劳动强度，提高了施工速度。根据土质情况，掘土机械可以是反铲挖土机、螺旋切削机或软岩掘进机，半机械式盾构也仅局限于无水且具有一定自稳能力的土层中使用。如图7-2所示。

3.机械式盾构

机械式盾构是在手掘式盾构的切口环部分装上与盾构直径相适应的大刀盘，以进行全断面开胸机械切削开挖，切削下的土石靠刀盘上的料斗装载，并卸到皮带输送机上，用矿车运出洞外。如图7-3所示。

(二)半敞开式盾构

1. 挤压式盾构

可分全挤压式和半挤压式两种,前者将开挖工作面用胸板封闭,把土层挡在胸板外面,避免水土的涌入,并省去出土工序。后者则在封闭胸板上局部开孔,当盾构推进时,土体从孔中挤入盾构,装车外运。图 7-4 为挤压式盾构的示意图。

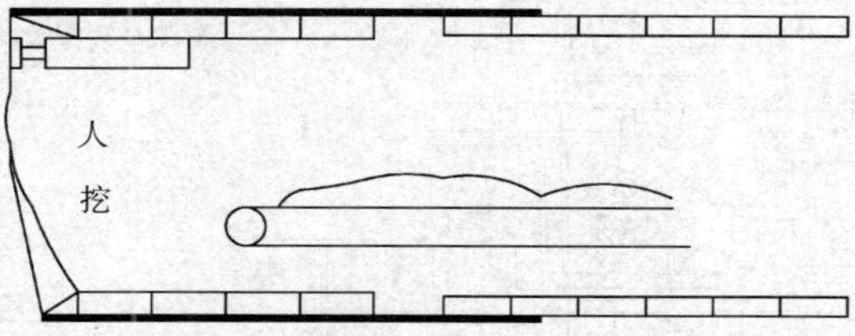

图 7-1　手掘式盾构构造

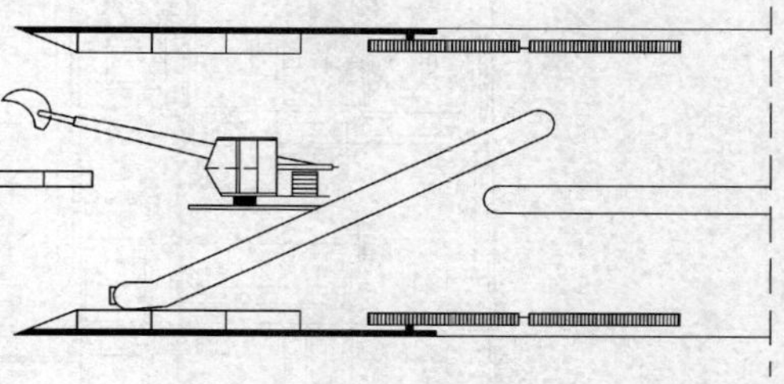
图 7-2　半机械式盾构构造

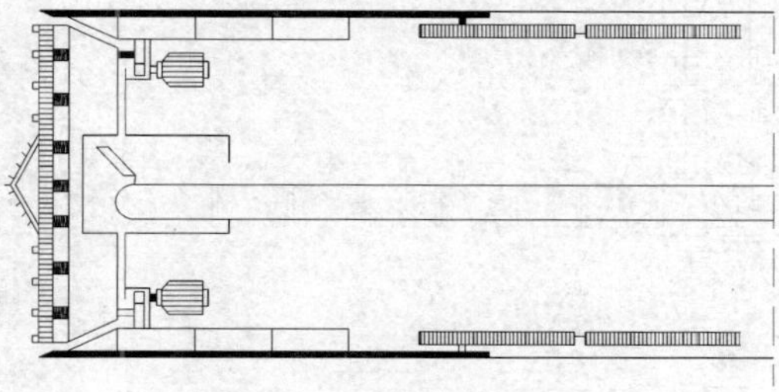
图 7-3　机械式盾构构造

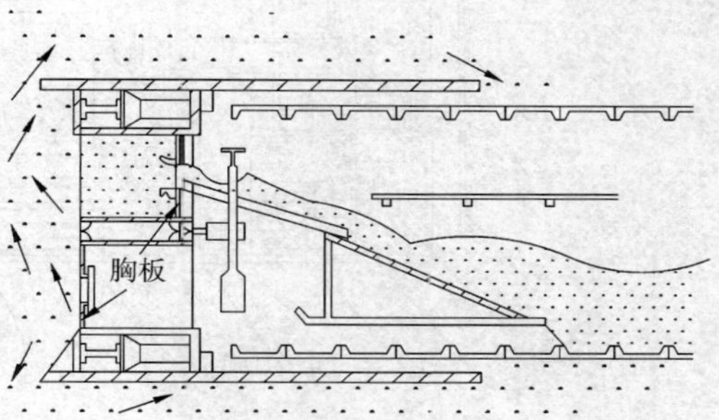

图 7-4　挤压式盾构

2. 网格式盾构

网格式盾构是一种介于半挤压式和手掘式之间的盾构形式。它的前部不是胸板,而是钢制的开口网格。当盾构向前推进时,土被网格切成条状,进入盾构后运出;当盾构停止推进时,网格起到挡土墙作用,可有效地防止开挖面的坍塌。

(三)闭胸式盾构

1. 局部气压盾构

在开胸盾构的切口环和支承环之间装有隔板,使切口环部分形成密封舱。舱内充满压缩空气,以平衡开挖面的土压力,维持其稳定。局部气压盾构是相对于在盾构隧道内全部通入压气的施工方法而言,它可以免除工作人员在气压下的工作弊病。图 7-5 为局部气压盾构示意图。

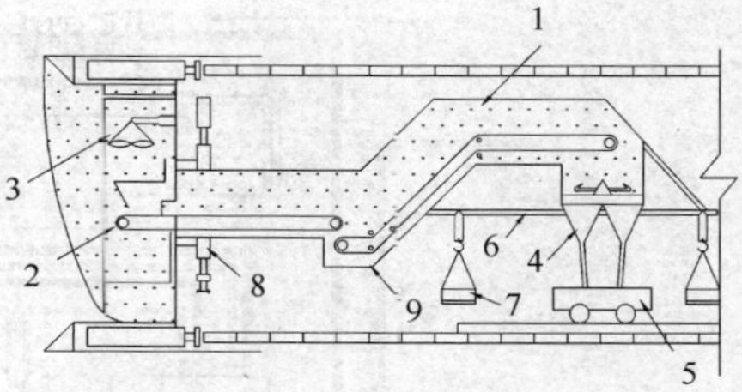

图 7-5　局部气压盾构

1-气压内出土运输系统;2-胶带运输机;3-排土抓斗;4-出土斗;5-运土车;6-运输管片单轨;7-管片;8-衬砌拼装器;9-伸缩接头

2. 泥水加压平衡盾构

在盾构密封舱内形成泥水室,注入压力泥浆形成承压面,由刀盘面板与压力泥浆一同支护并平衡开挖面地层泥水压力,用全断面机械化切削及管道输送泥水出土方式,完成盾构开挖掘进的全过程。图 7-6 是泥水加压盾构示意图。泥水加压盾构实现了管道连续出土，又防止开挖面的坍塌，大大改善了盾尾泄露。因此，泥水加压盾构发展很快，广泛应用于各种用途的隧道工程中。

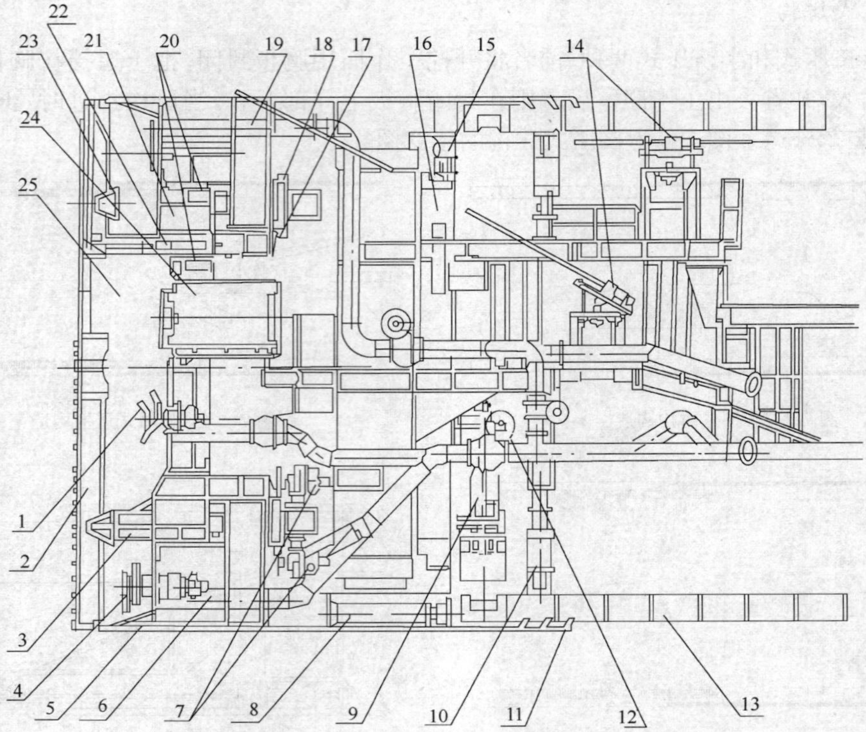

图 7-6 泥水加压盾构

1-中部搅拌机；2-切割刀盘；3-转鼓凸台；4-下部搅拌器；5-盾壳 ；6-排泥设备；7-刀盘驱动电动机 ；8-盾构千斤顶；9-举重臂；10-真圆保持器；11-盾尾密封；12-闸门；13-衬砌环；14-药液注入装置；15-支承滚轮；16-轮盘；17-切割刀盘内齿圈；18-切割刀盘外齿圈；19-送泥浆管；20-刀盘支承密封装置；21-转鼓；22-超挖刀控制装置；23-刀盘箱形环座；24-进人孔；25-泥水室

泥水加压式盾构排出的泥浆通常要进行振动筛、旋流器和压滤机或离心机等三级分离处理，见图 7-7，才能将渣土从泥浆中分离出来以便排除。清泥水回到调整槽重复循环使用。

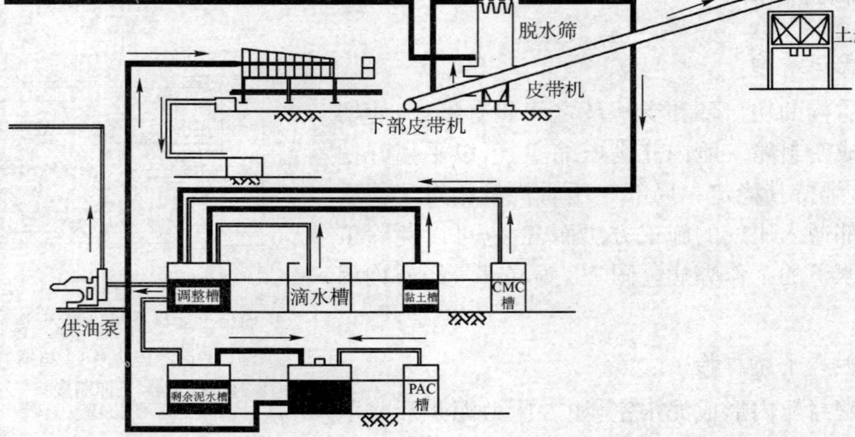

图 7-7 泥浆处理系统

3. 土压平衡盾构

又称削土密闭式或泥土加压式盾构，是在局部气压及泥水加压盾构的基础上发展起来的一种适用于含水饱和软弱地层中的新型盾构。如图 7-8 所示。

土压平衡盾构的前端设有全断面切削刀盘，在切口环与支承环间设有密封隔板，使切口部分形成浆化泥土密封舱。将流动性和不透水性的“作浆材料”，压注于切削下的土中使之成为可流动又不透水的浆化泥土，使其充满开挖面密封舱及相连的长筒形螺旋输送机。盾构推进时，浆化泥土的压力作用于开挖面实现与土体静压与水压的平衡。推进中配合刀盘切削速度控制螺旋输送机的转速，保证密封舱内始终充满泥土，而不过于饱和。土压平衡盾构避免了局部气压盾构的主要缺点，又省略了泥水盾构中的处理设备，是正在发展的最有前途的地下工程施工设备之一。

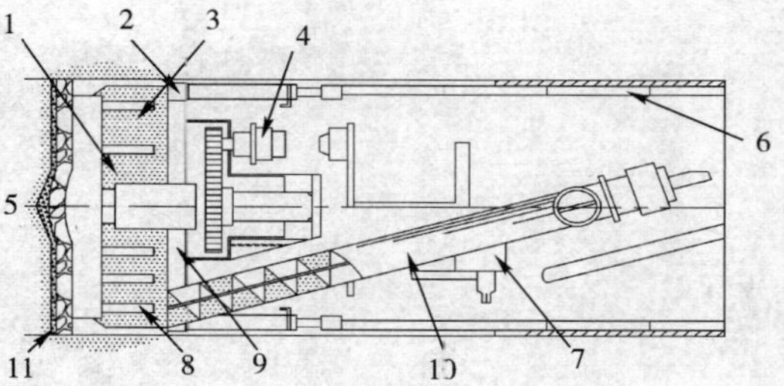

图 7-8 土压平衡盾构

1-浆化泥土；2-测定浆化泥土压力的压力计；3-浆化泥土密封舱；4-使刀盘旋转的液压电动机；5-自然土层；6-管片；7-衬砌拼装器；8-搅拌叶片；9-注浆材料注入孔阀门；10-螺旋输送机；11-刀盘支架上装刀具

4. 复合式盾构

在刀盘上既布置有开挖软土的切割刀，还布置有用于硬岩开挖的盘型滚刀。同时，这种盾构的开挖模式还可以随着地层的不同而改变，如根据开挖面的稳定性质、水压大小及涌水量情况，可构成一台泥水加压式盾构、气压式盾构或土压平衡式盾构。

(四)异型式盾构

1. 多圆断面盾构

这种盾构能最大限度利用地下空间，减少弃土与工程规模，如用于双线隧道双圆断面盾构，用于车站的三圆断面盾构，如图 7-9 和图 7-10 所示。

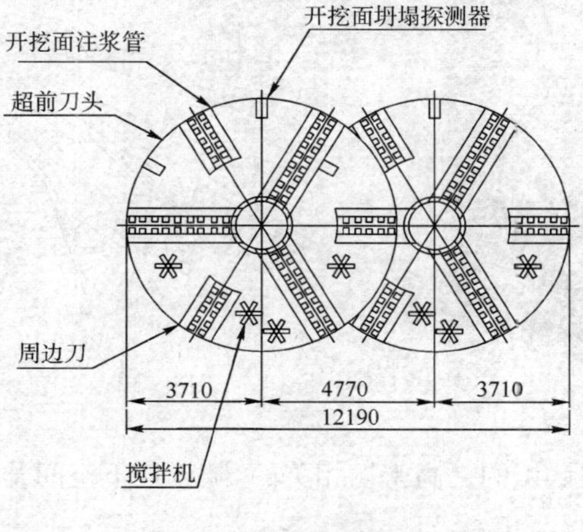

图 7-9 双圆盾构图(尺寸单位：mm)

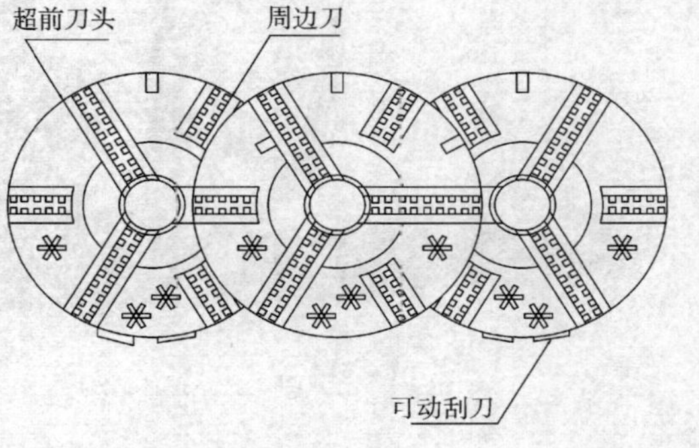

图 7-10 三圆盾构图

2. 方型盾构

采用回转型式或摆动型式切削土层进行开挖。如图 7-11 所示。

图 7-11　方型盾构

3. 球体盾构

由立式盾构、卧式盾构和球型万向节构成,这种盾构机可以完成从竖井到平面直角连续施工。如图 7-12 所示。

4. H&V 盾构

这种工法是将地铁等并行隧道做成多圆断面,且根据不同的条件,从横向双联式转变为纵向连接式,或将原本连接的隧道分开。如图 7-13 所示。

图 7-12　球体盾构

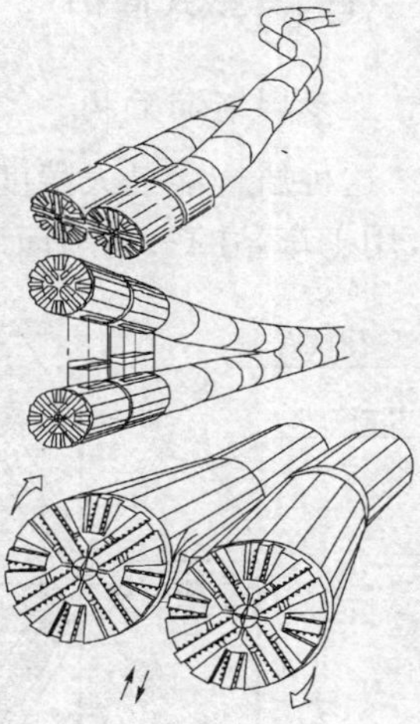

图　7-13

总而言之,盾构的发展是与社会的发展和人类认识的提高密切相关的,随着地下空间开发利用的持续发展,必将会出现越来越多形式的盾构。

各种盾构工法比较见表 7-1。

各种盾构工法比较一览表

表 7-1

项目	全面开放型			部分开放型	封闭型		
					土压式		泥水加压式
	人工挖掘式	半机械挖掘式	机械挖掘式	闭胸式	削土加压式	泥土加压式	
工法概要	靠人工开挖土砂，以皮带运输机等设备出渣，根据地层性质的不同安装有突檐或千斤顶挡土机构，以稳定开挖面	采用机械进行大部分土砂的开挖和装运，以千斤顶挡土支撑等机构稳定开挖面，与人工挖掘式相比，对地层的稳定性要求高	盾构前部安装有切削刀头，用机械连续开挖土砂，切削刀面板亦起支撑开挖面的作用	开挖面密闭，在其上没有可调的出土口，开挖时盾构的前部贯入土砂之中，土砂呈塑性流动并从开口中排出	在切削密封舱内充满开挖下来的土砂，以盾构的推进力对整个工作面加压，来抗衡开挖面上的压力，在保持开挖面稳定的同时，用螺旋输送机出渣	在切削密封舱内注入混合添加材料、制泥原料土等，使其与切削土搅拌混合形成泥状土并将其填满密封舱，用盾构推进力对工作面加压来抗衡开挖面上的土压在保持开挖面稳定的同时用螺旋输送机出渣	向切削密封舱内循环填充泥浆，用于抵抗开挖面的土压、水压，保持开挖面的稳定，开挖下来的土砂以泥浆的形式通过流体输送方式运出
开挖方式	人工	机械＋人工	全断面切削刀盘	盾构积压贯入	全断面切削刀盘	同左	同右
开挖面管理	设置挡土支撑机构稳定开挖面	部分靠支撑机构稳定开挖面	未设置挡土支撑机构	调节排土阻力速度及开口大小保持开挖面稳定	调节土舱内土压及排土量控制开挖面的稳定	调节土舱内泥土压力及排土量控制开挖面稳定	调节泥水的压力控制开挖面稳定
地层变化的适应性	可适应土质变化地层	土质变化时有可能不适应	不适应土质变化地层	一般只适用于砂、黏土未分选的冲积层	松砂、砂砾层较难适应	通过调节添加材料的浓度和用量适应不同地层	松砂、砂砾层较难适应
障碍物的处理	能目视开挖面，处理容易	同左	能目视开挖面，但处理稍难	同左	看不到开挖面，处理困难	同左	同左

续上表

项目	全面开放型			部分开放型	封闭型		
					土压式		泥水加压式
	人工挖掘式	半机械挖掘式	机械挖掘式	闭胸式	削土加压式	泥土加压式	
盾构机的故障处理	故障少且容易处理	同左	发生故障时影响大	故障少且容易处理	发生时故障影响大	同左	同左
施工场地	一般	一般	一般	一般	一般	一般	大
作业环境	人工开挖，作业环境差	作业环境稍差	同左	无人工开挖，比较完全	人工作业少，环境良好	同左	同左
对周围环境影响	空压机噪声及渣土运输影响	同左	同左	同左	渣土运输影响	同左	泥浆处理设备噪声及振动、渣土运输、占地多
辅助措施	为保证开挖面稳定需降水、压气及地层改良等措施	同左	同左	为防止地表下沉需进行地层改良	为改善开挖性能需对砂层进行改良	不需要辅助措施	易坍塌的细砂及砂砾层需进行改良
施工进度	进度慢且变化幅度小	介于手掘式与封闭型之间	如果土质适合，不变化，与封闭型接近	同左	快	同左	后方设备能力强则进度快，但设备故障影响大

第二节　盾构的基本构造

盾构是隧道施工时进行地层开挖及衬砌拼装时起支护作用的施工设备。其基本构造有盾构壳体及开挖系统、推进系统、衬砌拼装系统三大部分。如图 7-14 所示。

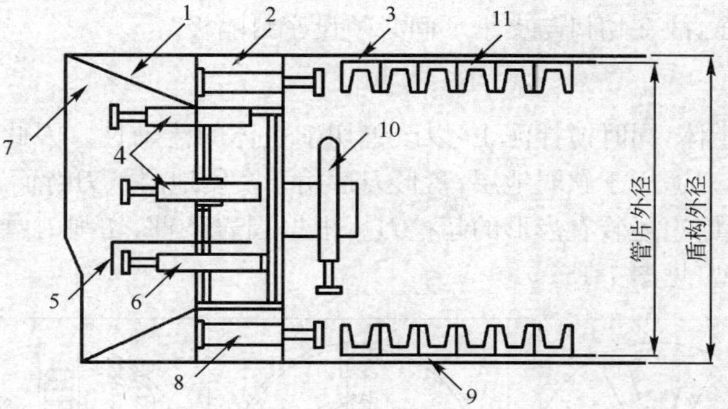

图 7-14　盾构构造简图

1-切口环；2-支撑环；3-盾尾部分；4-支撑千斤顶；5-活动平台；6-活动平台千斤顶；7-切口；8-盾构推进千斤顶；9-盾尾空隙；10-管片拼装器；11-管片

一　盾构壳体及开挖系统

(一)盾构壳体

一般为钢制圆筒体。其功能是承受盾构上部的土压和水压，并作为盾构主承系统和部件的安装基础。

盾构壳体由切口环、支承环和盾尾三部分组成。

1. 切口环

位于盾构的最前端，施工时切入地层并掩护开挖作业。切口环前端制成刃口，以减少切土阻力和对地层的扰动，切口环的长度取决于工作面的支承形式、开挖方法及人员活动和挖土机具所需空间等因素。

切口环与刀盘共同形成渣土舱、气压室或泥水室，以平衡开挖面的土压和水压，或封闭开挖面，为盾构的安全、快速施工提供保障。

2. 支承环

支承环是盾壳的主体，是具有较强刚性的圆环结构，位于盾构中部。所有地层的土压力，千斤顶的推进力，切口、盾尾、衬砌拼装的施工荷载均传至支承环并由其承担。支承环的外沿布置推进千斤顶。大型盾构的所有液压、动力设备、操纵控制系统、衬砌拼装机具等均设在支承环位置。中、小型盾构可把部分设备移到盾构后部的车架上。当切口环内压力高于常压时，支承环内要设置人行加压与减压闸室。

3. 盾尾

一般由盾构外壳钢板延伸构成，主要用于掩护隧道衬砌的安装工作。其内部设置衬砌拼装机，尾部有盾尾密封刷、同步压浆管和盾尾密封油膏注入管等。

(二)盾构开挖系统

盾构开挖系统设于切口环中。采用人工开挖方式的盾构,切口环的顶部比底部长,以增加掩护长度。泥水盾构中的切削刀盘、搅拌器、吸头和土压平衡式盾构的刀盘、搅土器、螺旋运土机的进口等部件均设在切口环中。在局部气压或泥水加压及土压平衡式盾构中,因切口环部位的压力要高于常压,故在切口与支承环间必须设密封隔板。

1. 刀盘

刀盘用来开挖土体,同时搅拌泥土,以改善切削土体的流动性。因此,在刀盘的正面装有切削刀具,其中齿形刀适用于软弱地层,盘形刀适用于坚硬地层。刀背面装有搅拌翼片。为了在曲线上施工,刀盘周边还装有齿形的超挖刀。根据围岩条件,切削刀盘可以是花板型的、辐条型的和砾石破碎型,见图 7-15。

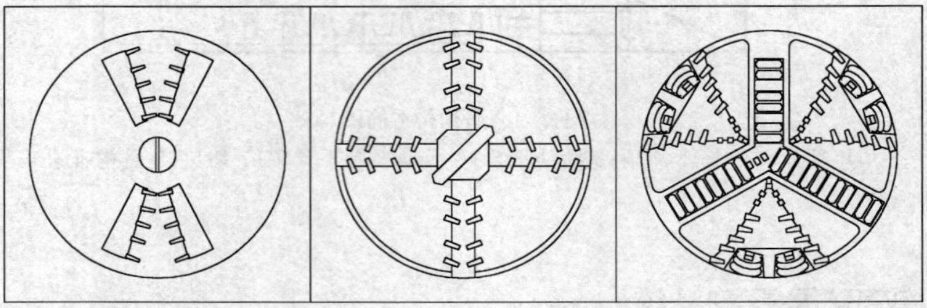

花板型　　辐条型　　砾石破碎型

图 7-15　切削刀盘形式

2. 螺旋输送机

螺旋输送机用来将密封舱内的流塑状土体排出盾构外,是把渣土从前部的渣土舱输送到后部的渣土运输专用设备。

对土压平衡式盾构,螺旋输送机的另一个重要功能是通过调节其转速控制出渣的速度和出渣量,使排土量与刀盘切削下来的土量保持平衡,进而达到控制盾构土舱室内压力的目的。此外,螺旋输送机和土舱内的渣土共同作用获得止水效果。

二 推进系统

盾构的推进系统由液压设备和千斤顶组成,如图 7-16 所示。推进系统决定了盾构的推进速度、刀盘每转的切深等重要技术参数,以及转向、纠偏等功能的实现。

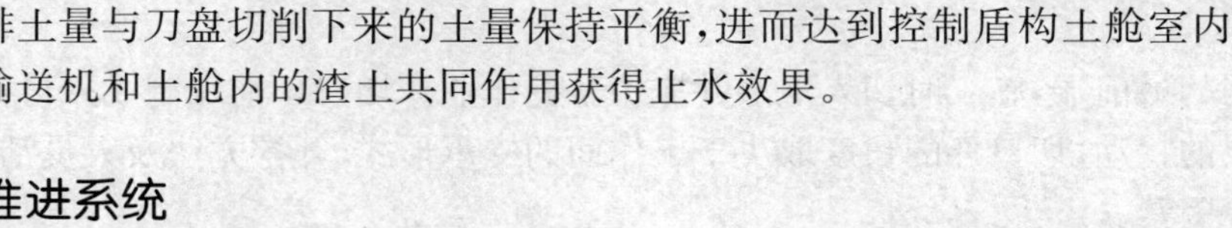

图 7-16　千斤顶液压系统

其工作原理是:启动输油泵,将油供给高压泵,使油压升高至要求值;启动控制油泵,待控制油压升至额定压力后,由电磁控制阀门将总管内高压油输入千斤顶,使其按要求伸出或缩回,驱动盾构。

三 衬砌拼装系统

衬砌拼装就是采用专用拼装设备，随着盾构的推进在盾尾将预制管片依次拼装成环。预制的管片按结构型式分为：平板式、中子式、箱型式等，如图 7-17、图 7-18 所示。

衬砌拼装系统常用的是杠杆式拼装器，如图 7-19 所示。由举重臂和驱动部分组成。举重臂采用杠杆作用原理，一端为卡钳装置，另一端为可调节的平衡锤。驱动部分由液压系统及千斤顶组成，采用手动操纵阀驱动举重臂做平面旋转与径向移动。举重臂多数安装在盾构支承环上，也有与盾构脱离安装在车架上的。

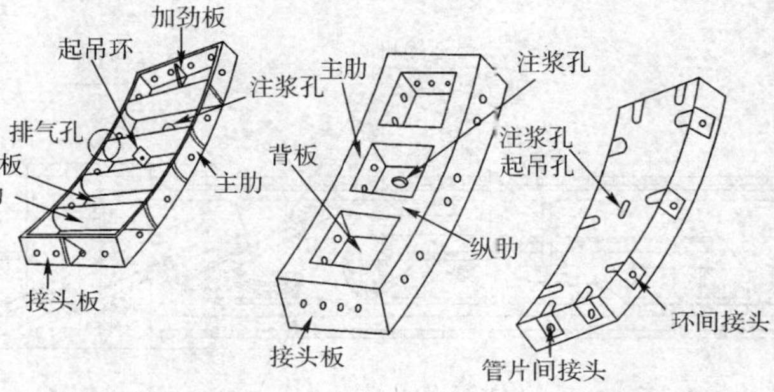

a) b) c)

图 7-17 管片各部的名称

a) 箱型管片；b) 中子型管片；c) 平板型管片

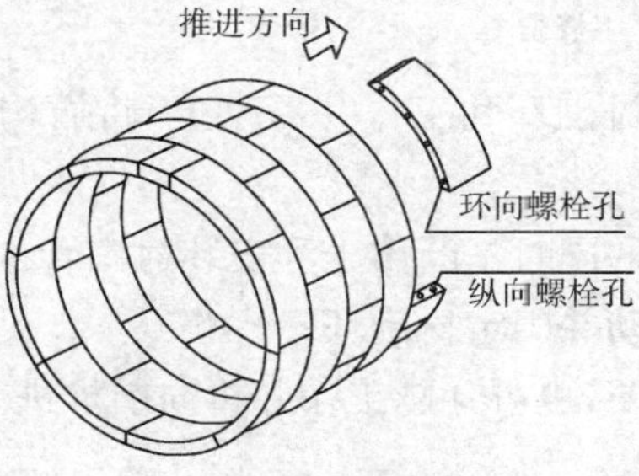

图 7-18 管片拼装

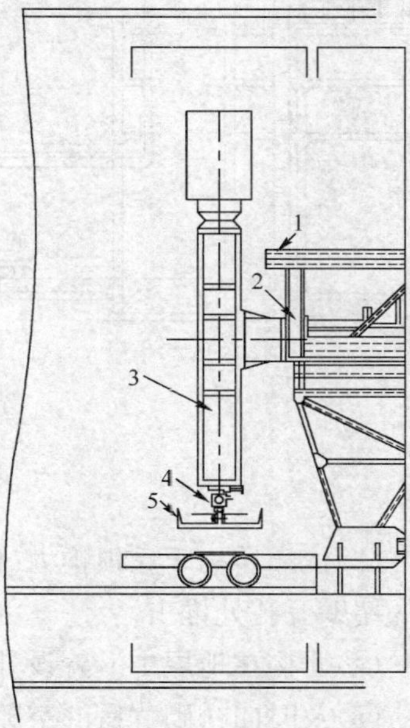

图 7-19 杠杆式衬砌拼装器

1-工作台；2-旋转驱动装置；3-举重臂；4-衬砌卡钳装置；5-衬砌

目前应用最多的是回转环式拼装机，由动力部分、举重钳、举重臂、回转环等几部分组成。在拼装衬砌时由发动机驱动大转盘，控制环向旋转，其径向及纵向移动由液压千斤顶控制。如图 7-20 所示。

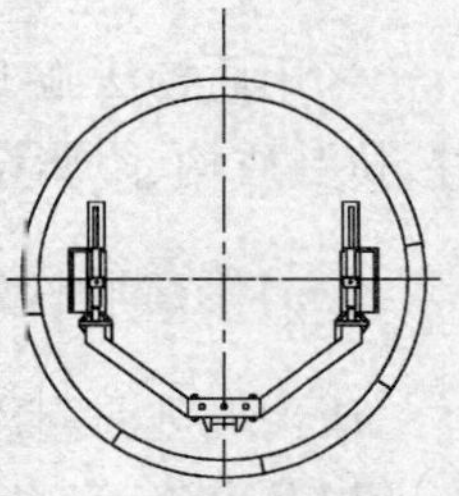

图 7-20 回转环式拼装机

第三节 盾构法施工

一 盾构法施工程序

盾构法施工的概貌如图 7-21 所示，其主要施工步骤为：

(1)在盾构法隧道的起始端和终端各建一个工作井；

(2)盾构在起始端工作井内安装就位；

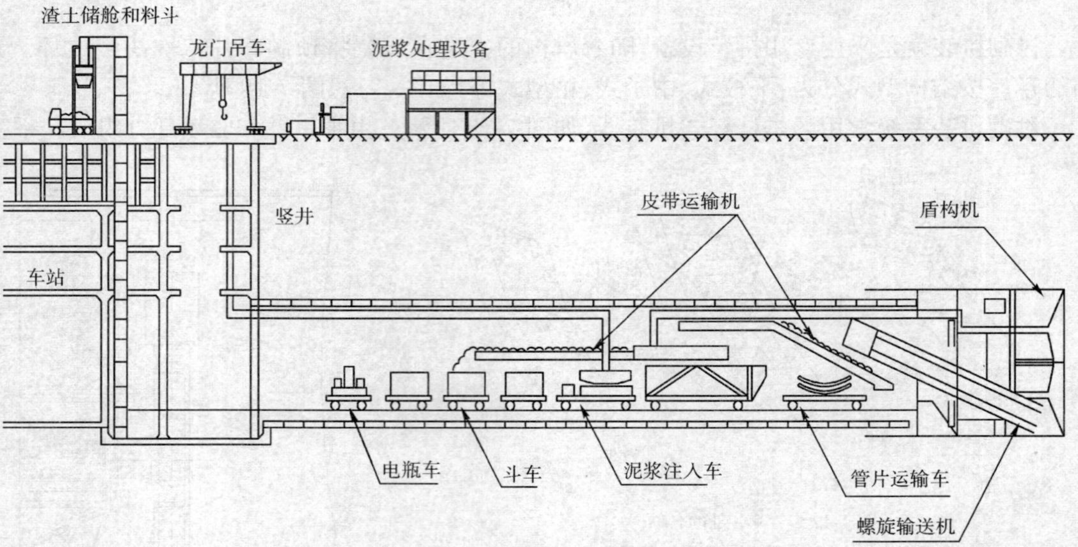

图 7-21　盾构法施工概貌图

(3)依靠盾构千斤顶推力(作用在已拼装好的衬砌环和工作井后壁上)将盾构从起始工作井的墙壁开孔处推出；

(4)盾构在地层中沿着设计轴线推进，在推进的同时不断出土和安装衬砌管片；

(5)及时向衬砌背后的空隙注浆，防止地层移动并固定衬砌环；

(6)盾构进入终端工作井并被拆除，如施工需要，也可穿越工作井再向前推进。

二　施工准备工作

采用盾构法施工，除了一般工程应进行的施工准备工作外，还必须修建盾构始发井和到达井；拼装盾构、附属设备和后续车架；洞口地层加固等。

(一)修建盾构始发井和到达井(或称拼装室、拆卸室、工作井)

盾构掘进前，必须先在地下开辟一个空间，以便在其中拼装(拆卸)盾构、附属设备和后续车架以及出渣、运料等。同时，拼装好的盾构也是从此开始掘进，故在此空间内尚需设置临时支承结构，为盾构的推进提供必要的反力。

开辟地下空间最常用的方法，就是在盾构掘进始终点的线路中线上方，由地面向下开凿一座直达未来区间隧道底面以下的竖井，其底端即可用作盾构拼装(拆卸)室。盾构正式掘进时，此竖井即可用作出渣、进料和人员进出的孔道；运营时则可用作通风井。根据不同的地形条件，竖井可采用沉井法、冻结法或普通矿山法修建。盾构始发(到达)井的平面形状多数为矩形的，平面净空尺寸要根据盾构直径、长度、需要同时拼装的盾构数目以及运营时的功能而定，一般在盾构外侧留下 0.75～0.80m 的空间，容许一个拼装工人工作即可。

如果地下铁道车站采用明挖法施工，则区间隧道的盾构拼装(拆卸)室常设在车站两端，成为车站结构的一部分，并与车站结构一起施工，但这部分结构暂不封顶和覆土，留作盾构施工时的运输井。图 7-22 表示了这种拼装（拆卸）室的布置图。若到达的盾构在此不拆卸，而是调头，则拆卸室的平面尺寸将根据盾构调头的要求而定，见图 7-23。

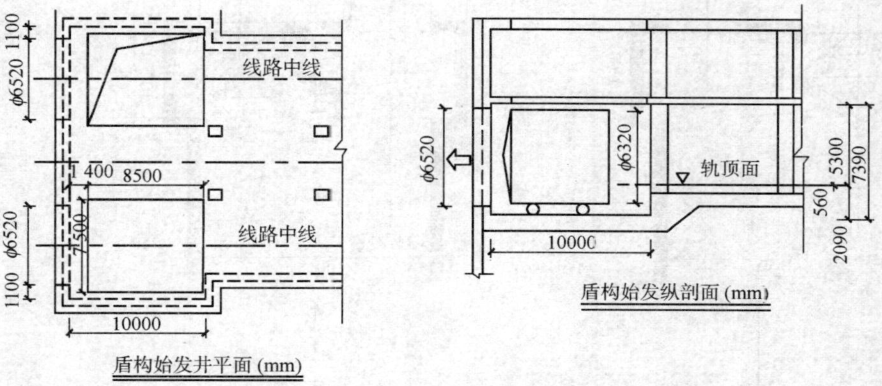

图 7-22　拼装（拆卸）室的布置图

在盾构拼装（拆卸）室的端墙上应预留出盾构通过的开口，又称为封门。封门一方面起到挡土和防止渗漏的作用，另一方面应便于尽快拆除或打开。根据拼装（拆卸）室周围的地质条件，可以采用不同的封门制作方案：

（1）现浇钢筋混凝土封门，一般按盾构外径尺寸在井壁（或连续墙钢筋笼）上预埋环形钢板，钢板厚 8～10mm，环向钢板切断了连续墙或沉井壁的竖向受力钢筋，故封门周边要作构造处理。环向钢板内的井壁可按周边弹性固定的钢筋混凝土圆板进行内力分析和截面配筋设计，见图 7-24a），这种封门制作和施工简单，结构安全，但拆除时要用大量的人力铲凿，费工费时，如能将静态爆破技术引入封门拆除作业，将可加快施工速度，减低劳动强度。

（2）钢板桩封门。这种封门结构较适宜于用沉井修建的盾构工作井。在沉井制作时，按设计要求在井壁上预留圆形孔洞，沉井下沉前，封闭预留的孔洞，以挡住侧向水土压力。沉井较深时，钢板桩可接长。盾构刀盘切入洞口靠近钢板桩时，用起重机将其逐根拔起，见图7-24b）。用过的钢板桩经修理后可以重复使用。钢板桩通常按简支梁计算。钢板桩封门受埋深、地层特性、环境要求等的影响较大。

（3）预埋 H 型钢封门。将位于预留孔洞范围内的连续墙或沉井壁的竖向钢筋用塑料管套住，以免其与混凝土黏结，同时，在连续墙或沉井壁外侧预埋 H 型钢，封闭孔洞，抵抗侧向水土压力。盾构刀盘抵住墙壁时，凿除混凝土，切断钢筋，逐根拔起 H 型钢，见图 7-24c）。

（二）盾构拼装

在盾构拼装前，先在拼装室底部铺设 50cm 厚的混凝土垫层，其表面与盾构外表面相适应，在垫层内埋设钢轨，轨顶伸出垫层约 5cm，可作为盾构推进时的导向轨，并能防止盾构旋转。

由于起重设备和运输条件的限制，通常盾构都拆成切口环、支承环、盾尾三节运到工地，然后用起重机将其逐一放入井下的垫层或支承平台上。切口环与支承环用螺栓连成整体，并在螺栓连接面外圈加薄层电焊，以保持其密封性。盾尾与支承环之间则采用对接焊连接。

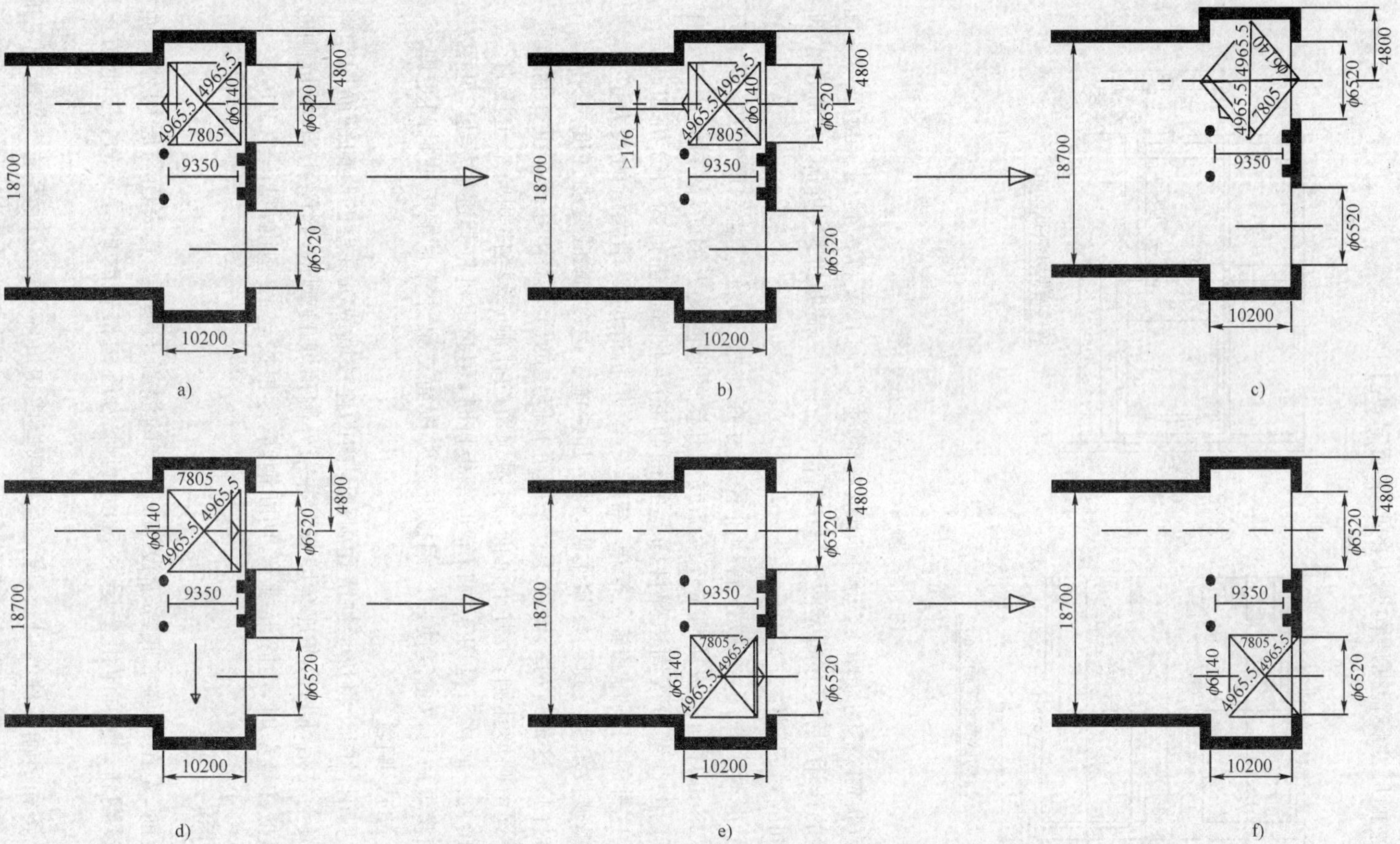

图 7-23　盾构调头井结构图 (尺寸单位 :mm)

a) 盾构到达 ;b) 盾构平移 >176;c) 盾构旋转 180;d) 盾构向右平移 ;e) 平移就位 ;f) 重新推出盾构

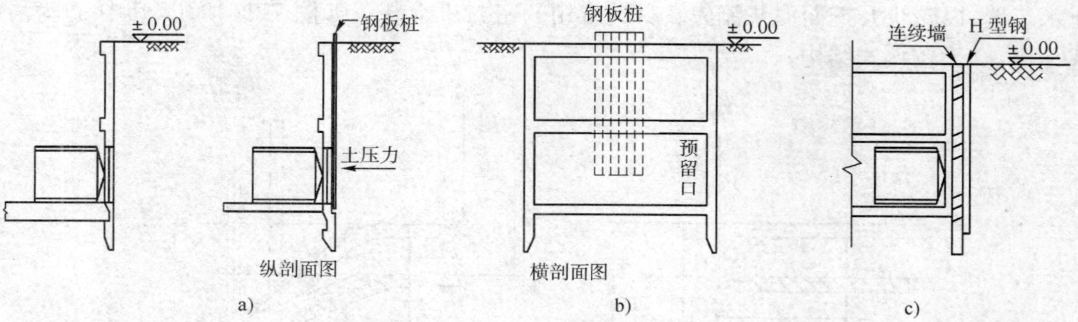

图 7-24　盾构井封门结构形式

在拼接好的盾构后面，尚需设置型钢反力支架和传力管片，见图 7-25。盾构拼装出洞的顺序，可由图7-26所示的流程图表示。

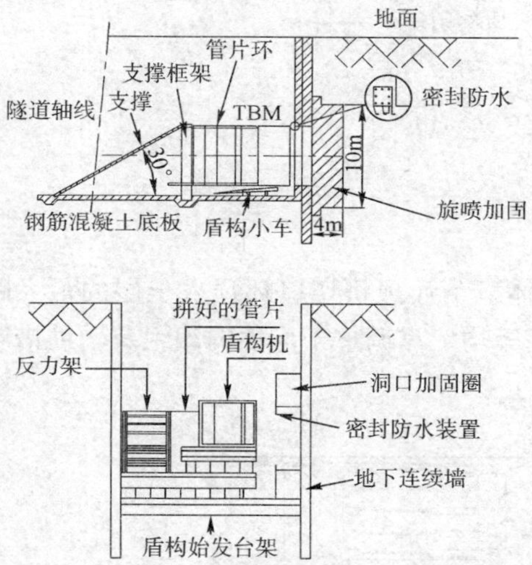

图 7-25　盾构始发工艺构造图

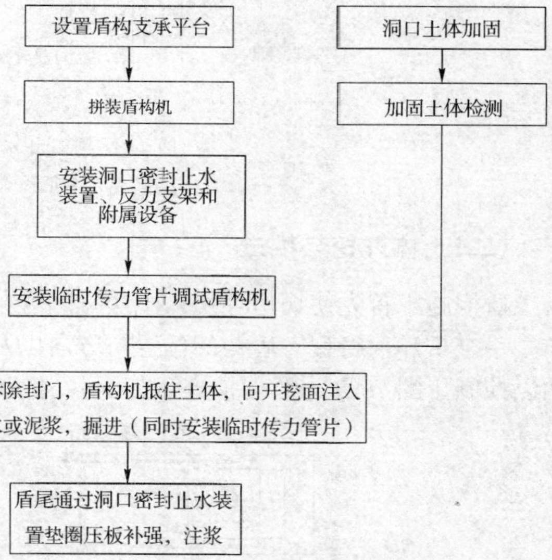

图 7-26　盾构拼装出洞顺序流程框图

(三)洞口地层加固

当盾构工作井周围地层为自稳能力差、透水性强的松散砂土或饱和含水黏土时，如不对其进行加固处理，则在凿除封门后，必将会有大量土体和地下水向工作井内坍陷，导致洞周大面积地表下沉，危及地下管线和附近建筑物。目前常用的加固方法有：注浆、旋喷、深层搅拌、井点降水、冻结法等，可根据土体种类(黏性土、砂性土、砂砾土、腐殖土)、渗透系数和标准贯入值、加固深度和范围、加固的主要目的(防水或提高强度)、工程规模和工期、环境要求等条件进行选择。加固后的土体应有一定的自立性、防水性和强度，一般以单轴无侧限抗压强度 $q_u=0.3\sim1.0$MPa 为宜，太高则刀盘切土困难，易引发机器故障。

三　盾构掘进

(一)盾构密封装置和盾构出洞顺序

为了增加开挖面的稳定性，需要适当向开挖面注水或注入泥浆，因此洞口要有妥善的密封止水装置，以防止开挖面泥浆流失。目前常用的密封止水装置如图 7-27 所示，其中 a)为滑板式结构，b)为铰接式结构。

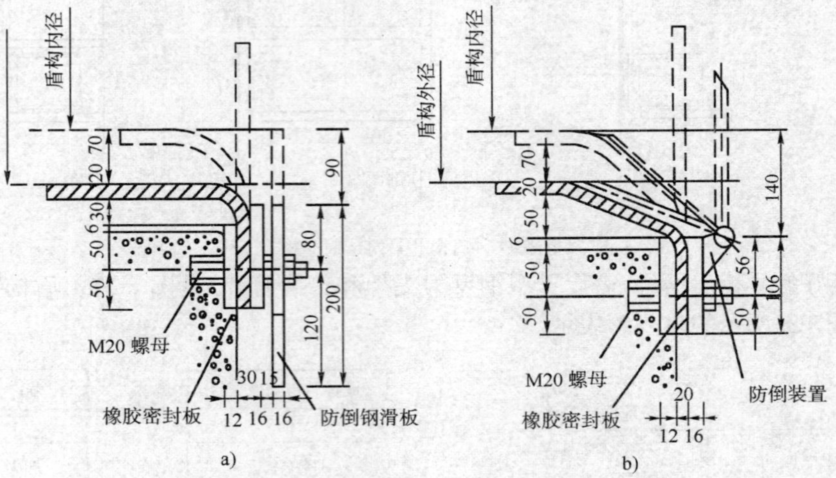

图 7-27　密闭止水装置(尺寸单位：mm)

a)滑板式；b)铰接式

(二)土体开挖与推进

盾构施工首先使切口环切入土层，然后再开挖土体。千斤顶将切口环顶入土层的最大距离是一个千斤顶行程。盾构的位置与方向以及纵坡度等均依靠调整千斤顶的编组及辅助措施加以控制。图 7-28 为盾构推进工艺图。

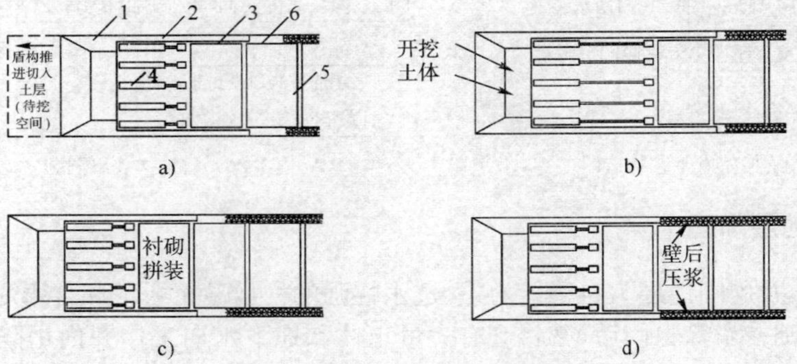

图 7-28　盾构推进工艺循环

a)切入土层；b)土体开挖；c)衬砌拼装；d)壁后压浆

1-切口环；2-支撑环；3-盾尾；4-推进千斤顶；5-管片；6-盾层空隙

土体开挖方式根据土质的稳定状况和选用的盾构类型确定。具体开挖方式有以下几种。

1. 敞开式开挖

在地质条件好，开挖面在掘进中能维持稳定或采取措施后能维持稳定，用手掘式及半机械式盾构时，均为敞开式开挖。开挖程序一般是从顶部开始逐层向下挖掘。

2. 机械切削开挖

利用与盾构直径相当的全断面旋转切削大刀盘开挖，配合运土机械可使土方从开挖到装运均实现机械化。

3. 网格式开挖

开挖面用盾构正面的隔板与横撑梁分成格子，盾构推进时，土体从格子里呈条状挤入盾构中。这种出土方式效率高，是我国大、中型盾构常用的方式。

4. 挤压式开挖

挤压式和局部挤压式开挖，由于不出土或部分出土，对地层有较大的扰动，施工中应精心控制出土量，以减小地表变形。

(三)盾构掘进施工管理

施工管理的目的就是使盾构在推进中对地层和地面影响最小，表现为地层的强度下降小，受到的扰动小，超孔隙水压力小，地面隆沉小以及衬砌脱开盾尾时的突然沉降小。

盾构掘进的施工管理包括：挖掘管理、线形管理、注浆管理、管片拼装管理等，详细内容见表 7-2。

盾构掘进施工管理构成表 表 7-2

项目	内容	
挖掘管理	开挖面稳定 泥水加压式 土压平衡式 切削、排土 盾构机	开挖面泥水压力保持 开挖面土压力保持，密封舱内砂土性态 开挖土量、排土性态 总推力、推进速度、切削扭矩 千斤顶推力、搅拌扭矩
线形管理	盾构机 位置、姿态	俯仰、旋转、偏移 铰接的相对转角，超挖量、蛇行量
注浆管理	注入状况 注入材料	注入量、注入压力 稠度、离析性 胶凝时间、强度、配比
管片拼装管理	拼装 防水 位置	真圆度、拧螺栓的扭矩 漏水、管片缺损、接缝张开 蛇行量、垂直度

1. 挖掘管理

对泥水加压式盾构来说，就是要通过开挖面管理（泥浆压力、泥浆质量）、切削土量管理、盾构机管理（推进速度、千斤顶总压力、切削扭矩、搅拌扭矩）使密封舱内的泥浆稳定在设定值。对土压平衡式盾构来说，则通过开挖面管理（刀盘和密封舱内的渣土压力）、添加剂注入管理、切削土量管理和盾构机管理使开挖面土压稳定在设定值。目前，挖掘管理已经实行自动化控制，用智能化系统来频繁调整开挖速度以控制开挖面孔隙水压力，维持在天然地层孔隙水压力的上下（泥水盾构），或维护天然地层不受扰动，优化选择密封舱渣土压力（土压盾构）。

2. 线形管理

线形管理就是通过一套测量系统随时掌握正在掘进中的盾构的位置和姿态，并通过计算机将盾构的位置和姿态与隧道设计轴线相比较，找出偏差数值和原因，下达调整盾构姿态应启动的千斤顶的模式，从最佳角度位置移动盾构，使其蛇形前进的曲线与隧道轴线尽可能接近。

目前发展是采用直接安装在盾构千斤顶上的、测量千斤顶延伸方向和量值的传感器，以及配有旋转传感器的导向仪，通过计算机对传感器测量数据的处理，就可确定盾构机的位置和姿态。这种测量系统中还配有一个定期对盾构位置进行测量的普通测量系统，以增加测量精度，完全实行计算机实时控制。

3. 注浆管理

注浆管理是通过浆体、注浆压力、注浆开始时间与注浆量的优化选择，达到能及时填满衬砌与周围地层之间的环向间隙，防止地层移动，增加行车的稳定性和结构的抗震性的目的。

对浆体的要求：应具有能充分填满间隙的流动性；注入后必须在规定时间内硬化；必须具有超过周围地层的静强度，保证衬砌与周围地层的共同作用，减少地层移动；具有一定的动强度，以满足抗震要求；产生的体积收缩小；受到地下水稀释不引起材料的离析等。浆体材料的使用因围岩条件而异，表 7-3 给出了几种浆体的配比。

同步注浆材料配比表(kg)　　表 7-3

适用材料	粉质黏土	粉质黏土	粉质黏土	砂、砾石层	砾石层	火山灰层	
						A 液	B 液
水泥	200	163		200	200	320	210
砂	200	1118	1132	680	680	560	
黏土	200						膨胀土 25
水泥、粉煤灰			440				
水	375	352	420	536	400	400	422
发泡剂	1.25l				1.5L		
缓凝剂				1.3L			
锯末					15		
水玻璃						400L	

采用同步注浆时，要求在注入口的注浆压力大于该点的静水压力和土压力之和，做到尽量填充而不是劈裂。注浆压力过大，对地层扰动大，将会造成较大的地层后期沉降和隧道本身沉降，还易跑浆。注浆压力过小，则浆液填满速度慢，填充不充分。一般来说，注浆压力可取 1.1～1.2倍的静止土压力。

目前，衬砌背部注浆，一般都采用在衬砌脱出盾尾及盾构掘进时的盾尾同步注浆，且在 60min 内完成。盾尾注浆装置如图 7-29 所示，它是在盾尾的表面设置了若干块凸板，每个凸板内装置一根同步注浆管、一根备用管、一根为盾尾密封刷的油膏注入管。

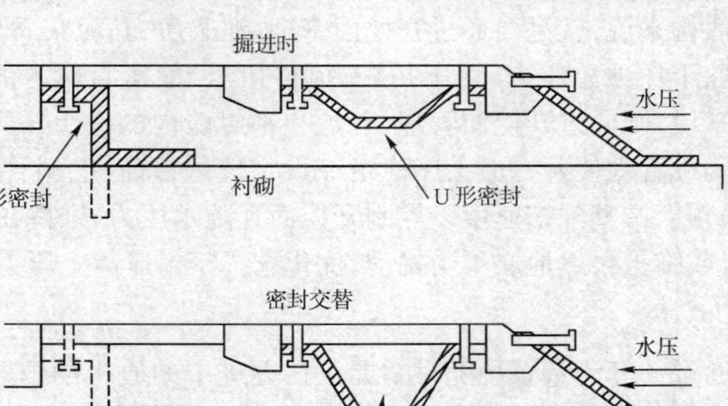

图 7-29　盾尾密封装置

理论上每环衬砌背后的注浆量应为：

$$V=\frac{\pi}{2}lDG \tag{7-1}$$

式中：l——衬砌环的宽度；

D——盾构外径；

G——建筑总间隙宽度。

考虑到盾构推进过程中的纠偏、跑浆和浆体的收缩等因素，实际注浆量一般为理论值的120%～180%。

必须注意的是，为了防止地层中泥水和注浆的浆液从盾尾间隙中漏入盾构，同步注浆时盾尾密封装置必须完好。目前，盾尾密封装置都是由2～3道弹簧钢丝刷组成。盾构起步时密封刷上必须涂足密封油膏，推进中还应按要求压注油膏，以提高密封效果，减少密封刷与衬砌外表面的摩擦，延长密封刷寿命。

4. 管片拼装管理

管片拼装管理要严格控制管片拼装的垂直度、真圆度、拧紧螺栓的扭矩、曲线地段和修正蛇行时楔形管片或垫块的拼装位置等，防止接缝张开漏水。

刚拼好的管片环在自重和土压力作用下都将产生变形，因此，现代化盾构中都设置了真圆保持器用以支撑刚拼好的管片环，同时采用同步注浆及时固定管片环的形状和位置。

（四）结构防水

1. 管片防水

管片防水包括管片本体防水和管片外防水涂层。根据隧道所处的水文地质条件，应对管片本体的抗渗性能做出明确规定，一般要求其抗渗标号不小于S8，渗透系数不大于1011cm/s。

管片外防水涂层需根据管片材质而定，对钢筋混凝土管片而言，一般要求：

(1)涂层应能在盾尾密封钢丝刷与钢板的挤压摩擦下不损伤；

(2)当管片弧面的裂缝宽度达0.3mm时，仍能抵抗0.6MPa的水压，长期不渗漏；

(3)涂层应具有良好的抗化学腐蚀性能、抗微生物侵蚀性能和耐久性；

(4)涂层应具有防迷流的功能，其体积电阻率、表面电阻率要高；

(5)涂层要有良好的施工季节适应性，施工简便，成本低廉。

2. 管片接缝防水

管片接缝防水包括管片间的弹性密封垫防水，隧道内侧相邻管片间的嵌缝防水以及必要时向接缝内注入聚氨酯药液等。其中弹性密封垫防水最可靠，是接缝防水重点。当然，管片制作精度对接缝防水的影响不可忽视，一般要求接缝宽度不应大于1.5cm。

1)弹性密封垫防水

一般情况下，要求弹性密封垫能承受实际最大水压的3倍。同时，还要求密封垫传给密封槽接触面的应力大于设计水压力。接触面应力是由扭紧连接螺栓、盾构千斤顶推力、密封垫膨胀等因素产生的，此外，当密封垫一侧受压力作用时也会产生一定的接触面应力，即所谓“自封作用”。

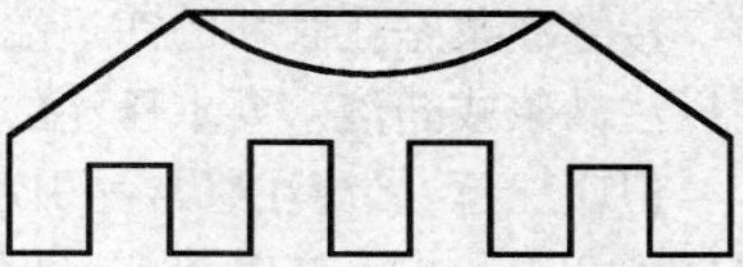

图7-30　4孔形密封垫

德国主要采用氯丁橡胶的4孔形密封垫，见图7-30。

日本普遍采用的密封垫型式如图 7-31 所示；中国曾经采用过非水膨胀性和水膨胀性的密封垫，图 7-32 所示的密封垫可满足 A、B 型管片的要求。

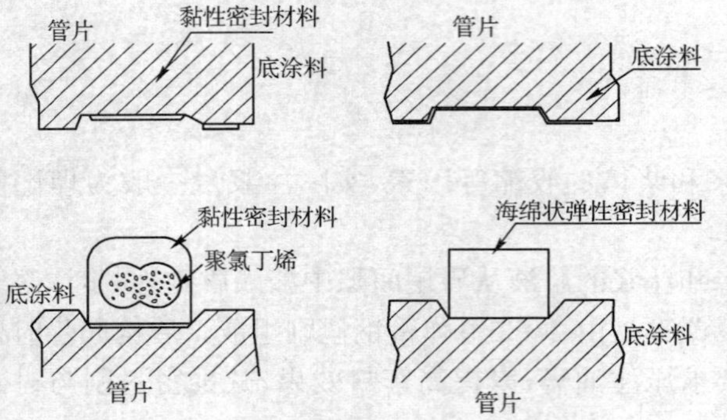

图 7-31　日本的密封垫类型

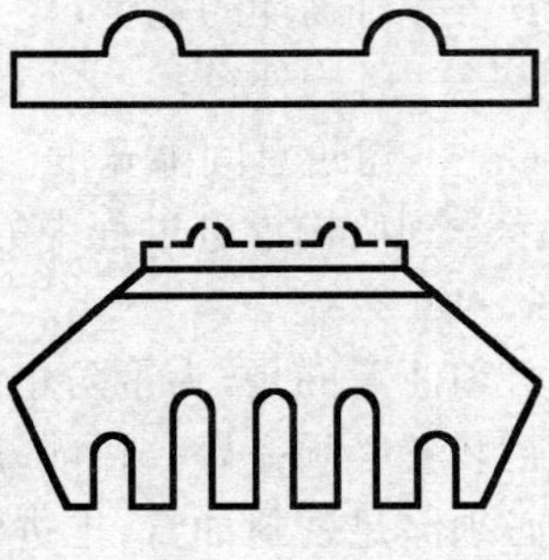

图 7-32　国产密封垫型式

2)接缝嵌缝防水

嵌缝槽的形状要考虑拱顶嵌缝时，不致使填料坠落、流淌，其深度通常为 20mm，宽度为 12mm，见图 7-33。嵌缝材料应具有良好的水密性、耐侵蚀性、伸缩复原性，硬化时间短，收缩小，便于施工等特性。满足上述要求的材料有以环氧类、聚硫橡胶类、尿素树脂类为主的材料。

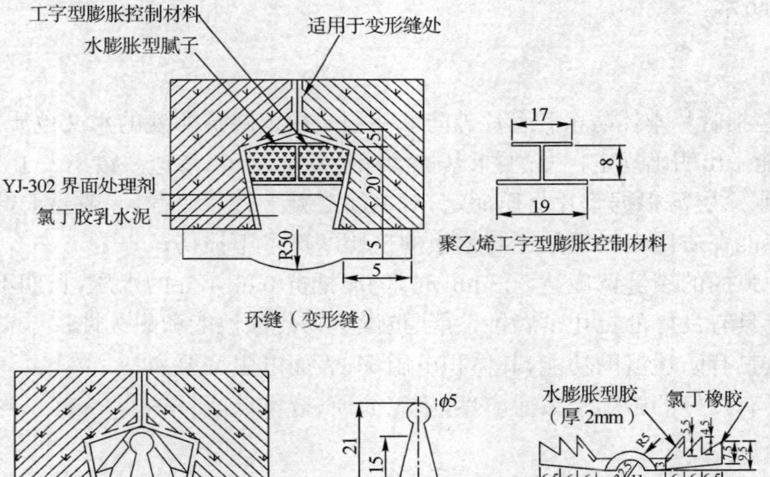

图 7-33　接缝嵌缝防水构造图(尺寸单位：mm)

变形缝的嵌缝槽形状和填料必须满足在变形情况下，亦能止水的要求。

3)接缝注浆

接缝注浆是在管片的四边端面上设置灌注槽，管片拼装成环后，由隧道内向管片的灌注槽内压注砂浆或药液。要求压注的材料流动性好，具有膨胀性，固结后无收缩，如聚氨酯类浆液。

但应注意，接缝注浆常易引起衬砌变形，反而降低防水效果，故需对管片的形状和压注方法仔细考虑。也有文献建议，只有当接缝的密封垫防水和嵌缝防水施作后仍有漏水现象时才使用。

4)螺栓孔和压浆孔防水

螺栓与螺栓孔或压浆孔之间的装配间隙是渗水的重要通道，所采取的防水措施就是在螺栓和螺栓孔口之间，使用塑性(合成树脂类、石棉沥青或铅)和弹性(橡胶或聚氨酯水膨胀橡胶等)密封圈垫，由于拧紧螺栓时，密封圈受挤压变形充填在螺栓与孔壁之间，从而达到止水效果。

另一种防水方法是采用一种塑料螺栓孔套管，浇注混凝土预埋在管片内，与密封圈结合起来使用，防水效果更佳，见图7-34。

密封圈应具有良好的伸缩性、水密性、耐老化性能。由于螺栓垫圈会因蠕变而松弛，为了提高止水效果，有必要对螺栓进行二次拧紧，必要时也可对螺栓孔进行注浆。

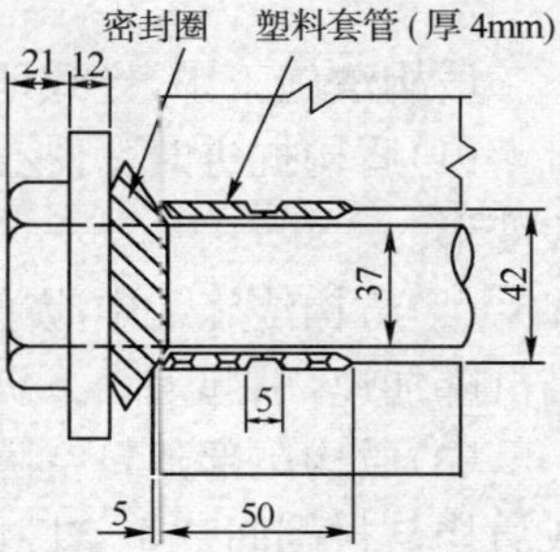

图7-34　螺栓孔和压浆孔防水
(尺寸单位：mm)

第四节　盾构法施工地面沉降机理和防治

采用盾构法施工时，一般在地表均会有变形，尤其在松软含水地层或其他不稳定地层中尤为显著，即使采用目前先进的盾构技术，要完全消除地面沉降也是不太可能的。地表变形的程度与隧道的埋深、直径、地层特性、盾构施工方法、地面建筑物基础形式等有关。

一　地面沉降机理

(一)地表变形的规律

盾构法施工时，沿隧道纵向轴线所产生的地表变形，一般从盾构前方大致与盾构埋深相等的位置开始隆起，在盾构通过以后地表逐渐下沉，其下沉量随着时间的推移由增加而最终趋于稳定，其变形规律如图7-35所示。

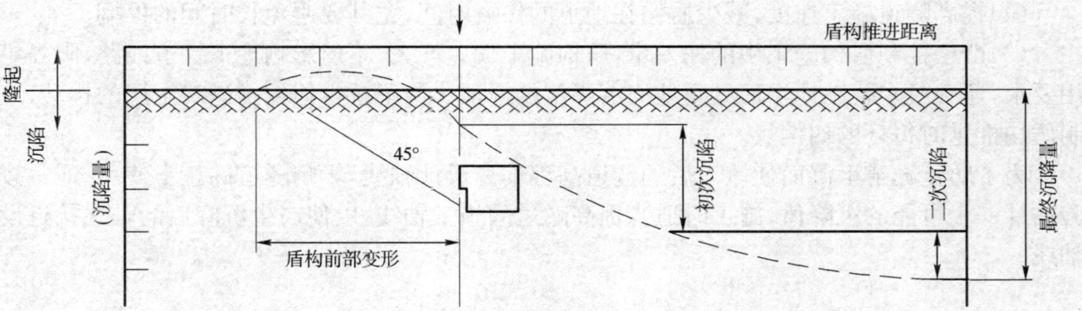

图7-35　地表变形纵向沉降规律

不同的盾构施工方法，其变形规律及影响范围大致相同，但变形量的差异很大。一般全闭胸挤压盾构推进时，地表隆幅最大，土压平衡式盾构或泥水平衡式盾构施工时，地表隆起现象相对较小。一般隆起越多盾构过后沉降越大。施工时掌握得好，地表沉降量可控制在50mm左右，最大不超过100mm。

盾构法施工中地表变形问题应予以足够重视，特别是城市街道或建筑群下施工，更应采取各种技术措施，严防地表下沉或隆起危及地表建筑物的正常使用。

第七章　盾构法施工

(二)导致地面沉降的因素

盾构法施工中,导致地面沉降的主要因素有以下几种:

(1)盾构掘进时,开挖面土体的松动和崩塌,破坏了地层平衡状态,造成土体变形而引起地表变形。

(2)盾构法施工中应采用降水疏干措施时,因地下水浮力消失,土体自重压力增加,地层固结沉降加速,引起地表下沉。

(3)盾构尾部建筑空隙充填不实导致地表下沉,施工纠偏及弯道掘进的局部超挖,均会造成盾构与衬砌间建筑空隙的不规则扩大,而这些扩大量有时难以估计或无法及时充填,给地表下沉带来影响。

另外,施工速度快慢、衬砌结构的受力变形等都会导致地表的微量下沉。总之,盾构法施工导致地表变形是一个综合性的技术问题,目前世界各国仍在进行研究。在城市地下工程中应用时,一定要采取多种辅助措施,选择好施工方法,否则,不能进入城市繁忙街道及密集建筑群下施工。

二 地表变形及隧道沉降的控制

盾构法施工中做不到完全防止地表变形,但能够设法减少地表变形并使地表下沉得以控制,可以采取如下措施:

(1)采用灵活合理的正面支撑结构或适当压力的压缩空气来疏干开挖面土层,以此保持开挖面土体的稳定。

(2)采用技术上较先进的盾构,如土压平衡式盾构、泥水平衡式盾构、复合式盾构等。基本不改变地下水位,严格控制开挖面的挖土量,防止超挖。

(3)及时、有效、足量地充填衬砌背后的建筑间隙,必要时还可通过在管片上的注浆孔进行二次加固注浆。浆液材料要严格控制其稠度、含水量和浆液中的黏粒含量,要根据盾构注入和拌浆设备的具体条件,优选浆液的材料和配比。同时要控制注浆压力,防止影响管片衬砌环的正常使用。

(4)提高隧道施工速度,减少盾构在地下的停搁时间,尤其要避免长时间的停搁。

(5)严格控制盾构施工中的偏差量,盾构施工偏差增大,不但影响地下铁道线路、限界等使用要求,还会过多扰动地层而导致地面沉降量的增加。为了减少纠偏推进对土层的扰动,应限制盾构推进时每环的纠偏量。

为了防止隧道下沉而使竣工后的隧道高程偏离设计轴线,影响隧道的正常使用,通常按经验估计一个可能的沉降值,施工时适当提高隧道的施工轴线,以使产生沉降后的轴线接近设计轴线。

第五节　案例(成都地铁盾构4标)

一 工程概况

1. 工程位置和范围

(1)工程所处地理位置

成都地铁盾构 4 标隧道区间在城市中的位置见图 7-36、图 7-37 所示。

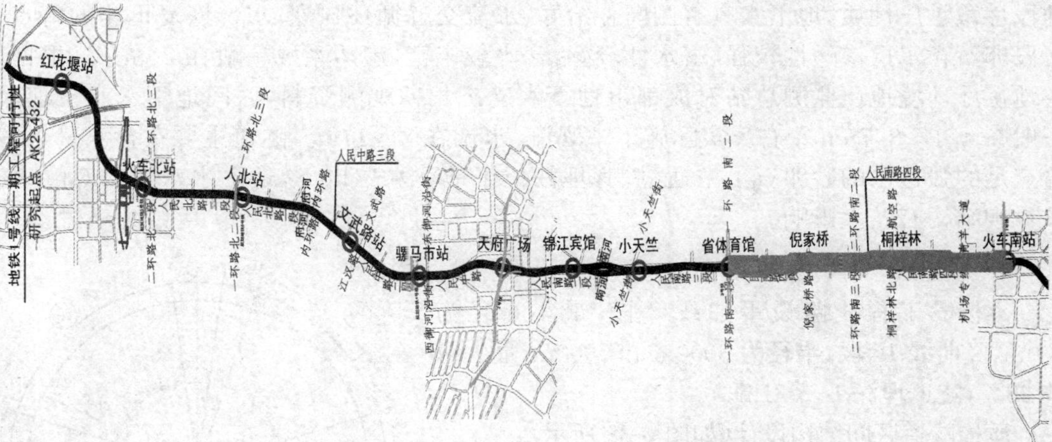

图 7-36　成都地铁盾构 4 标隧道区间在城市中的位置

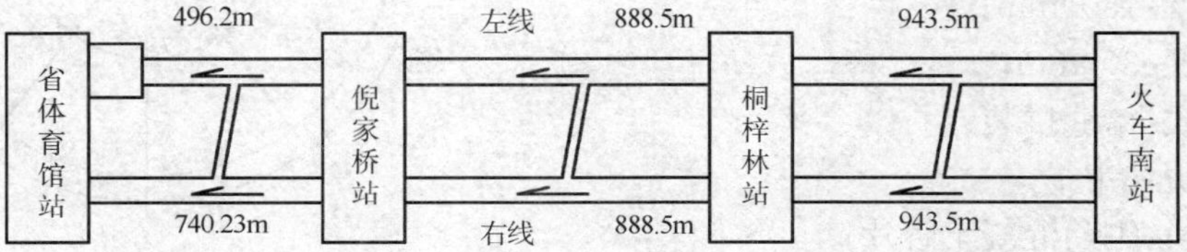

图 7-37　成都地铁盾构 4 标隧道区间平面图

(2)工程范围

盾构 4 标起于成都地铁一号线省体育馆站南端，止于火车南站北端。隧道总长 4900.43 单线延米。其中右线盾构隧道长 2572.23m，左线盾构隧道长 2328.2m，另外包括 3 个联络通道和泵房、12 个洞门。

本项目盾构井位置位于火车南站天府立交桥下，地势平坦，周边环境开阔。区间基本上处于主干道人民南路下方，沿线有大量的城市管线。同时隧道沿线穿过中国成达化工集团、建委大楼、二环路—人南立交桥、成都信息港、美力国际俱乐部、机场立交桥、火车南站股道等多处建(构)筑物，对盾构隧道施工影响较大。

2. 工程地质

区间隧道主要在含水量丰富、补给充足的强透水的砂卵石土中通过。隧道结构底板埋深约为 14.0～21.0m。其埋深位于地下水位以下，地下水水压力对隧道施工及衬砌结构有较大影响。隧道穿越地层卵石含量约占 55%～80%。含少量大粒径漂石，一般含量为 5%～10%，前期勘测阶段发现漂石最大粒径为 670mm，目前施工中发现的漂石最大粒径为 600mm。充填物以细砂、中砂为主，含量约 10%～35%。隧道区间存在液化砂土、软土、膨胀土、膨胀岩、大粒径漂石等特殊岩性和有害气体以及古河道等不良地质。

本标段内上覆第四系土层，下伏基岩为白垩系上统灌口组紫红色泥岩。本标段地层内各颗粒所占比例为：漂石粒径＞200mm，占 1.3%；卵石粒径 200～20mm，占 68.2%；砾石粒径 20～2mm，占 13.4%；砂粒径 2～0.075mm，占 13.3%；土粒径 ＜0.075mm，占 1.0%。

3. 水文地质

成都市充沛的降雨量(多年平均降雨量 947mm，年降雨日达 140d)，构成了地下水的重要补给源之一。沿线广布第四系砂卵石孔隙潜水，地下水自北西流向南东，潜水含水层具地段性微承压性质，地下水具有侧向补给好，水流交替循环强烈，水位恢复迅速的特点。该区段卵石含水层渗透性较强，富水性较好，含水较丰富，渗透系数一般在 20m/d。根据四川省地矿厅环境地质监测总站对成都市地下水动态长期观测资料，区间地下水水位埋深浅，一般在 4.1～8.75m 左右。实际施工中观测，水位在 8～11m。隧道主要在含水量丰富、补给充足的强透水的砂卵石土中通过，其埋深位于地下水位以下，地下水水压力对隧道施工及衬砌结构有较大影响。

4. 设计概况

本标段工程线路设平曲线 7 段，最小半径为 500m，竖曲线 16 段，半径为 3000m 和 5000m，最大纵坡 28‰，隧道埋深 14～21m。

盾构隧道区间结构设计（如图 7-38 所示）：

内径：5400mm；

管片宽度：1500mm；

管片厚度：300mm；

拼装方式：错缝拼装；

管片分块：6 块；

一般地段：钢筋混凝土管片；

联络通道口部：钢管片＋钢筋混凝土管片。

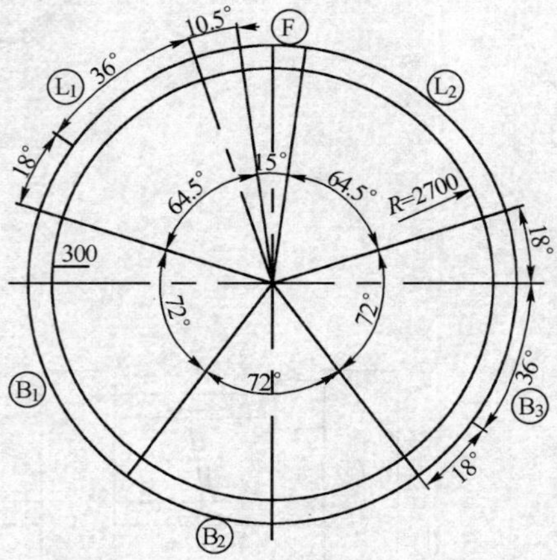

图 7-38　衬砌管片拼装示意图（尺寸单位：mm）

二　工程难点、重点

(1)盾构 4 标为试验段工程，不可预见因素较多；

(2)线路曲线分段多，施工控制要求高；

(3)地表环境复杂、施工对周边环境影响大、沉降控制要求高；

(4)盾构需在富水饱和的卵石土地层中长距离通过，对盾构机要求高，施工风险大；

(5)地层对刀具磨损严重，给成本及工期带来很大的压力；

(6)地层中含大量的大漂石，盾构机对大漂石的处理能力及采取的措施，直接影响施工进度；

(7)盾构机经过 4 站 3 区间，共进行 6 次始发，4 次过站，工序转换多；

(8)工程地质复杂，给地层加固带来一定的困难。

三　总体施工方案

本工程采用盾构法施工，左右线各用一台盾构施工，先后从火车南站始发，通过桐梓林站、倪家桥后，在体育馆拆机起吊出井。

鉴于成都地铁工程首次采用盾构法施工，本标段为地铁隧道区间盾构施工实验段，为了摸索和总结不同类型盾构机对成都地层的适应性，为后续工程提供借鉴和参考，达到实验段施工的目的，决定在本标段的左右线分别采用泥水平衡盾构机、土压平衡盾构机施工。

第一台采用泥水盾构机施工右线隧道，于 2006 年 12 月 28 日设备组装完成，2007 年 1 月 21 日始发推进。第二台盾构机采用土压平衡盾构机施工左线隧道，于 2007 年 9 月 8 日开始推进。本隧道预计 2011 年完工。

本章小结

盾构是隧道施工的大型专用设备，它集计算机、新材料、自动化、信息化、系统科学、管理科学等高新技术于一体，能在保持开挖面及围岩稳定的同时进行隧道掘进、出渣，并在盾尾拼装管片形成衬砌，及时实施注浆，从而在尽可能不扰动围岩条件下修建隧道。

世界上已使用过或正在使用的盾构数量很多，类型各异，当前多以土压平衡盾构和泥水平衡盾构为主。土压平衡盾构依靠刀盘旋转切削开挖面土体，并通过调整刀盘转速、推进速度等参数来调整切削土量和出土量，保持土舱压力，使之与开挖面水土压力保持平衡。泥水平衡盾构的基本原理是在泥土舱中充满泥水，依靠泥土压力来平衡开挖面的水土压力以保持开挖面的稳定，并利用泥水循环携渣。泥水平衡盾构需要专门的泥水输送与处理系统。

对于地铁工程而言，由于地面建筑物密集，地下管线众多，施工中应严格控制地表沉降，在不能自稳的软弱地层中尤为需要注意。

思考与练习

1. 简述盾构法隧道施工的原理、工艺流程和关键技术？
2. 目前城市地铁施工中是如何考虑盾构选型的？
3. 盾构法施工的一般程序包括哪些环节？
4. 盾构在掘进过程中有哪些控制因素和技术手段？
5. 分析盾构施工引起地面沉降的原因，并确定其合理的控制措施？
6. 土压平衡盾构和泥水平衡盾构有什么不同？各自适用范围是什么？
7. 盾构法隧道施工中常见问题有哪些？主要采取哪些对策？
8. 通过网络收集并分析当前国内盾构施工技术特点。
9. 通过网络收集当前国内盾构施工的主要技术问题，并尝试提出相应的解决方法？

第八章 沉管法施工

【本章能力目标】：通过本章的学习，学生应能够具备沉管隧道管段沉放、水下连接、基础处理的一般施工能力；具有分析沉管隧道的主要技术问题，并提出相应的解决方法的能力。

【知识目标】：通过本章的学习，学生应了解沉管隧道的特点、组成、施工的工艺流程；明确沉管隧道的沉设方法，理解水力压接的原理和方法；掌握沉管隧道关键工序及技术措施。

第一节 概 述

地下铁道经过江河、港湾时，采用水底隧道是跨越的方法之一。

水底隧道的单位造价比桥梁高，但在跨越港湾或海轮经过的江河时，此时水底隧道所显示出的优越性有时比建桥更为经济、合理。因跨越港湾或海轮通过的江河，所需桥梁跨长，桥高，引桥长度大，造价增大，引桥过长对市内交通干扰及占地不易妥善解决。

一 几种修建水下隧道方法评述

修建水下隧道的施工方法通常有以下五种：

(1)围堤明挖法；

(2)矿山法；

(3)气压沉箱法；

(4)盾构法；

(5)沉管法。

在以上五种方法中，矿山法不适于软土地层，气压沉箱法只适于较窄的河道中，实例不多。围堤明挖法是古老的方法，但在繁忙的水路交通河道中干扰较大，因此很少采用。一百多年来，在世界各国水底隧道的建设中，大多采用盾构法和沉管法施工。

用作水下隧道施工的盾构，一般外径尺寸为 10m 左右，可容纳双车道通过。如需建造四车道的水底隧道，则需平行地建造两条盾构隧道。如需建造六车道的水底隧道，则往往需建三条盾构隧道。沉管法则不受上述尺寸限制。

沉管法，亦称预制管段沉放法。先在隧址以外的预制场(多为临时干坞或船坞)制作隧道管段(每节长 60～140m，多数为 100m 左右，最长达 268m)，管段两端用临时封墙密封，制成后运到指定位置上，在已预先挖好的基槽上沉放下去，通过水力压接进行水下连接，再覆土回填，完成隧道。用这种沉管法修建的水下隧道，称之为沉管隧道。

采用沉管法修筑水下隧道最早于 1810 年在伦敦进行了施工试验，到 1894 年采用此法在美国波士顿建成一条城市下水道工程和 1904 年建成底特律水底铁路隧道才宣告沉管法的成果诞生。自 1959 年加拿大迪斯(Deas)隧道成功采用水力压接法进行管段水下连接后，很快为世界各国普遍采用，使得沉管法变得更加优越。

1993年在广州珠江建成我国第一条沉管隧道，1995年又在宁波甬江建成第二条沉管隧道。这两条沉管隧道的建成为我国修建海底隧道积累了丰富的经验。

以规划中的京沪高速铁路南京长江隧道为例，其全长6 180m，其中江中沉管段为2 090m，由19节110m长的管段组成，地基为细砂层及粉砂层，流水速度可达1.2m/s，其规模和预期的修建难度都将超过珠江和甬江隧道。这将是一项面向21世纪的雄伟工程。

正在规划研究的水底沉管隧道工程还有：连接辽东半岛和胶东半岛的渤海海底隧道，长约57km；连接上海和南通的长江水底隧道，长度约7km；上海至宁波的杭州湾水底隧道，最长的隧道方案长约52km，隧道建成后沪甬两地的运输距离较经杭州钱塘江大桥缩短约250km。台湾海峡隧道目前由清华大学进行可行性研究。

据已有的实践经验，盾构法和沉管法优缺点比较列于表8-1。

盾构法与沉管法的比较 表8-1

项　目	盾构法	沉管法
地质条件	遇到砂质土层时，须采用气压或泥水加压施工	不怕流砂。基本上不受地质条件限制
水流速度	无关	水流很急时，须用水上作业台施工
水上交通	无关	短期内采用局部的航道管理措施
隧道埋深	最大可达水下30m左右	最深纪录达水下61m
容纳车道数	在一个隧道断面内只能容纳2个车道，遇4～6车道时，须建多条隧道	一个隧道断面内可同时容纳4～6个车道，最多可达8个车道
渗漏水情况	接缝太多，难以做到不漏水	可作到不渗漏水
工程总量	覆盖厚，隧道较长，工程总量较大	覆盖厚度仅0～1.5m，隧道较短，工程总量小
现场工期	因大部分工程量在隧址上完成，现场工期较长	因一半以上工程量在临时干坞中完成，现场工期较短
工程单价	单位面积造价较高	单位面积造价较低
运营费用	不利于采用通风新技术，常年电耗较大	利于采用通风新技术（如诱导通风方式），大幅度地降低了运营费用

由上表可见沉管法比较有利。特别是20世纪50年代后期水力压接法（水下连接）和基础处理的压注法取得了突破性进展，从而使沉管隧道的建设进入了一个迅速发展的新纪元。目前世界各国水底隧道建设，大都采用这种比较经济、合理的沉管法。

二 沉管法的优越性

（1）隧道埋深浅，隧道较短，总工程量小；

（2）管段比重小，对地质适应性强，能在流砂层中施工；

（3）管段在干坞中制作，能保证施工质量，结构水密性良好；

（4）沉管隧道段施工可与岸坡隧道平行或交叉作业，工期短；

（5）各种拖航设备的现代化，能够施作大断面多管隧道；

（6）管段接缝远少于其他方法修建的隧道，防水性能远比盾构好。

三 沉管隧道的分类

沉管法水底隧道按断面形状分为圆形与矩形两大类。其施工及所用材料均有所不同。圆形沉管一般采用钢壳，20 世纪 50 年代后，多采用矩形钢筋混凝土沉管。

(一)圆形沉管

施工时多数利用船厂的船坞制作钢壳，制成后滑行下水，并系泊于码头边上，进行水上钢筋混凝土作业。这类沉管的横断面，内部均为圆形，外表有圆形、八角形或花篮形。如图 8-1 所示。

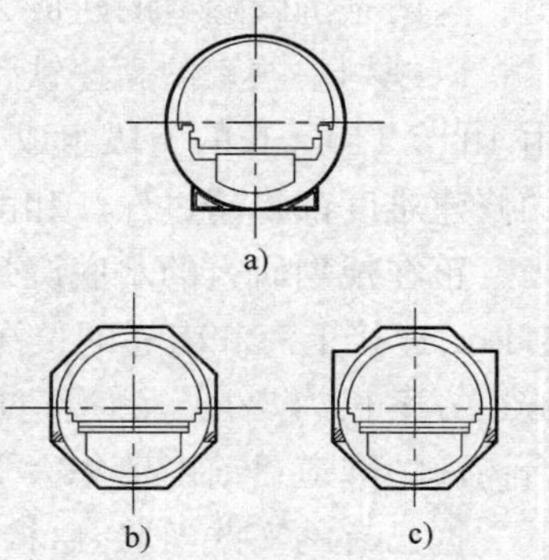

图 8-1　各种圆形沉管

a)圆形；b)八角形；c)花篮形

圆形沉管的优点是：

(1)圆形断面，受力合理衬砌弯矩较小，在水深较大时，比较经济有利；

(2)沉管的底宽较小，基础处理比较容易；

(3)钢壳既是浇筑混凝土的外模，又是浇筑隧道的外防水层，这种防水层不会在浮运过程中被碰损；

(4)当具备利用船厂设备的条件时，工期较短，在管段需要量较大时，更为明显。

其缺点是：

(1)圆形断面空间，常不能充分利用；

(2)耗钢量大，造价高；

(3)钢壳本身需作防锈处理。

(二)矩形沉管

荷兰的玛斯隧道(Mass，1942 年建成)首创矩形沉管以来，目前世界各国(除美国外)大都采用矩形沉管。如图 8-2 所示。

图 8-2　矩形折拱形结构

a)六车道矩形沉管；b)八车道矩形沉管

矩形沉管一般在干坞中以钢筋混凝土灌注而成。其优点是：

(1)不占用造船厂设备，不妨碍造船工业生产；

(2)空间利用率较高，可实现铁路、公路共用隧道；

(3)隧道全长较短，挖槽土方量少；

(4)一般不需钢壳，可节省钢材。

其缺点是：

(1)建造临时干坞的费用较大；

(2)由于矩形沉管干舷较小，要求在灌筑混凝土及浮运过程中，须有一系列严格控制措施。

四 沉管隧道组成

沉管隧道一般由敞开段、暗埋段、岸边竖井及沉埋段等部分组成，见图 8-3。在沉埋段两端，通常设置竖井作为沉埋段的起止点，竖井是沉管隧道的重要组成部分，它起到通风、供电、排水和监控作用。根据两岸地形和地质条件，也可将沉埋段与暗埋段直接相接而不设竖井。

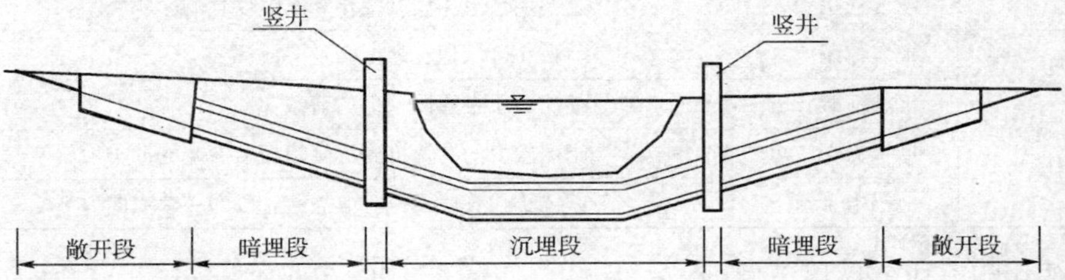

图 8-3　沉管隧道纵断面

第二节　沉管隧道设计

沉管隧道设计的主要内容有：断面几何形状、结构类型、结构设计及计算、起浮抗浮设计、管节长度的选定、接头设计、防水设计、通风、照明供电、给排水设计、内装设计、运营与安全设施设计、抗震设计、基础处理及回填设计等。其设计质量直接影响隧道的施工与使用，应做到设计思想明确，综合考虑到先进性、合理性、安全性和经济性。

一 钢筋混凝土沉管的结构设计

(一)沉管结构所受的荷载

作用在沉管结构上的荷载有：结构自重、水压力、土压力、浮力、施工荷载、波浪和水流压力、沉降摩擦力、车辆活载、沉船荷载、地基反力、变温影响、不均匀沉降影响、地震影响等。见表 8-2。

荷载分类表　　表 8-2

序　号	荷载分类	荷 载 名 称	组成及解释
1	永久荷载	一期恒载	结构自重及防锚层重
2		二期恒载	线路道床重
3		水压力	分最高水位、平均水位、最低水位时的水压力
4		土压力	包括管顶覆土及回淤土压力，两侧土压力及基底地基压力
5		设备重量	沉管内各种运营监控设备
6		混凝土收缩及徐变影响力	可简化成结构降温处理
7		地基基础沉降影响力	与地基及基础特性有关
8		水力压接荷载	与压接时水位高度及管段断面积有关
9		列车静荷载	指可移动活载，但不考虑冲击与振动
10		列车动荷载	主要为冲击力

续上表

序　号	荷载分类	荷 载 名 称	组成及解释
11	可变荷载	施工荷载	主要由施工阶段的临时结构的重量和有关施工机械重量组成
12		拖运力	指管段在浮运沉放过程中通过缆索作用在系缆柱上的力
13		压载水荷载	荷载大小与抗浮系数值有关
14		温度作用力	主要应考虑年温度变化和水温变化的影响
15	偶然荷载	地震作用	应按小区域地震烈度确定
16		沉船荷载	指沉船压在管段顶部的荷载
17		抛锚力	指船舶上的铁锚掷到沉管顶板上产生的冲击力
18		拖锚力	铁锚钩住管段拖拉时应加给管段的一个横向力

荷载作用组合应遵循以下原则：

(1)应按施工阶段和运营阶段分别进行作用组合，施工阶段的安全系数可比运营阶段酌情降低；

(2)作用组合除常规办法进行外，高温作用应与最高水位作用组合，低温作用应与最低水位组合；

(3)地震作用、沉船荷载、抛锚力、拖锚力等偶然荷载在施工阶段不考虑，在运营阶段亦不同时组合。偶然荷载中任一个作用与其他作用组合时，应按规范酌情降低安全系数。

(二)结构分析与配筋

1.横断面结构分析

沉管的横断面结构形式大多为多孔箱形刚性结构。多孔箱形刚构为高次超静定结构，其结构内力分析必须经过“假定构件尺度——分析(内力)——修正(尺度)——复算(内力)”的几次循环，计算工作量很大。为避免采用剪力钢筋，改善结构受力性能，减少裂缝出现，在水底隧道沉管结构中，常采用变截面或折拱型结构(图 8-4)。这样，即使在同一节管段(一般长度为100m 左右)中，因隧道纵坡和河底标高的变化，各处断面所受水、土压力也不同(特别在接近岩边时)，因此一般不能只以一个横断面的结构分析来进行整节管段的分析。

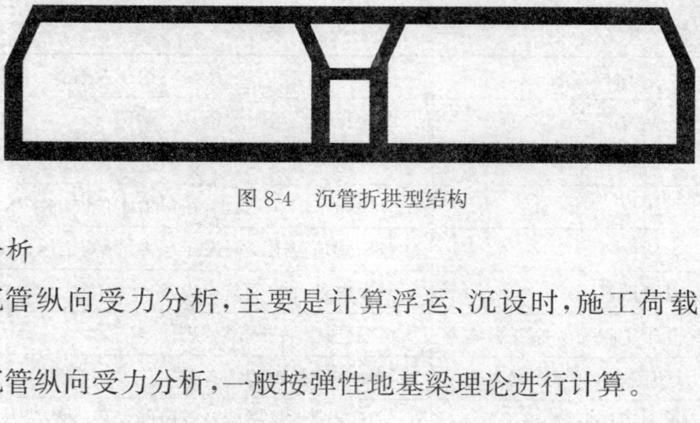

图 8-4　沉管折拱型结构

2.纵向结构分析

施工阶段的沉管纵向受力分析，主要是计算浮运、沉设时，施工荷载、波浪力所引起的内力。

使用阶段的沉管纵向受力分析，一般按弹性地基梁理论进行计算。

3.配筋

因抗剪的需要，沉管应采用较高强度等级的混凝土，一般采用 28d 强度为 30～45MPa 的混凝土。

沉管结构不容许出现任何通透性(即管壁内、外穿透的)裂缝;非通透性裂缝开展宽度应控制在 0.15～0.2mm 以下,因此,不宜采用 III 级及 III 级以上的钢筋。

设计时,混凝土与钢筋的容许应力可参照《铁路设计规范》。计算应考虑表 8-2 所列荷载。

水压力是主要荷载之一。在覆土比较小的区段中,水压力常是最大的荷载。设计时要分别计算正常的高、低潮水位的压力,以及当地最大台风或特大洪水位的压力(按 30 年一遇)。

垂直土压力,一般为河床底到沉管顶面间的土体重量。在河床不稳定地区,还应考虑变迁的影响。侧向土压力,并非常量。在隧道初建成时,土体侧压力较大,以后随着土的固结发展而逐渐减小。设计时要按最不利组合分别取用其最大或最小值。

施工荷载有压载、端封墙、定位塔等施工设施的重量,为非均匀荷载,在计算浮运阶段的纵向弯矩时,这些荷载将是主要荷载。如这些施工荷载引起的管段纵向正负弯矩差过大,则可调整压载水箱(或水罐)的位置以减小此弯矩,使之受力合理。

沉降摩擦力系指回填土之后,沟槽底部受荷不匀,沉降不均引起的。

波浪力一般不大,不致影响配筋,水流压力对结构设计影响亦不大,但必须进行水工模型试验予以确定,以便据此设计沉设工艺及设备。如在沉管侧壁外喷涂一层软沥青,则可使此项荷载大为减小。

沉船荷载是指船只失事后恰巧沉在隧道顶上时的一种特殊荷载。设计时只能作假设估定,因发生机率极小,近年来对设计时是否考虑,已有不同观点。

二 抗浮设计

在沉管结构设计中,必须进行抗浮设计。其内容包括干舷的选定和抗浮安全系数的验算。通过抗浮设计可以最终确定沉管结构的高度和外廓尺寸。

1. 干舷

管段在浮运时为了保持稳定,必须使管顶面露出水面,其露出高度称为干舷。具有一定干舷的管段遇风浪发生侧倾后,会自动产生一个反倾力矩,使管段恢复平衡。

一般矩形断面的管段干舷多为 10～15cm,而圆形、八角形或花篮形断面的管段则多为 40～50cm。干舷高度不宜过小,否则稳定性差;但也不宜过大,干舷越大,所需压载水箱(或水罐)的容量就越大,不经济。我国广州珠江隧道沉管干舷为 14.22cm,而宁波甬江隧道则采用 10.14cm。

管段制作时,混凝土重度和模壳尺寸常有一定幅度的变动,而河水比重也有一定幅度的变化。所以,设计干舷时应按最大的混凝土重度、最大的混凝土体积和最小的河水比重来计算。

2. 抗浮安全系数

在沉管施工阶段,应采用 1.05～1.1 的抗浮安全系数。施工阶段的抗浮安全系数务必要在 1.05 以上,否则易导致复浮。在计算施工阶段的抗浮安全系数时,临时施工设备(如定位塔、端封墙等)的重量均可不计。

在回填完成之后的使用阶段,抗浮安全系数应采用 1.2～1.5,计算时可考虑两侧填土对管壁的摩擦力。设计时应按最小的混凝土重度和体积,最大的河水比重来计算抗浮安全系数。

三 管段制作

（一）管段的制作

管段制作在干坞中进行，其工艺与一般混凝土结构基本相同。但考虑到浮运沉设对匀质性与水密性的特殊要求，应注意以下几点：

（1）要保证混凝土的防水性及抗渗性；

（2）要严格控制混凝土的重度，若重度超过1%以上，管段将浮不起来，则不能满足浮运要求；

（3）必须严格控制模板的变形，以保证对混凝土均质性的要求，否则，若出现管段板、壁厚度的局部较大偏差，或前后、左右混凝土重度不均匀，浮运中会发生管段侧倾；

（4）必须慎重处理施工缝及变形缝。

纵向施工缝（横断面上的施工留缝），对于管段下端，靠近底板面一道留缝，应高于底板面30～50cm。

横向施工缝（沿管段长度方向上分段施工时的留缝）需采取慎重的防水措施，为防止发生横向通透性裂缝，通常可把横向施工缝做成变形缝，每节管段由变形缝分成若干节段，每节段15～20m左右长。如图8-5、图8-6所示。

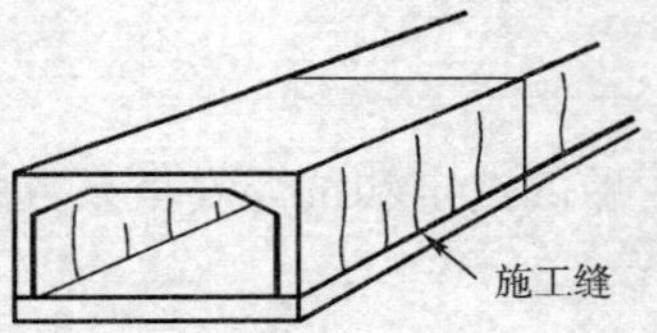

图8-5 管段侧壁上的构造裂缝

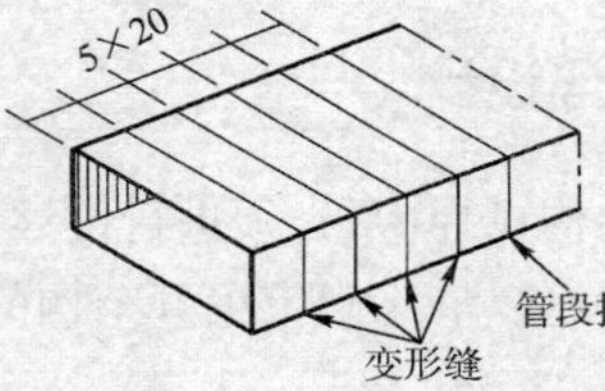

图8-6 管段的节段与变形缝（尺寸单位：m）

（二）封端墙

管段浮运前必须于管段的两端离端面50～100cm处设置封端墙。封端墙可用木料、钢材或钢筋混凝土制成。封端墙设计按最大静水压力计算。

封墙上须设排水阀、进气阀以及入水孔。排水阀设于下部，进气阀设于顶部，口径100mm左右。出入孔应设置防水密闭门。

（三）压载设施

管段下沉由压载设施加压实现，容纳压载水的容器称为压载设施，一般采用水箱形式，须在管段封墙安设之前就位，每一管段至少设置四只水箱，对称布置于管段四角位置。水箱容量与下沉力要求、干舷大小、基础处理时“压密”工序所需压重大小等有关。

（四）检漏与干舷调整

管段制作完成后，须做一次检漏。如有渗漏，可在浮运出坞前做好处理。一般在干坞灌水之前，先往压载水箱里注水压载，然后再往干坞坞室里灌水，灌水24～48h后，工作人员进入管段内对管段进行水底检漏。

经检漏合格浮起管段，并在干坞中检查干舷是否合乎规定，有无侧倾现象。通过调整压载的办法，使干舷达到设计要求。

在一次制作多节管段的大型干坞中，经检漏和调整好干舷的管段，应再加压载水，使之沉置坞底，待使用时再逐一浮升，拖运出坞。

四 管段防水

(一)管段自身防水

早期采用外包钢板防水，后来发展到卷材防水。20 世纪 70 年代以来，欧洲沉管隧道取消了外防水层，为保证管段不渗漏，除严格控制混凝土级配、振捣密实、加强养护外，还采取了许多防裂措施：

(1)分段浇注，设后浇带；

(2)采用低水化热水泥；

(3)设置水冷散热系统；

(4)采用预应力混凝土；

(5)外表使用防水涂料。

(二)接缝防水

管段之间接缝防水，主要依靠橡胶止水带，如 Gina 带和 Ω 带。

第三节 沉 管 施 工

沉管隧道设计时必须充分考虑施工工艺要求。沉管隧道施工，主要内容与工序如图 8-7 所示。

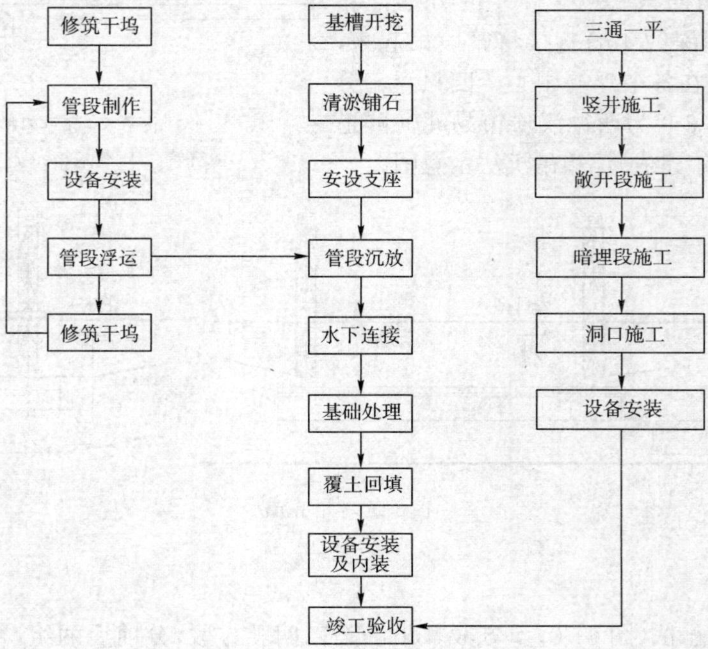

图 8-7 管形沉管隧道主要施工流程

沉管管节在干坞中预制好之后，必须浮运到隧址指定位置上进行沉放就位，并进行水下连接。这是沉管隧道施工中至关重要的工序，必须精心组织方能确保万无一失。

一 沉设方法

预制管段沉设是整个沉管隧道施工中重要的环节之一。它不仅受气候、河流自然条件的直接影响，还受到航道、设备条件的制约。因此，沉管施工中并没有统一的通用方案。须根据自然条件、航道条件、管段规模以及设备条件等因素，因地制宜选用经济合理的沉设方案。

沉设方法和工具设备，种类繁多，为便于了解作如下归纳。

- 吊沉法
  - 分吊——起重船或浮箱
  - 扛吊——方驳船组
  - 骑吊——水上作业平台
- 拉沉法——桩墩地垄

(一)分吊法

管段制作时，预先埋设 3～4 个吊点，分吊法沉设作业时分别用 2～4 艘 100～200t 浮吊(即起重船)或浮箱提着各个吊点，逐渐将管段沉放到规定位置。

第一条四车道矩形管段隧道——玛斯隧道采用了四艘起重船分吊沉设，如图 8-8 所示。20 世纪 60 年代荷兰柯恩(Coen，1966 年)隧道首创以大型浮筒代替起重船的分吊沉设法。

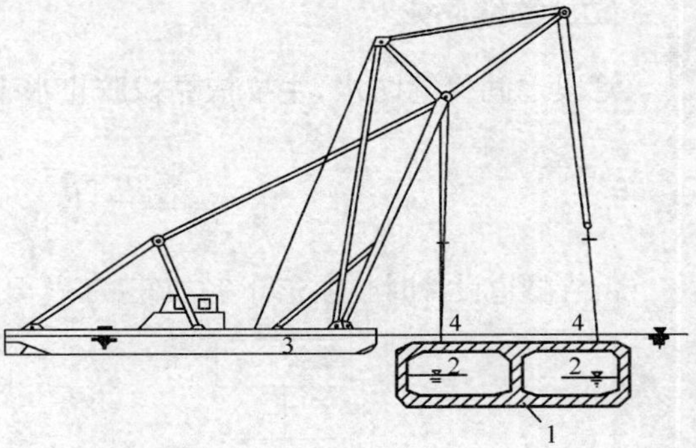

图 8-8 起重船吊沉法

1-沉管；2-压载水箱；3-起重船；4-吊点

浮箱吊沉设备简单，适用于宽度特大的大型管段。沉放用四只 100～150t 的方形浮箱(边长约 10m，型深约 4m)直接将管段吊起来，吊索起吊力作用在各个浮箱中心。四只浮箱分成前后两组。图 8-9 为西德汉堡市易北河隧道(E3-Elbe，1974 年建成)浮箱吊沉法示意图。

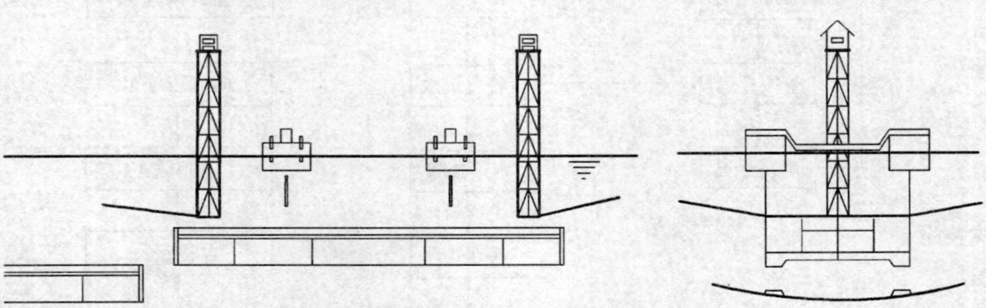
图 8-9 浮箱吊沉法

(二)扛吊法

亦称方驳扛吊法(图 8-10)。方驳扛吊法是以四艘方驳，分前后两组，每组方驳肩负一副“杠棒”，即这两副“杠棒”由位于沉管中心线左右的两艘方驳作为各自的两个支点；前后两组方驳用钢杵架连接起来，构成一个整体驳船组，"杠棒"实际上是一种型钢梁或是钢板组合梁，其上的吊索一端系于卷扬机上，另一端用来吊放沉管；驳船组由六根锚索定位，沉管管段另用六根锚索定位。

加拿大台司(Peas，1959)隧道工程中，曾采用吨位较大、船体较长的方驳，将各侧前后两艘方驳直接连接起来，以提高驳船组的整体稳定性。

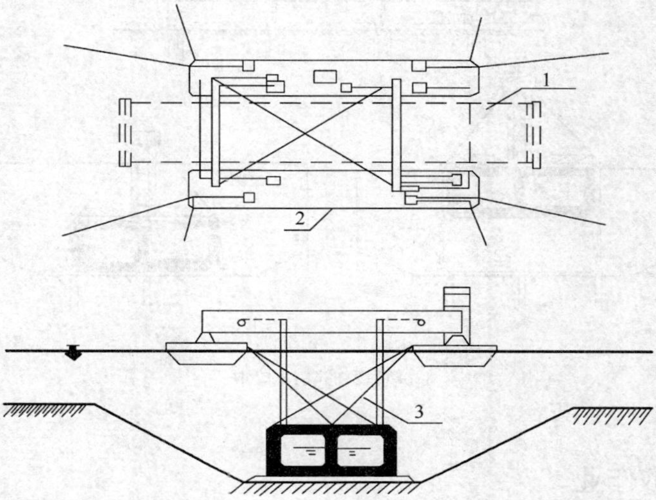

图 8-10　双驳扛吊法

1-管段；2-大型铁驳；3-定位索

在美国和日本的沉管隧道工程中，习惯用"双驳扛沉法"，其所用方驳的船体尺度比较大(驳体长度为 60～85m，宽度为 6～8m，型深 2.5～3.5m)。"双驳扛沉法"的船组整体稳定性较好，操作较为方便，但大型驳船费用较高。管段定位索改用斜对角方向张拉的吊索，系定于双驳船组上。美国旧金山市地下铁道(BART，1969)的港下水底隧道(长达 5.82km，共沉设 58 节 100～105m 长的管段)工程即用此法。

(三)骑吊法

采用水上作业平台"骑"于管段上方，将管段慢慢地吊放沉设。如图 8-11 所示。

水上作业平台亦称自升式作业平台 SEP(Self-elevating Platform)，原是海洋钻探或开采石油的专用设备。它的工作平台实际上是个矩形钢浮箱，有时为方环形钢浮箱。就位时，向浮箱里灌水加载，使四条钢腿插入海底或河底。移位时则反之，排出箱内贮水使之上浮，将四条钢腿拔出。在外海沉设管段时，因海浪袭击只有用此法施工；在内河或港湾沉设管段，如流速过大，亦可采用此法施工。它不需抛设锚索，作业时对航道干扰较小。由于设备费用很高，一般内河沉管施工时较为少用。

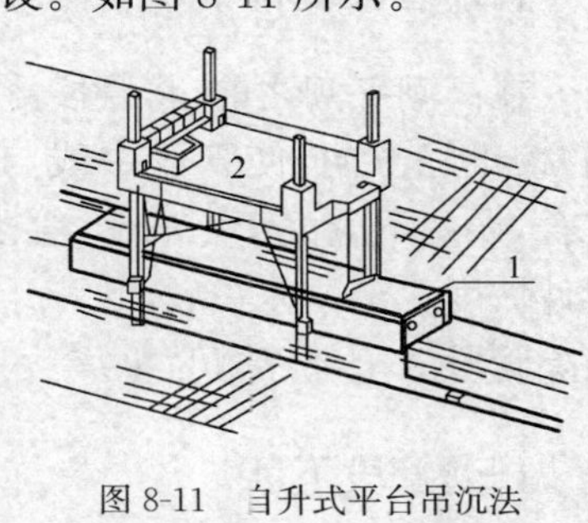

图 8-11　自升式平台吊沉法

1-沉管；2-自升式平台(SEP)

(四)拉沉法

利用预先设置在沟槽底面上的水下桩墩作为地垄，依靠安设在管段上面的钢桁架上的卷扬机，通过扣在地垄上的钢索，将管段缓慢地“拉下水”，沉设于桩墩上，而后进行水下连接。该法设置水下桩费用较大，所以很少采用，只在荷兰埃河(IJ，1968)隧道，和法国马赛市的马赛(Marseile，1969)隧道中用过。如图 8-12 所示。

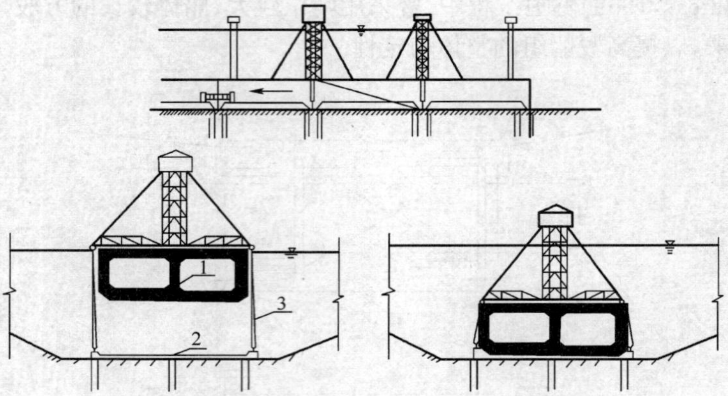

图 8-12　拉沉法

1-沉管；2-桩墩；3-拉索

二　管段沉放作业

管段沉放作业全过程可按以下三阶段进行。

(一)沉放前的准备

沉放前必须完成航道疏浚清淤，设置临时支座，以保证管段顺利沉放到规定位置。应事先与港务、港监等有关部门商定航道管理事项，并及早通知有关方面。

做好水上交通管制准备，需抓紧时间做好封锁线标志(浮标、灯号、球号等)。封锁的范围：上下游方向各 100～200m，沿隧道中线方向的封锁距离视定位锚索的布置方式而定。

(二)管段就位

在高潮平潮之前，将管段浮运到指定位置，此时可距规定沉设位置 10～20m 处，并挂好地锚，校正好方向，使管段中线与隧道轴线基本重合，误差不应大于 10cm。管段纵向坡度调至设计坡度。定位完毕后，既可开始灌水压载，至消除管段的全部浮力为止。

(三)管段下沉

下沉时的水流速度，宜小于 0.15m/s，如流速超过 0.5m/s，需采取措施。每段下沉分三步进行，即：初次下沉、靠拢下沉和着地下沉，见图 8-13。

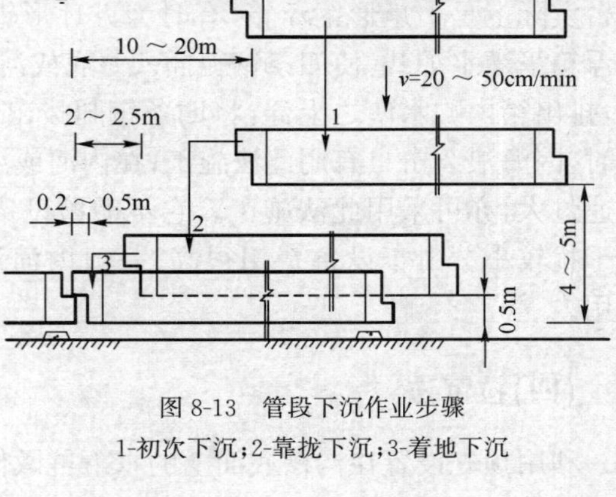

图 8-13　管段下沉作业步骤

1-初次下沉；2-靠拢下沉；3-着地下沉

1. 初次下沉

灌注压载水至下沉力达到规定值之50%。随即进行位置校正,待前后左右位置校正完毕后,再灌水至下沉力规定值的100%。而后按40~50cm/min速度将管段下沉,直到管底离设计高程4~5m止,下沉时要随时校正管段位置。

2. 靠拢下沉

将管段向前平移,至距已设管段2m左右处,然后再将管段下沉到管底离设计高程0.5~1m左右,并校正管位。

3. 着地下沉

先将管段前移至距已设管段约50cm处,校正管位并下沉,最后10cm的下沉速度要很慢,并应随沉随测。着地时先将前端搁在"鼻式"托座上或套上卡式定位托座,然后将后端轻轻地搁置到临时支座上。搁好后,各吊点同时分次卸荷至整个管段的下沉力全都作用在临时支座上为止。

三 水下连接

(一)水力压接法的发展

早期沉管隧道管段之间的连接,都是待管段沉设完毕后,再灌注水下混凝土。如荷兰的玛斯(Maas,1942)隧道,古巴的阿尔曼德斯(Almendaras,1953)隧道和哈瓦那港(Havana Bay,1958)水底隧道,这种方法水下潜水工作量大,工艺复杂,且不能适应隧道变形,易开裂漏水。20世纪50年代末期加拿大的台司隧道首创了水力压接法之后,几乎所有的沉管隧道都改用了这种水力压接法。随后又有不少改进,连接性能更加可靠。

台司隧道所用胶垫为一方形硬橡胶,外套一软橡胶片。20世纪60年代,荷兰鹿特丹地下铁道沉管隧道,将其改进成为尖肋型(荷文原名Gina),如图8-14所示。目前,各国普遍采用尖肋型胶垫。

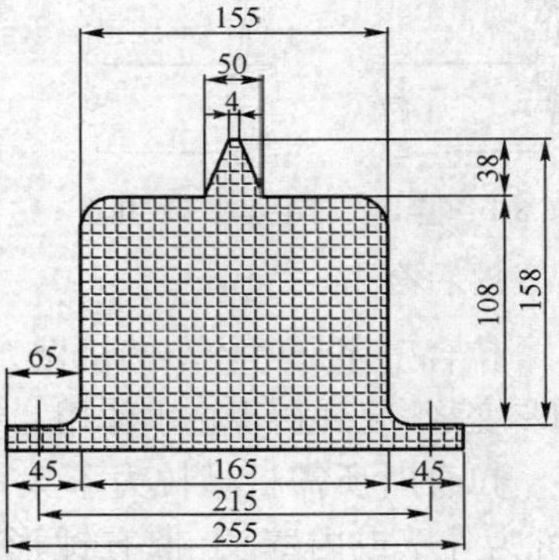

图8-14　尖肋型胶垫(尺寸单位:mm)

(二)水力压接法施工

水力压接系利用作用在管段后端(亦称自由端)端面上的巨大水压力,使安装在管段前端(即靠近已设管段或管节的一端)端面周边上的一圈橡胶垫环(Gina带,在制作管段时安设于管段端面上)发生压缩变形,并构成一个水密性良好,且相当可靠的管段间接头,如图8-15所示。

用水力压接法进行水下连接的主要工序是:对位→拉合→压接→拆除端封墙。

1. 对位

着地下沉时必须结合管段连接工作进行对位。对位精度一般要求,见表8-3。自采用鼻托后,对位精度很容易控制。上海金山沉管工程中曾用一种图8-16所示的卡式托座,只要前端的"卡钳"套上,定位精度就自然控制在水平方向为±1cm之内。

一般来说，只要上卡，定位精度就必然控制在±2cm以内。如果连接误差超过允许值，可用设在新设管段后端的定位索做左右方向的调整，或管段后端底部的定位千斤顶作上下方向的调整，以校正管段位置使之符合对位精度要求。

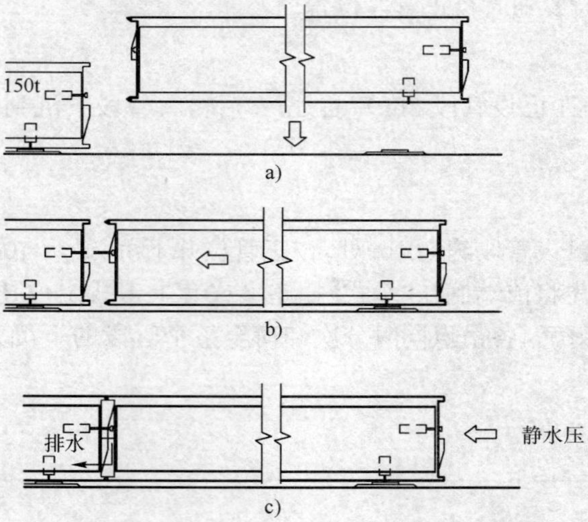

图 8-15　水力压接法

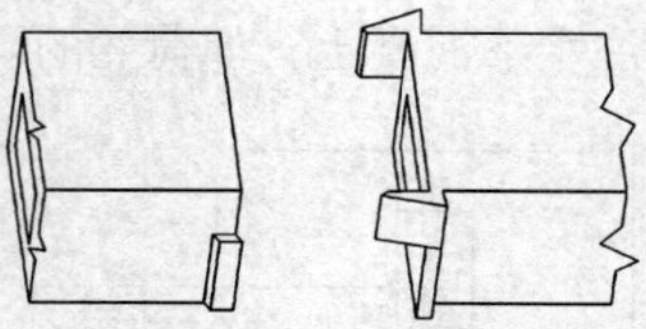

图 8-16　金山沉管工程的卡式托座

对位精度要求　　表 8-3

部　　位	水平方向(cm)	垂直方向(cm)
前端	±2	±0.5
后端	±5	±1

2. 拉合

拉合工序是用较小的机械力量，将刚沉设的管段拉向前节既设管段，使胶垫的尖肋部产生初步变形，起到初步止水作用。

拉合时所需机械拉力不大，一般为每延米胶垫长度10～30N，通常用安装于管段竖壁(可为外壁或内壁)上带有锤形拉钩的拉合千斤顶进行拉合。拉合千斤顶总拉力一般为1 000～3 000kN，行程为1 000mm左右。一个管段可设一具或两具拉合千斤顶，其位置应对称于管段的中轴线。通常采用2个1 000～1 500kN拉力的拉合千斤顶设于管段两侧，以便调整管段。

3. 压接

拉合完成之后，打开既设管段后端封墙下部的排水阀，排出前后二节沉管封墙之间被胶垫所包围封闭的水。

排水完毕后，作用到整环胶垫上的压力，等于作用于新设管段后端封墙和管段周壁端面上的全部水压力。在此压力作用下，胶垫必然进一步压缩，其压缩量一般为胶垫本体高度的1/3左右。

4. 拆除封端墙

压接完毕后，即可拆除前后两节管段间的封端墙。

(三)水力压接法的优点

(1)工艺简单,施工方便;

(2)水密性切实可靠;

(3)基本上不用潜水作业;

(4)成本低,施工速度快。

第四节　基 础 处 理

一　基础的处理方法

沉管隧道,一般不需构筑人工基础,但为了平整槽底,施工时仍须进行基础处理。因任何挖泥设备,浚挖后槽底表面总留有 15～50cm 的不平整度(铲斗挖泥船可达 100cm),使槽底表面与管段表面之间存在着众多不规则空隙,导致地基土受力不匀,引起不均匀沉降,使管段结构受到较高的局部应力以致开裂。故必须进行适当处理。

沉管的基础处理方法大体上可归纳为两类。

- 先铺法——刮铺法
  - 刮砂法
  - 刮石法
- 后填法
  - 灌砂法
  - 喷砂法
  - 灌囊法
  - 压浆法
  - 压砂法

(一)先铺法

先铺法的基本程序是:

(1)在浚挖沟槽时超挖 60～80cm。

(2)在沟槽两侧打数排短桩,安设导轨以控制高程、坡度。

(3)向沟底投放铺垫材料粗砂,或粒径不超过 100mm 的碎石,铺宽比管段底宽 1.5～2.0m,铺长为一节管段长度,在地震区应避免用黄砂作铺垫材料。

(4)按导轨所规定的厚度、高度以及坡度,用刮铺机(图 8-17 所示)刮平,刮平后的表面平整度,对于用刮砂法,可在±5cm 左右;用刮石法,约在±20cm 左右。

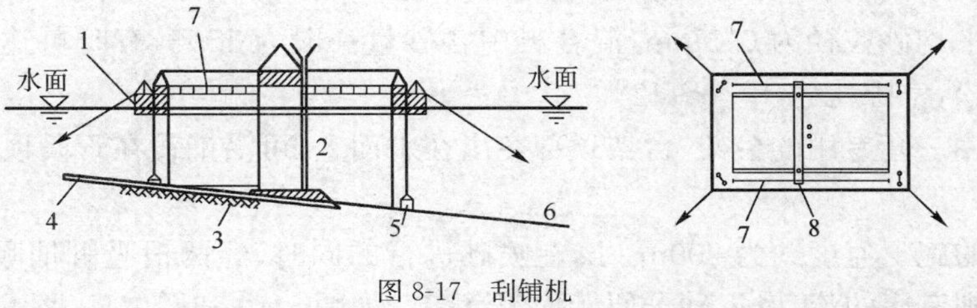

图 8-17　刮铺机

1-方环形浮箱;2-砂石喂料管;3-刮板;4-砂石垫层(厚 0.6～0.9m);5-锚块;6-沟槽底面;7-钢轨;8-移行钢梁

(5)为使管底和垫层密贴，管段沉设完毕后，可进行“压密”工序。“压密”可采用灌压载水，或加压砂石料的办法，使垫层压紧密贴。

刮铺法费工费时，平整度不高，逐渐被后填法所取代。

(二)后填法

1.后填法的基本工序

(1)在浚挖沟槽时，先超挖100cm左右；

(2)在沟底安设临时支座；

(3)管段沉设完毕(在临时支座上搁妥)后，往管底空间回填垫料。

后填法中，安设水底临时支座是项重要工序。多用道渣堆上设置钢筋混凝土预制支承板的办法构成临时支座。道渣堆的常用尺度为7m×7m×(0.5～1.0m)，预制支承板的尺度为2m×2m×0.5m。支承板可以浮吊沉设，近年已多改为随管段一起浇制一起沉设。预制支承板由液压千斤顶实现调整定位(图8-18)。

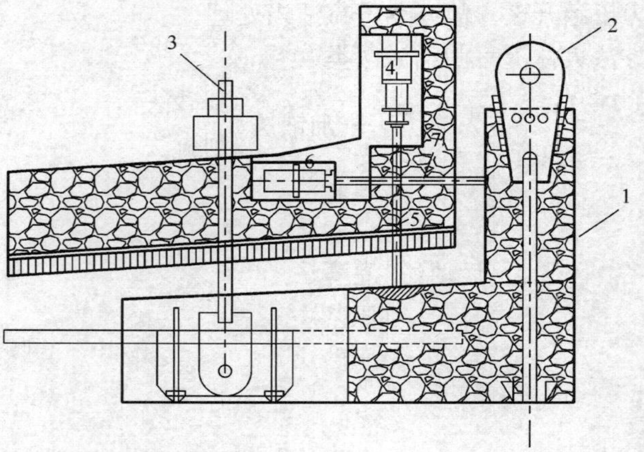

图8-18 预制支承板

1-预制支承板；2-吊环；3-吊杆；4-垂直定位千斤顶；5-垂直顶杆；6-水平定位千斤顶；7-水平顶杆

2.后填法施工

1)喷砂法

1941年荷兰玛斯隧道(世界上第一条矩形断面沉管隧道，底宽为24.79m)施工时创造了喷砂法。此法是从水面上用砂泵将砂、水混合料通过伸入管段底面下的喷管向管段底下喷注，以填满空隙。喷砂法所筑成的垫层厚一般为1m。

喷砂材料平均砂粒径为0.5mm，混合料中含砂量一般为10%，有时可达20%，但喷出的砂垫层比较疏松，空隙比为40%～42%。

喷砂作业用一套专用的台架，台架顶部突出在水面上，可沿铺设在管段顶面上的轨道做纵向前后移动。

喷砂作业的施工速度约为200m^3/h，在喷砂进行的同时，经两根吸管抽吸回水，使管段底面形成一个规则有序的流动场，砂子便能均匀沉淀。如图8-19和图8-20所示。

喷砂法在欧洲用得较多，适于宽度较大的沉管隧道，德国汉堡市的易北河隧道（管段宽41.5m），比利时安特卫普市的肯尼迪隧道（管段宽47.85m）等大型沉管隧道都用此法完成基础处理。

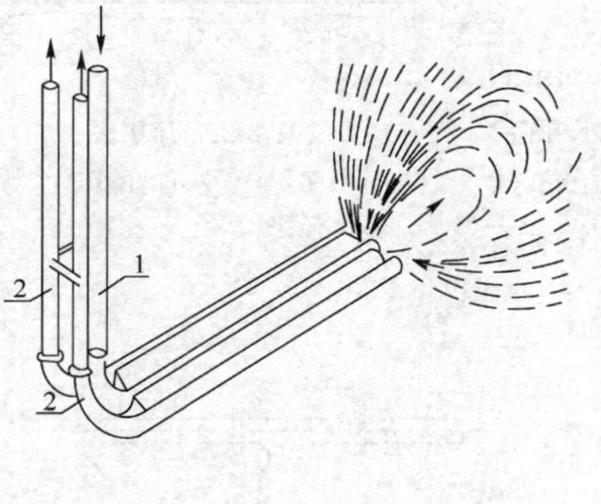

图 8-19 喷砂法原理

1-喷砂管；2-回吸管

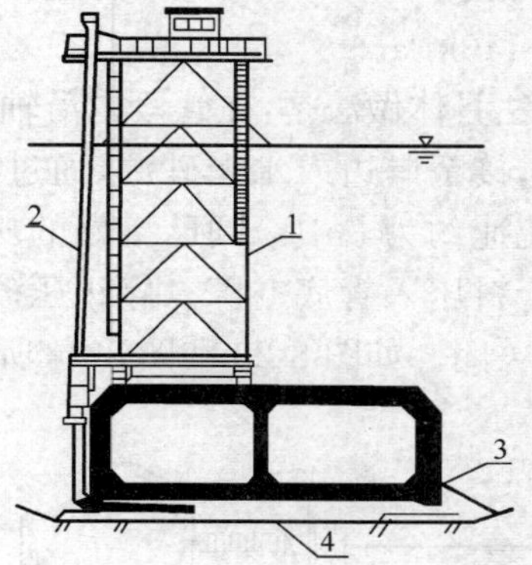

图 8-20 喷砂台架

1-喷砂台支架；2-喷管及吸管；3-临时支座；4-喷入砂架

2）灌囊法

灌囊法系在砂、石垫层面上用砂浆囊袋将剩余空隙垫密。沉设管段之前需先铺设一层砂、石垫层。管段沉设时，带着事先系紧扣在管段底面下的空囊袋一起下沉。待管段沉设完毕后，从水面上向囊袋里灌注由黏土、水泥和黄砂配成的混合砂浆，以使管底空隙全部消除。

3）压浆法

采用此法时，沉管沟槽须先超挖1m左右，摊铺一层碎石（厚约40～60cm），大致整平后，再设临时支座所需碎石（道渣）堆和临时支座。

管段沉设结束后，沿管段两侧边沿及后端底部边缘堆筑砂、石封闭栏，栏高至管底以上1m左右，用来封闭管底周边。然后从隧道内部，用压浆设备通过预埋在管段底板上的压浆孔（直径80mm），向管底空隙压注混合砂浆，如图8-21、图8-22所示。

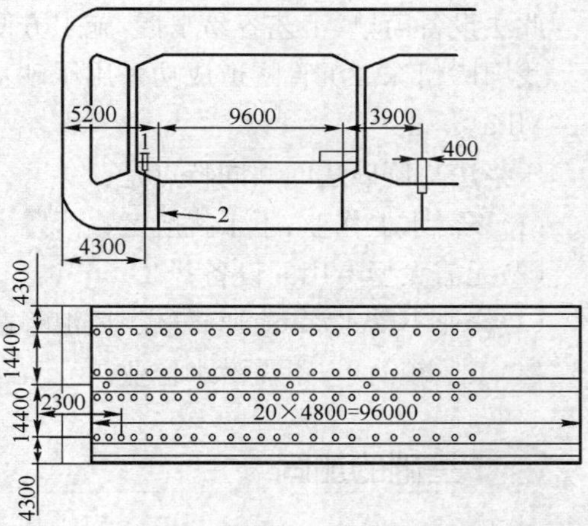

图 8-21 压浆法（尺寸单位：mm）

混合砂浆系由水泥、膨润土、黄砂和适量缓凝剂配成。膨润土或黏土，可增加砂浆流动性，节约水泥。混合砂浆强度5×10^5Pa左右，且不低于地基土体的固有强度。混合砂浆之配比为每立方米：水泥150kg，膨润土25～30kg，黄砂600～1 000kg。压浆孔的间距一般为40～90cm。压浆的压力一般比水压大20%。

此法比灌囊法省去了囊袋费用以及频繁的安装工艺及水下作业等。

我国的宁波甬江水底隧道是第一座采用压浆基础的沉管隧道，管段沉放后，通过管段内的压浆孔先用高压水冲洗管底，将淤泥冲出，然后压注40cm厚的水泥膨润土砂浆，压浆间距为5.5m，压浆孔口静压力为0.052 7MPa。经施工后观察，压浆基础情况良好，说明在软弱地基中采用压浆基础是合适的。

4)压砂法

压砂法与压浆法相似,但压入的是砂、水混合料。所用砂的粒径以 0.15～0.27mm 为宜。注砂压力比静水压力大 50～140kPa。

压砂法具体做法是:在管段内沿轴向铺设 ϕ200mm 的输料钢管,接至岸边或水上砂源,通过吸料管将砂水混合料泵送(流速约为 3m/s)到已接好的压砂孔,打开单向球阀,将混合料压入管底空隙。停止压砂后,在水压作用下球阀自动关闭。如图 8-23 和图 8-24 所示。

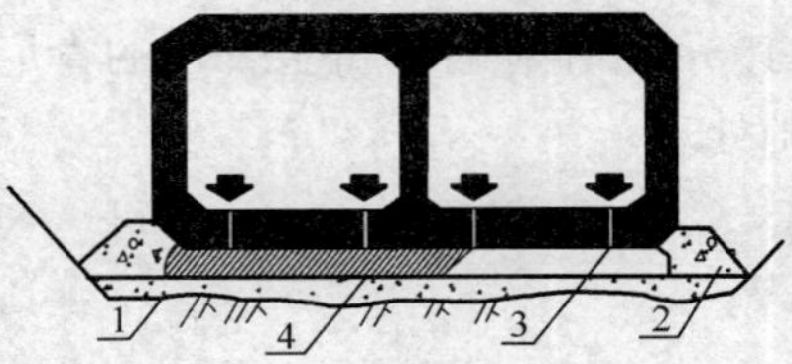

图 8-22 压浆法

1-碎石垫层;2-砂、石封闭栏;3-压浆孔;4-压入砂浆

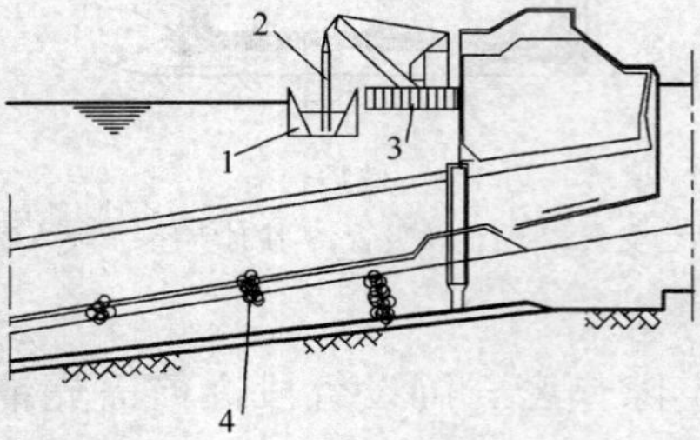

图 8-23 压砂法

1-驳船;2-吸管;3-浮箱;4-压砂

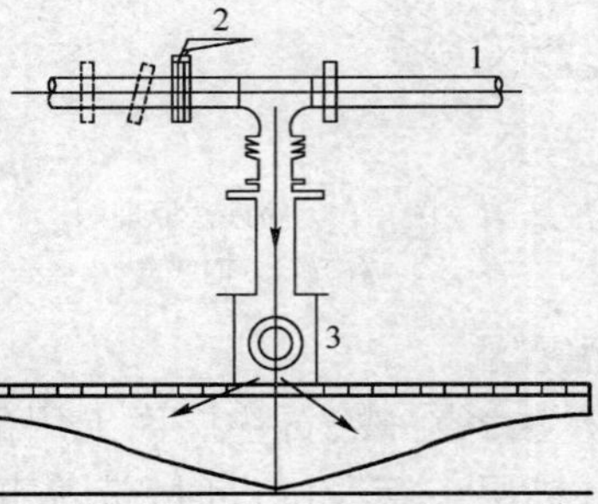

图 8-24 压砂孔

1-压砂管;2-阀门;3-球阀

此法设备简单,工艺容易掌握,施工方便。而且对航道干扰小,受气候影响小。

我国广州珠江沉管隧道成功采用压砂基础,其砂积盘半径为 7.5m,压砂孔出口静压强为 0.25MPa。

压浆法与压砂法的共同特点是:

(1)不需水上作业,不干扰航运;

(2)无需大型专用的设备;

(3)作业不受水深、流速、气候、风浪等影响;

(4)工艺较简单,不需潜水作业。

二 基础的加固

沉管隧道的地基土如果过于软弱,仅作垫平处理是不够的,应结合基槽地基的实际情况对沉管隧道的基础予以加固。

(一)加固方法

(1)以粗砂置换软弱土层;

(2)打砂桩并加载预压;

(3)减轻沉管重量;

(4)采用桩基。

(二)桩基施工

在沉管隧道中采用桩基时，会遇到桩顶标高不齐平的问题，必须设法使各桩顶与管底均匀接触，一般有三种方法。

1. 水下混凝土传力法

基桩打好后，先浇注一、二层水下混凝土，将桩顶裹住，而后在其上刮砂或刮石，使沉管荷载经砂、石垫层和水下混凝土层传递到桩基上。

1940 年建成的美国的本克海特隧道（Bankhead）等水底隧道就采用此法。如图 8-25 所示。

2. 灌囊传力法

在管底与桩群顶部之间，用大型化纤囊袋灌注水泥砂浆加以垫实，使所有基桩均能同时受力。

3. 活动桩顶法

即在所有基桩上设一小段预制混凝土活动桩顶。活动桩顶与预制混凝土桩之间留有一空腔，空腔周围用尼龙织物裹住，形成一个囊袋。管段沉设完毕后，向空腔与囊袋里灌注水泥砂浆，将活动桩顶顶升，使之与管底密贴，待砂浆强度达到要求后，卸除千斤顶，管段荷载便能均匀地传递到桩群上去。如图 8-26 所示。

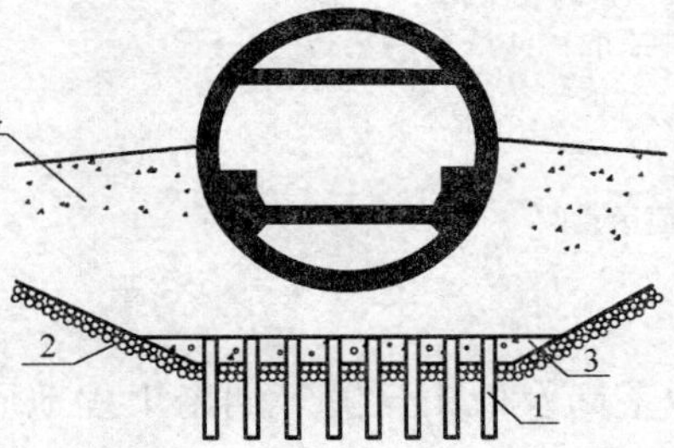

图 8-25 水下混凝土传力法

1-基桩；2-碎石；3-水下混凝土；4-砂石垫层

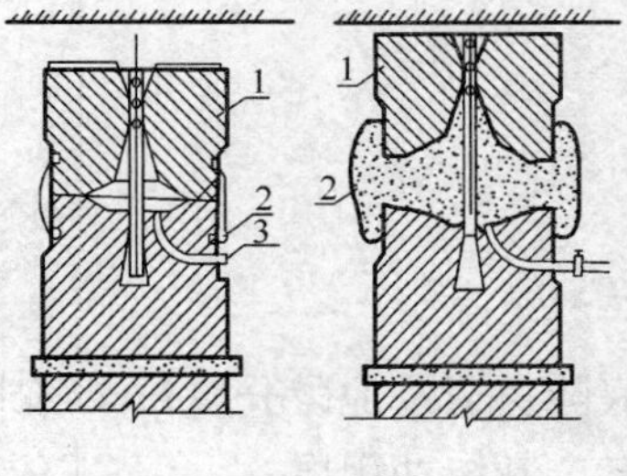

图 8-26 活动桩顶法

1-活动桩顶；2-尼龙布套；3-压浆孔

三 覆土回填

回填工作是沉管隧道施工的最终工序，回填工作包括沉管侧面回填和管顶压石回填。沉管外侧下半段，一般采用砂砾、碎石、矿渣等材料回填，上半段则可用普通土砂回填。

覆土回填工作应注意以下几点：

(1)全面回填工作必须在相邻的管段沉放完后方能进行，采用喷砂法进行基础处理或采用临时支座时，则要等到管段基础处理完，落到基床上再回填。

(2)采用压注法进行基础处理时，先对管段两侧回填，但要防止过多的岩渣存落管段顶部。

(3)管段上、下游两侧(即管段左右侧)应对称回填。

(4)在管段顶部和基槽的施工范围内应均匀地回填，不能在某些位置投入过量而造成航道障碍，也不得在某些地段投入不足而形成漏洞。

第五节　案例（南京长江沉管水底隧道方案）

一 工程概况

1.隧址方案

京沪高速铁路南京上元门地段越江隧道方案，北起长江北岸的花旗营东面，南至南京高速站的京端，全长16.674km，穿越长江处位于既有长江大桥下游2km，江面开阔，河槽横向较为平坦，河床最低点标高约－22m。如图8-27所示。

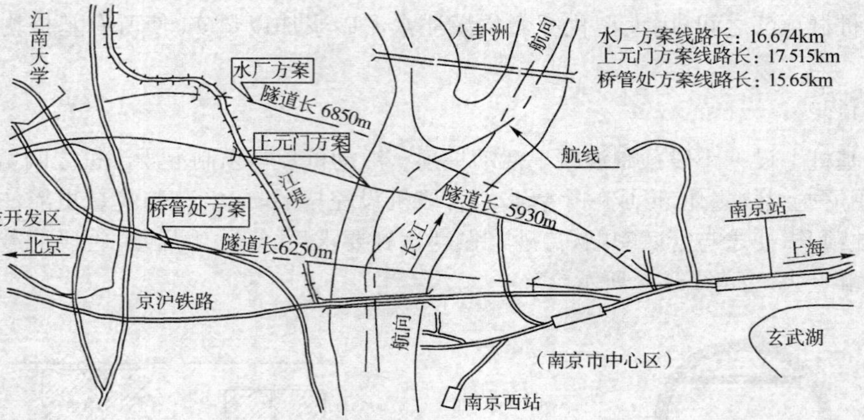

图8-27　隧址线路方案平面示意图

2.工程地质

水底隧道通过地段分属长江河床、河漫滩、高阶地垄岗及低山丘陵等四个工程地质分区。河床分布全新统冲积层，由上至下依次为粉砂、细砂、中砂夹砾卵石、砾石土，呈松散至稍密状，其中粉砂层厚约10～15m。围岩级别为II～VI，地震烈度七度。

3.水文地质

南京河段多年平均径流量约$8940\times10^8m^3$，多年平均悬移质输砂量约451×10^8t，多年平均含沙量约$0.51kg/m^3$。河段实测历史最高水位为8.31m、最低水位为－0.37m。最大潮差1.56m，最小潮差0.01m。长江下游河床汛期淤积，枯水期冲刷。

隧址河段汛期平均流速为1.2m/s，枯水期平均流速为0.56m/s，水面流向较平顺，流向基本垂直于断面。

二 隧道平、纵断面

1.隧道平面

隧道江中沉管段平面上以垂直河道的直线为宜，两岸边段允许有部分大半径曲线，根据该原则确定了其平面位置。

2. 隧道纵断面

隧道北岸端线路以 11.5%的下坡接入主河槽，自主河槽起，以 12%的上坡引出，南北两段隧道线路在主河槽段以 3‰的缓坡相接，全隧道置于凹形纵坡段上。如图 8-28 所示。

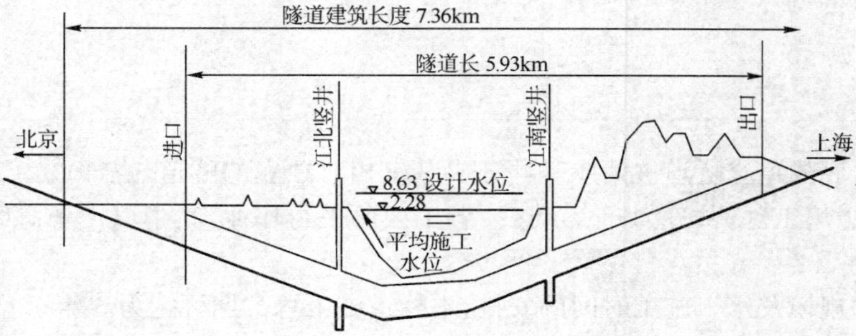

图 8-28　隧道总断面图

三 沉管隧道组成

上元门水底隧道总长 5 930m，建筑总长度 7 360m。全隧道由沉管段、岸坡段及引道段组成，并于沉管段的两端各设一座竖井。

隧道沉管段由预制的钢筋混凝土管节连接而成，管节长度为 110m，共 19 节，总长度为 2 090m。

岸坡隧道段在江北、江南岸均由明挖隧道和暗挖隧道组成，其中江北岸明挖隧道长 880m，暗挖隧道长 856m；江南岸明挖隧道长 376.4m，暗挖隧道长 1 700m。

两岸引道全长共 1 430m。

四 管段沉设与基础处理

1. 管段沉设

管段沉设的气象条件是：风力小于 5～6 级，气温高于－3℃，能见度大于 1 000m。管节沉设采用四驳扛吊法，这样有利于沉放过程中管节的稳定调节及采用较小吨位的作业驳船。

2. 基础处理

为施工简便，将基础处理与地基加固一并考虑实施，即通过沉管底板预留的压浆孔，在沉管内先完成注浆加固地基，加固深度为 5m，然后再压注混合砂浆充填管底与基槽间的空隙。混合砂浆由水泥、砂、膨润土、水及外加剂组成。

五 相关技术

1. 竖井

竖井平面尺寸为：北岸 15.2m×19.6m；南岸 14.8m×19.1m。

初步拟定竖井全高：北岸 47m；南岸 35m。

2. 干坞

坞址位于隧址下游约 600m 的江北岸。干坞规模可满足一次施工 4 管节，19 节管节共分 5 批制作完成。坞底面积为 16 100m^2。干坞四周采用帷幕注浆或高压喷射注浆止水。干坞开挖采用挖泥船湿挖。

六 工期

南京长江水底隧道全隧道被两座竖井分成三座相对独立的隧道，也即成为了三个相对独立的工区，加上干坞工区，共分为四个工区。各工区可平行作业，其中以江中沉管工区施工时间最长。

根据干坞的规模及水上施工时间的安排，本隧道施工总工期可定为 5 年。

本章小结

当地下铁道跨越江河、海峡等障碍时，采用沉管法修建水底隧道是较为经济、合理的方法之一。

管段沉放普遍采用浮箱吊沉法和四驳扛沉法。一般顶宽在 25m 以上的大、中型管节，多采用浮箱吊沉法；小型沉管则采用以方驳扛沉法较合适，不仅沉设平稳，浮运时抗倾覆稳定性亦较好，安全性好。

管段之间的水下连接是通过水力压接法实现，即利用设于管段端部的橡胶止水带，在拉合千斤顶作用下，使止水带第一次压缩变形而止水，然后抽去两管段端封墙之间的水，在巨大的水压作用下使止水带第二次压缩变形止水。此法基本上无水下作业，工艺简单，接头可柔可刚，适应较大的沉降变形，不漏水。

沉管隧道的基础处理，主要目的是垫平。早期采用的先铺法平整度不高，之后使用的后填法对航运干扰大。目前则以压注法为主，因其所有作业都是在管段内进行，无需专用水上设备，不需潜水作业，受外界条件影响小，工艺简单可靠，故而被广泛采用。

思考与练习

1. 简述沉管法施工的工艺流程和关键技术？
2. 目前沉管隧道接缝防水的方式都有哪些，如何施作？
3. 管段沉放的方法各有什么特点，分别适用于哪些条件？
4. 简述沉管隧道水力压接的原理？
5. 分析沉管隧道水下连接的工序，如何实施控制？
6. 分析沉管隧道基础处理的各种方法，提出你认为比较科学合理的方法的道理？
7. 通过网络收集并分析当前国内沉管隧道施工技术特点。
8. 通过网络收集并分析当前国内沉管隧道的主要技术问题，并尝试提出相应的解决方法？

第九章　高架结构设计与施工

【本章能力目标】：通过本章的学习，学生应能应用高架结构设计理论、方法和技术解决城市轨道交通系统方面的实际问题，并能与现场实践密切配合，具有从事地下铁道高架结构工程设计与施工工作的能力和素质，为今后走向工作岗位打下良好的基础。

【知识目标】：通过本章的学习，学生应了解轨道高架结构设计的一般原则、特点、建筑材料、发展现状以及选型应考虑的因素；理解并掌握高架结构设计计算以及高架结构的施工方法，并针对不同工程合理选用不同施工方法。

第一节　概　　述

高架桥作为地铁的一种线路敷设方式，由于工程造价相对较低、施工速度快、适应线路线形的能力强，因此在国内外的地铁建设中发展很快。在国外，如新加坡、荷兰、法国等地的地铁中都存在高架区段，国内北京、上海、天津、南京等城市也采用了部分高架线路。广州市正在实施的地铁二号线、三号线、四号线、五号线、六号线也都有部分区段采用了高架桥。这充分说明了只要条件许可，设计处理得当，地铁高架桥也会像城市立交桥一样被人们所接受、认可。

一　一般原则

高架铁道线路包括站间高架桥和高架车站，是永久性城市建筑物。除必须满足安全、经济、使用功能、施工便捷、养护维修方便等要求外，对高架铁道结构还有一些特殊要求值得注意。

高架铁道结构的施工应考虑到尽可能避免对城市交通和市民生活的干扰，在施工现场应不中断原有市内交通，设法降低噪声，特别要避免在临近原有建筑物采用打入桩，对地下管线要调查探明，若与结构基础有干扰，要采取适当的避让措施等等。

高架铁道结构的造型要与城市景观协调。站间高架桥的高跨比既要考虑到经济，又要考虑到美观；高架车站的造型要有地区特色，简明大方而不追求豪华。

站间高架桥要特别注意防水、排水、伸缩缝、栏杆、灯柱、防撞墙等配套构件的功能完善和外观鲜明，这些都是万众瞩目的对象，直接影响到对工程的评价。

高架桥在必要地段要设置声屏障以减轻车辆运行噪声，桥上应设置养护、维修人员及疏散旅客的安全通道。

高架铁道的主要技术标准除采用 1435mm 的标准轨距外，其他尚未有统一标准，有待设计规范的制订。上海明珠线规定的技术标准为：区间直线地段线间距不小于 3.6m，站内直线地段线间距为 3.6～4.0m；线路区间最小曲线半径为 300m，车站站台在困难地段可设在半径不小于 800m 的曲线上，车场线路最小曲线半径为 150 m；线路最大纵坡间正线为 30‰，其他线为 35‰，车站站台在困难地段可设在 5‰的坡道上；线路竖曲线半径一般情况为 5000m，困难地段为3000m。

跨越铁路、公路、城市道路和河流时的桥下净空应满足有关规范的限界规定。上海明珠线规定桥下最小净高对一般道路为5m，城市主要道路为5.5m，电化铁路为6.75m。

桥上安全护轮措施，在直线及$R \geqslant 400$m的曲线地段应设钢筋混凝土护轮矮墙结构，在$R < 400$m的曲线地段也应设安全护轮轨。

二 建筑材料

高架铁道结构可供选用的材料有钢、钢筋混凝土和预应力钢筋混凝土。这三种材料各有优点，应该因地制宜适当选择。

高架铁道在市内开工修建以后，为尽量减少对城市生活的干扰，工期往往很紧。在某些特殊地段，例如跨越重要城市道路、铁路、高架道路或河流地段，高架桥的高度既大，结构形式又比较复杂，为争取工期，采用钢桥或钢与钢筋混凝土结合梁桥就是可以考虑的选择。钢桥或结合梁，工厂制造的程度高，施工便捷，对于不均匀沉降不敏感，没有收缩徐变的不良影响。这些优点对于城市轨道交通高架桥较之于一般公路桥更为有利。钢材可以采用16桥(16q)或16锰桥(16Mnq)等材料。

钢筋混凝土大量用于高架桥的墩台和高架车站建筑。对于只受压力或以压力为主的桥梁墩台、车站建筑的墙与柱，钢筋混凝土具有工艺成熟，造价便宜，施工简单的优点。小半径曲线地段的箱梁桥跨结构也宜采用钢筋混凝土现场浇筑。混凝土的强度等级不宜低于C20，钢筋可采用A3或20MnSi钢筋。

高架铁道的桥跨结构、桥梁墩台的大伸臂帽梁、车站建筑的楼板梁及框架结构应优先采用预应力混凝土。预应力混凝土能充分发挥高强度混凝土和高强度钢丝、钢绞线或热处理钢筋的作用，用于以受弯为主的构件或结构，优越性非常显著。但长期以来，对于无渣无枕的铁路桥梁或城市轨道交通桥梁，预应力混凝土梁的徐变变形是一个比较难以处理的课题。随着部分预应力混凝土理论与实践的推广，这个课题有望从结构上得到解决。其实道理也很简单，过去广泛采用“全”预应力混凝土，不容许预应力混凝土构件产生裂缝(抗裂安全度1.2～1.3)，预应力加得很高，构件预拱度很大。随着徐变变形的发展，拱度越来越大，以致无渣无枕桥上轨道标高无法调节。当采用部分预应力混凝土时，徐变变形就不再是一个难题。

1998年7月1日实施的上海市标准《预应力混凝土结构设计规程》(DBJ 08-69—97)适用于以一般混凝土制作的预应力混凝土工业与民用房屋结构、桥梁结构(包括城市道路桥、公路桥、铁路桥和城市轨道交通桥梁)的设计。是我国第一本明确规定适用于城市轨道交通桥梁的地方标准，可以作为设计依据。

三 轨道交通高架桥的特点

(1)长且平：短者几百米，长者二三十千米；处于城市之中，除与地下交接的过渡段起伏较大外，其他区段相对比较平顺。

(2)窄：不像市政城市桥梁，动辄十几米至二十几米宽，轨道交通高架桥单线桥5m左右宽，双线也不过9.5m宽。

(3)要求高：为了满足乘客舒适性的要求，大多都设计为无缝线路，桥墩要求的线刚度较大，使得桥墩体量上要比一般市政桥梁大。同时对基础的沉降要求较高。

基于以上轨道交通高架桥的特点，能否把桥设计得简洁、明快、实用、大方、与周边和谐则成为轨道交通高架桥设计的难点。

四 国内城市轨道高架桥的现状

就标准段高架桥来说，根据国内北京、上海、南京、广州几座城市已建成和正在建设的轨道交通高架桥来看，跨度上从25m、30m、35m都有，以30m为多，体系上简支梁、连续梁、连续刚构，以简支梁居多，截面形式有整体箱梁、小箱梁、T梁、槽形梁、鱼腹梁、蝙蝠梁、脊梁等，以整体箱梁居多，施工方法上来说，有支架现浇、整孔吊装、节段拼装等。详见表9-1国内主要城市轨道交通形式一览表。

国内主要城市轨道交通形式一览表 表9-1

序号	项目名称	高架桥长度(km)	现状	区间标准梁桥型	施工方法
1	北京城市铁路	12.296	运营	3×25m连续箱梁	现浇
2	北京地铁5号线	10.7	运营	3×30m连续箱梁	现浇
3	北京地铁八通线	11.504	运营	25m简支组合梁	预制吊装
4	上海明珠线一期	24.97	运营	30m简支箱梁	现浇
5	上海莘闵线	17.2	在建	30m简支箱梁	现浇
6	上海共和新路高架	8.25	在建	30m简支箱梁	现浇
7	上海地铁9号线	15.55	在建	25m简支组合箱梁	预制吊装
8	南京地铁1号线	4.349	运营	3×25m连续箱梁	现浇
9	天津津滨轻轨	39.7	运营	3×25m连续箱梁	现浇
10	天津地铁1号线	8.743	在建	3×25m连续箱梁	现浇
11	重庆地铁胶新线	8.8	试运营	25m PC简支轨道梁	预制吊装
12	大连快轨3号线	14.21	运营	25m连续箱梁、槽形梁	预制吊装、现浇
13	武汉轨道交通一期	10.27	运营	25m简支箱梁	现浇
14	广州地铁4号一期	23.54	在建	30m简支箱梁	预制吊装、阶段拼装
15	广州地铁5号线	2.1	在建	30m简支箱梁	现浇
16	广州地铁6号一期	3.3	在建	3×40m连续刚构	阶段拼装

五 城市轨道交通高架桥选型应考虑的几个因素

1.景观因素

作为地面建筑，轨道交通高架桥不仅仅要满足轨道交通的各种功能，同时也影响着每一个穿行其下的人的视线和感官，处理得当，它就是一处静止中流动、流动中静止的风景线，受益着人们，也愉悦着人们；处理不好，它就是一堵墙，给人以沉重感、压抑感。城市轨道高架桥长、窄、平的特点，而且穿行在高楼林立的城市之中，笔者认为，在城区标准段，宜使桥梁造型柔和，色彩暗淡，弱化其视觉效果，使之从属于城市环境，不宜将城市的着眼点过多吸引在高架桥上；造型上应以简洁为原则，可以采用融和法和消去法等一些手法，尽量减弱对城市景观及拥堵的城市空间有着强烈的压迫和割裂作用的影响。而在跨河及城郊视野开阔地段，宜采用有力度感和色彩鲜艳一些的造型，体现其一方特色。

人的视线特点：人眼的水平视角为30°～40°（正常中央视角区域），人眼的余光视角可达150°左右，但是超过正常视角以外的两侧余光视角范围内，人眼辨认物体形状的能力减弱而只能凭感觉去感知物体的大致外轮廓。人眼的垂直视角在－15°～60°左右，根据上海某大学做的桥高与跨度的美学分析认为：当墩高与跨度的比例在1∶2.5～3时，比例是比较优美的，人的感觉是稳定的。高跨比越大，给人的感觉越不稳定，高跨比越小，则压抑感越强。

2.经济因素

城市轨道高架桥在经济上应节约高效。经济指标是确定高架桥选型的主要因素之一。它通常最主要是在纵向上限制桥梁跨长，这也是桥梁在美观上受到限制的一个因素。经济指标一般具体体现在以下几方面。

（1）经济跨度。经济跨度一般与地质情况和规模化生产有关。如地质条件好，桥高普遍比较低，可以采用较小的跨度，而如果地质条件差，桥高普遍比较高，则下部费用会大大增加，则宜采用较大的跨度，以减小综合费用。如对于上海，经济跨度在30m左右；而西安则为25m左右。

（2）结构体系。简支结构受力明确，在轨道交通高架桥中运用比较普遍，但景观效果差。结合城市轨道长的特点，采用连续结构要比简支结构经济。但连续结构受力较简支结构复杂，施工影响环境和交通，施工工期较长制约着连续结构作为标准段桥梁选型的推广，目前基本只在小半径曲线地段、跨河跨路地段采用，如能解决好施工，则有很好的发展前景。如3×30m连续箱梁结构约比3孔30m简支梁结构价格低5%～10%。

（3）梁型。通常梁型越美观，造价也越高。目前国内采用的梁部结构形式有槽形梁、下承式脊梁、T梁、板梁和箱梁等，从统计看箱梁占到了80%以上。墩台基础除应有足够的强度和稳定性，避免在荷载作用下的过大位移外，其造型应能使上下部结构协调一致，轻巧美观，与城市环境和谐、匀称。墩台选型一般服从梁部形式，此外，也受占地、道路、通视等的限制，通常有：T形墩、倒梯形墩、Y形墩、单柱墩、双柱墩等基本形式及其变型。城市轨道高架桥施工应力求先进、快速。现阶段国内高架桥通常采用的施工方法有：满堂支架现浇、移动支架现浇、整孔吊装、节段拼装等。目前，我国城市轨道高架桥主要采用满堂支架现浇的施工方法。这主要是根据我国施工单位存在许多诸如运输、架设设备等方面问题尚未解决，无法采用预制吊装法施工。比如，对于跨度为30m的简支箱梁，每孔质量双线约320t，单线约150t。从国内近几年的发展来看，工厂化、规模化生产是桥梁建设的趋势。解决好施工，工程费用会大大降低。

在时速达250km的秦沈客运专线的建设中，铁路系统已在1999年研究成功了MZ32移动模架造桥机、JQ600型架桥机和450t胎式箱梁运输车等专用设备以及相关施工工艺和方法，最大可架设质量达600t。相信，随着城市轨道交通的发展，这些设备和方法迟早也会转向我国城市轨道高架桥的建设方面。

第二节　高架结构设计计算原则

一　荷载

高架结构现无设计规范，暂时应遵照《铁路桥涵钢筋混凝土和预应力混凝土结构设计规范》(TB 10002.3—2005)、《地下铁道设计规范》(GB 50157—2003)、《建筑结构设计规范》并参考其他有关设计规范，进行设计荷载取值。一般地，可以将荷载分类如下：

(1)恒载:结构自重、上部建筑重力、预加应力、设备重力、混凝土收缩徐变的影响和基础沉降影响力。

(2)活载:车辆荷载(根据车辆选型资料,确定荷载图式,双线段按 90%活载计)、地铁或轻轨列车的冲击力。曲线地段考虑离心力,离心力作用点在列车的重心位置,距轨顶的高度为 1.8m。区间桥梁应考虑双侧人行道荷载。

(3)附加力+制动力或牵引力、风力、列车的横向摇摆力以及超静定结构考虑湿度变化的影响力。

(4)若桥上轨道采用无缝线路,还要考虑因无缝线路产生的对桥墩的水平附加力。

(5)特殊荷载。地震力(设计时根据工程所处场地条件,按《铁路工程抗震设计规范》计算)、施工荷载以及汽车对道路范围内和接近路边的桥墩的撞击力。

(6)高架桥结构边缘应考虑 30kN/m 的脱轨力。

(7)区间高架结构的挡板设计,除考虑其自重及风载外,尚应考虑 0.75kN/m 的水平推力。

(8)车站站台、楼板和楼梯部位的人群均布荷载值应采用 4.0kPa.

桥梁设计时,应就上面所列荷载的最不利组合情况进行计算。主要考虑三种情况:①恒载+活载;②恒载+活载+一个方向(纵向和横向)可能同时出现的附加力,但横向摇摆力不与离心力、风力同时计入;③地震荷载+横载。

(一)车辆荷载

城市轨道交通的车辆选型受到各方面条件的制约,因此车辆荷载难以确定,更不能像铁路列车荷载或公路汽车荷载那样制定出有代表性的标准荷载来。"七五"国家重点科技攻关项目成果《城市轨道交通工程设计指南》建议轻轨车辆荷载的标准图式如图 9-1 所示。

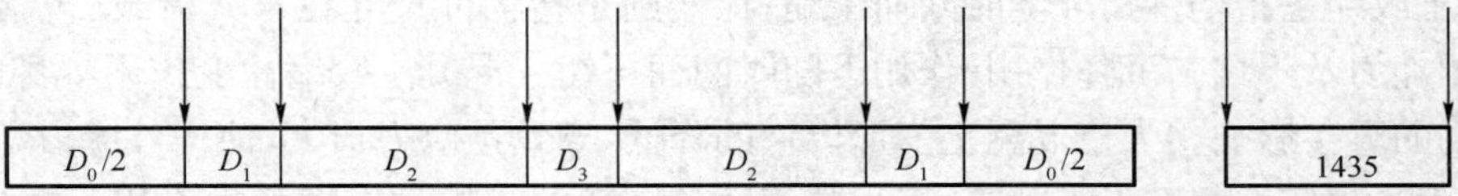

图 9-1 轻轨车辆荷载标准图式(尺寸单位:mm)

图中轴重 P_1、P_2,轴距 D_1、D_2、D_3 及连挂车辆相邻轴距 D_0 应按采用所选车型各项数据。在"七五"国家重点科技攻关项目 214 成套技术 0912 中,具体采用 $P_1=100\text{kN}$,$P_2=70\text{kN}$,$D_0=6900\text{mm}$,$D_1=1900\text{mm}$,$D_2=4850\text{mm}$,$D_3=1800\text{mm}$。这个荷载可以换算为 24kN/m。上海明珠线车辆荷载为四轴制,分重车与轻车,重车轴重 170kN,轻车 80kN(图 9-2),重车可以换算为 29.8kN/m(动车)或 27.88kN/m(拖车)。表 9-2 所示为国外某些轻轨高架线路的活载示例。

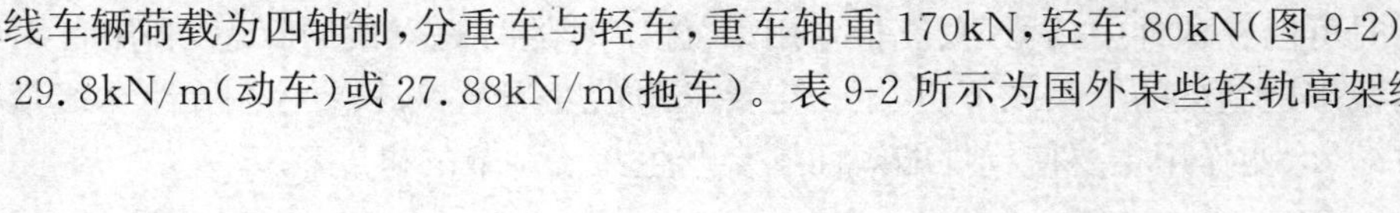

图 9-2 上海明珠线车辆荷载图式(尺寸单位:mm)

注:无司机动车 $C=2300\text{mm}$;有司机室拖车 $C=3095\text{mm}$。

国外某些轻轨高架线路的活载　表 9-2

国家	加拿大				美国		
地点	多伦多	金斯顿	斯卡勃罗	温哥华	华盛顿	亚特兰大	迈阿密
建造年份	1962	1979			1972	1978	1980
活载(kN)	27.2	17.19	16.38	16.38	23.35	23.74	22.47

(二)长钢轨纵向力

当桥上铺设无缝线路时,长钢轨本身除受温度力作用之外还受梁、轨相互作用的两项纵向附加力作用,即伸缩力和挠曲力。所谓伸缩力是指梁因温度变化而产生伸缩,但受长钢轨的阻挠而不能实现,因而在长钢轨中引起纵向附加力。所谓挠曲力是指梁在列车荷载作用下产生挠曲,此挠曲引起梁上缘即钢轨平面的纵向位移,此纵向位移同样不能实现而引起长钢轨中的纵向水平力。不言而喻,伸缩力和挠曲力又反作用于梁跨(支座)和墩台。

此外如果在桥上发生断轨或是无缝线路伸缩区设置在梁上时,梁跨(支座)和墩台又将受到断轨力和温度力的作用。总而言之,作用在桥上的长钢轨纵向力包括伸缩力、挠曲力和断轨力三项。

长钢轨纵向力与桥跨结构的跨度、体系、钢轨重量及钢轨本身的温度力有关。其中作用在桥梁墩台及固定支座上的断轨力按一跨简支梁长或一跨连续梁长内的线路纵向阻力之和计算,但断轨力不得超过最大温度拉力。无论单线或双线桥梁,仅计算一轨断折的断轨力。具体计算见文献《铁路无缝线路》。

(三)混凝土收缩徐变作用

混凝土收缩是指构件尺寸随时间而干缩;徐变则是指构件尺寸在永久荷载(包括自重、附加恒载、预加力及不均匀沉降作用)作用下随时间而压缩。混凝土收缩徐变作用本身也是永久荷载,它们的直接影响相当于混凝土变形模量的降低,导致预应力损失,使构件应力增大,变形也随之增大。其实这些都不难计算,工程师们感到困惑的是构件在预加力作用下预拱度随时间越来越大,曾经出现过铁路桥梁桥上道渣越来越薄,无渣无枕桥梁的轨顶标高无法调节的现象。前面已述,部分预应力混凝土构件容许构件在最不利荷载作用下出现少许裂缝(但在恒载作用下不容许出现裂缝),从而可以适当降低预加力,既节约了材料,又能使构件在永久荷载作用下保持不拱、不挠的状态,从根本上解决了预拱度随时间而发展的问题。

设计时可以在构件中预留两、三根备用束,施工时随时观察梁的状态,利用备用束调节预加力的增减来控制梁的上拱或下挠,不一定要求预拱度等于零,只要控制在毫米级就可以保证混凝土收缩、徐变作用主要使构件缩短而不会产生无法调节的拱度。

(四)荷载组合

下面介绍《预应力混凝土结构设计规范》中规定的城市轨道交通桥梁的荷载组合,它是依据国家标准《工程结构可靠度设计统一标准》(GB 50153—92)和《铁路工程结构可靠度设计统一标准》(GB 50216—94)规定的原则制定的一本地方性标准,有其广泛的适用性和先进性。荷载组合分为 6 类,其中基本组合 3 类,另有撞击力组合、施工组合和地震力组合各一类。现分述如下。

基本组合 I:永久荷载的一种或数种(视可能出现的情况而定,下同),加基本可变荷载的一种或数种,加其他可变荷载的一种或数种。

基本组合 II:永久荷载中的自重、附加荷载和不均匀沉降(根据设计需要参与组合),加基本可变荷载(不计制动力或牵引力),加其他可变荷载的风荷载。此类组合只需演算强度极限状态。

基本组合 III:永久荷载和基本可变荷载同上,加其他可变荷载中的温度作用。此类组合也只须演算强度极限状态。

撞击力组合 IV:除永久荷载中的一种或数种及列车活载外,只需考虑船只或车辆的撞击力。分别给出强度极限状态和使用极限状态的分项系数,使用极限状态的容许应力限值应依据有关规范适当提高。

施工组合 V:除永久荷载的一种或数种加其他可变荷载的一种或数种外,再加上施工荷载,分别给出强度极限状态和施工状态的分项系数,施工状态的容许应力限值可参考有关规范。

地震力组合 VI:除永久荷载的一种或数种加基本可变荷载的一种或数种外,再加上地震力荷载。分别给出强度极限状态和使用极限状态的分项系数,使用极限状态的容许应力限值应依据有关规范适当提高。

二 结构计算原则

建议按以下原则进行:

(1)结构构件的内力按弹性受力阶段计算。

(2)预应力混凝土桥梁结构应按《铁路桥涵设计基本规范》(TB 1002.1)规定验算其强度、抗裂性、稳定性、应力及变形。

(3)计算预应力混凝土连续梁内力时,应考虑温差、基础不均匀沉降以及由于混凝土收缩、徐变和预应力多引起的二次力。计算二次力时,尚应考虑体系转换的影响。

(4)结构应满足《铁路桥涵设计基本规范》(TB 1002.1)要求的最小配筋率和最大裂缝宽度的要求。

(5)箱梁应考虑抗扭计算。

(6)墩顶允许位移满足行车安全及桥梁自身的受力外,还应结合轨道结构形式做具体分析,保证轨道结构的正常使用。

(7)计算桥墩内力时,应特别注意考虑无缝线路引起的墩顶水平力。

(8)墩台身应验算强度、纵向弯曲稳定、墩顶弹性水平位移。

(9)墩顶弹性水平位移、顶帽尺寸及结构要求,暂执行铁路桥规的规定。

(10)桩基设计考虑土的弹性抗力,可按"K"法或"m"法计算。

(11)摩擦桩设计,按土的阻力验算桩的承载力,按材料强度验算混凝土及钢筋应力,验算桩身开裂宽度。

(12)基础的允许沉降量应满足列车安全运营和乘客舒适度的要求,并控制在轨道结构允许变形的范围之内。

(13)特别重要或复杂的高架结构,应进行抗震危险性评估。

第三节　单轨交通高架结构设计

高架结构设计必须符合适用、经济、安全和美观的基本原则。即力求选用较为先进的结构形式和施工方法；构件力求标准化、工厂化并采用机械化施工；对上下部结构进行多方案比选，筛选优化出最佳结构力案；在适用、经济和安全的前提下，尽可能使桥梁具有优美的造型并与周围环境相协调。

桥梁总体设计中，下部结构除应有足够的强度和稳定性，避免在荷载作用下的过大位移和移动外，对其造型亦有严格的要求，合理的选型能使上下部结构协调一致，轻巧美观，特别是高架桥多为跨线桥，常受地形、地貌、交通等限制，又与城市建筑及环境密切相关，其造型就格外重要，必须使高架桥与城市环境和谐、匀称，使行人有一种愉快感觉。确定桥梁下部结构应遵循安全耐久，满足交通要求，造价低，维修养护少，预制施工方便，工期短，与城市环境和谐，桥墩位置和形状要尽量遵循多透空、少占地等原则。对于全线高架桥，宜减少桥墩类型。

本节主要介绍单轨交通的区间高架结构、车站高架结构以及地面结构中的轨道梁、支承轨道梁、道岔梁的桥墩、基座和梁式结构及其桥墩、支承道岔系统的高架道岔桥及其桥墩、地面平台及其基础的结构设计。

本节包括的内容按现行《铁路桥涵设计基本规范》执行。车站高架结构中其他构件的设计应按国家现行建筑设计规范执行。

一　高架桥

（一）一般规定

单轨交通轨道梁作为列车行驶轨道及系统设备通道同时又是列车荷载承重结构。一般单轨交通轨道梁为单线梁，线路的平、纵、竖曲线以及横向超高都直接在轨道梁梁体上实现。应该满足如下规定。

(1)轨道梁截面尺寸直接受单轨交通列车走行面控制。轨道梁各部位尺寸及精度应满足列车走行轮、导向轮和稳定轮走行要求，同时应保证信号及供电系统环网电缆及接触轨在轨道梁体上的安装要求。

(2)轨道梁结构应具有足够的竖向刚度、横向和抗扭刚度，并保证结构的整体性和稳定性。轨道梁表面特别是钢箱梁及梁间接头的钢配件表面应采取防滑、防空转措施。

(3)支承轨道梁的桥墩、基座和梁式结构应满足轨道梁安装要求，满足信号及供电系统缆线通道以及低压配电系统及避雷接地的安装要求；道岔桥和道岔平台应满足道岔区平面布置、道岔及其控制系统的安装和变形控制要求。

(4)轨道梁桥上部结构应优先采用预应力混凝土结构，一般地段宜采用等跨简支梁式结构，采用预制架设的设计、施工方法。

(5)轨道梁桥跨径应根据其截面构造、桥梁高度及地基深度结合经济指标等因素选择，一般采用中等跨径组合($20m \leqslant L \leqslant 30m$)或小跨径组合($L < 20m$)；如需要（如跨越道路、河流）采用 30m 以上的跨径时，宜采用钢轨道梁、特殊结构轨道梁或将轨道梁架设在其他梁式结构上的组合桥梁结构。

(6)轨道梁桥结构应构造简洁、力求标准化并满足耐久性要求，满足车辆安全运行和乘客乘坐舒适度的要求，其建筑形式、结构体量应充分考虑城市景观的要求。

(7)轨道梁桥墩位布置应符合城市规划要求。跨越铁路、道路时，桥下净空应满足铁路、道路限界要求并预留结构沉降量、铁路抬道量或道路路面翻修高度；跨越排洪河流时，应根据跨越河床的轨道梁桥长度按现行《铁路桥涵设计基本规范》(TB 10002.1)确定设计洪水频率跨越通航河流，其桥下净空应根据航道等级，满足现行国家标准《内河通航标准》(BG 50139)的要求。

(8)轨道梁桥钢筋混凝土与预应力混凝土梁式桥跨结构在列车静活载作用下，其竖向挠度不应超过表 9-3 的容许值。

轨道梁桥跨结构竖向挠度容许值 表 9-3

跨度(m)	挠度容许值(mm)
$L\leqslant30$	$L/800$

注：L 为梁的跨度(m)

(9)轨道梁桥梁式桥跨结构的横向自振频率应不小于 $70/L$。

(10)轨道梁桥墩顶的弹性水平位移应符合下列规定：

在列车荷载、横向摇摆力、离心力、风力和温度力的作用下，

顺桥方向： $\Delta\leqslant5\sqrt{L}\ \text{mm}$

横桥方向： $\Delta\leqslant40\text{mm}$

式中：L——桥梁跨度(m)；当为不等跨时采用相邻跨中的较小跨度。当 $L<25\text{m}$ 时，L 按 25m 计；

Δ——桥墩顶面处顺桥或横桥方向水平位移(mm)，包括由于墩身和基础的弹性变形及基底土弹性变形的影响。

(11)轨道梁桥墩台基础的沉降应按恒载计算。

对于外静定结构，其总沉降量与施工期间沉降量之差，不应超过下列容许值：

墩台均匀沉降量：50mm；

相邻墩台沉降量之差：20mm。

对于外静不定结构，其相邻墩台不均匀沉降量之差的容许值还应根据沉降对结构产生的附加影响来确定。

(12)混凝土强度等级应符合下列规定：

轨道梁预应力混凝土强度等级应不低于 C60、钢筋混凝土强度等级应不低于 C40。

支承轨道梁的梁式结构、支承道岔系统的高架平台(道岔桥)预应力混凝土、钢筋混凝土强度等级不宜低于 C40。

支承轨道梁(含道岔梁)的桥墩、基座和梁式结构的桥墩、支承道岔系统的高架平台(道岔桥)的桥墩、地面平台及其基础的钢筋混凝土强度等级不宜低于 C40，素混凝土强度等级不宜低于 C20。

耐久性指标应符合现行有关国家标准的规定。

(二)荷载

根据《单轨交通设计规范》(征求意见稿)，单轨交通轨道梁桥结构设计荷载应满足以下规定。

(1)单轨交通轨道梁桥结构设计，应根据结构的特性，按表 9-4 所列的荷载，就其可能出现的最不利组合情况进行计算。

(2)轨道梁桥设计仅需考虑主力与一个方向(纵向或横向)的附加力组合。

(3)根据不同的荷载组合,应将材料基本容许应力和地基容许承载力乘以不同的提高系数。对预应力混凝土结构中的强度和抗裂性计算,应采用不同的安全系数。

(4)计算结构自重时,一般材料重度应按现行《铁路桥涵设计基本规范》(TB 10002.1)规定取用;对于附属设备和附属建筑的自重或材料重度,可按所属专业的现行规范或标准取用。

(5)列车竖向静活载确定应符合下列规定:

①列车竖向静活载图式按本线列车的最大轴重、轴距及近、远期中最长的列车编组确定;

②轨道梁设计按照单线行驶列车竖向荷载布置;

③轨道梁桥下部结构设计,单线、双线、多于两线的情况,按列车作用于每一条线路考虑,荷载不作折减;

④影响线加载时,活载图式不可任意截取。

(6)列车竖向活载包括列车动力作用时,为列车竖向静活载乘以动力系数 $1+\mu$。

轨道梁桥荷载分类表 表 9-4

荷载分类	荷载名称
主恒载	结构自重 附属设备和附属建筑自重 预加应力 混凝土收缩及徐变影响 基础变位的影响 土压力 静水压力及浮力
力活载	列车竖向静活载 列车竖向动力作用 列车离心力 列车活载产生的土压力 人群荷载
附加力	列车制动力或牵引力 列车横向摇摆力 风力 温度影响力 流水压力
特殊荷载	船只或汽车的撞击力 地震力 施工临时荷载

注:1. 如杆件的主要用途为承受某种附加力,则在计算此杆件时,该附加力应按主力计。
2. 列车横向摇摆力不与离心力、风力组合。
3. 流水压力不与制动力或牵引力组合。
4. 地震力与其他荷载的组合应按现行《铁路工程抗震设计规范》(BG 50111)的规定执行。
5. 计算中要求考虑的其他荷载,可根据其性质,分别列入上述三类荷载中。

μ 值按照下式进行计算:

$$\mu = 20/(50+L)$$

式中:L——桥梁跨度(m)。

(7)位于曲线上的轨道梁桥应考虑列车产生的离心力,其大小等于列车静活载乘以离心力率 C。C 值按下式计算:

$$C = v^2/127R$$

式中:v——本线设计最高列车速度(km/h);

R——曲线半径(m)。

离心力作用于轨道梁顶面以上车辆重心处。

(8)列车横向荷载宜按列车设计荷载单轴重的 25%计,在轨道梁顶面以水平集中力的形式作用于垂直轨道梁轴线方向。

(9)列车制动力或牵引力作用于车辆重心位置,按列车竖向静活载的 15%计算。轨道梁设计按单线计算列车制动力或牵引力。轨道梁桥下部结构设计时制动力或牵引力应移至支座中心处,双线时应采用两线的制动力或牵引力;三线或三线以上时按照最不利情况考虑,不作折减。

(10)制动力或牵引力在固定支座和活动支座的分配按照:固定端:100%;活动端:25%。

(11)活载在桥台后破坏棱体上引起的侧向土压力，应将活载换算成当量均布土层厚度计算。

(12)轨道梁桥风荷载强度应按现行《铁路桥涵设计基本规范》(TB 10002.1)的规定取值。即梁上有车时，轨道梁风荷载按照80%计算；轨道梁设计按单线计算轨道梁和列车风荷载；轨道梁桥下部结构设计，双线轨道梁桥，线路等高时按照100%、50%分别计算两线的列车和轨道梁风荷载；不等高按照100%、100%分别计算两线的列车和轨道梁风荷载；三线及以上轨道梁桥，线路等高时按照100%、50%、25%分别计算三线的列车和轨道风梁荷载；线路不等高时，按照100%、100%、50%分别计算三线的列车和轨道梁风荷载。与单轨车辆重叠的结构体不再计算风荷载。

(13)温度变化的作用及混凝土收缩的影响，可按现行《铁路桥涵设计基本规范》(TB 10002.1)的规定执行。结构构件截面的不同侧面或内外面温差很大时，应考虑温度梯度产生的内部应力。

(14)轨道梁桥桥墩承受船只撞击力时，应设防撞保护设施。当无法设置防撞保护设施时，船只撞击力可按现行《铁路桥涵设计基本规范》(TB 10002.1)的规定计算。

(15)轨道梁桥墩柱有可能受汽车撞击时，应设防撞保护设施。当无法设置防撞保护设施时，轨道梁桥墩柱设计必须考虑汽车对墩柱的撞击力。汽车撞击力顺汽车行驶方向时采用1000kN，垂直于汽车行驶方向时，采用500kN，作用在路面以上1.20m高度处；地震作用应按现行《铁路工程抗震设计规范》(GB 50111)的相关规定计算。

(16)轨道梁桥应按不同施工阶段的施工荷载和运营养护检修荷载加以检算。采用单轨架桥机架设的轨道梁，应按照架桥工况对轨道梁和桥墩分别进行检算。

(三)高架桥的结构形式

桥梁体系按照受力特点可分成简支、连续和悬臂三种基本类型。根据轨道交通的特点以及整体道床和无缝线路的要求，多采用简支或连续体系。在特殊地段(跨河、谷地段)也可采用悬臂体系。

简支梁的特点是结构简单，受力明确，容易做到设计标准化、制造工厂化，安装架设方便，施工速度快，适用于中小跨度。当跨度较大时，多采用连续梁桥。它能降低材料用量，减少伸缩缝数量，改善行车条件，提高桥梁的可靠性和耐久性，但它的设计和施工比较复杂，对支座的不均匀沉降较敏感。

(四)高架桥的截面设计与构造

1.高架桥立面布置

桥梁立面布置的内容包括体系的选择、桥长及分跨布置、桥下净空及梁高的选择等。对地铁与轻轨高架桥，应尽量采用等跨等高度梁。桥梁形式与跨径的选择，应结合周围环境和工程地质条件，从景观、经济和施工等方面考虑确定，并注意梁与墩身的形体搭配，以满足美观的要求。标准区间梁的合理跨度为20～30m 。桥下净空应符合《城市道路设计规范》以及城市景观对桥梁净空的要求。

2.横断面设计

(1)横断面布置及桥面宽度

区间标准横断面，根据高架桥的限界及设备安装位置而定。桥两侧设挡板，挡板内侧设电缆支架，挡板上设人行步道，作为检修及紧急疏散用，步道边设栏杆。曲线地段及道岔区的桥面宽度，根据曲线半径和渡线形式分别进行加宽。车站宽度根据站台形式及宽度和限界及设备位置而定，并考虑施工误差。

(2)桥梁横断面形式

桥梁横断面设计即梁结构设计，对高架桥的标准区间梁，应从受力、经济和施工等因素综合考虑，并注意梁与墩身的线形，以满足美观的要求，较适合的结构有预应力混凝土箱梁(单室双箱梁、单室单箱梁、双室单箱梁、预应力混凝土板梁(空心板梁、低高度板梁)、后张法预应力混凝土 T 形梁、下承式槽形梁、钢—混凝土叠合梁等形式。最近也有采用钢—混凝土预弯组合梁，国外有些城市为最大限度地降低梁高，采用脊梁式箱梁和槽形梁结构。

①预应力混凝土箱梁

箱形截面是目前比较先进且已被广泛采用的梁截面形式。闭合薄壁截面抗扭刚度大，整体受力性能好，对于斜弯桥尤为有利。同时因其顶板和底板都具有较大的面积，所以能有效抵抗正负弯矩，并满足配筋要求。箱形截面具有良好的动力特性，它的收缩变形数值小，材料用量最小，截面外形简洁，箱底面平整，线条流畅，配以造型简洁的圆柱墩或 Y 形墩，非常适宜于现代化的城市桥梁。

箱形截面有各种形式：单室双箱梁宜作为标准区间梁使用，适用于景观要求高、施工能力强的城市；单室单箱及双室单箱梁材料用量少，外形可做成流线型，造型美观，景观效果好，但预制施工困难，此两种方案适于采用现浇法施工。建议在大跨度桥梁和曲线桥上使用。

②预应力混凝土板梁

板梁结构建筑高度小，外形简洁，便于吊装施工。预应力板梁的经济跨度为 16～20m。板梁截面主要有空心板、低高度板和异形板。空心板梁每跨可根据桥宽采用 4～8 片拼装而成，每片吊装质量约 40～50t ，而低高度板梁采用 2 片拼装，相对吊装质量大。异形板梁在美观上占有优势，它采用单片梁形式，一般采用现浇施工，工期长。从受力上讲，板梁的抗扭刚度小，对抵抗列车偏载不利。多片空心板梁也可用在道岔区及有配线的地段。

③预应力混凝土 T 形梁

T 形梁与箱梁同属肋梁式结构，它兼具箱梁刚度大、材料用量省的特点，同时，主梁采用工厂或现场预制，可提高质量，减小主梁尺寸，从而减轻整个桥梁自重。每跨梁由多片预制主梁相互联结组成，吊装质量小，构件容易修复或更换，避免了箱梁内模的拆除困难。简支 T 梁经济跨度为 20～25m 。

④预应力混凝土组合箱梁

预应力混凝土组合箱梁，即在预制厂内用先张法制造槽形梁，架立后再在它上面现浇钢筋混凝土连续桥面板，将槽形梁连成整体，形成组合式箱梁。区间由四片简支梁组成，经济跨度 23m ，吊装质量约 25t 。该方案兼具箱梁整体性好、抗扭刚度大的优点，同时现浇连续桥面结构克服了简支梁接缝多的缺点，使行车条件得到改善；从施工上讲，组合梁预制、运输、吊装方便，架桥速度快，对城市干扰少，缺点是桥面板需就地浇注，增加现场混凝土施工量，且先张法只能直线预制，不适于弯梁桥，美观上也逊色于其他方案。

⑤钢—混凝土叠和梁

钢板梁或钢桁梁通过剪力传递器与钢筋混凝土桥面板结合成主梁，称为结合梁桥，又称叠合梁桥。这种构造形式的实质在于，剪力传递器使钢筋混凝土板与钢梁在竖向荷载作用下共同受弯，钢梁的上翼缘或上弦杆所需的承压面积可大大减小，这样充分发挥了混凝土和钢材的受力特性。

城市高架轨道交通中，采用叠合梁的优势主要表现在：钢筋混凝土与钢梁结合成一整体，其截面刚度增大，由此可减少钢材用量；与同跨径钢桥相比，梁高可以降低20%左右；结合梁桥在活载作用下比全钢梁桥的噪声小；钢梁可以工厂化生产，运到工地以后，能够进行快速架设，然后以钢梁为依托进行桥面混凝土施工，从而免除了在桥跨下搭支架，施工期间对城市干扰较少。

⑥其他形式的桥梁

随着城市范围的扩大和地理环境的多样性，任何形式的桥梁都有可能作为城市轨道交通高架桥，特别是从城市景观出发，各种形式的拱桥、拱梁组合桥、斜拉桥等都有可能成为城市轨道交通中的桥梁。

综合分析，从构件标准化，便于工厂制造和机械化施工的原则出发，同一条高架线路的结构类型不宜过多，应当优先推荐中小跨度预制梁桥方案；但在特殊地理环境下，考虑环境协调、美观等因素，特殊类型的桥梁也常常成为因地制宜的合理选择。

3. 墩台与基础

高架桥墩的基础应根据地质资料确定。当地质情况良好时，应尽可能采用扩大基础。若为软土地基，则为保证基础承载能力，防止沉陷，宜采用桩基础，沉桩工艺应根据地面建筑和地下管线的分布状况确定。大部分高架桥可采用施工速度快、工艺成熟的打入桩基础。局部离现有建筑物较近的地段宜选用钻孔桩。钻孔桩施工时应采取有效措施防止泥浆外溢污染道路影响正常交通和道路排水设施，保持环境清洁。

高架桥墩除应有足够的强度和稳定性外，还应结合上部结构的选型使上下部结构协调一致，轻巧美观，与城市景观相和谐，尽量少占地，透空性好，保证桥下行车有较好的视线，给行人一种愉悦感。常用的桥墩形式有T形桥墩、双柱式桥墩、V形墩和Y形墩等。

1)T形桥墩

T形桥墩占地面积小，是城市高架桥最常用的桥墩形式。这样的桥墩可为桥下交通提供最大的空间，特别适用于高架桥和地面道路斜交的情况。T形桥墩由基础之上的承台、墩身和盖梁组成，如图9-3所示。墩身一般为普通钢筋混凝土结构，圆形、矩形或六角形。大伸臂盖梁，承受较大的弯矩和剪力，可采用预应力混凝土结构。墩身一般不超过8～10m。T形墩既能减轻墩身重量，节约工程材料，减少占地面积，又较美观。墩身截面一般为圆柱形、矩形、六角形等。T形墩与区间T形梁、箱梁、槽形梁等上部结构相结合，则上下部结构的轮廓线过渡平顺，受力合理。

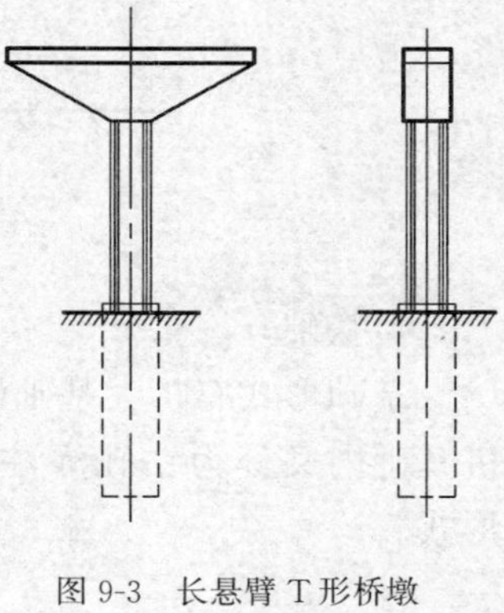

图9-3　长悬臂T形桥墩

2)双柱式桥墩

双柱式桥墩重量轻，节省工程材料，承载能力和稳定性均较强，但美观较差，透空性不好，占地范围大。

双柱式桥墩在横向形成钢筋混凝土刚架，受力情况清晰，稳定性好，其盖梁的工作条件比T形桥墩的盖梁好，无需施加预应力，其使用高度一般在30m以内，常用的形式如图9-4a)所示。为了避免河中桥墩被较大的漂流物卡在两墩之间影响桥梁安全，可做成如图9-4b)所示的哑铃式。在城市立交桥中，哑铃式墩可抵抗更大的侧向撞击力。也可在高水位以上或撞击高度以上分为两柱，以下部分为实体圆端形墩，如图 9-4c)所示。上海明珠线的双柱式桥墩设计成无盖梁结构，上部机构箱梁直接支承在双柱上，双柱上部设一横系梁。

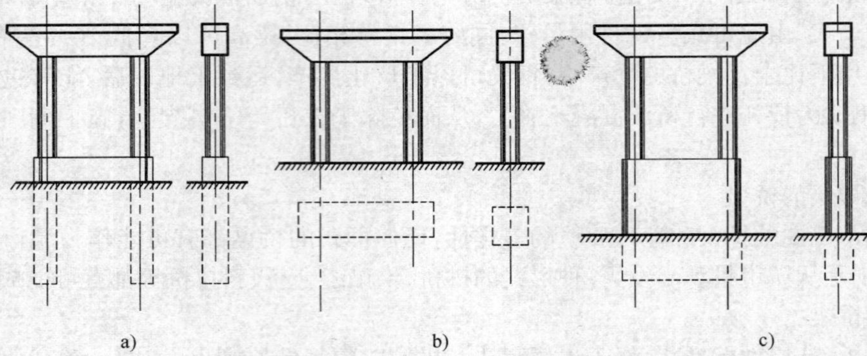

图 9-4　双柱式桥墩

3)V 形墩和 Y 形墩

V 形墩(图 9-5)重量轻，占地面积小，外表美观简洁，桥下透空大，适用面广，具有良好的视野和轻巧造型，但其结构构造复杂，施工较麻烦。Y 形桥墩(图 9-5)结合了 T 形桥墩和双柱式桥墩的优点，下部成单柱式，占地面积小，有利于桥下交通，透空性好；而上部成双柱形，对盖梁工作条件有利，无需施加预应力，造型轻巧，比较美观，施工虽然比较复杂但无太大困难。

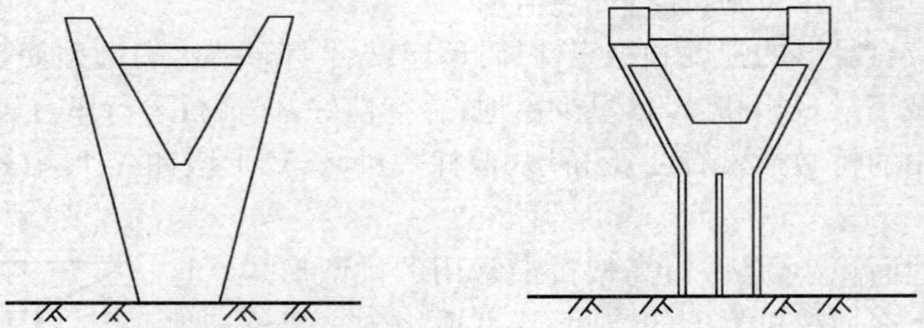

图 9-5　V 形墩和 Y 形墩

4)基础

基础形式有扩大基础(适用岩石及持力层较浅的地基)、桩基础(适用于砂质及软土地基)，桩基础内又分为钻孔灌注桩、打入桩和挖孔桩。应根据各地的地质情况，确定合理的基础形式。

二 高架车站结构

(一)一般规定

高架车站结构形式应满足轨道交通车站的建筑功能和使用要求，应保证结构安全可靠、构造简洁、经济合理，并应具有良好的整体性、可延性和耐久性。

车站结构应分别按施工阶段和使用阶段进行强度、刚度和稳定性计算。

(二)荷载

材料重度应按以下规定取值:钢材 78.5kN/m^3,钢筋混凝土 25kN/m^3,素混凝土 22kN/m^3。

单轨交通高架车站结构活载应按以下规定取值:

(1)列车荷载按《地下铁道设计规范》(GB 50157)中有关条款取值;

(2)车站建筑活荷载标准值:

站厅、楼梯:4kN/m^2

站台、天桥:4kN/m^2

其他设备用房,根据设备的实际重量、动力影响、安装运输途径及工作状态等确定,但不得小于 4kN/m^2,其他用房的活荷载标准值按建筑结构荷载规范取值。

(三)设计原则

(1)高架车站结构安全等级为一级。

(2)轨道梁与车站结构完全分开布置形成独立轨道梁桥时,其孔跨布置及结构设计宜与区间高架结构相同;车站高架结构设计应按国家现行有关建筑设计规范执行。

(3)轨道梁支承于车站结构或站台梁等车站结构构件支承于轨道梁桥上形成桥建合一结构体系时,轨道梁、支承轨道梁的横梁、支承横梁的墩柱等构件及基础,应按现行《铁路桥涵设计基本规范》进行结构设计。当轨道梁简支于横梁布置时,内力分析可按平面刚架假定进行;当轨道梁与横梁刚结布置时,内力分析宜按空间刚架假定进行,由活载产生的内力,应根据影响线加载计算得到。除上述构件外的其余构件,应按国家现行有关建筑结构设计规范进行结构设计。

(4)车站结构设计应保证建筑物有足够的承载力、刚度和稳定性。

(5)站台层结构设计时应考虑桥墩盖梁的竖向位移和相对纵横向水平位移的影响。

(四)高架车站的结构形式

高架车站的结构形式,首先应满足车站的功能布置要求,并结合当地的城市规划,地面道路及工程地质条件进行综合考虑后而定。高架车站可采用钢筋混凝土框架结构、桥梁式结构、框架+桥梁式结构。钢筋混凝土框架结构,适用于用地范围大,车站体量大的地段,可做成双层甚至三层,以利于开发利用。桥梁式结构,适用于用地范围小,客流量小,车站体量小的地段。框架+桥梁式结构,行车部分的梁和区间梁相同,并与墩台部分的梁板脱开,以防止列车行驶时的振动对车站主体结构产生影响,适用于用地范围大的地段。

(五)构造要求

(1)高架车站结构在条件许可的情况下,宜优先采用桥建分离结构形式,以减小行车振动影响。

(2)车站站台与站厅层大跨度纵向框架梁在施工时应预先起拱,并按国家有关规范控制其挠度和裂缝宽度值。

(3)对桥建合一结构的车站,车站建筑的站台与站厅梁、板、柱及站台雨棚等应按国家现行建筑结构设计规范进行设计;而对支承轨道梁的横梁、支承横梁的墩柱及墩柱基础除应按国家现行有关建筑结构设计规范进行设计外,尚应按现行《铁路桥涵设计基本规范》进行检算。

(4)高架车站结构一般构件混凝土强度等级不宜低于C30。

(5)站台层、站厅站现浇板厚不宜小于120mm。

三 其他构造

高架结构的设计应采取降低噪声、减少城市污染、消除楼房遮光和防止电磁波干扰等措施。同时应采取防止杂散电流腐蚀的措施,钢结构及连接件应进行防锈处理。

高架桥所用的工程材料,应根据结构类型、受力条件等要求选用,并应考虑经济性、可靠性和耐久性,受力结构材料一般应采用钢筋混凝土和预应力混凝土,必要时也可采用金属材料。高架桥两侧挡板应与主体结构有牢固的连接,并考虑预留声屏障的位置及安装的可能,人行道板的边缘设置栏杆。同时应考虑运营过程中对其进行检测、维修所需的空间及设施:结构设计应预留安装设备所需的管道及孔洞位置。

第五节　区间高架桥施工

一 上部结构施工

高架轨道交通的上部结构施工方法受到桥梁类型、跨径、城市环境要求、施工机械化水平等因素影响,主要有:就地现浇、移动模架逐孔现浇、预制拼装、顶推施工、悬臂施工、提升与浮运等。上述这些施工方法各有其优点和适用条件,在选择施工方法时,应该做到因地制宜。表9-5为城市轨道高架桥常用施工方法。

城市轨道高架桥常用施工方法　　表9-5

施工方法	PC简支梁	PC连续梁	PC刚架	组合箱梁	钢—混凝土叠合梁	特殊桥型如:拱桥、斜拉桥
就地现浇	√	√	√	√	√	√
逐孔现浇		√				
预制拼装	√	√	√	√	√	√
顶推施工		√			√	
悬臂施工		√	√			√
提升与浮运	√	√	√			

注:PC——预应力混凝土。

(一)满堂支架就地浇筑

满堂支架就地浇筑施工是在支架上安装模板、绑扎、安装钢筋骨架、预留孔道,在现场浇筑混凝土,并施加预应力,达到强度后拆模和支架的方法。

其主要优点有:整联卸落支架,梁内主筋不中断,整体性好;结构在施工中不存在体系转换,不产生恒载徐变二次矩;施工平稳可靠,不需大型起重设备,施工方便;适宜跨径为20~60m,最大可达150m。

主要有以下缺点:混凝土收缩、徐变应力损失大;需要大量施工支架,跨河搭设影响通航与泄洪，跨路搭设影响交通；施工期间安全性差；施工期长，施工费用高，施工场地占用大，施工管理复杂；支架受载荷的变形和挠度需设预拱度。

（二）移动模架逐孔现浇

移动模架是以移动式桁架为主要支承结构的整体模板支架，可一次完成一联梁体混凝土的浇筑，适用于跨度小于 50m 的多跨简支梁和连续梁的施工。这种模架的结构比较简单，用料少，质量轻，便于模板高度的调整和控制，而且该模架对梁体尺寸不加限制，施工时模架的移动既方便又安全。

用移动模架法施工现浇混凝土连续箱形梁时，先将箱梁底模按要求预设上拱度，立侧模后现场绑扎梁体钢筋，绑扎合格后即可灌注梁体混凝土，待梁体混凝土达到规定强度后，进行原位张拉并压浆。压浆完毕后通过移行装置将模架前移至下一联梁位处进行梁体施工作业。施工时需将两侧的钢桁梁和模板联成一体，每施工完一联后，便可将其解体，然后利用支架顶部的滑道及拖拉设备将钢桁梁牵引，支架循环利用。

下面介绍以“六四”军用梁和“八三”军用墩等军用器材拼成的移动模架施工现浇混凝土连续箱梁的施工技术在天津快速轨道交通工程中的应用。

1. 移动模架构造

1）移动模架简介

根据天津开发区施工现场的实际情况，结合以往施工经验，在“六四”军用梁和“八三”墩等军用器材的基础上组拼成一套可用于施工 20～30m 跨度的现浇混凝土连续箱梁的移动模架。

2）移动模架总体构造

模架结构根据受力状态及工艺设备等条件，采用“六四”军用梁组拼，主要由模板、承重桁架、支架、滑道及拖拉设备等组成。其总体构造如图 9-6 所示，受力分析如图 9-7 所示。

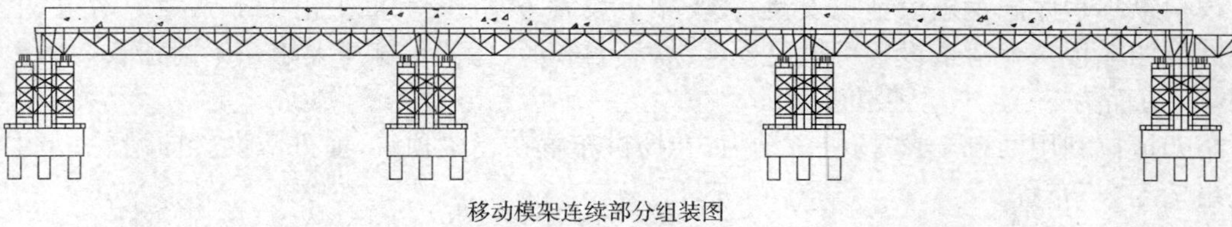

移动模架连续部分组装图

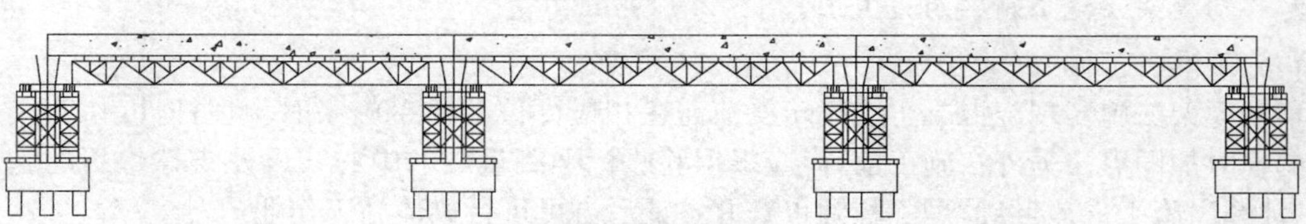

移动模架简支部分组装图

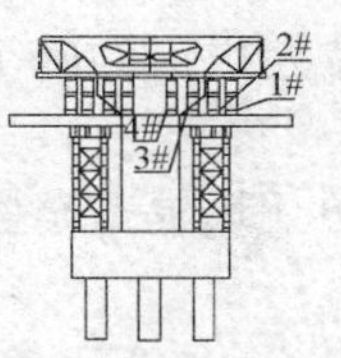

移动模架施工状态

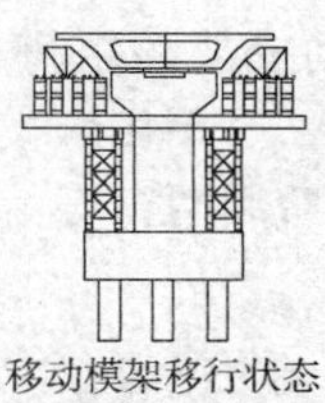

移动模架移行状态

注：
1. 移动模架主要由支撑、承重梁、模板、拖拉系统等组成。支撑采用“八三”铁路军用墩组拼，承重梁采用“六四”铁路军用梁单层组拼，每套模架八片，分上下游两组，每组四片“六四”梁之间横向连接起来以增加刚度。
2. 现浇梁模板可沿六四军用梁上的钢轨向外滑动，以便拆模。
3. 1 号、2 号为边跨梁，3 号、4 号为中间跨梁，其中边跨梁采用连续梁，中间跨采用简支梁

图 9-6　移动模架总体构造图

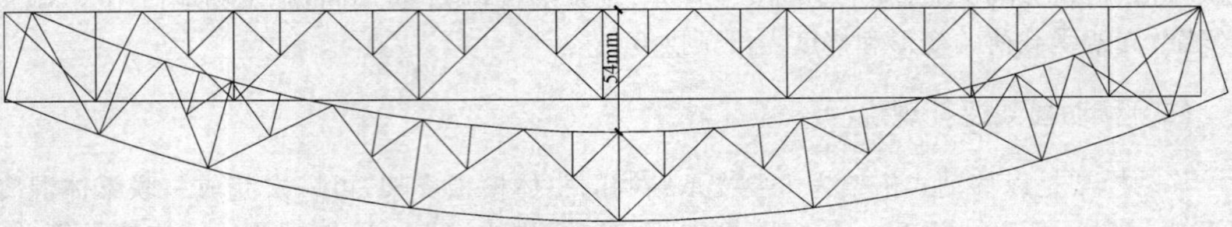

变形图（放大）

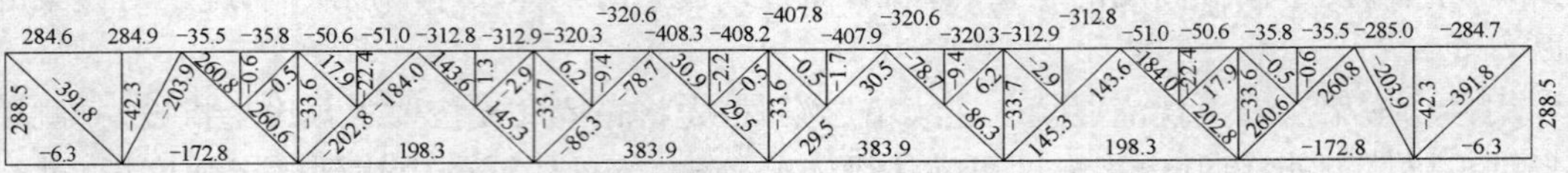

轴力图（单位：kN）

图 9-7　移动模架受力分析图

①模板结构

用型钢做侧模骨架，面板用 $\delta=6$mm 钢板组焊；底模悬挂在模架的一侧，并随模架前移。为此，外模和底模均以 5m 为节段制作。调整外模及模板与承重主桁架之间楔垫以符合平曲线梁段及竖曲线梁段的形体要求。

②承重主桁及支架

承重主桁梁采用“六四”军用梁组拼，桥墩上下游各一组，每组由 2 片组成，共四片单层“六四”梁，其总长度 81m，主梁部分长 80m，导梁长 1m，主梁与侧模连接，导梁前端设有上翘，以便桁架前移上墩。上下游两组横向用槽钢交叉连接以加强整体稳定。

支架利用“八三”铁路军用墩组拼，横桥向 2 排，顺桥向 3 排，并在承台顶埋设预埋件，与军用梁螺栓连接。

③滑道及拖拉装置

模架纵移程序同钢桁梁拖拉安装，在支架上设置下滑道，承重主桁梁下弦为上滑道，上下滑道间设四氟板。下滑道设置可满足模架纵横向移动及弯梁的施工要求。下滑道长 50cm，宽 30cm，滑道面为 5mm 不锈钢滑板。

桁架拖拉利用两台 5t 卷扬机做动力，卷扬机布置在箱梁顶端，前方墩设转向滑轮，牵引索滑轮组按走“4”布置。

2. *移动模架法施工箱梁的施工工艺*

1)施工准备工作

移动模架法施工现浇混凝土连续箱梁前需在相应部位的承台施工时预埋杆件，作为模架支墩的临时加固点。另外在施工前，尚应根据验收标准测量墩的中心线以及支撑垫石的施工高程，计算出施工误差，经监理工程师审查并签证后方可进行梁体施工作业。

2)移动模架的组拼

根据桥本身的特点以及施工的总体安排，移动模架的组拼采用在梁孔位处拼组的施工方案：用汽车起重机拼装模架，并在承台位置使用“八三”军用墩设置临时支撑。将模架杆件运至现浇梁孔位处，使用汽车吊将杆件组拼成单元，然后用两台 25t 的汽车吊将单元块提升至墩上面的支撑及临时支墩上，依此将模架拼组完毕。

3)现浇梁体混凝土施工

模架组拼完成后，首先安装模板，调整底模标高，利用木楔将底模调整至预定位置，然后测量梁体的空间位置，并根据设计要求和测量结果，使用底模支撑架上的木楔进行梁段三维空间的调整，直至满足要求为止。模板安装好并经检查合格后开始梁体钢筋的绑扎，绑扎完毕即可浇筑梁体混凝土，待混凝土养生至设计张拉强度后，按要求张拉钢绞线并分阶段地调整梁底至“六四”梁表面的高度，直至张拉完毕并脱空箱式支撑退出钢楔块为止。卸掉千斤顶，将承重主桁梁落在滑道上，模板脱落。

4)移动模架的移行

拆除底模，使之悬挂于一侧桁梁上，同时拆除两组承重桁梁间的临时连接。在新拼好的“八三”墩支撑上安装好滑移轨道，同时移行卷扬就位联结。通过移行卷扬拖拉移动模架在滑道上前行至下一梁孔位，调整就位后进行下一循环作业。

5)施工要点

现浇混凝土连续梁的施工是高空作业，所以拼装结构是否稳固，滑道及拖拉装置是否牢靠是确保施工安全和顺利的关键，施工中必须给以充分考虑。

①移动模架用的滑移轨道必须平顺，以确保施工时模架的顺利移行。

②移动模架是本施工工艺的关键，所用的组拼件——“六四”军用梁和“八三”军用墩的规格及强度必须满足钢结构的标准要求。而作为承重梁的四片为一组的“六四”军用梁之间必须设定牢固的横向联结系，以增加模架的刚度，并确保模架的稳定。

③每移动一次模架后施工下一联梁前，必须对移动模架进行系统的检验，并对滑道及拖拉设备进行核查，确认一切就绪后方可进行下一循环作业。

(三)顶推施工

顶推法施工是沿桥纵轴方向的桥台后开辟预制场地，分节段(10～30m)预制混凝土梁体，并用纵向预应力筋连成整体，然后通过水平液压千斤顶施力，借助不锈钢板与聚四氟乙烯模压板特制的滑动装置，将梁逐段向对岸顶进，就位后落架，更换正式支座完成桥梁施工。

顶推法施工方法宜用等截面箱梁，跨径为30～60m(最大可达160m)的直线梁桥。顶推施工关键工序如下所示。

(1)主梁分段长度：

①主梁的连接处不要设在连续梁受力最大的截面，如支点和跨中截面；

②尽量减少分段，缩短工期。每段长一般取10～20m。

(2)顶推顺序：①升顶；②滑移；③落下；④复原。

(3)模板工作。等截面箱梁宜采用钢模板，以保证预制梁尺寸的准确性。

(4)预制周期。目前国内外每顶出段的预制周期为7～15d，一般15m长的节段预制期为7d。

(5)施工中的临时措施。顶推过程中结构体系在不断变化，每个截面正负弯矩交替出现，且施工弯矩包络图与使用状态的弯矩包络图相差较大，为了减小施工中的内力，扩大顶推法的使用范围，同时也从安全施工和方便施工出发，在施工过程中使用一些临时设施，如导梁、临时墩、拉索托架等临时结构。

①导梁：等截面或变截面的钢桁梁或钢板梁，主梁前端安装预埋件与钢导梁栓接。

②临时墩。造价要低，便于装拆。一般多用滑升模板浇筑的混凝土薄壁空心墩，使用临时墩会增加施工费用，但可节约上部结构材料用量。顶推跨径过大是不经济的，不但增加施工内力，而且增大施工难度。

顶推施工特点：

(1)顶推施工设备简单，施工平稳；可工厂化生产，施工质量容易保证；也可以在深谷、宽深河道的桥梁、高架桥以及等曲率曲线桥、带有竖曲线的桥及坡桥上使用。

(2)顶推施工比其他施工方法配筋要多,而且增加了临时预应力束的张拉锚固、拆束及压浆封孔等工艺,整体工艺要求严格,需要技术水平较高的专业化施工队伍。

(四)挂篮悬臂浇筑施工

挂篮悬臂浇筑是在桥墩两侧对称逐段浇筑混凝土、张拉预应力筋、移动挂篮、立模绑扎钢筋等循环直至合拢形成连续梁桥。该施工方法主要适用于多跨连续梁或较长大跨度的桥梁施工。

挂篮悬臂浇筑有如下特点:

(1)施工中产生负弯矩,桥墩在施工中也产生负弯矩,因此宜在运营状态下结构受力与施工阶段接近的桥梁中选用,如变截面连续梁、T构、斜拉桥。与顶推法相比,不因施工而增加过多的材料,不受跨数限制。

(2)采用梁墩固结措施,施工过程中需要有体系转换。

(3)逐跨连续悬臂施工可以利用已建结构在桥面上运输,故机具设备、材料、预制节段的运输简捷。此外,每完成一个新的悬臂并在跨中合拢后,结构的稳定性和刚度不断加强。同时施工线形及合龙技术要求较高。

(4)机具设备种类多,主要是挂篮。逐段浇筑,易于调整标高,控制梁段变形。

(5)属无支架施工。挂篮悬臂浇筑施工不需大量施工支架和大型临时设备,不影响桥下通航、通车,不受季节、洪水影响,但上下部不能同时施工,工期长。

(6)连续梁桥最终恒载内力与施工方法有关,混凝土徐变引起的内力重分布也不一样。加载龄期短,混凝土收缩徐变大。

挂篮悬臂浇筑施工的关键工序:

(1)桥墩0号块圬工体积数量大,结构复杂,预埋件、钢筋束、孔道、锚具多,一般采用现场就地浇筑。先将梁根部节段与0号块一起现浇,可采用支架或三角托架支承部分施工重力。

(2)箱形截面,可将梁体每2~5m分为一个节段(块段),对称悬臂施工。节段宜划成分批等长度。

(3)根据挂篮的承载能力承载重从500~1500kN不等,每节段施工周期一般为7~10d。

(4)梁墩固结。由于挂篮悬浇过程中难免要出现不平衡力矩,因此需要进行梁墩固结。主要采用以下措施。

①加临时锚固

方法:a.预应力双排锚杆,锚杆的下端预埋在墩内,锚杆从混凝土中穿过并锚在梁顶。

b.拆除,在临时支座中设置20mm厚的硫磺砂浆夹层,并在临时支承附近布设千斤顶,便于施工中的微调。

②在墩旁设置临时支架

当桥墩太高、悬臂太长,不足以承受不平衡力矩时,可在墩旁设置临时支架,即墩单侧或两侧设置支架和临时固结共同承受施工弯矩。

(5)挂篮。挂篮是悬挂在已经张拉锚固的箱梁梁段上,是一个能沿轨道行走的活动脚手架,所有工作均在其上完成。

(6)合拢段。

①合拢段长度在满足施工操作要求的前提下,应尽量缩短,一般采用1.5~2.0m。

②合拢宜在低温时进行,遇夏季应在晚上合拢,用草袋等覆盖,并加强接头混凝土养护。

③合拢段混凝土中宜加入减水剂，以便及早达到设计强度，及时张拉预应力筋。

④合拢段采用临时锁定措施，采用劲性型钢或预制的混凝土柱安装在合拢段上、下部做支撑，然后张拉部分预应力筋，待混凝土达到要求强度后，张拉其余预应力筋，最后再拆除临时锁定装置。

⑤为保证合拢段施工时混凝土始终处于稳定状态，在浇筑之前各悬臂端应附加与混凝土质量相等的配重（或称压重），加配重量依桥轴线对称加载，按浇筑重量分级卸载。

如采用悬臂拼装施工应该注意以下关键问题：

（1）接缝处理

悬臂拼装时，预制块件间接缝的处理分干接缝、湿接缝、胶接缝等几种方法。

干接缝：是相邻块件拼装时，将两端面直接贴合，接缝上的内力通过预应力及肋板上的齿形键传递。这种接缝不易保证接缝密合，易受水气侵袭而导致钢筋锈蚀且容易产生局部应力集中现象。

湿接缝：是在相邻块件间现浇 12～20cm 宽的高强度等级砂浆或小石子混凝土，将块件连接成整体。这种接缝工序复杂且现浇混凝土需要养生致使工期延长，因此通常只在悬臂的个别地点（例如墩柱顶现浇的 0 号块件与预制的 1 号悬臂块件之间）设置，以保证接缝的密合，并用以调整拼装误差。

胶接缝：是在接缝端面涂一薄层环氧树脂等胶结材料，将相邻块件黏结成整体，通过胶结层来传递内力并提高整体刚度和不透水性。它具有湿接缝的优点而又不影响工期。近年来较多采用。在采用胶接缝时，应注意胶层厚度，如悬臂过长，中部或端部设置湿接缝。

（2）注意标高施工控制。

二 下部结构施工

高架桥的基础工程形式大致可以归纳为明挖扩大基础、桩基础、管桩（柱）基础和沉井基础几种。表 9-6 列出常用的高架桥基础施工方法及优缺点。

高架桥基础施工方法一览表　　表 9-6

序号	施工方法		环境、场地、技术要求	优点	缺点	发展方向
1	明挖扩大基础		施工场地开阔，持力地层较浅，中小型桥涵基础，地层软弱时，辅以降水、围堰、支撑，水下浇筑混凝土	施工速度快、大面积施工，便于机械化施工，造价低	污染环境，阻断交通航运	①有效井点或深层井泵降水系统；②钢板桩、预制桩、SMW 法支护
2	桩基础	打入桩	市郊远离居民、软黏土、粉沙、沙砾，承载基岩较深	施工速度快、质量有保证、承载力较高	振动、挤土影响大、噪声大、桩截面有限	①发展轻型、易于拆卸安装、效率高的沉桩机；②发展振动、射水等对土体、环境干扰少的机械；③大口径钻机、无泥浆成孔、适应各类土层施工
		静压桩	市区，房屋建筑相对远离，软黏土、粉质黏土，承载基岩较深	施工速度较快，单桩的承载力较高	挤土明显，单桩承载力有限制	
		钻孔灌注桩（挖孔桩）	市区黏土、软岩、沙土、砾石各类地层挖孔桩相对较浅，如广州、南京；钻孔灌注桩可以较深，如上海	适应各种土层中的施工，桩径可大可小，单桩的承载力大，挖孔桩施工灵活	泥浆污染，施工质量有时难以保证	

续上表

序号	施工方法	环境、场地、技术要求	优点	缺点	发展方向
3	管桩(柱)基础	地质条件复杂、深水、岩面不平	适于复杂地质条件,预制分节下沉接高,便于机械化施工,效率高	工艺较复杂,水中施工需要有船队配合	预制大型混凝土管桩、钢管桩施工工艺研究
4	沉井基础	持力层较深,地表浅层或河中有较大卵石不方便桩基施工,河水深、冲刷大	埋深大、整体性强、稳定性好、承载力大	施工周期长,粉沙土易出现流沙,自重下沉困难时,需采用泥浆润滑套,浮式沉井、空气幕沉井等辅助作业	困难地质条件下沉井下沉施工机具及工艺

采用何种基础形式,主要受到工程地质、水文地质、环境要求、施工进度等因素控制。如上海明珠高架轻轨上的高架桥基础多为打入预制钢筋混凝土方桩、浇筑桩平台,其上浇筑桥墩。南京地铁 1 号线南北端高架桥多为钻孔灌注桩基础,单柱式桥墩。

(一)明挖扩大基础施工

明挖扩大基础施工应满足如下规定。

(1)基坑根据设计及现场情况可采用垂直开挖、放坡开挖、支撑加固开挖等。基坑在旱地上,可直接开挖基坑;基坑有水淹没,地面水可通过围堰、排水等处理后,再开挖基坑。基坑开挖以前应做好以下工作:

①根据所提供的设计文件,测定基坑中心线、方向和高程,并在基坑旁设定开挖控制桩;

②根据设计文件提供的地质、水文资料以及环保要求等,结合现场情况,确定基坑开挖方案,对开挖坡度、支护方案、开挖范围、弃土位置和防、排水措施等在方案中做出具体安排。

(2)在天然土层上挖基,如深度在 5m 以内,施工期较短,基坑底处于地下水位以上、土的湿度接近最佳含水量、土层构造均匀时,则基坑坑壁坡度可参照有关规定选定。基坑深度大于 5m 或有其他不利条件时,应将坑壁坡度适当放缓,或加做平台。如土的湿度过大,能引起坑壁坍塌时,坑壁坡度应采用该湿度下土的天然坡度。

(3)基坑顶有动载时,坑顶缘与动载间应留有大于 1m 的护道,如地质、水文条件不良,或动载过大时,应进行基坑开挖边坡验算,根据验算结果确定采用增宽护道或其他加固措施。

(4)弃土不得妨碍施工。弃土堆坡脚距坑顶缘的距离不宜小于基坑的深度,且宜弃在下游指定地点,不得淤塞河道,影响泄洪。

(5)无水土质基坑底面,宜按基础设计平面尺寸每边放宽不小于 50cm。适宜垂直开挖且不立模板的基坑,基底尺寸应按基础轮廓确定。有水基坑底面,应满足四周排水沟与汇水井的设置需要,每边放宽不宜小于 80cm。

(6)基底应避免超挖,松动部分应清除。使用机械开挖时,不得破坏基底土的结构,可在设计高程以上保留一定厚度由人工开挖。

(7)基坑宜在枯水或少雨季节开挖。基坑开挖不宜间断,达到设计高程经检验合格后,应立即砌筑基础。如基底暴露过久,则应重新检验。

(8)基坑排水。

①明挖基坑,可采用汇水井或井点法排、降水,应保持基坑底不被水淹。

②粉、细沙土质的基坑,宜用井点法降低水位。当用汇水井排水时,应采取防止带走泥沙的措施。

③水下挖基时,抽水能力应为渗水量的1.5~2倍。

④基坑排出的水应以水管或水槽远引。

基坑开挖应确保边坡稳定、施工安全,基坑开挖坡度可根据设计文件及现场地质情况调整,基坑开挖尽量安排在少雨季节施工,开挖中弃土根据要求堆放,不得污染、破坏环境。

(二)桩基础施工

桩基础施工方法主要有人工挖孔桩与钻孔灌注桩等,其施工工艺见第五章第三节。

本章小结

高架桥作为地铁的一种线路敷设方式,由于工程造价相对较低、施工速度快、适应线路线形的能力强,因此在国内外的地铁建设中发展很快。本章主要讲述轨道高架结构设计的一般原则、基本理论、基本方法及其中的关键技术,以及如何应用这些理论、方法和技术解决城市轨道交通系统方面的实际问题。通过本章的学习,学生能够了解轨道高架结构设计的一般原则、特点、建筑材料、发展现状以及选型应考虑的因素;理解并掌握高架结构设计计算以及高架结构的施工方法,针对不同工程合理选用不同施工方法的职业技能。

思考与练习

1. 围堰工程的基本要求是什么?
2. 桩基础与沉井基础相比,具有的特点是什么?
3. 钻孔灌注桩的施工程序和主要内容是什么?
4. 保证墩台施工质量的措施是什么?
5. 垫木的作用是什么?
6. 桥梁中横隔板的作用是什么?
7. 预制梁的模板应符合什么要求?
8. 后张法预应力混凝土梁的施工过程是什么?
9. 先张法预应力梁的施工过程是什么?
10. 连续梁的优点是什么?
11. 在悬臂浇筑时,浇筑箱形梁段的程序是什么?
12. 悬臂浇筑工艺和悬臂拼装工艺相比的优点是什么?

第十章　地铁施工组织与管理

【本章能力目标】:通过本章学习,学生应能掌握施工组织设计的基本内容;能进行施工场地的安排和方案选择;能编制简单工程的实施性的施工组织。

【知识目标】:通过本章学习,学生应了解施工管理工作的内容;熟悉施工场地的布置;掌握编制实施性施工组织的步骤。

第一节　概　　述

施工组织与管理是施工过程中十分重要和复杂的工作,它的目的是要保证工程按设计要求的质量,计划规定的进度和低于设计预算或合同价格的成本,安全顺利地完成施工任务。它贯穿于工程从准备阶段、施工阶段到竣工阶段整个全过程。

一　施工组织管理的意义

隧道施工不但包括组织各种专业的工人和机械设备有条不紊地投入工程施工中,而且还包括组织繁多的建筑材料、制品和构配件的生产、运输、储存和供货工作,组织施工机具的供应、维修和保养工作,组织施工现场临时供水、供电;以及安排施工现场的生产和生活所需的各种临时建筑物等工作。这些工作的组织与协调,对于多快好省地进行隧道施工具有十分重要意义。

二　内容

隧道施工生产管理,从开工到竣工,要进行大量的组织管理工作。诸如:计划、技术、质量、安全、财务、劳动人事等,这些内容在有关的课程中分别有详细的阐述。单位(隧道)工程施工全过程一般可分为以下几个阶段:接受设计单位的技术交底——施工调查——编制实施性施工组织设计——施工准备——施工——竣工验收交工。

第二节　施工组织与管理

一　施工组织设计

施工组织设计就是为完成具体的施工任务创造必要的施工条件,为进行合理的施工组织和选择先进的施工工艺所做的设计。实践证明一个高水平的施工组织设计,可以提纲挈领,统筹全局,增强预见性,把握主动权,调动各方的积极性,使工程建设取得高效率、低能耗,并在预定工期内达到投产使用。

施工组织设计是建筑工程项目管理组织和技术指导的综合性文件，也是工程施工和实施过程中的依据性文件。国内外施工组织工作文件均具有三个特点：一是密切结合实际，二是权威性，在工程备料、配备设备及实施的施工方法中，务必遵照执行经济审批的施工准备工作文件；三是编入文件的施工方案、设备选用等，均需进行技术经济分析，从中选出最经济方案。在总结经验的基础上，采用先进的、科学的施工方法和组织手段，合理安排劳动力和施工机械，通过精心计划、设计、计算分析和研究，最后得出一个书面的文件，这就是建设项目之施工组织设计。由此可见，施工组织设计的任务就是根据工程建设的要求、施工条件和现有的资源情况，拟定出最优的施工方案，在技术和组织上做好全面而合理的安排，以保证建设项目优质、高产、经济和安全。

1. 施工组织设计分类和主要内容

施工组织设计分为总体和单体两种。总体的施工组织设计是实施建设项目总的战略部署，对项目建设起控制作用。如一条地铁线路或某一条线路的某一期工程，可作一个总体的施工组织设计，便于甲方（工程指挥部）控制各个车站、隧道土建工程、机电设备的采购配套、通信、信号、线路、环卫、防灾各个系统的施工衔接。单体的施工组织设计，是指单个工程项目的施工技术安排，对工程施工起指导作用。单体的施工组织设计，如地铁的某一车站、某一区间的土建施工、轨道线路施工等，一般在中标后编制。

施工组织设计编制内容有：工程的概况、施工准备、场地总平面布置、分部分项工程施工方法、施工流程和工艺标准、施工质量管理体系和质量保证措施、安全文明施工条例及技术措施、劳动力及技术装备的配置、施工进度管理计划、施工预算和投资分配等。在整个施工阶段中，业主、监理、设计、施工甚至检测等企事业单位，在开工前应组织有关专业人员认真对施工组织设计进行讨论、补充并加以审批，施工开始后经常对照施工组织设计文件对工程项目质量、进度、投资进行检查、纠偏。

2. 施工组织设计编制程序

1）初步施工组织设计

地铁与轻轨交通工程在设计阶段编制的施工组织设计，也称为初步施工组织设计，内容主要是制定一个地铁工程项目轮廓计划，初步拟定施工方法、施工程序及施工时间。初步施工组织设计是把整个地铁设计付诸实施的战略性决策，应当力求切合实际。

2）指导性施工组织设计

施工单位在参加施工投标时，应根据工程招标文件的要求，结合本单位的具体条件，实事求是地编写施工组织设计。中标之后，在施工开始之前，施工单位还必须进一步重新审查、修订或重新编制，这个阶段的施工组织设计称为指导性施工组织设计，是组织地铁施工的总计划。施工中所有的工作都要依据这个计划进行，施工单位的领导应按这个计划指挥生产系统和职能部门围绕工程进展工作。本阶段施工组织设计的任务是：①规定最合适的施工方法和施工程序，以保证在承包合同设定的工期内完成或提前完成施工任务；②及时周密地做好施工准备工作、供应工作和服务工作；③合理组织劳动力和生产机具，同时尽量发挥其工作效率；④在施工场地内合理地布置生产、生活、交通等设施，最大限度地节约临时用地，节省生产时间，同时方便生活；⑤施工进度计划和劳动力、机具、材料供应计划，详细到按月安排，以便于具体进行组织供应工作。编制的施工组织设计，应尽可能符合客观实际。实施中，应结合工程实际条件及时调整与修改，确保顺利施工。

3)实施性施工组织设计

施工过程中基层施工单位根据各分部工程(以车站施工为例:连续墙施工、顶盖施工、挖土和支撑、顶板和楼板浇注、站台施工、通道出入口、轨道结构、内部装修、设备安装等)的具体情况,及分工负责施工的队伍或班组的人力,机具等配备情况,编制分部工程施工组织设计也称为实施性施工组织设计。实施性施工组织设计的任务,是把施工前编制的指导性施工组织设计分期、分步付诸实施。具体任务为:①制订各工作日程的施工进度计划;②依据施工计划计算劳动力、机具、材料等的日程需要量,并规定工作班组及机具在作业过程中的移动路线和过程;③考虑各施工工序的施工方法、机具、人员等施工细节;④合理划分工序。劳动力组织与机具配备既要适应施工方法的需求,还要考虑施工班组机构和设备情况,要最有效地发挥班组工作效率,又便于实施分项承包和结算,还要切实保证工程质量和施工安全;⑤要考虑到当发生意外情况时,留有调节计划的余地。

4)编制程序框图

对于以地铁全线工程为对象的单位施工组织设计,其程序如图 10-1。

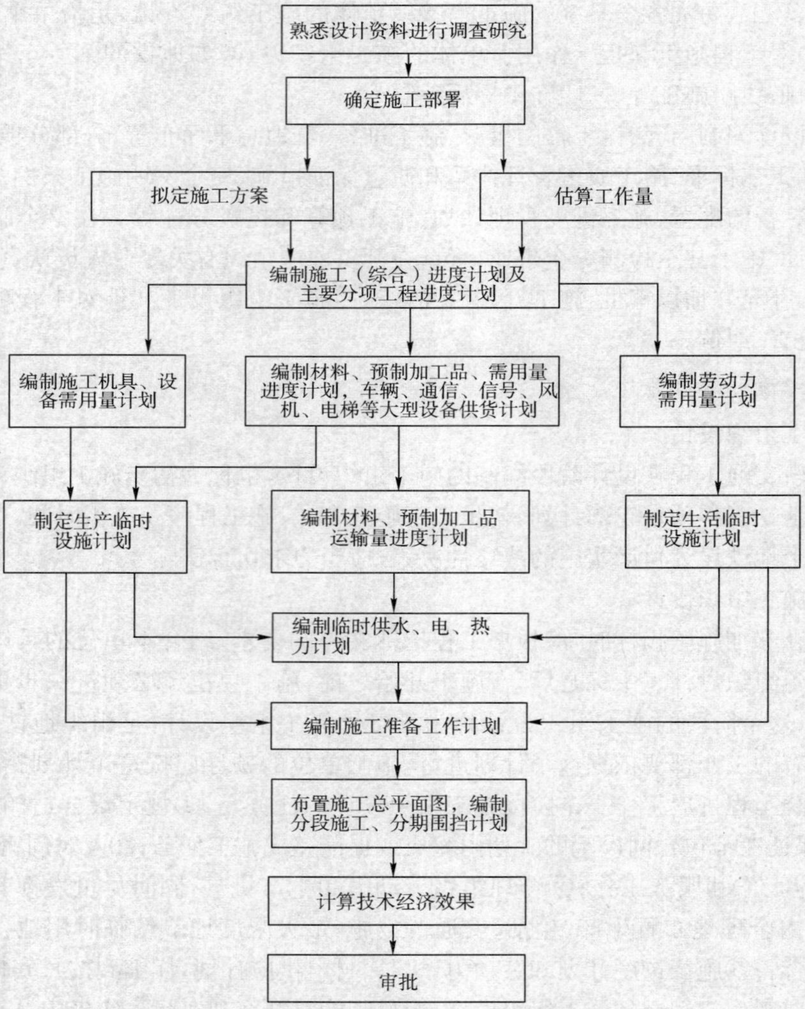

图 10-1　总体施工组织设计的编制程序

二 施工总平面图

施工总平面图展示施工所需各项设施和永久性建筑(已建和拟定的)之间在空间上的合理布局,是具有明确坐标的总体布置指示图,是指导现场施工部署的行动方案。施工总平面图的比例尺一般为 1∶1000～1∶2000。

施工总平面图的内容包括临时工程设施,如工地的临时用水、电、气、热动力供应,施工材料、结构、设备放置场地的布置等。

1. 工地临时房屋布置

工地临时房屋主要包括施工人员居住用房、办公用房、食堂及其他生活福利设施用房,以及试验室、动力站、工作棚及仓库等,还应考虑合同规定的业主代表、监理工程师、监测和设计单位代表的办公及生活用房。办公室、指挥所与调度室等应该布置在工地的中心区。房屋应广泛采用能多次利用的装配式临时房屋,有条件的情况下可以采用集装箱式便于搬运的生活用房。

2. 工地仓库、材料堆场、渣土弃场

易受大气侵蚀的材料,如水泥、铁件、工具、机械配件、橡胶止水带及其粘贴材料等应储存在临时仓库中,钢筋、木材一般等都放在料棚中,砂、石、石灰等一般都放在露天料场中。地铁区间隧道施工应根据施工进度,留有预制钢筋混凝土管片堆放的场地,钢筋混凝土管片凹面向上,最多只能叠放三块,每块之间需要加枕木垫块,保证运输、起吊、堆放过程中不出现碰损边角现象。粘贴防水橡胶垫必须在工棚内进行,保证一定的粘贴温度。

地铁车站和隧道施工中要挖掘大量土石方,城市市区土方的堆积、外运都有很多困难。车站土方开挖一般在夜间施工,挖土机挖出土方直接装车运到郊外。隧道施工必须全天候工作,通常在洞口设置一定体积的泥浆槽,将白天挖掘土方存放在泥浆槽内,晚上用载重汽车外运。

地下铁道施工还需要有注浆材料搅拌和设备堆放场地。特别是在隧道施工中,为了防止地面沉降和维持开挖面稳定,施工中经常需要大量压注浆液。这些材料有的属硬性的,必须放置施工棚内,浆液搅拌一般在洞口车站主体结构一侧。

3. 施工现场运输

地铁车站和隧道场内运输,一般分为水平运输和垂直运输。水平运输是将材料或构件从仓库、料场或预制加工厂运到使用地点,在城市里一般以载重汽车、驳船为主;垂直运输主要是修建地铁车站时,将材料设备吊放到基坑内;预制管片则必须从工作井吊入隧道口,再由电瓶车运至工作面。对于修建桥梁墩台及上部构造时,要将材料及构件提升到使用部位。场内运输的方式应根据工地的地形、地物、材料在场内的运距、运量以及周围道路和环境等因素选择。材料运输与施工进度要密切配合,做到场外运输和场内运输一气完成,即由场外运来的材料直接运至施工使用地点;或在场内外运输紧密衔接,材料运到场内后不存入仓库、料场,而由场内运输工具转运至使用地点。这样可以节省工地仓库、料场面积,减少工地装卸费用。

施工运输道路应按材料和构件运输的需要,沿其仓库和堆场进行布置。运输道路的布置原则和要求如下:

(1)现场主要道路应尽可能利用已有道路或规划的永久性道路的路基,根据建筑总平面图上的永久性道路位置,先修筑路基,作为临时道路,工程结束后再修筑路面。

(2)现场道路最好是环形布置,并与场外道路相接,保证车辆行驶畅通;如不能设置环形道路，应在路端设置倒车场地。

(3)应满足材料、构件等运输要求，使道路通到各个堆放场和仓库所在位置，且距离其装卸区越近越好。

(4)应满足消防的要求，使道路靠近建筑物、木料场等易燃地方，以便车辆直接开到消火栓处，消防车道宽度不小与3.5m。

(5)施工道路应避开拟建工程和地下管道等地。否则，这些工程若与在建工程同时开工时，将切断临时道路，给施工带来困难。

(6)道路布置应满足施工机械的要求。搅拌站的出料口处、固定式垂直运输机旁、塔吊的服务范围内均应考虑运输道路的布置。

(7)道路路面应高于施工现场地面标高0.1～0.2m，两旁应有排水沟，一般沟深与沟宽均不小于0.4m，以便排除地面积水，保证运输。

(8)架空线及架空管道下面的道路，其通行空间宽度应比道路宽度大0.5m，空间高度应大于4.5m。

4. 工地供电、供水和排水

1)供电

工地用电应尽可能利用当地电力供应，从当地电站、变电站或高压电网取得电能，当地没有电或电力供应不能满足施工需要时，则要在工地设置临时发电站。对于不能停顿的工作，如高架桥基础工程、盾构法隧道的施工，应保持来自两个不同电站的两路电源。当一路停电时马上切换到另一条供电。

工地用电包括各种电动施工机械和设备用电量，地铁车站、隧道内和地面办公室内生活照明用电量。按各种电机、设备、照明及线路负荷计算出电力总负荷，按此负荷选择供电设备。

2)供水和排水

工地临时用水通常包括施工用水、生活用水和消防用水。施工用水主要供应施工机械、运输工具、混凝土工程、装饰工程及其他安装工程的施工用水。隧道施工中的泥水平衡盾构，开挖基槽的循环多头钻机等施工用水量大，泥浆制备、泥渣分离施工工艺也需要大量水。生活用水主要供工地施工人员洗衣物、洗浴、饮用及食堂炊事用水等。工地灭火主要用常备灭火器，消防用水供全工地消防栓灭火。

工地用水的水质应符合用途需要，用于拌制及养护混凝土和灰浆的水，应非酸性，水中含盐量应不超过500mg/L，且不得含有油脂、糖分及其他杂质。冲洗砂石用水应不含油腻杂质。饮用水应不含病菌及对健康有害的物质，须经卫生部门检查化验；混浊的水应经过沉淀、过滤或其他净化处理后用作饮用水时，还应经过消毒处理，一般用氮化钙作消毒剂。

城市地铁施工用水应利用城市供水系统，优先选用自来水。市区以外工地。一般要设置临时供水设施。根据生产和生活用水水量计算，选用供水设施。

地铁车站和隧道施工期间，如果遇到暴雨、潮汛，地面积水将流入施工场地，浸泡车站与隧道，给施工造成损害。因此，汛期要有足够排洪涝泵配套设施，并保持运转状态正常。

三 施工进度计划

施工进度计划(planned speed)包括施工准备开始直到交付使用为止的所有土建工程、专业工程和设备安装工程的进度计划。其基本任务和主要作用是：在已确定施工方案的基础上，确定施工进度,包括施工过程的施工顺序,施工程序时间及其相互衔接穿插配合的关系。在保证能按规定的工期完成质量合格的工程任务的基础上,力争减少劳动力、机械和其他物资的消耗。施工进度是实现施工组织设计、控制施工进度的主要依据,也是编制月、旬施工计划的基础,同时也是确定劳动力和物资资源供应量的依据。

1. 编制依据和编制程序

单位工程施工进度计划编制依据包括:施工总进度计划、施工预算、施工定额、资源供应情况、工期要求、建设单位对工期的要求(合同要求)等。施工进度计划编制顺序如图10-2所示。

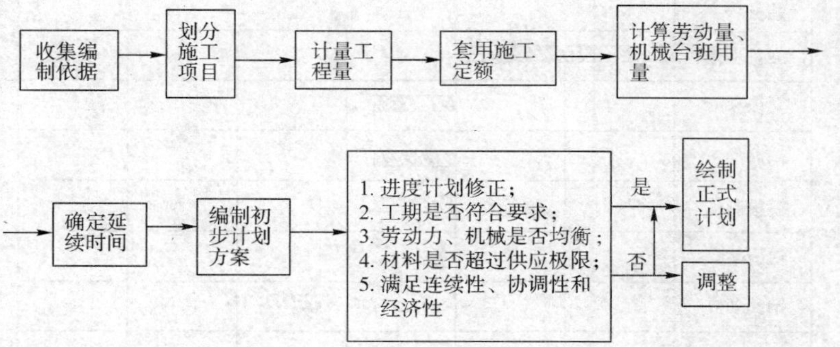

图 10-2　施工进度计划编制顺序

2. 施工项目划分

一条地铁线路一般被看成一个工程项目(单项工程),其中某一个车站、某一段区间隧道或高架桥划分为单位工程。以某一个地下车站为例,又可划分为基础工程(围护结构)、主体结构、通道出入口、防水工程、建筑装饰工程,电气设备安装,通信信号设备安装,轨道工程、给排水工程、防灾工程等若干个分部工程。每一个分部工程又可分为若干个分项工程,如车站主体结构分为:模板工程、钢筋工程、楼板、站台板工程等。项目内容多少、划分粗细程度,应根据计划的需求决定。一般单位工程进度计划的项目应明确到分项工程或更具体,以满足指导施工作业的要求。通常划分项目应按顺序列成表格,编制序号以便于查对是否遗漏或重复。

3. 施工进度计划的表达方式

1)横道图

横道图是以时间为横坐标,以各分项工程施工工序为纵坐标,按一定先后施工顺序和工艺流程,用带时间比例的水平横道线表示对应项目工序持续时间,以此作为控制进度计划的图示。横道图的优点是直观、简单、方便、易懂。图10-3为某地铁车站钢筋混凝土板施工进度计划。

2)工程进度曲线

进度曲线是以工程为横轴,以完成的累计工程量或工程费用的百分比为纵轴的图表曲线。图10-4就是利用图10-3中横道图施工进度计划资料而绘制的进度曲线。通过工程进度曲线,能够进行工程计划进度和实际进度的对比,有效地实行工程项目全局性的进度管理。

3)斜条图

斜条式施工进度图是以纵坐标表示施工时间，横坐标表示里程，而各个分项工程或工序的施工进度则相应地以不同形式的斜线表示，如图 10-5 所示。斜条图与横道图相似，它不仅表示了各分项工程或施工工序的时间分配，同时表示了施工场所的要素，因而适用于隧道工程、公路工程等线性工程项目。在斜条式进度图中，工程项目的相互关系、施工的紧凑程度和施工速度都比较清楚，工程的分布情况和施工日期一目了然，从图中可以找出任何一天各施工作业组的施工地点和应完成的工程数量。

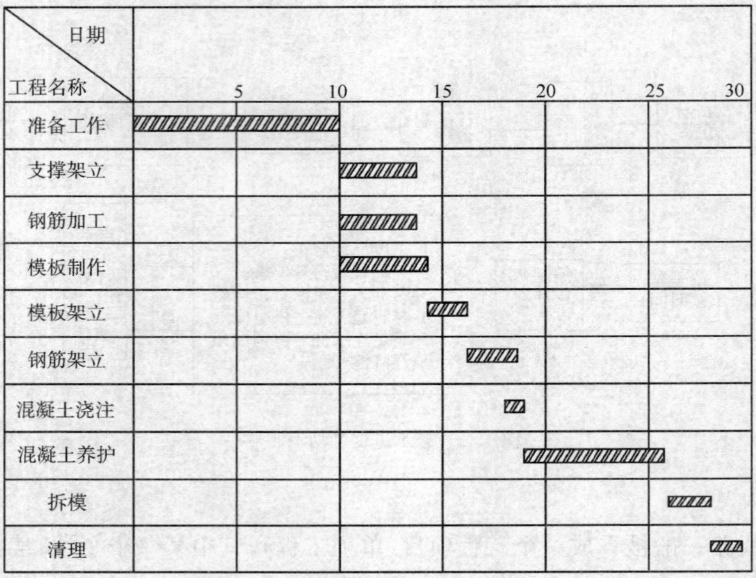

图 10-3　横道式施工进度计划

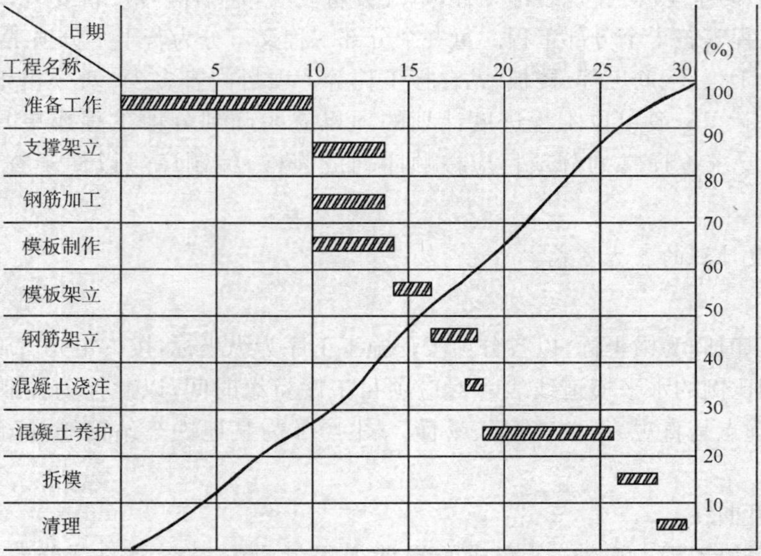

图 10-4　工程进度曲线

4)网络计划技术(network chart)

网络计划是 20 世纪 50 年代末国外陆续出现的一种管理的新方法。由于这些方法建立在工作关系网络模型的基础上，把计划的编制、协调、优化和控制有机地结合起来，所以被称之为网络技术。它是用统筹方法(overall planning)统一规划，把施工过程中各有关工作组成一个有机整体，全面明确地反映出各工序相互制约和依赖关系，能找出影响工程的关键工序，能对计划进行工期、材料、成本等优化。

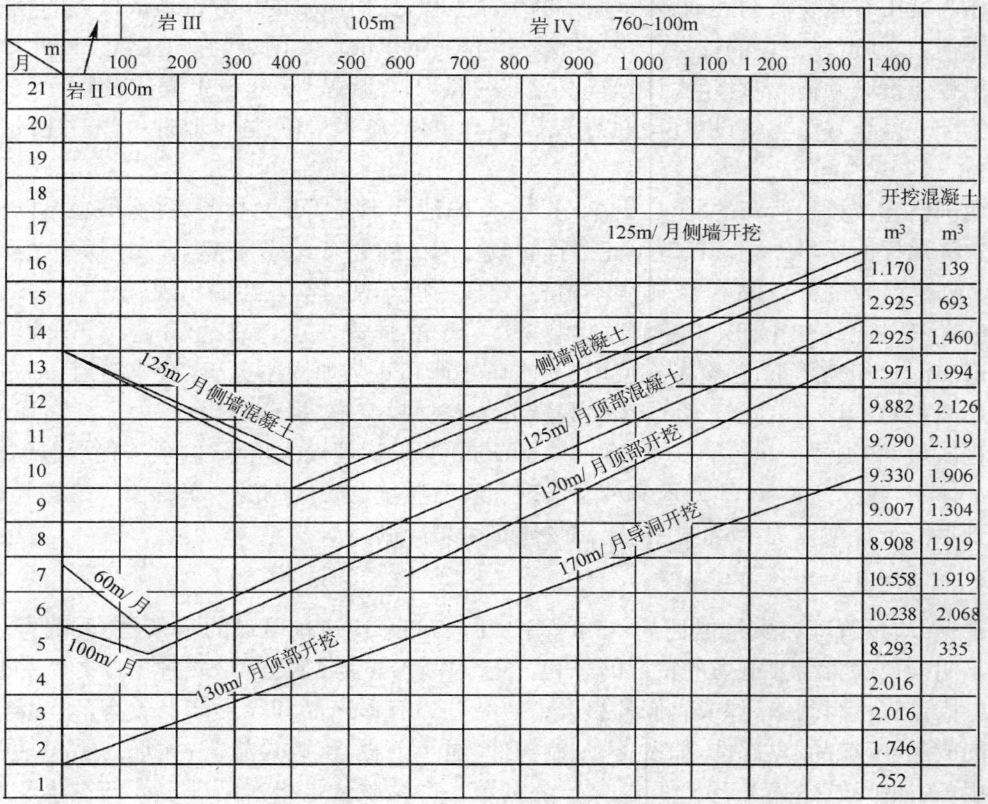

图 10-5 斜条图进度计划

与横道图相比，从网络图上很难清楚地看出流水作业的情况，也难以计算出人力资源需求量的变化情况。然而，横道图不能进行电算和优化。因此，通过网络计算，可得出总工期和关键路线，各项目(或工序)最早可能开工时间和最迟必须开工时间及二者的时间差，以便统筹全局，指挥施工。

图 10-6 是一个与图 10-3、图 10-4 所示的施工计划相对应的网络计划，它们表示的是同一个分项工程的施工进度计划。

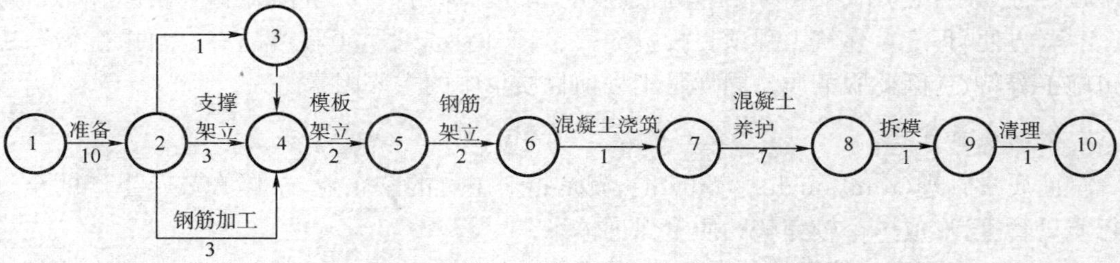

图 10-6 施工进度网络计划

四 质量管理

地铁和轻轨高架项目一般均为城市最大的市政工程项目之一，投资大，工期长，施工复杂，它们作为城市客运交通的大动脉，是城市的生命工程，任何质量的事故都造成极大的经济和生命财产损失，并造成极坏的社会影响，且地下工程质量事故修复困难，影响运营。因此，地铁和轻轨工程建设必须树立“百年大计，质量第一”的意识，严格按照《建设工程质量管理条例》(国务院第279号令)规定，建设单位、勘察单位、设计单位、施工单位、施工监理单位对建设工程质量负责。

我国已建成投入运营的北京、天津、上海、广州地铁工程质量总体是好的，但也不同程度上存在这样那样的质量问题。仅就土建工程看较普遍的问题有：①明挖法施工地铁车站，因为施工缝、沉降缝、收缩缝留取不当，施工不精心，建成后的车站，顶板、边墙出现开裂和许多温度应力裂缝；②盾构法施工圆形隧道，管片拼装挤压，缺角、掉边，防水橡胶垫片跑位、失效，个别地段隧道渗漏水相当严重，甚至影响使用；③地基处理和注浆加固不完善，造成隧道、车站、隧道和车站间相对不均匀沉降较大；④车站和隧道装修材料变形、坍落、霉变。为了提高地铁和轻轨工程质量，必须严格执行GB/T 19000-ISO9000质量管理模式，建立健全工程承包单位的质量保证体系，建立完善业主、政府和社会监理和政府质量监督的制度。工程质量检查验收制度覆盖到每一个分项工程，环环相扣，不出现质量管理漏洞。

1. 产品质量和工程项目质量

根据《质量管理和质量保证的术语》(GB/T 6583—1994)，质量的定义是“反映产品或服务满足明确或隐含需要能力的特征的总和。”定义中，“产品或服务”是质量主体。产品包括服务、硬件、流程性材料、软件或它们的组合。产品分为有形产品和无形产品。有形产品是经过加工的成品、半成品、零部件，如设备、预制构件、建筑工程、市政设施等；无形产品包括各种形式的服务，如邮政、运输、商贸、维修、技术咨询等。产品质量是指产品满足人们在生产及生活中所需的使用价值及其属性。第一，产品质量的好坏和高低是根据产品所具备的质量特性能否满足人们需要及满足程度衡量的。一般有形产品的质量特性只要包括：性能、寿命、可靠性、安全性、经济性等。无形产品的特性强调及时、准确、圆满与友好等。第二，产品的质量有相对性。即一方面有关产品质量标准，会随时间和条件发生变化；另一方面，满足期望的程度由于用户需求程度不同，因人而异。

工程项目质量包括建筑产品实体和服务这两类特殊产品的质量。建筑工程实体是作为一种综合加工的产品，它的质量是指建筑工程产品适合于某种规定的用途，满足人们要求其所具备质量特性(设计使用寿命内、使用功能、强度、硬度、冲击韧性、抗渗、耐热、耐磨、耐酸、耐腐蚀、安全、方便)程度。建筑工程项目投资额大、生产周期较长，工程产品有“单件、定做”、工程承包施工等特点，因此服务质量同样是工程项目质量中的主要因素之一。

2. 全面质量管理

全面质量管理(total quality control)，就是指对生产的全企业、全体人员及生产的全过程进行质量管理，形成一个较完整的质量保证体系。

施工企业全面质量管理的基本任务，是组织全体职员认真执行国家的有关规定，组织协调企业各部门贯彻“预防为主”的方针，加强调查研究、及时总结经验，使工程质量不断提高，达到多、快、好、省地完成施工任务。

(1)对企业全体职工进行"百年大计，质量第一"的思想教育，开展技术培训，以提高全体职工质量意识，不断提高操作技术和业务管理水平。

(2)组织企业各部门，对影响工程质量的各种因素、各个环节，事先进行分析研究、采取措施、检查和评定，并严格处理事故。

(3)贯彻执行国家颁布的技术规范、质量检验评定标准及其他有关规定，对各项工程质量进行监督、检查和评定，并严格处理质量事故。

(4)系统积累有关质量方面的各项原始记录资料，并及时研究、分析和处理施工工程中所产生的质量不正常因素。

(5)对已交付使用的工程，定期组织回访，了解工程质量是否满足使用要求，作为以后改进施工质量的参考。

(6)经常开展调查研究，积累质量方面的情报资料，不断改进企业质量管理的工作。

(7)全面质量管理过程有四个阶段，即计划(Plan)、执行(Do)、检查(Check)、处理(Action)。按四阶段循环方法，称为 PDCA 循环。

随着工程进展，重复进行 P、D、C、A 循环，反复进行下去。每次循环将检查出质量问题并加以解决，就如爬上一个台阶，使指令不时有所提高并且把成功的经验订入规范标准，防止以后再发生同样质量的问题；对不能解决的问题转入下一个循环去解决，如图 10-7 所示。各级和各部门的质量管理，都有 P、D、C、A 四个管理阶段，要形成大环套小环，环环相扣，没有缺口、没有空白点，才能真正实现全面质量管理，如图 10-8 所示。

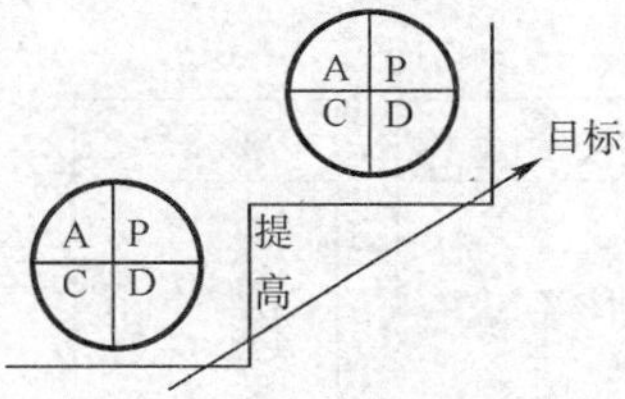

图 10-7 PDCA 质量管理循环图

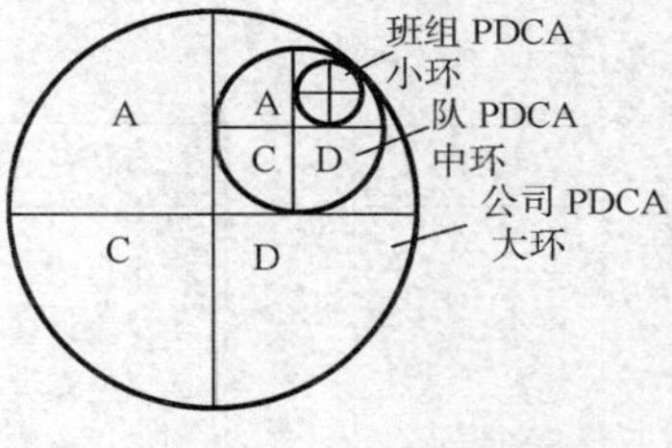

图 10-8 PDCA 循环层次示意图

3. 质量管理体系

一个工程施工公司设有质量科，每一个工程项目经理部设有质量小组，分工种设有质量员。对施工的分项、分部、单位工程实行层层把关，相互联系、相互影响、相互制约。每一个分项工程完工后，例如连续墙钢筋笼制作，一幅钢筋笼焊接完后，钢筋工质量员要进行检查，合格后请项目经理负责人检查认可，并填写隐蔽工程验收单，然后经现场监理检查确认、签字，才能进行下一道工序。对分部工程验收、单位工程验收，要报请施工公司一级质量负责人检查，由总工程师签字后才能上报区、市质量监督站验收。

有的施工单位各个部门、队组设有质量管理小组，简称 QC 小组，也有某一工程项目指令管理为目标成立跨班组的 QC 小组。QC 小组任务主要是组织广大职工参加质量管理活动，学习工程质量标准及有关要求，学习科学管理方法，开展日常质量管理、质量检查及质量改进工作；组织质量攻关和技术更新，严格把好质量关。

对建筑施工企业质量体系认可从以下几点加以考虑：

(1)企业为了实施质量管理，实施企业质量目标，必须建立健全质量体系。

(2)质量保证体系包含一套专门的组织机构,应明确有关部门的职责和权利以及完成任务的程序。

(3)大型建筑施工企业,由于建筑工程施工的需要,下设多个独立的施工单位,除了大型企业实施总的质量控制和管理,建立和形成质量体系外,其下属的多个专业施工单位,也可建立各自的质量体系,实施有效的质量管理,实现各自的质量目标。

建筑企业建立质量体系目的是向社会提供符合要求的工程产品和服务,满足人们日常生活和生产活动中对建筑安装工程的各种需求,增加社会效益,提高企业的经济效益。对于地铁和轻轨工程而言,则要求实用性、可靠性、耐久性、美观性、经济性、与环境的协调性。企业质量管理突出预防性,开展各项质量活动之前,都应定好计划,规定好程序,使质量活动处于受控状态,把质量缺陷降低到最小程度。

五 经济管理

地铁施工需要资金数额大,通常由国家、省、市政府投资,经国家批准也可以向国外贷款。近年也有国家的企业、财团参与地铁轨道交通的投资及管理,地铁工程贷款利息和本金在地铁运营后,由贷款方从地铁营运利润或其他方法筹集资金归还。为了加快我国城市轨道交通建设,需要开辟各种投资渠道,加强经济管理,降低工程造价,走出适合我国国情的国产化道路。

1. 工程费用分析

工程项目的总投资一般包括固定资金和流动资金两部分,其组成如图 10-9 所示,项目的流动资金构成如图 10-10 所示。

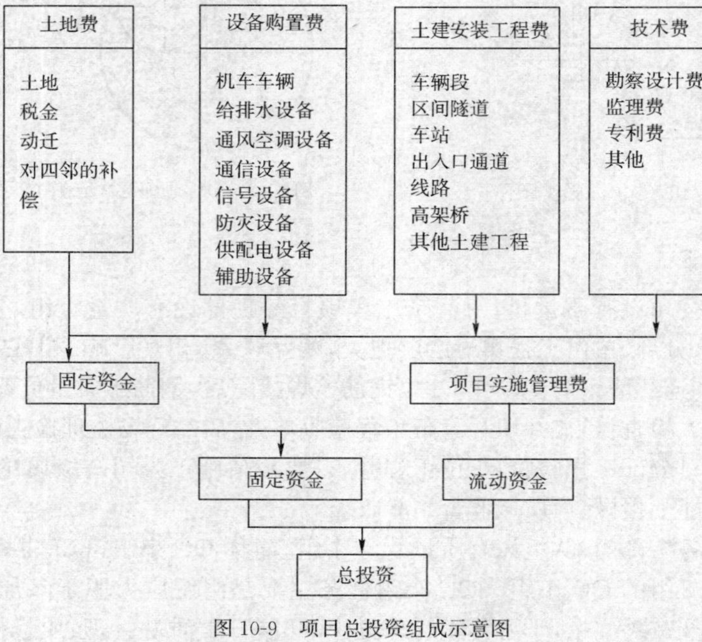

图 10-9 项目总投资组成示意图

2. 投资阶段划分

投资阶段划分与基本建设程序的阶段划分是一致的。地铁工程建设不仅要注意工程的社会效益、环境效益,更要注重经济效益。根据工业发达国家经验,加强对工程建设项目投资前期工作,深入地进行技术合理性与经济对比分析,确认项目在技术和经济上是有竞争力的,然后才能做投资的决策,这样才能减少风险,获得利润。按我国现行的基本建设程序,可将投资划分为:投资前期、投资执行期、投资回收期(生产运营期),如图 10-11 所示。

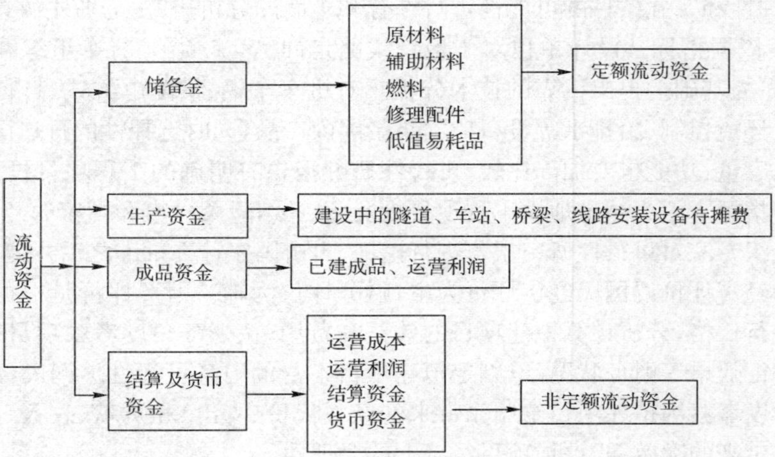

图 10-10 项目流动资金构成图

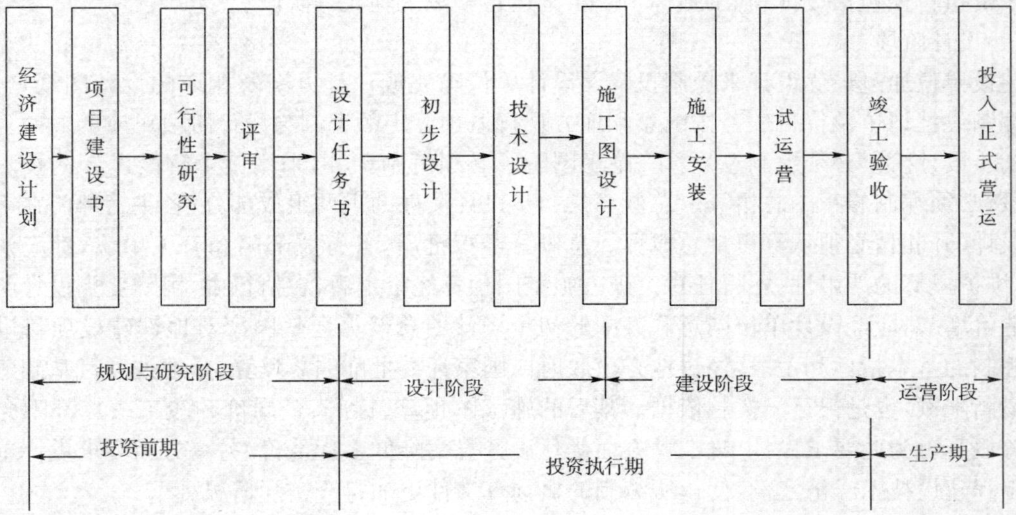

图 10-11 我国基本建设各阶段划分

3. 投资控制

投资控制就是在投资决策阶段、设计阶段、建设项目发包阶段和建设实施阶段,把建设项目投资的发生控制在批准的投资限额内。控制的目的在于使投资得到更高的价值,获得经济、坚固、耐久、具有良好使用功能的地铁交通,使建设资金在主体工程、配套工程、附属工程等分部工程间合理分配,保证概算、预算和投标报价基本符合。

投资控制基本方法有两类,即全方位投资控制和全过程投资控制。全方位投资控制是以建设单位为主,通过设计、施工单位的配合协作,监理单位的监督并得到建设(投资)银行的监督,自始至终层层把关,从而全方位有效地控制工程投资。全过程投资控制是将投资控制贯穿于实施的全过程，一般分为三个阶段：一是立项阶段；二是设计和施工招标阶段；三是施工及竣工阶段。前两个阶段，投资前期是关键，它要确定合理的投资，是搞好投资控制的基础阶段。

1)投资前期

投资前期委托规划、设计和咨询单位进行可行性研究。对地铁工程项目建设必要性、技术可行性、经济合理性和实施条件的可能性进行综合和全面的分析研究，为业主决策提供依据和相应经济与决策依据指标。设计单位对于地铁线路走向、客流预测、行车组织和运营输运能力，必须在调查研究基础上提出可靠的技术分析。对机车车辆、供配电方式、自行控制、通信、讯号、防灾报警、环境控制、给排水等设备应立足于国内产品，同时选择性的进口国外设备。对设备型号、功率、容量、功能也要加以比较，可行性研究报告有明确的工程项目投资估算总额、正线每公里造价指标。因为城市地铁工程项目投资额巨大，事关城市和国家的经济安排，一般先由国家计委组织专家对可行性研究报告进行论证，再由国家计委批准之后才能立项实施。

工程项目的经济评价以国民经济评价为主，财务评价为辅。财务评价是根据国家现行财务税收制度和现行价格，分析计算拟建项目的效益和费用，从财务角度考察项目获利能力，借款偿还能力及外汇效果等财务状况，以判定拟建项目本身的财务可行性。国民经济评价则是从国家的整体角度考察因拟建项目给国家带来的经济代价(支出)和贡献(收入)，即计算分析项目给国民经济带来的净效益，评估项目经济上的合理性。

2)投资执行期

投资执行期包括设计、施工招标、施工、试运营和竣工验收等阶段。

(1)设计阶段

建设单位通过最优设计来控制投资。设计单位除完成设计方案及相应的设计图纸之外，还需编制设计请单及价目表。按国家和地方现行概预算定额编制与设计阶段对应的概预算文件。初步设计阶段必须编制总概算。施工图阶段必须编制预算，采用三个阶段设计的技术设计阶段，必须编制修正的总概算。总概算是初步设计文件的重要组成部分，各主管部门在审批初步设计的同时，必须认真审批总概算。总概算经审批后，各有关部门和有关单位，都应认真执行，维护概算的严肃性，不得任意突破。施工图预算经审定后，在执行中，由于变更设计所引起的造价增减，应经设计单位同意。其中的初步设计的总概算还是国家对地铁建设项目进行投资控制的基本指标和手段，经过地方市政府或国家计委批准的总概算，是地铁项目基础建设投资最高限额，也是银行的拨款依据。其后的施工图预算、标底、合同价和竣工决算都不允许突破总概算。为此要求设计单位，一方面优化设计方案降低工程造价，另一方面要求设计单位遵照工程建设技术经济定额，使得所编制的概预算文件更加符合实际情况。

(2)施工招投标阶段

建筑工程发包与承包的招投标活动，应该遵循公开、公正、平等竞争的原则，择优选择承包单位，业主自行或委托招投标公司，在工程概预算的基础上编制标底，对承包单位报价进行预算控制，签订工程承包合同，通过合同价对工程费用进行预先控制。施工单位则在施工预算(或成本估算)基础上提出报价。

(3)施工阶段

施工阶段又包括施工准备、施工、完工验收和保修期四个环节。在一系列的环节中，业主一方面通过合同价对工程费用进行预算控制，另一方面通过监理工程师依承包合同对工程费用进行结算控制。监理工程师对承包单位按月送交的工程费用清单，进行工程量复核，确定无误时，签字认可。业主的财务部门依据合同，对监理工程师签订的合格工程的工程费用按时支付承包单位的工程款项，合理公正的解决。

(4)竣工验收

工程初验完成后，地铁工程有半年至一年的运营保修期。保修期内，因工程质量引起的事故，其修复费用应由承包施工单位负责。经过省、市质量督察站负责的，由业主、施工单位、监理单位参加竣工验收，确认地铁工程单项工程等级。业主进行整个工程的决算，确定工程的实际造价。

(5)生产期(运营期)

试运营开始后，地铁建设公司应该积极扩大客运量，增开列车次数，提高行车速度，逐步达到设计的运营能力。同时降低电、水、油等物资消耗，减少设备的损伤，降低维修费用，努力减少不必要开支，提高运营的经济效益。地铁公司还可结合地铁工程建设进行有计划的地下空间开发，如在地铁车站站厅层设置上场、停车场、快餐厅，增加商业利润。也有的地铁工程公司进行沿线房地产开发，由此可以积累更多资金，促进地铁工程滚动发展。

六 现场管理

1.现场管理的任务及要求

施工现场管理的基本任务和要求就是遵循建筑生产的特点和规律，把施工过程有机结合起来，充分发挥现有人力、材料、机械设备的作用，实现“三高一低”即高速度、高质量、高功效、低成本和文明施工。

1)技术管理的任务和要求

①按照科学技术的规律，科学的组织各项技术工作。认真执行贯彻国家各项政策、法令、技术规范和规定。

②预定和完善本单位有关技术规定和管理制度，建立技术责任制，严格遵守基本建设的程序和正常的生产技术秩序，组织现场文明施工，确保工程质量，安全施工，降低消耗，提高建设投资和生产施工设备投资效益。

③促进企业的科学研究、技术开发、技术教育、技术改造、技术更新和技术进步，不断提高技术水平。

④组织对新技术、新结构、新材料、新工艺的试验推广，提高技术成本的商品化程度，做到技术与经济的统一。

2)现场材料管理的要求

①组织货源，保证供应。通过技术工作掌握施工对材料的数量、品种、规格、质量、使用时间的要求和货源情况。在此基础上，通过申请、订货、采购、运输、储备等一系列工作，保证材料按质、按量、按时、配套地供应到使用地点。

②加强核算降低成本。坚持现场验发料制度，加强材料好用核算工作，监督使用，降低消耗。

③合理选用和确定施工材料，并对进场的材料进行严格的检查和验收，精打细算，降低价格。

④要经常清理现场，回收整理余料，做到工完场清。

3)现场设备管理和任务

①正确地选购设备，保证为企业提供最适宜的技术装备，把企业的生产活动建立在最佳的物质基础上。例如依据地质条件对地铁区间隧道施工盾构机的选择，地铁车站基坑支护连续墙挖槽机的选择，这些关键设备若选择得好，往往能达到事半功倍的效果。

②及时维护和修理机械设备，保证设备经常处于良好的技术状态，为企业的生产秩序进行均衡生产创造有利条件。

③合理使用机械设备，以提高机械设备的使用效率、生产水平和经济效益。

④适时地改革和更新机械设备，以提高机械设备的现代化水平，增强企业的技术能力，适应技术开发的需要。

⑤首先要解决占用劳动力多，体力劳动繁重，不用机械难以完成或难以保证和安全生产的工种，如土石方、打桩、混凝土搅拌和浇筑振捣，地基碾压夯实等工程的机械设备。以专业施工队伍和结构为对象，按体系成套装备，注意发展综合机械化。

2.管理主要内容

1)现场技术管理内容

①贯彻执行施工组织设计。

施工组织设计(或施工方案)是指导现场施工的全面性技术经济文件，经过审批后的施工组织设计是指导施工的法规。做好施工组织设计的技术交底，使全体施工人员全面了解工程的施工布置、施工方法、进度计划、物资供应、质量要求以及安全生产规定，认真按照施工设计要求安排生产。

②熟悉图纸和技术交底。

通过会审、设计交底，要求项目部各工种工程师、技术员熟悉图纸。领会设计意图。认真核对建筑、结构设备图之间的关系；下水及排水方向；防水工程与管线变形缝及地铁出入口的做法，地铁高架，地面、地下区间轨道结构的接口、车站与区间、出入口与车站主体的接口做法。公司的总工程师、分公司主任工程师、项目经理部工程师领导组织全面的技术交底，提出班、组、责任制要求，班组工人定员定岗，任务明确，相对稳定。

③督促班组按施工验收规范和工艺标准施工。

④组织好隐蔽工程检查和验收。每一分项分部工程，特别是隐蔽工程，必须执行三级质量自检验收制度，即生产班组完工后自检，下一道工序对上一道工序的检查，项目部质量科的全面检查；并填报分项分布隐蔽工程验收单，呈报业主代表和监理工程师检查确认合格后，才能将隐蔽工程覆盖或者进入下一道工序。

⑤严格控制进场材料的质量、型号、规格。对于不符合设计图纸要求，达不到施工验收规范等级的劣质产品，认真清点及时退场。

⑥做好施工记录，整理上报，归档施工中各种技术档案资料。

2)现场材料管理的内容

①了解地形、气候、运输和资源情况，了解施工方案、施工进度，查清货源，了解供应方式，付款方式等。在此基础上正确地编制材料供应计划。

②合理规划施工平面，使材料堆场靠近使用场地尽可能一次到位，避免二次或多次搬运。料场、仓库不能占用道路各施工用地，场地平整不积水，构件存放场地要夯实。仓库要符合防潮、防渗、防火、防盗的要求。

③施工阶段进场材料必须经过严格的验收，对材料的品种、规格、型号、质量、数量进行严格核对登记。

④现场材料的保管。对于易混淆材料要分别堆放、严格管理，对于受自然界影响易变质的材料，应特别注意保管，防止变质损伤。露天堆放材料，要防止散失，并采取相应的防范措施。

⑤现场材料发放应做到：按质、按量、齐备、准时、有计划地发放材料，保证生产第一线的需

要，严格出库手续，防止不合理的检用，促进材料的节约和合理使用。

3)现场机械设备管理内容

①按照经济、合理、符合工程实际和配套供应的原则选用机械设备。

②正确使用机械设备，杜绝野蛮施工。机械操作工人必须持证上岗，实行定机、定人、定岗责任的三定制度。建立上岗机械设备人员交接班、定期维修保养、奖惩制度。

③建立健全专项机械设备的操作规程，不能违反规程操作。执行新购设备技术实验规定、机械设备磨合期规定、季节性使用机械设备规定。

④建立机械折旧技术档案。

3. 安全生产管理

1)落实安全责任，实施责任管理

建立健全各级人员安全生产责任制度，明确各级人员的安全责任。项目经理为施工安全管理第一负责人。施工项目通过安全监督部门的安全资质审查，并得到认可，一切管理、操作人员均应与施工项目部签订安全协议，向施工项目经理做出安全保证。

2)安全教育

对新工人进场进行安全教育。特殊工种如起重、高空作业、电气、焊接、潜水、气压、驾驶员等工人应进行相应的安全教育和技术培训，经考核合格，方准上岗操作。采用新技术，使用新设备、新材料，推行新的工艺之前，必须对有关人员进行安全生产教育。生产环境变化，作业条件变化，大风、高温、酷暑、雷雨、夜间施工，要特别提醒工人增强安全施工意识。

3)安全检查

安全检查是防止发生不安全行为和不安全状态的重要途径，是防止事故伤害，改善劳动条件的重要方法。安全检查形式有：定期安全检查、突击性安全检查、特殊检查。安全检查主要查思想、查管理、查制度、查现场、查事故处理等。针对电气线路、机械动力等关键性作业进行检查，以防止机器伤人、触电伤人等事故。针对隧道施工，要检查防塌方、防落石、防哑炮起爆、防瓦斯、沼气爆燃，防水淹、防止流砂、管涌等。季节性检查，如防寒、防冻、防暑、防洪、防风、防雷击等检查。经常进行防火及用电安全检查，检查消防工具设施是否完备，水源道路是否畅通，施工人员进入施工现场是否佩戴安全帽、安全带，安全网等其他防护用品和设施性能是否可靠。

4)现场安全用电

现场用电必须执行《施工现场临时安全技术规范》(JGJ 46—88)。现场架空线与建筑水平距离不小于 10m，线离地面高度不小于 6m，跨越建筑物或临时设施的垂直距离不小于 2.5m，每台电气设备机械应分设开关和熔断保险，严禁一闸多机，多种电气设备均应采取接零或接地保护。照明线路按标准架设。凡是接动式设备和手持电动工具均要在配电箱内装漏电保护装置。

5)电焊作业预防触电和安全保护

各类电焊机的机壳要有良好的接地保护。电焊钳要有可靠的绝缘，不准使用无绝缘的简易焊钳和绝缘把损坏的焊钳。在隧道内带电焊，先要测定洞内瓦斯、沼气浓度，确认低于引燃浓度时才能焊接。电焊时要远离可燃、易燃的建筑装修材料。

6)施工现场的防火

施工单位必须严格执行《消防法》和公安部关于建筑工地防火的基本措施。现场应划分防火作业区、易燃、易爆、易燃材料区、生活区，按规定保持防火间距。现场应有可供消防车辆通过宽度不小于 3.5m 的消防通道。

第三节　案例(×××轨道交通一号线施工组织总体安排)

一　工程概况

1)工程概述

×××轨道交通一号线为×××市轨道交通线网中的一条骨干线路，本次设计范围为高庙村～马家岩区间隧道，起讫里程 K13＋29.70～K14＋42.30(以右线计)，全长 1012.6m，隧道覆盖厚度 40～100m，为深埋隧道。高庙村站与马家岩车站均为深埋车站，高庙村站至马家岩站的主线纵坡约 35‰。高庙村站出站后，由左右主线向中引出马家岩车场右出入线，右出入线上跨主线的左线后进入马家岩车场；右出入线由马家岩车场引出后下穿主线后以渡线形式并入马家岩车站主线。隧道衬砌结构按新奥法原理设计，复合式衬砌结构。

2)工程地质与水文地质

(1)气象、水文

×××市属亚热带气候，温暖湿润，雨量充沛。具春早夏长，秋雨延绵，冬暖多雾的特点。多年平均气温为 18.3℃，极端最高气温 42.2℃，极端最低气温－1.8℃；多年平均降雨量 1082.6mm，主要集中在 5～9 月；多年平均相对湿度 79％。

(2)地形、地貌

拟建隧道场地属构造剥蚀斜坡地貌，由于该地段人类活动剧烈，现今的地形、地貌特征为后期人类改造后的结果，呈台阶状。场地总体上呈东高西低，南高北低。

(3)地层岩性

隧址段出露地层自上而下分别为第四系全新统人工填土，局部见粉质黏土，下伏基岩为侏罗系中统上沙溪庙组砂岩和砂质泥岩。

(4)地质构造

该区间隧道段在区域构造上属于沙坪坝背斜东翼，前进方向由 290°—30°—284°，岩层呈单斜状产出，其倾向 110°～105°，其产状平缓、倾角 10°～4°，根据隧道设计方案，该段隧道顶板埋深一般在 20～100m 间，顶板岩层厚度 18～99m，围岩为砂质泥岩夹数层砂岩，呈中等风化状态，岩体节理裂隙不发育、较完整；出入段线路线岩层产状平缓，岩层倾向 145°，倾角 9°，无断层构造发育。

(5)水文地质条件

该场址属构造剥蚀中丘及丘顶的缓台地貌，且街道市政排水设施完备，因此，仅少量地表水沿着破裂的地下管道渗透于砂岩中，形成基岩裂隙水。

3)现场条件

(1)施工用水、用电及通信条件

施工用电、用水已接通，已具备现场用电、用水的施工条件。业主配备 630KVA 变压器。

×××市主城区通信发达，可就近接入电话或使用无线通信。

(2)物资供应情况

根据招标文件规定，所有施工用材料原则上均由投标人自行采购，其中钢筋、水泥、商品混凝土及防水板由业主供应。

(3)工程与周边地面、地下构筑物的关系

本隧道途经有8处重要建筑物，以多层建筑物为主，有一栋为29层的超高层建筑物。

4)招标文件工期要求

招标文件要求计划开工时间为2007年5月，工期24个月。

二 工程特点、重难点分析及对策

1. 工程特点

(1)由于本区间隧道及出入段地处城市繁华区内，施工干扰大；

(2)工程施工环境复杂；

(3)作业面少，工期紧张；

(4)区间隧道开挖跨度大，结构断面形式多样；

(5)对环保的要求高；

(6)对地面沉降要求高。

2. 施工重点、难点

(1)隧道上部建筑物多，施工活动对建筑物产生危害的可能性大

本标段区间隧道上部建筑物多，地下工程开挖可能导致地表沉陷，给施工中的安全管理提出了更高的要求，是本标段施工中的重难点之一。

(2)隧道结构断面变化频繁，应力转换复杂，施工难度大

本工程区间隧道存在三线隧道段、连拱隧道段、小净距隧道、单线隧道加强段、单线隧道段，出入段线存在有双线隧道洞口段、双线隧道浅埋段、双线隧道标准段、双线隧道加宽段、连拱隧道段、小净距隧道段、单线隧道段等七种断面。断面形式多变，工序变化多，应力转换复杂，施工难度大，因此断面变化段为施工重点和施工难点。

(3)隧道交叉地段，施工安全要求高

本工程存在两处隧道上下交叉，即出入段左、右线分别与区间正线左线交叉，而且出入段右线与区间隧道左线交叉处为零间距，出入段线左线与区间隧道左线交叉处间距也只有1.137m。上下交叉隧道近距离接触，后行施工隧道对先行隧道结构的安全要求高。

(4)结构防水要求高

洞身防排水等级为二级，结构防水混凝土抗渗等级为S12，耐侵蚀系数≥0.8，结构防水性要求高，是本工程的施工难点之一。

(5)施工线路复杂，通风排烟困难

本标段施工只能从马家岩出入段洞口处进洞施工，且有两处隧道上下交叉，即出入段左、右线均与区间正线右线交叉，出入段线左线为下穿；出入段线右线为上穿；施工通风走向存在多处转折点。

三 施工总体部署

1. 施工组织机构

将针对本标段组建"×××市轨道交通一号线(朝天门—沙坪坝)项目经理部"，设项目经理一名，全面负责项目经理部工作；副经理两名，一名负责隧道的施工生产，另一名负责安全、

环保工作；项目技术负责人一名，全面负责工程施工技术管理工作。管理及服务职能部门设四部一室，即工程技术部、安质环保部、计划财务部、物资设备部和综合办公室组成；其中工程技术部下设技术组、测量量测组、调度室、工地试验室，分别负责施工技术管理、施工测量和量测、工程调度、工地试验。本标段设隧道开挖作业队、隧道支护衬砌作业队、机械运输队、综合作业队四个作业队，分别负责隧道的开挖、支护及衬砌、出渣及进料、辅助工程施工任务。

施工组织机构详见图 10-12。

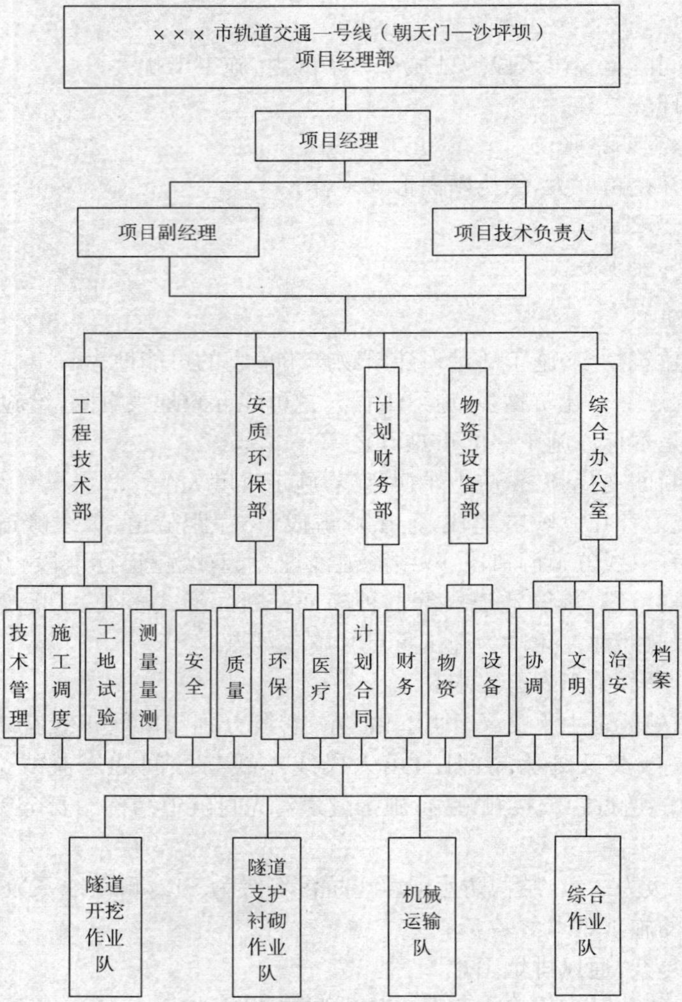

图 10-12 现场组织机构设置

2. 总体施工安排

1)总体施工安排原则

(1)满足施工安全、工程质量及工期的要求；

(2)确保地上、地下及相邻建筑物(构筑物)的安全；

(3)协调好区间隧道左、右线及出入段线施工的相互干扰；

(4)充分利用时间和空间及各工序之间的衔接关系，平行流水作业组织施工，提高工效。

2)总体施工安排

(1)施工准备。主要进行地表障碍物的调查和监测点设置，同时进行施工用水、用电、用风设施安装与线路敷设，临时生产设施的修建，队伍、机械进场，编制实施性施工组织设计，马家岩出入段出洞口处的临时施工道路的修建。

(2)安排马家岩车场出入段隧道洞口段施工，在洞口完成后，依次展开马家岩车场出入段双线隧道段、连拱隧道段、小净距隧道段后，进入左右线单线单洞隧道施工。由马家岩隧道车场出入段线左线进入正线后，再从正线增加工作面，采取从马家岩车站向高庙村车站方向左、右线单线隧道独头掘进施工。在此期间隧道的开挖、出渣、支护、衬砌等工序平行与流水施工。

(3)暗洞掘进与衬砌完成后，安排洞内附属工程施工。

(4)最后安排收尾及现场清理工作，编制竣工文件和安排工程验交。

3.施工准备

1)施工现场准备

(1)场地平整及围护，依据业主提供的规划图，修建施工场地围护结构。

(2)拆除施工范围内地上、地下的障碍物，修建临时设施。

(3)落实接水、接电点，布设并接通施工区域内的供水管路系统；进行施工动力用电和生活用电的具体设计和实施。合理安排施工、生活的电力配给，排布架设动力和照明电路。确定材料、土方、机械设备的进、出场运输线路，联系弃渣场的位置及弃置要求。

(4)做好施工场地内的临时排水系统的设计。将经过处理的废水排放到允许的污水排放系统中。施工前期即进行临时排水工程的施工。

(5)组织设备进场，试运行和保养。

(6)组织经检验合格的材料进场和储备。

(7)加工模板和衬砌台车并运至现场进行试拼。

2)设备、物资准备

施工设备、物资根据调遣距离远近分别用公路与铁路运输；设备动员周期为整个施工期。开工急需的首批设备、物资提前安排，在业主允许进场后一周内到达施工地点。

4.本工程总体目标要求

1)质量目标

满足地铁及国家有关施工质量验收规范要求，并一次性通过验收。质量目标达到优良，争创鲁班奖。

2)安全目标

认真贯彻“安全第一，预防为主”的方针，严格执行国家、相关部委及×××市颁发的有关施工技术安全规则和施工安全的规定，严格执行招标文件有关施工安全和文明施工的要求。

消灭重伤以上人身伤亡事故，消灭一切机械设备重大损失事故，消灭交通责任运输重大事故，消灭等级火灾事故，创安全生产文明施工的标准化工地，确保地下管线和周边建筑物的安全和城市交通的畅通。

3)工期目标

根据招标文件要求，本工程工期目标为：23.5个月(合716日历天)，暂定为2007年5月1日—2009年4月15日。

4)环保目标

根据国家"全面规划、合理布局、综合利用、化害为利、依靠群众、大家动手、保护环境、造福人民"的环境保护工作方针，施工期间严格遵守国家和×××市所有关于控制环境污染的法律和法规，采取有效的措施防止施工中的燃料、油、沥青、化学物质、污水、废料、垃圾、泥浆以及弃方等有害物质的污染，防止扬尘、噪声和汽油等物质对大气的污染，维护市容和城市道路整洁，创建×××市文明施工现场。

5)文明施工目标

针对本工程特点和×××市、业主的相关要求，本工程的文明目标为："创×××市地铁建设文明施工工地和争创文明施工先进单位"，为本企业在×××市人民心目中创造良好的形象和信誉。

四 施工现场平面布置

1. 施工场地布置

本标段位于马家岩的天马路与石小路的交汇处，整个施工场地布设在出入段线出口处，面积约 1560m^2。因施工场地较小，生活、办公房屋均不设在场地内，就近租房办公和居住；场地内只设门卫房、料库、水泥库、钢筋加工棚、木工房、混凝土拌和站、冲洗槽、沉淀池、机械停放场、堆料场、修理房及钳工房等直接生产用临时设施。

场地内所有临建房屋一律采用砖基础，双面彩钢板，蓝顶白墙，混凝土地面。

为确保文明施工，场内地面全部用混凝土硬化。

施工总平面布置图见附图 1。

2. 辅助作业布置

1)施工用电

施工用电从业主提供至施工现场附近的 630kV · A 变压器接线点引出至隧道施工洞口处，作为隧道施工用电。同时配备 2 台 630kV · A 变压器和 2 台 200kW 低噪声柴油发电机作为备用电源。

2)施工用水

施工用水从业主提供的供水接口接引，采用 ϕ50mm 钢管引入隧道内。场地内采用 ϕ25mm 钢管沿场地四周环向布置，然后分别引入各施工用水点。隧道钻眼用的高位水池设置在地形较高处并采用增压泵增压后接至开挖面。

3)施工通风

马家岩车场出入段线施工期间，施工通风采取在出入线洞口布置 2 台 $SDF_{(B)}$-No10.5 轴流风机压入式通风。

进入区间隧道后，在区间隧道的马家岩站端 YK13＋945.259～YK14＋012.306 段从地面向下挖一直径为 2.2m 的临时通风竖井，在临时通风竖井外安装 2 台轴流通风机对区间隧道左右线进行压入式通风。

通风管道采用直径为 ϕ1000mm 的 PVC 通风软管，转角处设置硬质 PVC 弯管连接。

4)施工用高压风

隧道开挖所用风动凿岩机采用电动压风机提供高压风驱动，以确保施工进度和满足施工要求。

5)临时通信

在项目经理部和各施工队驻地均安装程控电话，以便与业主、监理单位、设计单位以及其他有关单位或部门的联系，同时在施工现场配备无线对讲机，隧道洞内每100m设置1处有线电话，派专人负责联络，以便于隧道洞内和洞外工程的施工调度指挥。

五 施工进度计划安排

1.总体工期安排

本标段安排在23.5个月内完工，提前招标文件工期0.5个月，于2009年4月15日完工。

2.施工进度计划横道图

施工进度计划横道图见附图2。

六 资源配置

1.劳动力安排

按招标文件要求，结合项目工程量的大小及施工组织，本工程生产高峰期计划投入总劳动力为348人，其中管理和后勤人员合计30人，生产人员318人。

2.施工机械设备、测试仪器配备

施工机械设备配备的主要原则是：一要施工机械和施工内容配套；二要性能精良、先进；三要满足施工工作量的需求，并略有富余量；四要保证其完好率和出勤率。

主要施工机械设备、测试仪器配备见附表1。

七 主要施工方案、方法及技术措施

1.总体施工方案

本隧道工程从马家岩车场进入段洞口进入，分两个工作面展开出入段线的左右线施工，出入段右线施工至与区间隧道左线交叉点上方一定位置后暂停施工；出入段左线施工至与区间隧道交叉点后分别向马家岩车站方向和高庙村车站方向展开区间隧道左右线施工。区间隧道左线通过与出入线段交叉点后，再展开出入段线右线施工，直至高庙村车站。本工程采新奥法施工。施工过程中严格控制开挖循环进尺，遵从“管超前，严注浆、短进尺、强支护，早封闭，勤量测”的原则。

1)开挖与出渣方案

针对隧道不同的断面、不同地质段采用不同的开挖方法。土质和强风化石质部分采用挖掘机开挖，人工手持风镐修整；石质部分采用凿岩台车或人工手持风动凿岩机钻孔，非电毫秒不对称起爆。

单线单洞隧道采用正台阶法开挖，台阶长度控制在1～1.5倍洞径；小净距隧道地段采取左洞超前右洞40m，以保证中岩墙稳定；上部开挖爆破采用光面爆破，下部开挖采用预裂爆破和松动爆破相结合的作业方法。双线隧道采用环形正台阶分部开挖法施工，开挖台阶长度1～1.5倍洞径，中部预留核心土。上断面弧形开挖爆破采用减振预裂爆破进行施工，控制掏槽眼一次起爆药量来降低振动强度，核心土及下半断面采用常见的爆破方法进行施工。

双线隧道弃渣采用挖掘机配合装载机装渣，单线隧道采用挖掘装载机装渣，自卸汽车运输至弃渣场。弃渣外运采用密封式自卸汽车，按业主或地主政府部门规定的时间执行。

2)初期支护方案

本隧道初期支护由拱架＋锚杆＋钢筋网＋喷射混凝土构成。为了保证小净距隧道的中间岩柱的稳定和安全，当中间岩柱<6m，采用水平对拉锚杆加固中间岩柱。

3)二次衬砌方案

隧道的二次衬砌分仰拱混凝土和拱墙混凝土两部分组织施工。全隧道采用ECB防水卷材辅助防水。隧道仰拱混凝土采取定型钢模全幅灌注。拱墙混凝土在单线和双线段采用9m轨行式整体液压模板台车全断面施工；在断面渐变地段采用钢架与大块钢模板全断面衬砌施工，拱部用钢轨或工字钢按拱部弧度加工成钢拱架。

衬砌混凝土采用商品混凝土，混凝土运输车运至工地，输送泵泵送入模，人工振捣。二次衬砌混凝土分节浇注长度为9m。

4)辅助施工措施

隧道开挖时在洞口浅埋段采用ϕ89超前大管棚，在洞身段采用ϕ25超前锚杆。超前大管棚采用地质水平钻机钻孔，人工配合机械装管，注浆机和注浆泵联合注浆；超前锚杆采用风钻钻孔，人工装管，注浆机和注浆泵联合注浆。

2.主要工程项目施工方法及技术措施

1)洞口工程施工

洞口段按“短进尺、弱爆破、强支撑、快封闭”的原则进行施工，同时应尽早施作模筑混凝土。

2)隧道开挖与出渣

(1)隧道开挖施工

区间隧道断面结构形式多样，针对不同的隧道型式，运用“新奥法”原理，分别采用不同的施工方法。单线单洞深埋隧道采用正台阶法施工，双线深埋隧道采用台阶分部法施工，双线浅埋隧道和喇叭口深埋隧道采用双侧壁导坑法施工，连拱隧道段采用中洞法施工。

①正台阶法开挖施工

单线单洞深埋隧道采用正台阶法开挖，台阶长度为1～1.5倍洞径。上半断面采用简易钻孔台架、风动凿岩机钻孔，光面控制爆破，下半断面采用液压钻孔台车钻孔，预裂控制爆破开挖。

正台阶法开挖、支护施工顺序：测量→超前支护→上部开挖→上部初喷→立钢拱架(单线小净距隧道及单线交叉下隧道段)→锁脚锚杆(单线小净距隧道及单线交叉下隧道段)→锚杆→钢筋网→出渣→复喷至设计厚度→下部开挖→下部初喷→出渣→立钢拱架(单线小净距隧道及单线交叉下隧道段)→锁脚锚杆(单线小净距隧道及单线交叉下隧道段)→锚杆→钢筋网→复喷至设计厚度→下一循环。

②台阶分部法开挖施工

双线深埋隧道采用台阶分部法开挖，在超前预支护后，将开挖断面分成上、下两部分，先开挖上半断面的环形拱部，及时施作锚喷钢拱架支护，待拱部支护完成后，进行拱部二次衬砌施工，然后开挖上半断面核心土部分。下半断面开挖滞后上半断面一定距离，先中央部开挖，后边墙分开挖，并施工作边墙初期支护，边墙支护完成后及时施作仰拱及边墙混凝土。

掘进以“弱爆破，短进尺，少扰动、强支护、快封闭”为原则，以确保工程进度和施工安全。

采用人工配合风镐或挖掘机械开挖，局部地段岩层较硬，风镐或机械开挖有困难时，采用人工用风动凿岩机钻孔，浅孔控制爆破，采取“多眼、少药、浅孔”的爆破方式进行。

台阶分部法开挖、支护施工顺序：测量→超前支护→上部弧形导坑开挖→上部初喷→出渣→立钢拱架→锁脚锚杆→锚杆→钢筋网→复喷至设计厚度→下台阶中部开挖→边墙部开挖→边部初喷→出渣→立钢拱架→锁脚锚杆→锚杆→钢筋网→复喷至设计厚度→下一循环。

③双侧壁导坑分部法开挖施工

本标段(双线＋出入线)加宽隧道段为喇叭口隧道，即 YK13＋029.7～YK13＋094.785 段(左线 ZK13＋051.403～ZK13＋116.341)和 YK13＋945.259～YK14＋012.306 (左线 ZK14＋020.895～ZK14＋087.878) 段，以及出入段线双线浅埋隧道段 CYK0＋734.806～CYK0＋807.228 段(左线 CZK0＋835.941～CZK0＋906.453)采用双侧壁导坑分部法开挖施工。

先进行上部导洞开挖，开挖后及时施作该部初期支护、临时中隔墙支护和临时型钢支撑。接着进行中、下部侧导洞开挖，开挖后进行该部初期支护、临时中隔墙支护、临时型钢支撑。开挖采取人工用风镐配合机械进行。

④连拱隧道中导洞法开挖施工

出入段线隧道 YK0＋628.725～YK0＋636.062 段、区间隧道 YK13＋094.785～YK13＋102.152 段、YK13＋124.493～YK13＋157.001 段、YK13＋865.438～YK13＋877.697 段及 YK13＋937.277～YK13＋945.259 段为连拱隧道，采用中导洞法进行施工。

先进行中导洞的开挖与初支，因双连拱隧道地段长度较短，故先贯通中洞后再进行两侧开挖，中洞开挖采用钻孔台架、风动凿岩机钻孔，光面控制爆破；中洞贯通后，分段灌注中墙混凝土，每一纵向长度为 4～6m，在中墙混凝土达到设计强度后，采用浆砌片石施作临时中隔墙。然后两侧均衡对称地按台阶法或侧壁导坑法进行开挖与初期支护，侧导坑及上半断面均采用钻孔台架、风动凿岩机钻孔、光面爆破开挖；下台阶采用凿岩台车钻孔，预裂控制爆破开挖。下台阶开挖后及时进行初期支护；并根据隧道的监控量测结果及时进行二次衬砌施工。

(2)钻爆设计与钻爆作业

由于本标段隧道设计断面类型较多，围岩级别为Ⅳ、Ⅴ级，且地表有城市主干道、建筑物，部分地段采用人工配合机械进行，在进行爆破开挖地段施工时，必须采用光面爆破和预裂爆破，控制好爆破用药量，保证开挖幅面规整，减少超挖，不允许欠挖。

隧道爆破开挖应“短进尺、弱爆破、多循环”作业，减少对围岩的扰动，爆破对周围建筑物的振动速度应控制在 20mm/s 以内。

分部法开挖地段的开挖上导坑各部采用光面控制爆破，下导坑采用预裂控制爆破进行钻爆设计。采用非电毫秒雷管，隔段使用，炸药采用 2 号岩石硝铵炸药，有水地段采用乳化炸药。周边光面孔和预裂孔使用 ϕ22mm 药卷间隔装药，其余炮孔采用 ϕ35mm 药卷连续装药、密集堵塞。实施前，先试爆，并根据地质情况及时修正钻爆参数，以取得良好的爆破效果。

(3)出渣运输

隧道出渣采用无轨运输方式。单线隧道出渣采用挖掘装载机装渣，双线隧道及喇叭口隧道采用侧卸式装载机或挖掘机装渣，自卸汽车运渣至弃渣场。

3)隧道初期支护与辅助施工

(1)初期支护

本隧道初期支护型式为喷射混凝土、钢拱架、中空注浆锚杆、砂浆锚杆及钢筋网等；施工顺序：开挖后初喷混凝土→架立钢拱架→安装锚杆→铺设钢筋网→复喷混凝土至设计厚度。

①钢拱架制作与安装(详见本书相关章节)

a. 制作

按设计尺寸 1∶1 放样,在加工场下料分节制作,节与节之间用螺栓连接牢靠,洞外加工后试拼检查。

b. 安装

钢架安装工艺要求:保证钢架置于稳固的地基上,施工中在钢架基脚部位预留 0.15～0.2m原岩,架立钢架时挖槽就位。

钢架平面垂直于隧道中线,其倾斜度不大于 2°。钢架的任何部位偏离铅垂面不大于 5cm。

为保证钢架位置安设准确,钢架架设前均需预先打设定位系筋。系筋一端与钢架焊接在一起,另一端锚入围岩中 0.5～1m 并用砂浆锚固。隧道开挖时在钢架的各连接板处预留钢架连接板凹槽,拱脚或墙脚处预留安装钢架槽钢凹槽。初喷混凝土时,在凹槽处打入木楔,为架设钢架留出连接板(或槽钢)位置。

钢架按设计位置安设,在安设过程中当钢架和初喷层之间有较大间隙应设混凝土垫块或橡胶垫块,钢架与围岩之间的混凝土保护层厚度为 40mm,临空一侧的混凝土保护层厚为 20mm。为增强钢架的整体稳定性,将钢架与锚杆焊接在一起。沿钢架设置纵向连接筋。钢架架立后尽快喷射混凝土,并将钢架全部覆盖,使钢架与喷混凝土共同受力。

②钢筋网的挂设

钢筋网采用 ϕ6.5 钢筋制作,呈 25cm×25cm 网格,固定在锚杆末端。

钢筋使用前清污除锈,现场预点焊成网片,在围岩表面喷射一层混凝土后挂设,随受喷面起伏铺设,钢筋网与锚杆联结牢固,喷射混凝土时不产生晃动。

钢筋网所采用钢筋型号和网格尺寸必须符合设计要求;钢筋网铺设前必须进行除锈;钢筋网片应与锚杆、钢纤钉、格栅钢架牢固焊接,网片搭接长度不得少于 20cm;网片铺设时应紧贴支护面,并保持 30mm～50mm 的保护层。

③ϕ25 中空注浆锚杆施工

ϕ25 中空注浆锚杆采用风动凿岩机钻孔,用高压风吹净孔内岩屑,插入锚杆并安设止浆塞,然后高压注浆,使水泥浆液充填于围岩裂隙中,加固地层,提高围岩自身承载能力,待水泥浆终凝后安设孔口垫板。

④ϕ22 水泥药包砂浆锚杆施工

风动凿岩机成孔后,用高压风、水清理锚杆孔,然后往锚杆孔逐节装入锚固剂,再插入锚杆杆体,锚固剂凝固后,安装孔口垫板。

⑤喷射混凝土施工方法

本工程隧道喷射混凝土采用湿喷工艺施工,混凝土喷射工艺详见相关章节。

(2)辅助施工措施

本隧道采用的辅助施工措施有 ϕ89 超前大管棚和 ϕ25 超前锚杆。施工工艺见相关章节。

4)隧道防排水施工

(1)防排水设计

本隧道防水等级要求为二级,隧道拱顶不允许渗漏水,侧墙表面只允许有少量偶见湿渍,而且这类湿渍在机械通风状况下会消失。

确立隧道钢筋混凝土结构为自防水体系,以结构自防水为根本,施工缝、变形缝等接缝为防水重点,辅以附加防水层加强防水。

(2)防排水施工

①防水板

防水板采用无钉铺设工艺施工,详见相关章节。

②止水带与止水条

变形缝采用背贴式止水带和中埋式(注浆)止水带进行防水处理,止水带宽度均为 35cm,中埋式注浆止水带的注浆导管引出间距 6~8m,变形缝背水面一侧的表面预留出深度 5cm,宽度 30cm 的凹槽,凹槽内设置不锈钢板排水盒。

(3)防排水施工技术措施

结构防水是隧道工程最关键的工序,直接影响着隧道结构的安全、美观及运营效果,其施工工艺复杂,操作细致,施工过程中应采取先进、可靠的施工方法和有效的技术措施,以达到好的防水效果。

5)隧道二次衬砌施工

隧道二次衬砌全断面一次性灌注完成。拱墙混凝土在直线段和标准宽曲线段采用 9m 轨行式液压自行模板台车全断面施工,加工台车时,按不同的断面尺寸分别加工钢模板,施工时,利用台车的钢架进行组装;在断面渐变地段采用大块钢模板全断面施工,拱部用钢轨或工字钢按拱部弧度加工成钢拱架。衬砌混凝土为外购商品混凝土(抗渗等级 S12 的自防水混凝土),混凝土输送车运到工作面,混凝土输送泵泵送入模,人工振捣。二次衬砌混凝土分节浇注长度为 9m。

6)小净距隧道中间岩柱加固施工方法

对于小净距隧道的中间岩柱小于 6m 地段,中间岩柱采用水平对拉锚杆加固。锚杆采用钻机钻孔,与小净距隧道的初衬相连接。

7)隧道施工供水、通风、降尘方法、管线布置及施工排水

采用 SDF(B)-No10.5 轴流式低噪声型风机压入式通风,风管悬挂在边墙处。防尘采用湿式凿岩、湿喷混凝土、喷洒水、淋湿渣堆、个人防护等措施,并对风流及风流的质量进行量测,保证洞内作业环境达到国家规定标准,洞内三管二线悬挂在边墙上,符合安全要求。

根据隧道纵坡设置情况,隧道的施工排水分为顺坡排水和反坡排水。

顺坡排水坡度应与线路坡度一致,并满足下列要求:

①水沟断面应满足排除隧道中渗漏水和施工废水的需要。

②水沟位置宜结合结构排水工程设在隧道两侧,并避免妨碍施工。

③经常清理排水设施,确保水路畅通。

反坡排水时采用抽水机抽水,距掌子面一定距离设集水坑,用潜水泵和排水管将集水坑内的水抽排至洞外污水处理池,经过处理达标后排至附近的污水管道。

八 信息化施工技术及项目信息管理措施

1.隧道超前地质预报

隧道超前地质预报由项目经理部工程技术部组织实施,纳入施工工序管理,并根据预报结果,及时反馈设计单位,调整设计、改变施工方案。

在设计单位提供的地质资料和施工补充勘探的基础上,将超前地质预测预报工作纳入到隧道施工的正常工序中,以探明前方围岩的变化情况,预测施工中可能出现的地质灾害。及时

修改、补充和完善隧道施工设计，为隧道的施工提出措施建议，避免重大事故的发生，保证施工的顺利进行。

本工程主要采用开挖面地质素描、TSP203、地质雷达和超前钻探四种方法进行超前地质预测预报。

2. 施工测量

本标段隧道测量工作配测量工程师和测量技工，共同完成测量工作。主要测量及监测仪器配置为：全站仪、经纬仪、自动安平水准仪、防水水准仪、铟瓦水准尺、激光隧道限界检测仪。

3. 施工监测与隧道围岩监控量测

1）监测目的

隧道施工监测是新奥法的重要组成部分，是信息化设计的重要一环，包括预报、控制、检验、改进四个方面。在隧道施工中，通过对隧道围岩动态的监控量测（洞口地段还应对地表沉降进行观测），掌握围岩动态和支护结构的工作状态，利用量测结果调整设计支护参数，指导施工；通过量测预见事故和险情，以便及时采取措施防止事故发生，积累资料为以后的设计提供类比依据，确保隧道的安全达到隧道施工安全、节约工程投资的目的。

2）监测内容

根据隧道的地质条件，围岩特点，施工时进行以下项目的量测工作：

（1）采用精密水准仪进行拱顶下沉观测。

（2）采用周边收敛仪，进行围岩周边收敛量测。

（3）采用抗拔计进行锚杆抗拔试验轴力量测。

（4）采用精密水准仪进行洞口浅埋段地表沉降观测和临近建筑物地下基坑壁水平变位及裂缝观测。

（5）由有经验的地质工程师及时进行掌子面地质观测。

（6）围岩与初期支护、初期支护与二次衬砌接触压力量测。

（7）地面建筑物爆破振动监测。

（8）小净距隧道的监控量测应对中间岩柱的稳定性、地表沉降和爆破振动对相邻洞室的影响作为重点。

（9）连拱隧道的监控量测应以拱部垂直位移、中墙以上的拱部水平位移为重点。

3）监测数据分析与预测

监测工作应分阶段、分工序对量测结果进行总结和分析。

（1）数据处理：将原始数据通过一定方法，用频率分布的形式把数据分布情况显示出来，进行数据的数值特征值计算，舍掉离群数据。

（2）曲线拟合。寻找一种能较好反映数据变化规律和趋势的函数表达式，进行曲线拟合，可对下一阶段的监测数据进行预测。

九 工程质量保证措施

1. 工程质量目标

满足地铁及国家有关施工质量验收规范要求，并一次性通过验收。质量目标达到优良，争创鲁班奖。

2. 创优规划

分项、分部工程一次通过验收，并确保工程结构和单位工程达到优良，隧道工程达到二级防水等级标准。

试验检测资料、产品合格证、各种检查验收签证齐全规范，混凝土、砂浆及各种混合料的级配试件合格率100%；严格执行材料采购质量鉴定验收制度，确保施工用料符合规范要求的标准；树立样板工程，确保施工的隧道第一段衬砌成为优质样板，以点带面，带动全标段工程创优。

3. 质量保证体系

在中标后针对本工程特点，将以满足顾客要求为宗旨，以我单位质量管理手册及程序文件为纲领，建立以项目经理为首的质量保证体系并严格执行项目质量岗位责任制及工程质量责任终身制。进行详细的质量策划，严格按照质量标准及ISO9001体系要求建立完善的质量保证体系，确保各项工程质量处于可追溯的受控状态。按业主和监理工程师的要求对工程质量实施严格控制和加强管理，采用先进、合理成熟的施工技术和工艺，确保本工程的质量满足顾客要求。

4. 工程质量保证措施

(1)建立和健全教育培训制度，工程开工前加强思想教育与质量教育、组织管理能力训练和技能方面的教育培训，提高施工作业人员的质量意识和操作技术水平，坚持工种按规定持证上岗制度，未经教育培训或者考核不合格的人员，不得上岗作业。

(2)坚持"百年大计，质量第一"的方针，强化各种形式的质量教育。队伍进场后，将实行分项与分工序专项质量意识教育，有的放矢，标准明确，使全项目上下形成创优声势。

(3)开展质量教育活动和对全员、全过程的质量管理，增强全体参建人员的质量责任意识，树立"人人讲标准，事事守章程，处处按规范"的思想，激励员工以一流的标准、一流的管理、一流的质量约束自己的行为。进行岗前培训，使实际操作达到技术要求，不断提高员工的技术技能和水平。

(4)严格依照本标段工程的技术要求、部颁布的现行施工规范和工程质量验收标准、国家和部其他强制性规定精心组织和科学施工。

(5)采取PDCA循环原理，应用"事前控制、事中控制和事后控制"的三控制方法，以及"全面、全过程和全员参加"的三全控制管理方法加强对施工生产要素的质量控制。

(6)采取有效的动力机制、约束机制和反馈机制推动质量控制系统的有效运行，确保工程质量符合设计和施工规范要求，主动接受监理在本标段的施工质量、工期和建设资金使用等实施的监督。

(7)制定质量目标和创优规划，开展目标管理，从项目经理部到各施工队、各班组逐步分解为工作指标，管理指标，各项保证指标和操作指标，层层抓落实，每月对指标完成情况进行考核，确保各项指标的实现。

(8)认真贯彻ISO9001国际质量体系标准并开展全面质量管理活动，根据《质量手册》、《程序文件》及《作业指导书》的质量控制要求，认真编写项目质量计划，切实搞好各部门各环节的工作质量。

(9)大力推广应用新技术、新设备、新材料、新工艺，以先进的技术确保高质量的产品。

(10)严格实行质量负责制和质量终身责任制，实行企业法定代表人、项目负责人、各级技术人员及工班负责人对工程质量负相应责任，层层签订质量终身责任书做到责任落实到位。

(11)开展创优竞赛活动，做到月有检查分析、季有质量评比、年有总结奖惩。

十 施工安全保证体系及保证措施

1. 安全生产目标

认真贯彻“安全第一，预防为主”的方针，严格执行国家、相关部委及×××市颁发的有关施工技术安全规则和施工安全的规定，严格执行招标文件有关施工安全和文明施工的要求。

消灭重伤以上人身伤亡事故，消灭一切机械设备重大损失事故，消灭交通责任运输重大事故，消灭等级火灾事故，创安全生产文明施工的标准化工地，确保地下管线和周边建筑物的安全和城市交通的畅通。

2. 安全保证体系

施工现场成立安全管理领导小组，项目经理任安全管理领导小组组长，各施工队配备专职安全员，工班设兼职安全员，使安全管理在该项目的各级组织、各个环节都有专人负责，对安全生产实施全面监控，从上到下形成安全生产管理网络。

3. 安全管理制度

(1)安全生产责任制度；

(2)安全教育培训制度；

(3)安全事故报告制度；

(4)安全奖罚制度。

十一 确保文明施工的技术组织措施

1. 文明施工目标

针对本工程特点和×××市、业主的相关要求，本工程的文明目标为：“创×××市地铁建设文明施工工地和争创文明施工先进单位”，为本企业在×××市人民心目中创造良好的形象和信誉。

2. 组织机构的建立

建立以项目经理为组长、分管文明施工的副经理和项目技术负责人为副组长的文明施工领导小组，其管理组织机构详见图 10-13。

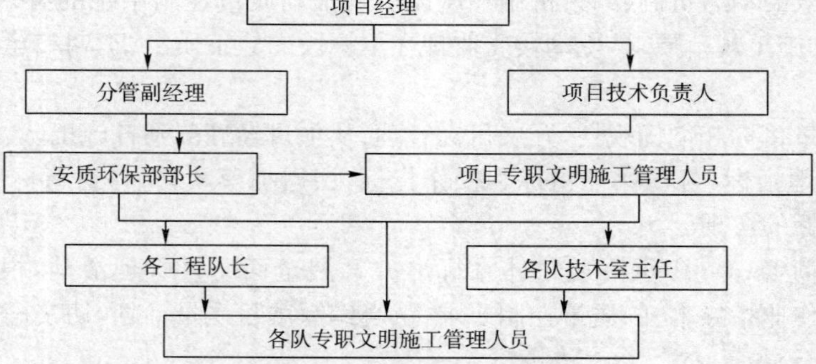

图 10-13　文明施工组织机构

3. 现场文明施工管理保证措施

(1)加强工程现场文明施工管理，保障施工优质、快速、高效进行，树立和维护企业的良好形象，争创文明标准工地。

(2)为了实现文明施工的目标，项目部成立领导小组专人负责现场文明施工措施落实，确保施工现场符合《文明施工管理办法》的要求。

(3)加强宣传活动，统一思想，使广大干部职工认识到文明施工是企业形象、队伍素质的反映，是安全生产的保证，是工程优良快速施工的前提，增强文明施工和加强现场管理的自觉性。

(4)在项目部及队负责人中明确分工，落实文明施工现场责任区，制定相应规章制度，确保文明施工现场管理有章可循。

(5)合理布置施工场地，现场的临时建筑物必须和施工组织设计的要求相符，且各种设施必须符合规定标准，做到场地整洁、道路平顺、排水畅通、标志醒目、生产环境达到标准作业要求。

(6)施工现场设置施工总平面图、工程概况牌、文明施工组织网络牌、安全纪律牌、防火须知牌，规格统一，内容完善，位置醒目。

(7)洞内出渣道路平坦、通畅，周边设排水沟，路边设置相应的安全防护设施和安全标志，道路经常维修，路面不得有坑洼积水。

(8)各种临时房屋布置要确保符合防火安全和工地卫生的规定，房屋通道顺畅，门窗严紧，通风采光良好。

(9)施工现场给排水要统一规划，整齐统一，做到给水不漏，排水顺畅。施工废水必须经过必要处理后方可排放到城市地下排污管道。

(10)施工用电须有用电规划设计，明确电源、配电箱位置及线路方向，制定安全用电技术措施和电器防火措施，现场设置明确、醒目的标牌。

(11)现场施工材料堆放要整齐，做到横成排、竖成行、散体材料必要时要砌池堆放，材料要设立栏杆堆放。

(12)现场制定安全、保卫制度，专人落实安全、防火等项工作，施工人员必须佩戴工作卡，管理人员和作业人员分颜色区别，进入施工现场的人员一律要戴安全帽。

(13)经常对工人进行法律和文明教育，严禁在施工现场打架斗殴及进行其他非法活动。

本章小结

本章主要讲授了施工组织设计编制的内容和施工管理内容；现场施工场地的布置；以及编制实施性施工组织的步骤。

思考与练习

1. 简述施工组织设计的编制内容？
2. 施工场地布置有何要求？
3. 施工进度图有几种表示方法，如何绘制？
4. 全面质量管理过程有几个阶段？
5. 现场管理有哪些内容？
6. 编制施工组织的步骤？

附表 1

主要施工机械设备配备供应计划表

序号	机械或设备名称	型号规格	数量	进场时间	出场时间	序号	机械或设备名称	型号规格	数量	进场时间	出场时间
一	施工机械设备										
1	挖掘机	PC200	2 台	2007.05	2009.04	18	混凝土喷射机	TK-500	6 台	2007.05	2009.04
2	挖掘机	CAT320	1 台	2007.05	2009.04	19	强制式混凝土搅拌机	JS-500	2 台	2007.05	2009.04
3	侧卸式装载机	ZLC50B	1 台	2007.05	2009.04	20	混凝土搅拌运输车	XC5320GJB	2 台	2007.05	2009.04
4	挖掘装载机	ITC312H-3	3 台	2007.05	2009.04	21	混凝土输送泵	HB60	4 台	2007.05	2009.04
5	电动压风机	4L-20/8	4 台	2007.05	2009.04	22	液压钢模衬砌台车	非标件	3 台	2007.05	2009.04
6	电动空压机	L-22/8	4 台	2007.05	2009.04	23	大块模板衬砌台架	非标件	2 台	2007.05	2009.04
7	风动凿岩机	YT-28	60 台	2007.05	2009.04	24	交流电焊机	BX-500	8 台	2007.05	2009.04
8	凿岩台车	NH178	2 台	2007.05	2009.04	25	钢筋切断机	G40C	2 台	2007.05	2009.04
9	气镐	G10	30 台	2007.05	2009.04	26	钢筋弯曲机	GW40C	2 台	2007.05	2009.04
10	轴流通风机	$SDF_{(B)}$-No10.5	3 台	2007.05	2009.04	27	钢筋调直机	GT4/10	2 台	2007.05	2009.04
11	自卸汽车	CQ3300	4 台	2007.05	2009.04	28	汽车吊	QY-8	2 台	2007.05	2009.04
12	自卸汽车	CA141	8 台	2007.05	2009.04	29	液压地质钻机	XU-100	4 台	2007.05	2009.04
13	自卸汽车	2628K	4 台	2007.05	2009.04	30	潜水式排污泵	100WQ80-20	8 台	2007.05	2009.04
14	推土机	TY165	2 台	2007.05	2009.04	31	高压水泵	4DA-8×8	2 套	2007.05	2009.04
15	锚杆台车	H327-32	2 套	2007.05	2009.04	32	洒水车	8102	1 台	2007.05	2009.04
16	高压注浆泵	2TGZ-60/210	4 台	2007.05	2009.04	33	发电机	200GF	2 台	2007.05	2009.04
17	注浆机	YZG-30	4 台	2007.05	2009.04	34	变压器	S9-630	2 台	2007.05	2009.04

续上表

序号	机械或设备名称	型号规格	数量	进场时间	出场时间	序号	机械或设备名称	型号规格	数量	进场时间	出场时间
二	测量、试验仪器设备										
1	全站仪	TC720	1台	2007.05	2009.04	18	混凝土快速养护箱	HYN-A	1台	2007.05	2009.04
2	经纬仪	T2、1″	2台	2007.05	2009.04	19	混凝土搅拌机	50L	1台	2007.05	2009.04
3	水准仪(自动安平)	NI005A	1台	2007.05	2009.04	20	地质雷达	SIR-2P	1台	2007.05	2009.04
4	水准仪	北光 S3	2台	2007.05	2009.04	21	地质超前预报仪	TSP203	1台	2007.05	2009.04
5	激光指向仪	DQJ-05A	2台	2007.05	2009.04	22	地质罗盘	DQL-8	1台	2007.05	2009.04
6	万能材料试验机	WE-1000	1台	2007.05	2009.04	23	粉尘检测仪	CMP5000	1台	2007.05	2009.04
7	电动压力机	NYL-2000A	1台	2007.05	2009.04	24	温、湿度测定仪	HWB-6	3台	2007.05	2009.04
8	坍落度测定仪	TLY-1	3台	2007.05	2009.04	25	钻孔测斜仪	CX-01A	1台	2007.05	2009.04
9	电子混凝土回弹仪	HT225W	1台	2007.05	2009.04	26	混凝土振动台	$1m^2$	1台	2007.05	2009.04
10	混凝土抗压试模	15×15×15cm	30组	2007.05	2009.04	27	混凝土含气量测定仪	HK-I	1台	2007.05	2009.04
11	砂浆抗压试模	7.07×7.07×7.07cm	15组	2007.05	2009.04	28	混凝土钻孔机	JAZ-200	1台	2007.05	2009.04
12	钢筋保护层测定仪	ZBL-R620	2台	2007.05	2009.04	29	直尺	3.0m	5把	2007.05	2009.04
13	水泥混凝土试件养护箱	YB-40B	4台	2007.05	2009.04	30	激光全断面检测仪	TCR307	1台	2007.05	2009.04
14	磅称	100kg/5g	1台	2007.05	2009.04	31	锚杆拔拉试验仪	ML	2套	2007.05	2009.04
15	水质分析仪	MPT-201	1台	2007.05	2009.04	32	周边收敛仪	QT-81	6只	2007.05	2009.04
16	混凝土振筛机	6611B	1台	2007.05	2009.04	33	爆破测振仪	BZ2111型	2台	2007.05	2009.04
17	稠度与凝结时间测定仪	ZKS-100	1台	2007.05	2009.04	34	地下管线探测仪	RD400PXL-2	1台	2007.05	2009.04

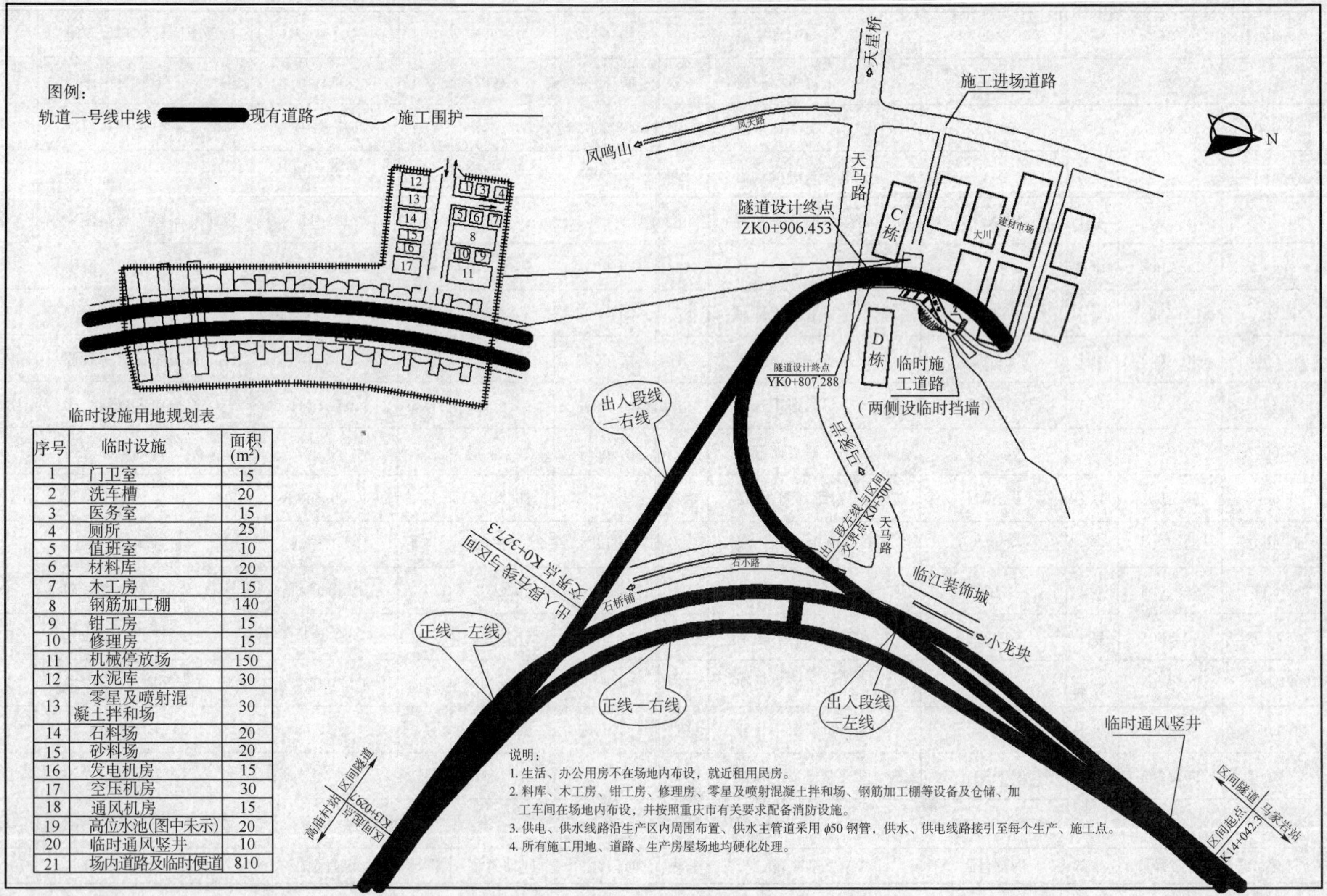

临时设施用地规划表

序号	临时设施	面积(m^2)
1	门卫室	15
2	洗车槽	20
3	医务室	15
4	厕所	25
5	值班室	10
6	材料库	20
7	木工房	15
8	钢筋加工棚	140
9	钳工房	15
10	修理房	15
11	机械停放场	150
12	水泥库	30
13	零星及喷射混凝土拌和场	30
14	石料场	20
15	砂料场	20
16	发电机房	15
17	空压机房	30
18	通风机房	15
19	高位水池(图中未示)	20
20	临时通风竖井	10
21	场内道路及临时便道	810

说明：

1. 生活、办公用房不在场地内布设，就近租用民房。
2. 料库、木工房、钳工房、修理房、零星及喷射混凝土拌和场、钢筋加工棚等设备及仓储、加工车间在场地内布设，并按照重庆市有关要求配备消防设施。
3. 供电、供水线路沿生产区内周围布置，供水主管道采用 $\phi50$ 钢管，供水、供电线路接引至每个生产、施工点。
4. 所有施工用地、道路、生产房屋场地均硬化处理。

附图 1　施工总平面图

序号	项目名称	工期（d）
1	施工准备	31
2	出入段线双线及连拱隧道开挖、支护	122
3	出入段线单线隧道左线开挖、支护	152
4	出入段线单线隧道右线 CYK0+327.300 ~ CYK0+628.725 段开挖、支护	77
5	出入段线单线隧道右线 CYK0+142.581 ~ CYK0+327.300 段开挖、支护	46
6	区间马家岩站端连拱及双线隧道开挖、支护	31
7	区间马家岩站端连拱及喇叭口隧道开挖、支护	91
8	区间右线单线及连拱隧道开挖、支护	168
9	区间左线单线隧道开挖、支护	230
10	区间高庙村站端双线隧道开挖、支护	15
11	区间高庙村站端喇叭口及连拱隧道开挖、支护	123
12	出入段线双线及连拱隧道衬砌	123
13	出入段线单线隧道左线衬砌	152
14	出入段线单线隧道右线 CYK0+327.300 ~ CYK0+628.725 段衬砌	91
15	出入段线单线隧道右线 CYK0+142.581 ~ CYK0+327.300 段衬砌	47
16	区间马家岩站端连拱及双线隧道衬砌	45
17	区间马家岩站端连拱及喇叭口隧道衬砌	92
18	区间右线单线隧道衬砌	153
19	区间左线单线隧道衬砌	230
20	区间高庙村站端双线隧道衬砌	31
21	区间高庙村站端喇叭口及连拱隧道衬砌	120
22	附属工程	243
23	场地清理及竣工验交	15

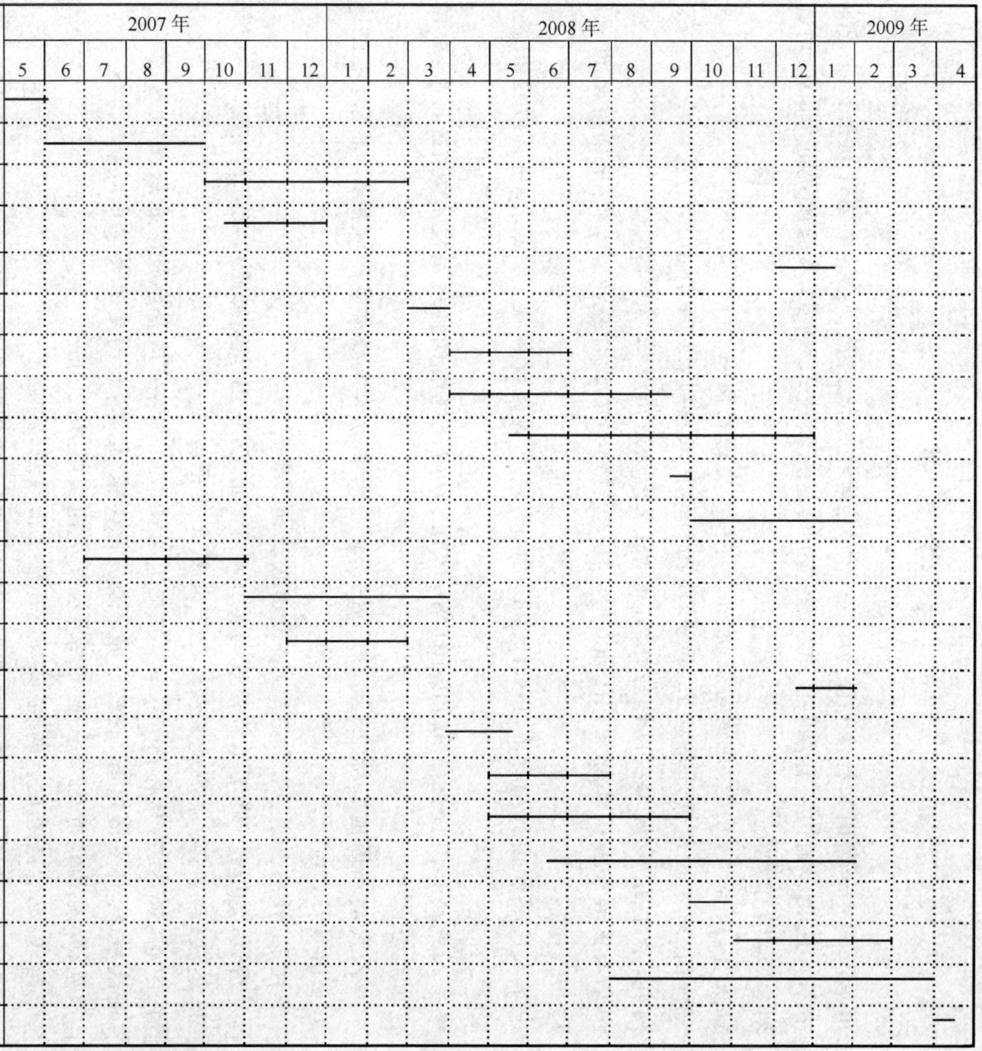

附图 2　隧道施工进度计划横道图

参考文献

[1] 中华人民共和国国家标准 GB 50157—2003. 地铁设计规范. 北京：中国计划出版社，2003.

[2] 中华人民共和国国家标准 GB 50299—1999. 地下铁道工程施工及验收规范. 北京：中国计划出版社，1999.

[3] 张庆贺，朱合华，庄荣. 地铁与轻轨. 北京：人民交通出版社，2003. 8.

[4] 施仲衡. 地下铁道设计与施工. 西安：陕西科学技术出版社，1997. 6.

[5] 刘钊，佘才高. 地铁工程设计与施工. 北京：人民交通出版社，2004. 6.

[6] 中华人民共和国国家标准 GB 50090—1999. 铁路线路设计规范. 北京：中国计划出版社，1999.

[7] 中华人民共和国行业标准 TB 10003—2005. 铁路隧道设计规范. 北京：中国铁道出版社，2005.

[8] 中华人民共和国行业标准 TB 10108—2002. 铁路隧道喷锚构筑法技术规范. 北京：中国铁道出版社，2002.

[9] 中华人民共和国国家标准 GB 50208—2002. 地下防水工程质量验收规则. 北京：中国建筑工业出版社，2002.

[10] 钟桂彤. 铁路隧道. 北京：中国铁道出版社，1990.

[11] 夏明耀，曾进伦. 地下工程设计与施工手册. 北京：中国建设工业出版社，1999.

[12] 陈忠汉，程丽萍. 深基坑工程. 北京：机械工业出版社. 1999.

[13] 侯学渊，钱达仁，杨林德. 软土工程施工新技术. 合肥：安徽科学技术出版社，1999.

[14] 刘铁雄译. 日本隧道标准规范(盾构篇)及解释. 成都：西南交通大学出版社，1988.

[15] 张凤祥. 盾构隧道施工手册. 北京：人民交通出版社，2005.

[16] 陈韶章. 沉管隧道设计与施工. 北京：科学出版社，2002.

[17] 余志成，施文华. 深基坑支护设计与施工. 北京：中国建筑工业出版社，1999.

[18] 黄强. 建筑基坑支护技术规程应用手册. 北京：中国建筑工业出版社，1999.

[19] 铁道第二设计院，等. 回顾与思考：广州地铁一号线工程设计总结. 北京：中国铁道出版社，2004.

[20] 刘志春，李文江，朱永全. 松散含水地层紧邻建筑物大断面浅埋洞室综合施工技术. 铁道标准设计，2003(12).

[21] 刘志春，朱永全，刘勇. 北京地铁王府井站西南风道降排水方案设计与施工. 建井技术，2003(12).

[22] 刘志春. 井点降水引起地面沉降的简便计算方法研究及应用. 探矿工程，2001(1).

[23] 孙星亮，王建朝. 国内外水平旋喷注浆加固技术的应用发展. 探矿工程，2001(1).

[24] 王振信. 盾构法的现状与展望. 地下工程与隧道，1991. 6.

[25] 刘仁鹏. 上海地铁盾构简介. 地下工程与隧道，1992. 2.

[26] 刘仁鹏. 180 型伸缩式双盾构掘进机简介. 地下工程与隧道，1992. 3.

[27] 刘建航. 上海地铁 1 号线地下工程的技术概要. 地下工程与隧道，1995. 9.

[28] 徐方京. 软土盾构隧道理论与实践浅析. 地下工程与隧道，1992. 9.

[29] 上海市政工程委员会编. 建筑给水排水设计手册. 北京：中国建筑工业出版社，1989.

[30] 中华人民共和国国家标准GBJ 15—88 室外给水设计规范. 北京:中国建筑工业出版社,1988.
[31] 中华人民共和国国家标准GBJ 14—87 室外排水设计规范. 北京:中国建筑工业出版社,1987.
[32] 中华人民共和国国家标准GBJ 16—87 建筑设计防火规范. 北京:中国计划出版社,1987.
[33] 中华人民共和国国家标准GBJ 84—85 自动喷水灭火系统设计规范. 北京:中国计划出版社,1985.